湖南档案馆馆藏红色文献选萃

湖南省档案馆 编

中华书局

开发档案资源 弘扬湖湘文化

湖湘档案图典丛书总序

　　档案是人类社会活动的真实留存，是"今世赖之以知古，后世赖之以知今"的重要文化遗产，承载着记录历史、传承文明、服务社会、造福人民的特殊功能。在我国历史上，档案沿革源远流长，档案保管赓续相传，留下了诸如甲骨、金石、简牍、缣帛、纸质、声像等档案载体形态，产生了汉之兰台、唐之甲库、宋元之架阁库、明清之皇史宬等档案馆库机构。档案资源的大量层累和持续积淀，有力维系了中华文明的传承与发展。数千年来，中华文明一脉相承，生生不息，与我国自古以来就高度重视档案工作的传统是密切相关的。作为文化的"母资源"和重要载体，档案凝结了历史上不同时代与民族的文化精华，涵盖了政治、经济、科技、军事、宗教、民俗等各领域，是纵贯古今、横及百业，厚重朴实、真实鲜活的文化资源宝库，是不可再生的重要文化遗产。

　　湖南物华天宝，人杰地灵。在漫长的时代变迁与历史进程中，湖湘大地留下了三湘儿女认识世界和改造世界的历史足迹，孕育了独具特色、璀璨夺目的湖湘文化。特别是近现代以来，湖南屡开风气之先，不仅涌现出一大批各领域的杰出人才，而且发生了许多改变中国、影响世界的重大历史事件，极大地增添了湖湘文化的恢宏气象。博大精深的湖湘文化、丰富多彩的历史记忆，以文字、图表、实物等形式流传保存下来，形成了卷帙浩繁、蔚为大观的档案资料，赋予了湖南作为档案资源大省的独特优势。据统计，全省各级各类档案馆收藏档案已达2600余万卷(册、件)，其中近现代革命历史档案尤为翔实完整。丰厚的湖湘档案资源，是湖南历史的沉淀和缩影，是湖湘文化的见证和基石。通过这些浩如烟海的档案卷帙，我们得以徜徉于湖湘文化的历史长河，领略潇湘大地的风土人情，感悟三湘儿女的勇气智慧，体验红色岁月的澎湃激情，品味湖南精神的包容大气。

　　档案在"存史、资政、育人、忠民"方面具有特殊重要作用。深入挖掘、开发和利用好湖湘档案资源，对于大力传承和弘扬湖湘文化优良传统、加强社会主义核心价值体系建设、着力建设文化强省具有十分重要的意义。在新的历史时期，全省各级档案部门和广大档案工作者，要认真贯彻落实党的十七届六中全会精神，始终牢记"为党管档、为国守史"的神圣职责，从对党和国家事业负责、对历史和人民负责的高度，紧紧围绕全省工作大局，积极适应时代需求和群众关切，大力推进档案事业创新发展，着力加强对湖湘档案资料的采集力度、利用广度和研究深度，努力打造出更多受众广泛、传之久远的档案文化精品，为科学发展、富民强省提供有力的思想引导、精神动力和智力支持。

为促进全省各级档案馆馆藏资源的开发利用，湖南省档案局精心组织编纂《湖湘档案图典》大型系列丛书，这是一件很有意义的事情。丛书坚持撷其精华、取其精髓的原则，从浩繁的湖湘档案中披沙拣金，采撷其中最能体现湖南特色、反映湖南历史、展现湖湘文化魅力的档案集结成册，并广泛辑录从纸质到音像、从皇家圣旨到民间地契等各种表现形式的档案，生动再现了发生在湖湘大地的经典历史瞬间、重大历史事件和传世文化精品。《湖湘档案图典》的出版，是传承和弘扬湖湘文化、推进文化强省建设的一项重要成果，是开展优秀文化传统教育和爱国主义教育的一部生动教材，也为我们推进改革开放和现代化建设提供了重要参考，非常值得一读。希望丛书的出版，进一步带动和促进全省档案资料的综合开发利用，推动档案承载的历史文化资源从尘封中走向社会，走入大众，使湖湘档案资源在服务科学发展、富民强省中发挥更大作用。

是为序。

周　强

（最高人民法院院长、党组书记，中共湖南省委原书记）

二〇一二年六月于长沙

前　言

红色文化是中国共产党成长发展和中华民族寻求民族解放、实现伟大复兴进程的历史写照，是中国共产党及其领导的革命、建设和改革成功经验的历史积淀，具有鲜明的时代主题，有着不可替代的时代价值，并作为党和国家宝贵的精神财富不断获得传承和发展。

党的十九大以来，党和国家领导人尤其重视红色文化的保护与传承、宣传与推广。习近平总书记在各种重要场合讲话中多次提到要"铭记光辉历史，传承红色基因"，强调要把红色资源利用好，把红色传统发扬好，把红色基因传承好。为了践行牢记建党初心、传承红色基因，湖南省档案馆编辑出版了《湖南档案馆馆藏红色文献选萃》一书。

湖南是著名革命老区，也是红色文化的主要形成和发源地之一。新民主主义革命时期，湖南共产党人在长期革命实践活动中通过各种途径接受马克思主义的传播，留下了丰富的传播共产主义思想的读物，形成了丰富的红色档案文化资源。这些形成并保存在湖南境内的红色档案资源，分散保管在湖南红色档案馆、全省各级综合档案馆及文博系统。《湖南档案馆馆藏红色文献选萃》一书主要收录了湖南红色档案馆、湖南省档案馆以及其他全省各级综合档案馆中保存的红色读物。这些红色读物主要形成时间为中国共产党成立前后（1921年）至中华人民共和国成立（1949年10月1日）前后，包括中国共产党宣传和传播共产主义思想的理论著作，湖南地方党组织及其领导的各种群众团体、红军、苏区各级组织等形成的有关进行文化教育、宣传土地革命、传播共产主义思想的档案文献，国共合作时期国民党湖南地方组织等形成的有关反帝、反军阀、反封建以及推行民众文化教育等史料，反映先进思想和文化的文学作品等。

《湖南档案馆馆藏红色文献选萃》一书根据红色读物的内容及形式，分为红色经典、红色理论读本、红色文辑、红色文告、红色教材、红色期刊、红色文艺七类。全书提纲挈领地介绍了每种读物的出版背景及价值，是读者了解中国共产党在新民主主义革命时期的思想、政治、军事、经济、文化、社会等各个领域的导向工具，具有较高的文献价值和史料价值。

出版《湖南档案馆馆藏红色文献选萃》是湖南省档案馆挖掘、保存、宣传和传承红色文化的有益实践，是其倾力打造红色系列出版物的成果之一。本书编辑出版得到湖南红色档案馆的鼎力支持，全省各级综合档案馆也给予了大力支持。由于全省馆藏丰富，收集及遴选难度大，加上编者水平有限，考证、编辑过程中可能存在疏漏之处，欢迎方家斧正。

编　者

二〇二〇年四月

编辑说明

　　一、本书共辑录湖南红色档案馆、湖南省档案馆以及湖南全省其他综合档案馆红色读物共243件，其中湖南红色档案馆156件，湖南省档案馆62件，全省其他各级综合档案馆25件。

　　二、本书选稿主要起自1921年，迄至1949年，为保持延续性，少数内容稍有提前或延后。全书共分为红色经典、红色理论读本、红色文辑、红色文告、红色教材、红色期刊、红色文艺七类，每个类别按照"时间—问题"体例编排，有年月日的，按照年月日排列；没有月份的，放在同类文献最后。没有明确记载时间，根据内容推定的，右上角加"★"注明。

　　三、本书所选红色读物，分别按题名、责任者、出版（印制）单位、出版（印制）时间、开本（尺寸）、页数、藏址七要素介绍；部分无法考证的，为保持一致性，保留要素，不填写内容。

　　四、本书所选图片并非按原尺寸印制，实际尺寸在要素中进行说明。

　　五、原书名中使用繁体字的，都统一以规范的简体字刊印；原书内英译的人名，统一按国家标准人名翻译。

目　录

一、红色经典

二、红色理论读本

三、红色文辑

四、红色文告

五、红色教材

六、红色期刊

七、红色文艺

一、红色经典

马恩著作

列宁著作

斯大林著作

毛泽东著作

毛泽东选集

马恩著作

1. 共产党宣言

题名：共产党宣言
责任者：马克思 恩格斯著　陈望道译
出版（印制）单位：平民书社
出版（印制）时间：1926年2月
开本（尺寸）：185mm×130mm
页数：62页
藏址：茶陵县档案馆

《共产党宣言》是马克思和恩格斯为共产主义者同盟起草的纲领，是国际共产主义运动第一个纲领性文件，第一次完整、系统地阐述了马克思主义的科学社会主义基本理论、基本思想，是马克思主义诞生的重要标志。1848年2月21日在伦敦第一次以单行本问世。2月24日，正式出版。《共产党宣言》曾多次翻印、再版，并被译成多种西欧国家的文字。《共产党宣言》中文全译本在我国第一次出版的时间约为1920年7—8月间，由陈望道把日文版译成中文，上海社会主义研究社出版。

本书共收录《共产党宣言》三个版本。

陈望道（1891—1977），中国著名教育家、修辞学家、语言学家，曾任民盟中央副主席。他翻译了中国第一个《共产党宣言》中文全译本。

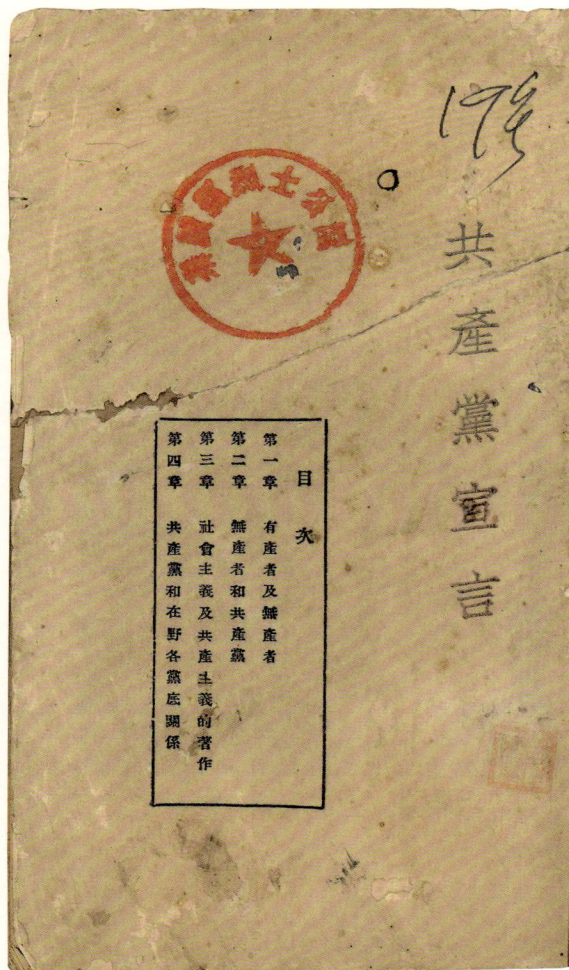

封面

马克思、思格斯合影

2. 共产党宣言

题名：共产党宣言
责任者：马克思 恩格斯著　成仿吾 徐冰合译
出版（印制）单位：中国出版社
出版（印制）时间：1938年8月
开本（尺寸）：185mm×125mm
页数：60页
藏址：湖南省档案馆

封面

扉页

3. 共产党宣言

题名：共产党宣言

责任者：马克思 恩格斯

出版（印制）单位：解放社

出版（印制）时间：1949年6月

开本（尺寸）：180mm×125mm

页数：79页

藏址：湖南红色档案馆

目录

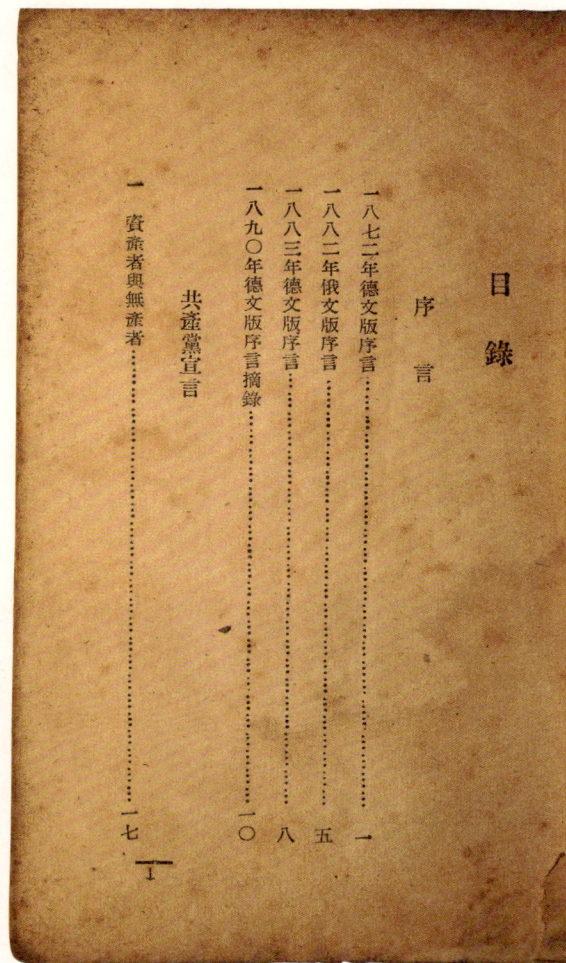

封面

解放社：中共中央在延安创立的出版机构。1938年1月22日成立中共中央党报委员会，主持编辑出版《解放》杂志，管理《新中华报》和新华社，出版马列丛书和革命理论书籍等。1939年9月，中共中央成立出版发行部（后改为中央出版局），党报委员会的出版科、发行科均并入该部。出版发行部编印的马克思、恩格斯、列宁、斯大林和毛泽东著作，党中央的文献及其他重要著作，都以解放社名义出版发行。1950年12月，该社由人民出版社取代。

4. 马恩通信选集

题名：马恩通信选集
责任者：柯柏年译　徐冰校
出版（印制）单位：山东新华书店
出版（印制）时间：1949年8月
开本（尺寸）：175mm×125mm
页数：158页
藏址：湖南红色档案馆

封面

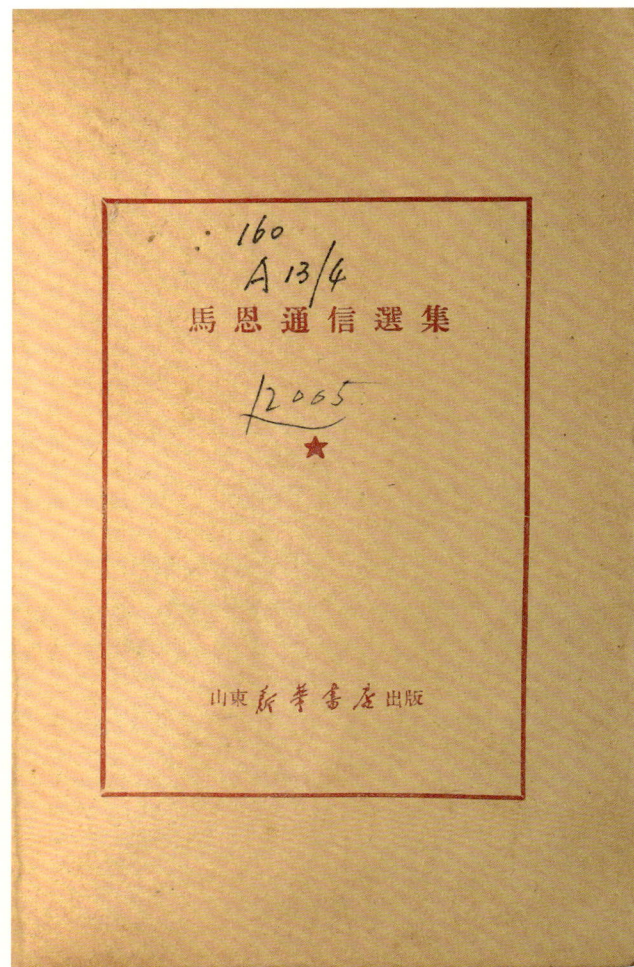

扉页

　　《马恩通信选集》是苏联学者阿多拉茨基编辑的1933年莫斯科版《马克思文选》的书信部分，共收录书信33封。被列为延安马列学院编译部翻译出版的"马克思恩格斯丛书"之第七种。全书分四部分，分别为《为无产阶级政党而斗争的书信》《马克思恩格斯关于唯物史观的书信》《论爱尔兰问题》《马恩论俄国》。

　　柯柏年(1904—1985)，原名李春蕃。广东潮安（今潮州湘桥区）人。中共早期党员之一，马克思主义著作翻译家。

5. 马恩列斯思想方法论

题名：马恩列斯思想方法论
责任者：解放社
出版（印制）单位：解放社
出版（印制）时间：1949年10月
开本（尺寸）：203mm×150mm
页数：446页
藏址：湖南红色档案馆

《马恩列斯思想方法论》是由毛泽东倡议编辑并亲自审定出版的一本哲学书籍。1942年4月，毛泽东建议选编《马恩列斯思想方法论》，出版目的主要是帮助党内同志掌握马、恩、列、斯科学共产主义的思想方法。在党的七届二中全会上，他亲自审定了一套"干部必读"书目，共12本，其中包括《马恩列斯思想方法论》。

封面

扉页

6. 共产党礼拜六

题名：共产党礼拜六
责任者：列宁著　王静译
出版（印制）单位：人民出版社
出版（印制）时间：1921年1月
开本（尺寸）：185mm × 130mm
页数：36页
藏址：湖南省档案馆

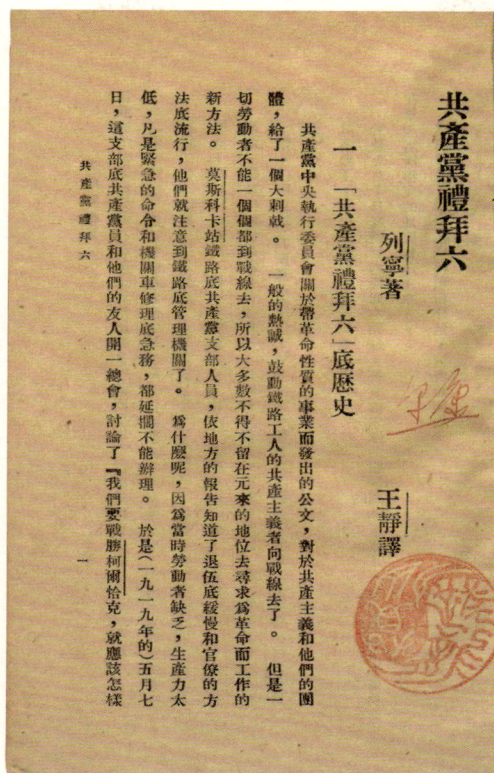

正文

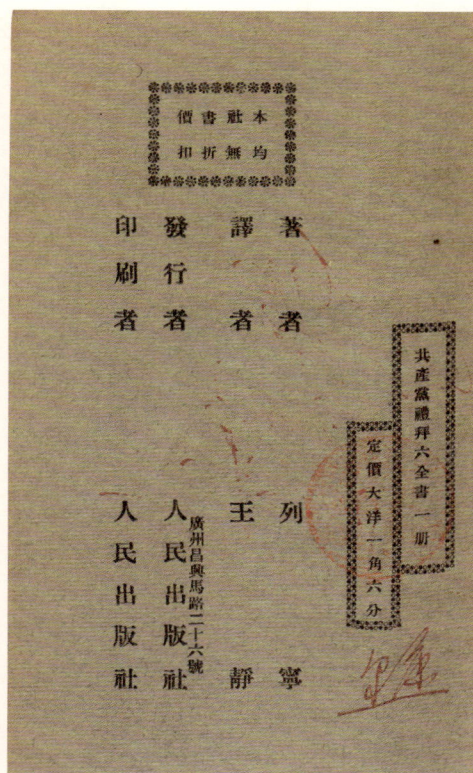

版权页

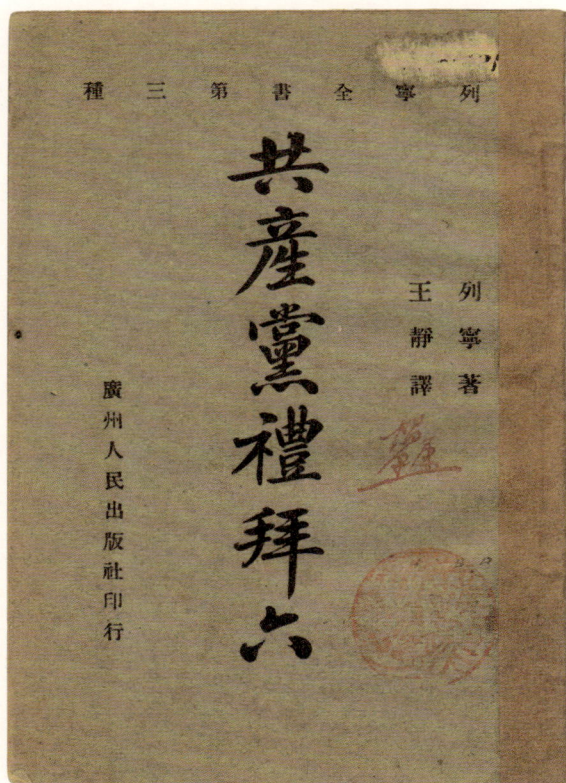

封面

　　1919年，莫斯科铁路工人发起"星期六义务劳动"，被列宁称为伟大的创举。6月28日，列宁专门写下《伟大的创举》（中译本译为《共产党礼拜六》）一文。在这篇文章里，列宁高度评价了当时的"共产主义星期六义务劳动"，并根据马克思主义关于国家学说的基本理论和十月革命后无产阶级专政的实践经验，深刻阐述了无产阶级专政的历史任务。他指出："后方工人的英雄主义也同样值得重视。在这方面，工人自己发起组织的共产主义星期六义务劳动确实具有极大的意义。"他认为这是战胜自身的保守、涣散和小资产阶级利己主义的良好开端，有利于建立新的社会纪律，有利于实现共产主义。《共产党礼拜六》属《列宁全书》（第三种）。

　　《列宁全书》：1921年，中国共产党创办的人民出版社成立后，曾计划编译出版一套包含14种列宁主要著作的《列宁全书》。但由于种种原因，实际上只出版了4种：《劳农会之建设》（即《苏维埃政权的当前任务》，李立译）、《讨论进行计划书》（即《论策略书》，成则人译）、《共产党礼拜六》（即《伟大的创举》，王静译）、《劳农政府之成功与困难》（即《苏维埃政权的成就和困难》，墨耕译）。为躲避反动军阀对共产主义宣传物的查禁，上海出版的这套书在版权页上将出版机构写为广州人民出版社印行。

7. 劳农会之建设

题名：劳农会之建设
责任者：列宁著　李立译
出版（印制）单位：人民出版社
出版（印制）时间：1921年12月
开本（尺寸）：190mm×130mm
页数：54页
藏址：湖南省档案馆

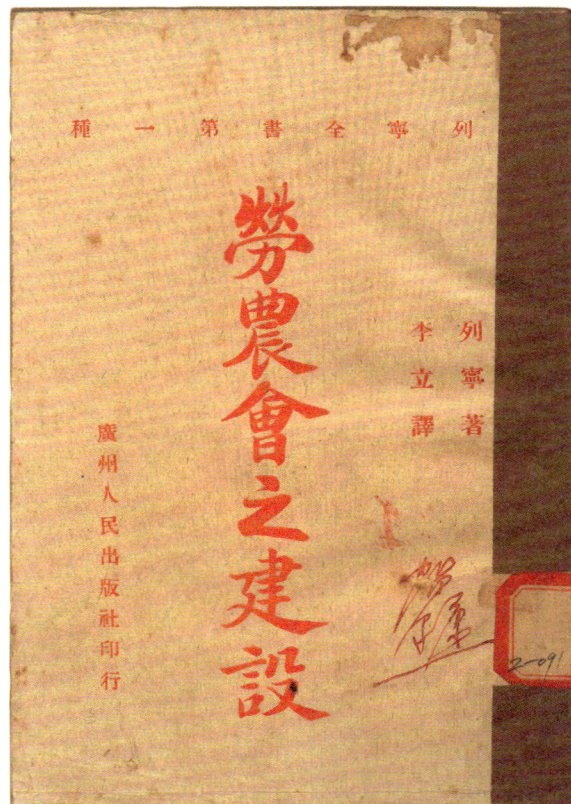

封面

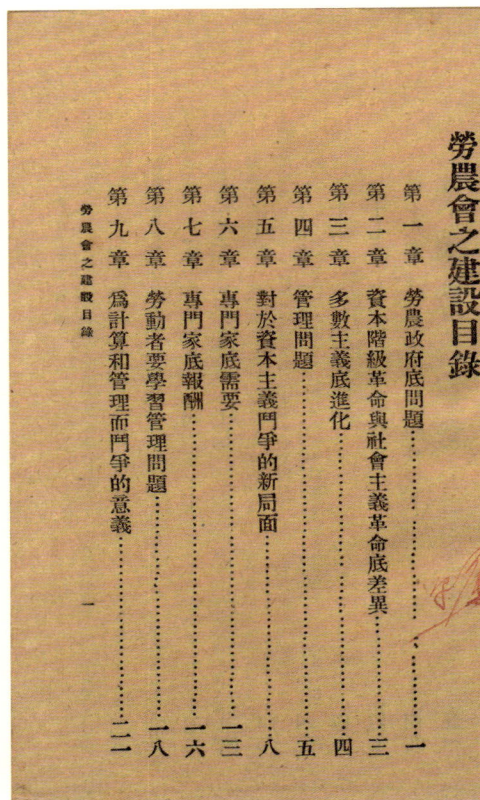

目录

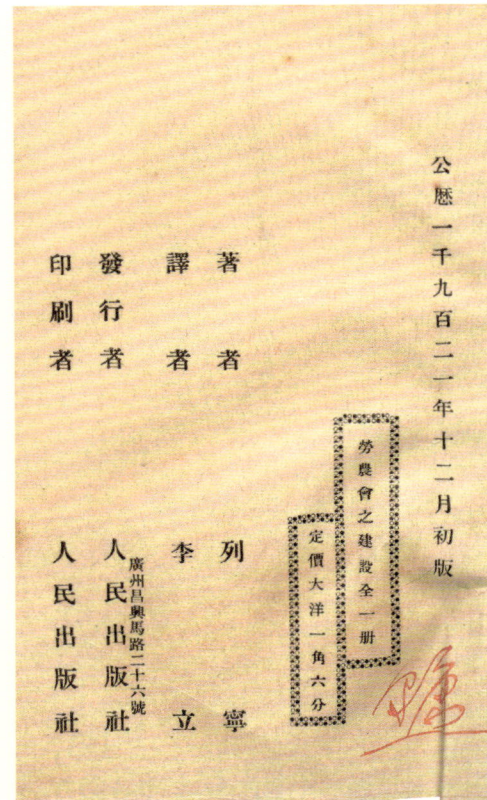

版权页

　　1918年初，俄国革命正处于从夺取政权到巩固政权阶段的重大转变时期，如何使第一个社会主义国家站稳脚跟，成了列宁当时面临的首要问题。1918年3—4月，他写了《苏维埃政权的当前任务》（又译为《劳农会之建设》）发表在4月28日的《真理报》。他提出了很多关于社会主义建设的远大构想：建设社会主义要搞好经济建设、发扬民主、发展教育事业、反对挥霍浪费等，涉及经济、政治、文化等多个领域。

8. 帝国主义是资本主义底最高阶段

题名：帝国主义是资本主义底最高阶段
责任者：列宁
出版（印制）单位：华东新华书店
出版（印制）时间：1948年9月
开本（尺寸）：175mm×127mm
页数：170页
藏址：湖南红色档案馆

《帝国主义是资本主义底最高阶段》写于1916年，出版于1917年。它是列宁全面论述帝国主义的专著，是马克思《资本论》的继续和发展。在这部著作中，列宁根据马克思主义基本原理，总结了《资本论》问世后半个世纪中资本主义的发展，指明资本主义已经发展到一个新的阶段——帝国主义阶段。他把世界资本主义发展中的新的重大变化概括为帝国主义的五个基本经济特征，并依次作了分析。这部著作是列宁对马克思主义关于无产阶级革命理论的重大贡献。

本书共收录《帝国主义是资本主义底最高阶段》两个版本。

封面

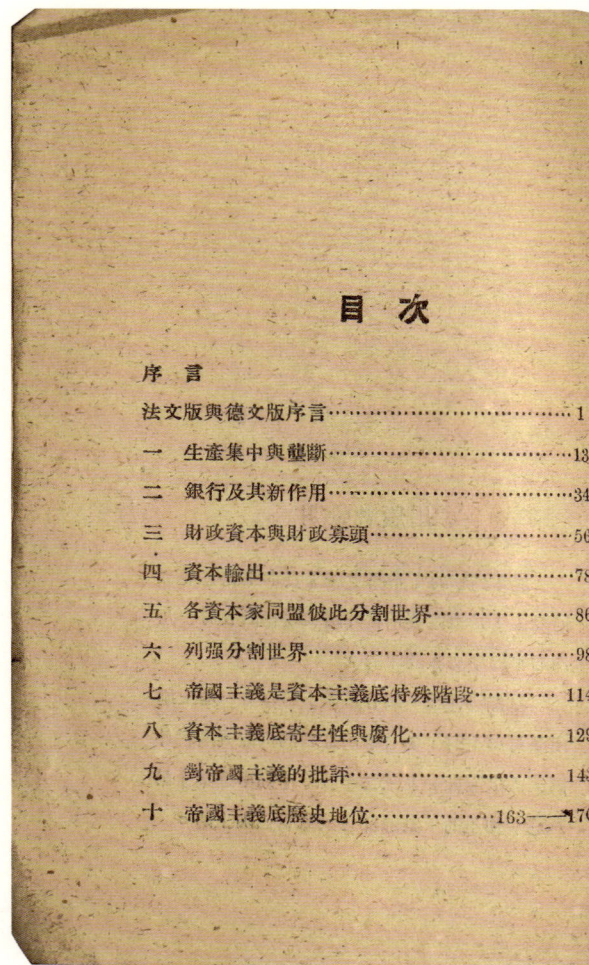

目录

9. 帝国主义是资本主义底最高阶段

题名：帝国主义是资本主义底最高阶段
责任者：列宁
出版（印制）单位：解放社
出版（印制）时间：1949年
开本（尺寸）：203mm×150mm
页数：173页
藏址：攸县档案馆

封面

扉页

10. 共产主义运动中的"左派"幼稚病

题名：共产主义运动中的"左派"幼稚病
责任者：列宁
出版（印制）单位：解放社
出版（印制）时间：1949年8月
开本（尺寸）：200mm×150mm
页数：169页
藏址：湖南红色档案馆

《共产主义运动中的"左派"幼稚病》一书写于1920年4月，5月12日又增补了一部分，同年6月首先用俄文出版，7月又以法、英等国文字出版。该书写作的目的就在于向欧美国家的共产党介绍俄共（布）成长的经验教训，帮助他们提高认识，克服错误思潮，实现马克思主义普遍原理与本国实际的结合，以推动国际共产主义运动的健康发展。同时批判了国际共产主义运动中的"左倾"思潮，论述了无产阶级政党的战略和策略。

封面

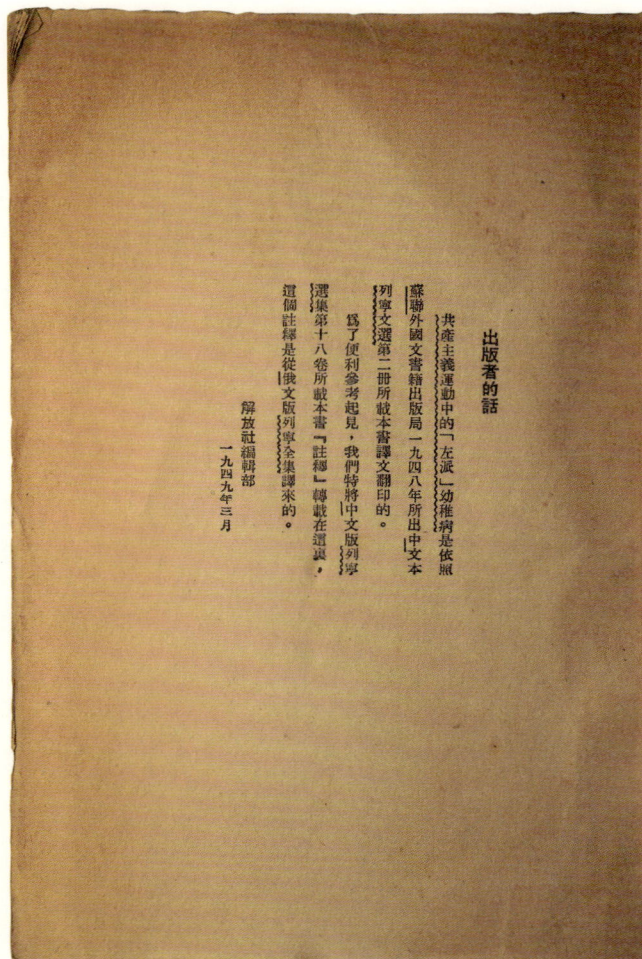

出版者的话

11. 列宁文选（第四册）

题名：列宁文选（第四册）
责任者：列宁
出版（印制）单位：解放社
出版（印制）时间：1949年10月
开本（尺寸）：180mm×130mm
页数：685页
藏址：湖南红色档案馆

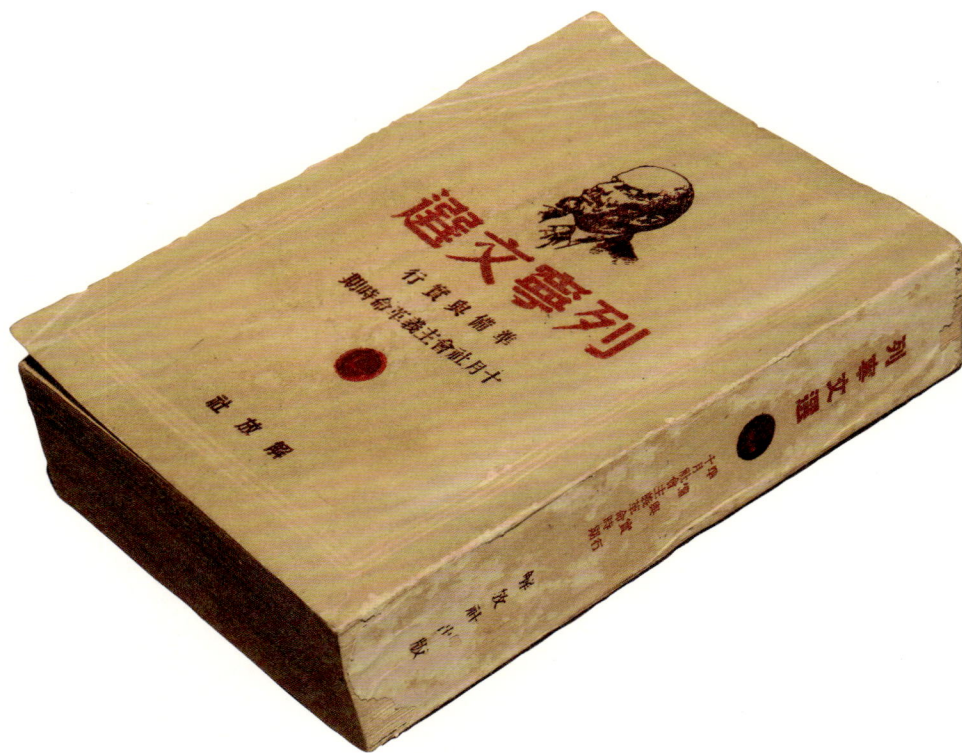

版权页

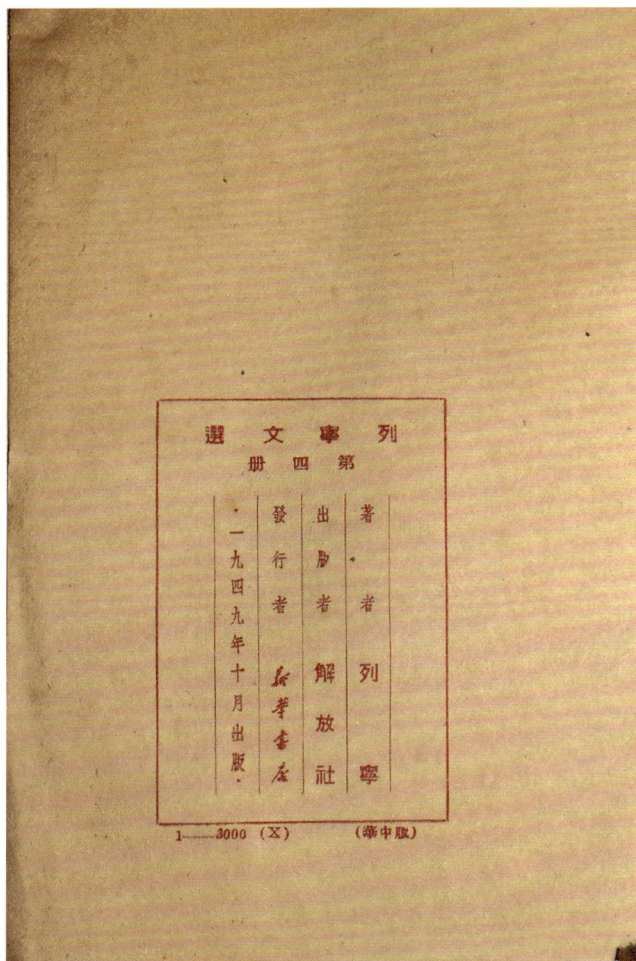

1949年，解放社编辑部出版了《列宁文选》（共六册），第四册主要编选了列宁在准备与实行十月社会主义革命时期的一些重要论文、报告、信件及著作。该版本的译文和简要注释都是依照莫斯科外国文书籍出版局1947年所出的中文本《列宁文选》翻印的。原译本共两册，翻印时因装订关系，订为六册。

12. 国家与革命

题名：国家与革命
责任者：列宁著　苍木（陈昌浩）译校
出版（印制）单位：解放社
出版（印制）时间：1949年11月
开本（尺寸）：203mm×145mm
页数：159页
藏址：湖南红色档案馆

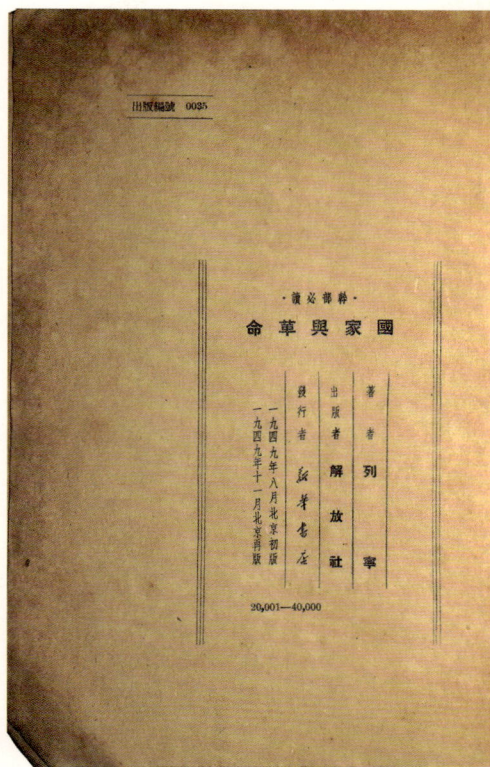

版权页

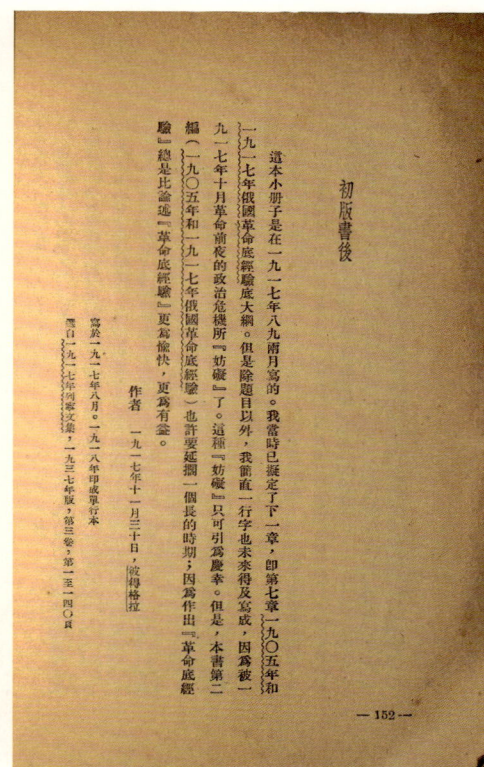

初版书后

封面

　　《国家与革命》是列宁1917年十月革命前夕撰写的阐述马克思主义国家学说的名著。全书系统地阐述了马克思主义的国家学说，特别是无产阶级专政的学说，批判了以考茨基为代表的第二国际机会主义的国家观，对全世界无产阶级建立和巩固自己的政权具有重要的指导意义，在指导俄国十月革命和苏维埃政权建设中发挥了重要作用。

　　该书于1918年出版单行本，1919年12月再版时在第二章中增加了《马克思在1852年对本问题的提法》一节。第一个中文全译本最早刊登在1927年1月15日《民国日报》副刊《革命》上。

13. 论民族殖民地问题

题名：论民族殖民地问题
责任者：列宁著　张仲实译
出版（印制）单位：解放社
出版（印制）时间：1949年11月
开本（尺寸）：178mm×138mm
页数：229页
藏址：湖南红色档案馆

《论民族殖民地问题》汇编了列宁关于民族殖民地问题的重要论文、演说及其所起草的决议案等作品，由苏联共产党中央马恩列研究院所编，翻译时按照原文照译，部分标题为译者所加。全书分四大部分，民族纷争与工人反对它的斗争，帝国主义列强对世界之分割、殖民地压迫及民族自决权，苏维埃政权与民族问题，被压迫人民反帝国主义的革命斗争与苏联和共产国际在这一斗争中的作用。

张仲实（1903—1987），笔名任远、实甫。陕西陇县人，我国著名的马列著作翻译家，编辑出版家。翻译作品有斯大林《论民族问题》、恩格斯《费尔巴哈与德国古典哲学的终结》及《家族、私有制和国家的起源》、普列汉诺夫《马克思主义的基本问题》等。

封面

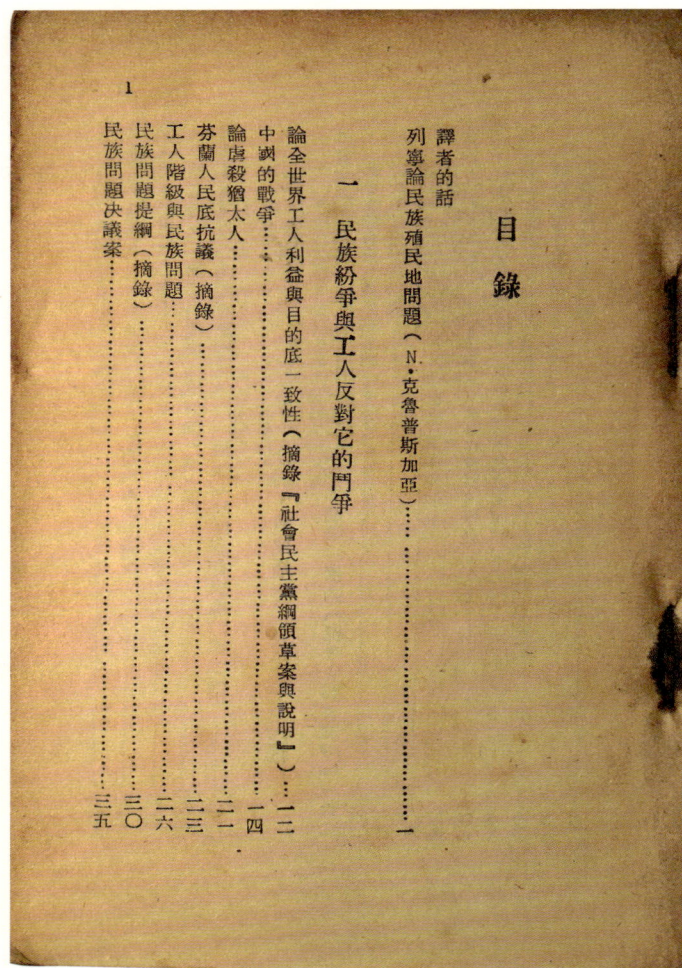

目录

14. 马克思恩格斯及马克思主义

题名：马克思恩格斯及马克思主义
责任者：列宁
出版（印制）单位：华中新华书店
出版（印制）时间：1949年11月
开本（尺寸）：176mm×125mm
页数：127页
藏址：湖南红色档案馆

《马克思恩格斯及马克思主义》收集了列宁的一些重要论文和著作摘录共20篇，叙述和阐明了马克思和恩格斯的生活、活动及革命理论。前面四篇是一般的论述，后面几篇按照发表的时间排列。文集的文章表明，列宁不断在理论上同来自各方面违背马克思主义原则的现象作斗争。

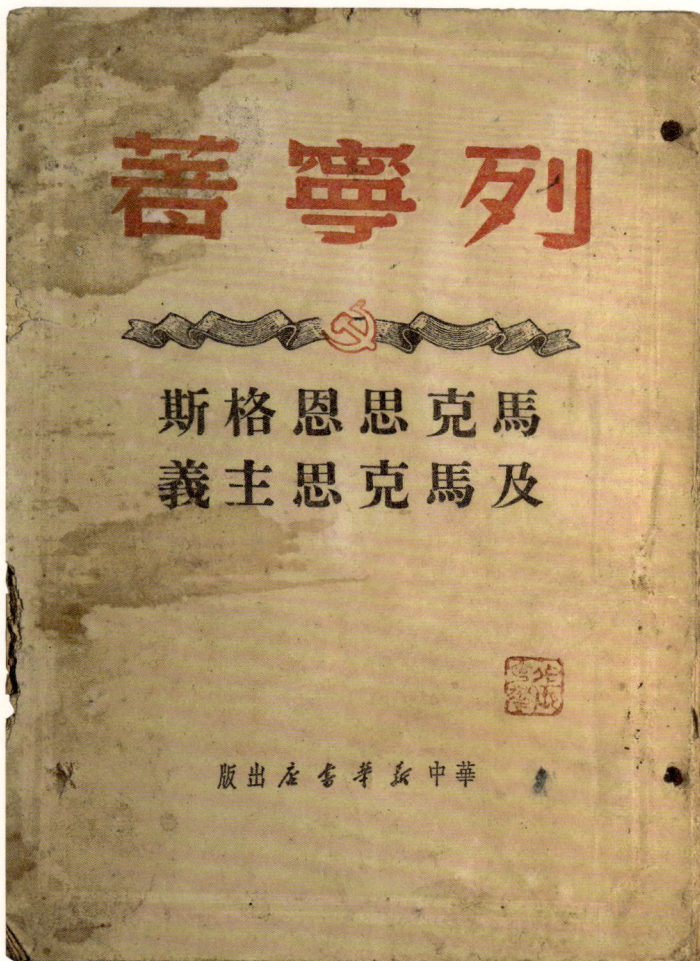

封面

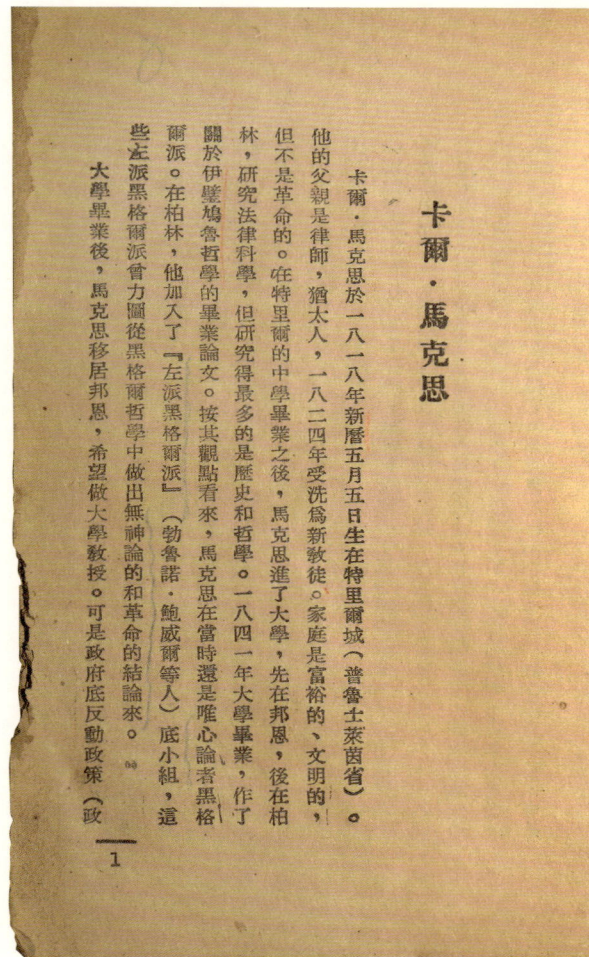

正文

15. 列宁斯大林论国家

题名：列宁斯大林论国家
责任者：列宁 斯大林
出版（印制）单位：新华书店
出版（印制）时间：1949年11月
开本（尺寸）：180mm×130mm
页数：43页
藏址：湖南红色档案馆

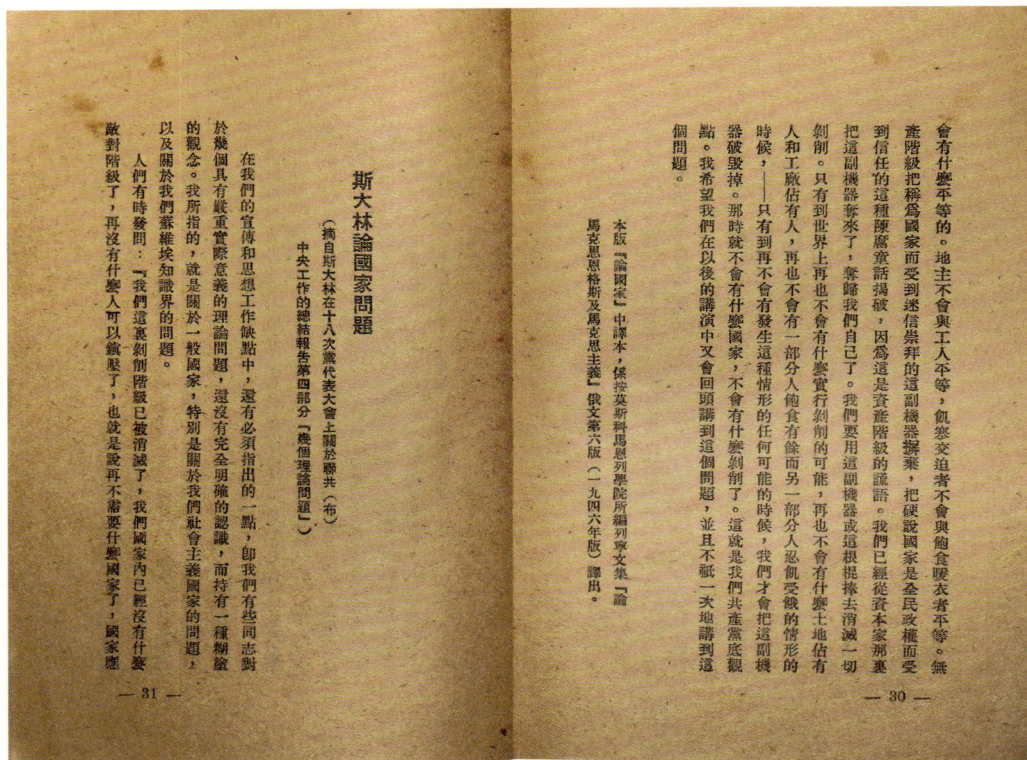

正文

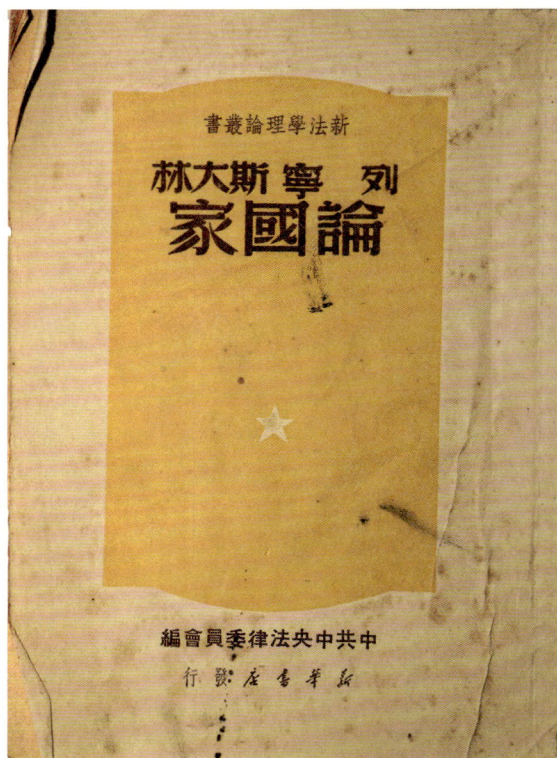

封面

　　《列宁斯大林论国家》是《论国家》（列宁）和《斯大林论国家问题》两文的合订本。前者是列宁于1919年7月11日在斯维尔德洛夫大学讲演的记录，收入《列宁全集》第2版第37卷。列宁在本文中关于国家的产生、本质及其发展和消亡规律的精辟论述，是对马克思和恩格斯国家学说的丰富和发展。《斯大林论国家问题》摘自斯大林在十八次党代表大会上关于联共（布）中央工作的总结报告第四部分《几个理论问题》，主要阐述了社会主义国家与从前的国家在性质上的原则区别、在社会主义社会国家不能消亡等问题。

16. 进一步，退两步

题名：进一步，退两步
责任者：列宁
出版（印制）单位：外国文书籍出版局
出版（印制）时间：1949年
开本（尺寸）：215mm×145mm
页数：228页
藏址：湖南红色档案馆

《进一步，退两步》（又名《我们党内的危机》），写于1904年2月至5月，同年夏天在日内瓦出版。是列宁阐述布尔什维克党的组织建设基本原理的一篇名著，是列宁同党内机会主义派别斗争的产物。该书指出，马克思主义政党是工人阶级的一部分，是工人阶级的先进的、觉悟的、组织的、用马克思主义理论武装起来的部队；是无产阶级按照民主集中制原则组织起来的一个整体，需要有统一的党章、统一的领导机构、统一的纪律和统一的组织原则等。此书奠定了布尔什维克党的组织基础，是马克思主义政党建设理论的重要著作。

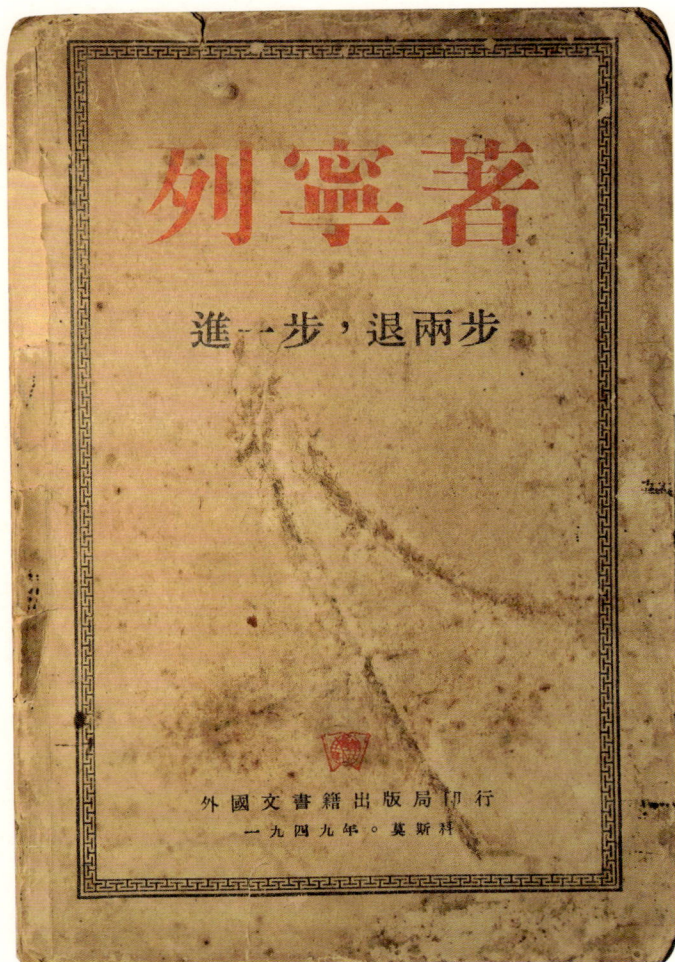

封面

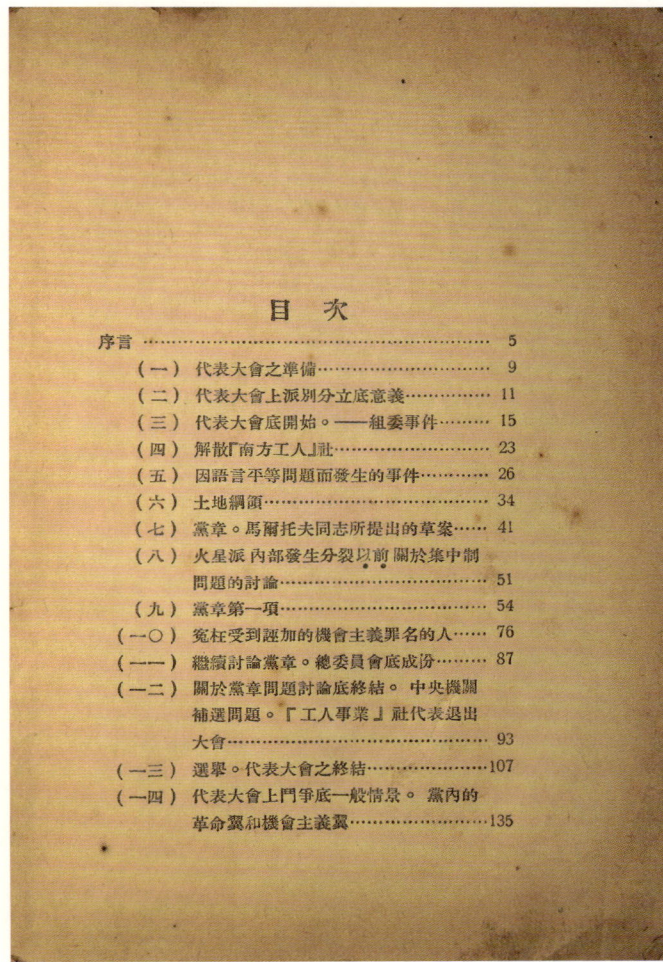

目录

17. 无产阶级革命与叛徒考茨基

题名：无产阶级革命与叛徒考茨基
责任者：列宁
出版（印制）单位：外国文书籍出版局
出版（印制）时间：1949年
开本（尺寸）：218mm×142mm
页数：111页
藏址：湖南红色档案馆

《无产阶级革命与叛徒考茨基》写于1918年。十月革命后，考茨基发表了《无产阶级专政》，从理论思想战线上攻击新生的苏维埃政权。以列宁为首的马克思主义者为粉碎考茨基对马克思主义的攻击和污蔑，捍卫十月革命的道路，促进世界革命运动的发展，及时发表了《无产阶级革命和叛徒考茨基》一书。该书精辟论述了无产阶级民主的重要性，批判考茨基的"纯粹民主"观点，分析资产阶级民主的历史根源，并通过对资产阶级民主与无产阶级民主的比较，深刻地剖析资产阶级民主的局限性。该版本是外国文书籍出版局1949年根据国立政治书籍出版局1946年最新俄文版《列宁文选》两卷集翻译的。

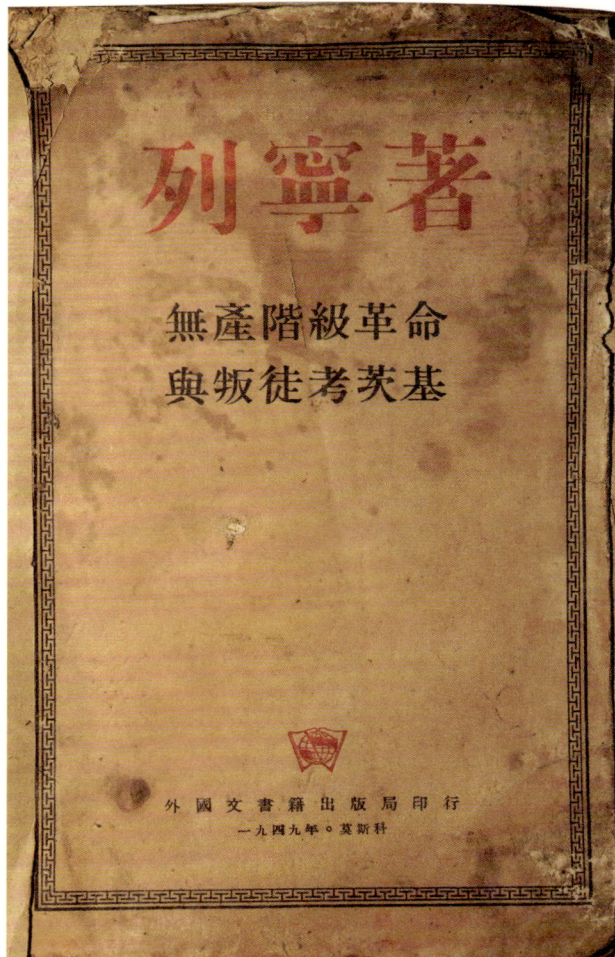

封面

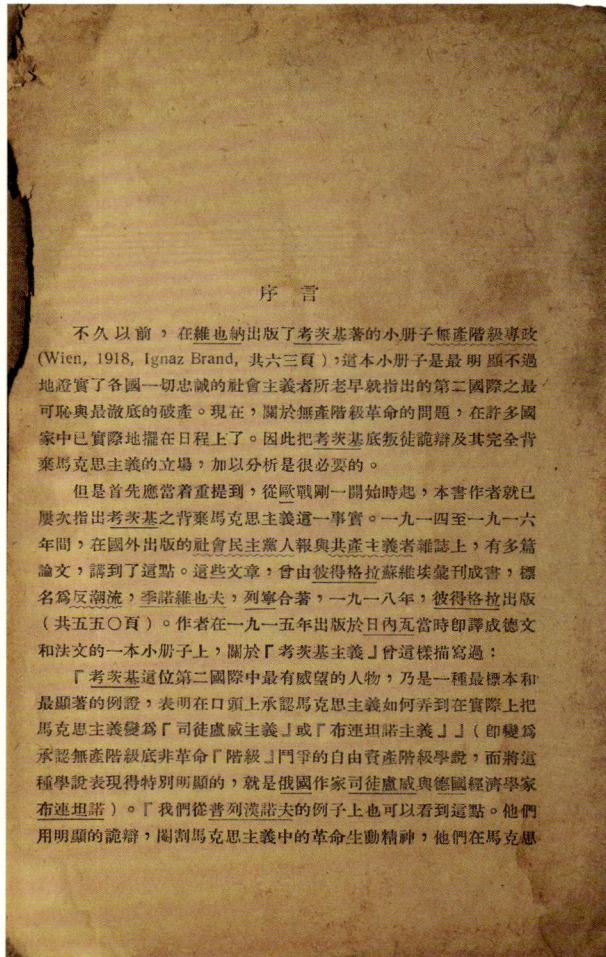

序言

18. 灾祸临头和防止之法

题名：灾祸临头和防止之法
责任者：列宁
出版（印制）单位：外国文书籍出版局
出版（印制）时间：1949年
开本（尺寸）：200mm×130mm
页数：55页
藏址：湖南红色档案馆

　　《灾祸临头和防止之法》（又名《大难临头，出路何在？》）是列宁在1917年9月10日至14日即俄国十月社会主义革命前夜写的。"一战"期间，俄国成立了资产阶级临时政府，它无法改变国家因为战争导致的饥荒和大规模的失业问题，反而继续履行协约国条约，与德国交战。在这种情况下，列宁写了这篇文章，深刻剖析灾难原因，控诉资本主义制度的残酷性以及临时政府的无能，深入探讨经济与战争的关系问题，为解决国家困境提出应对之策。该书于1917年9月完成，同年10月末印成单行本发行。

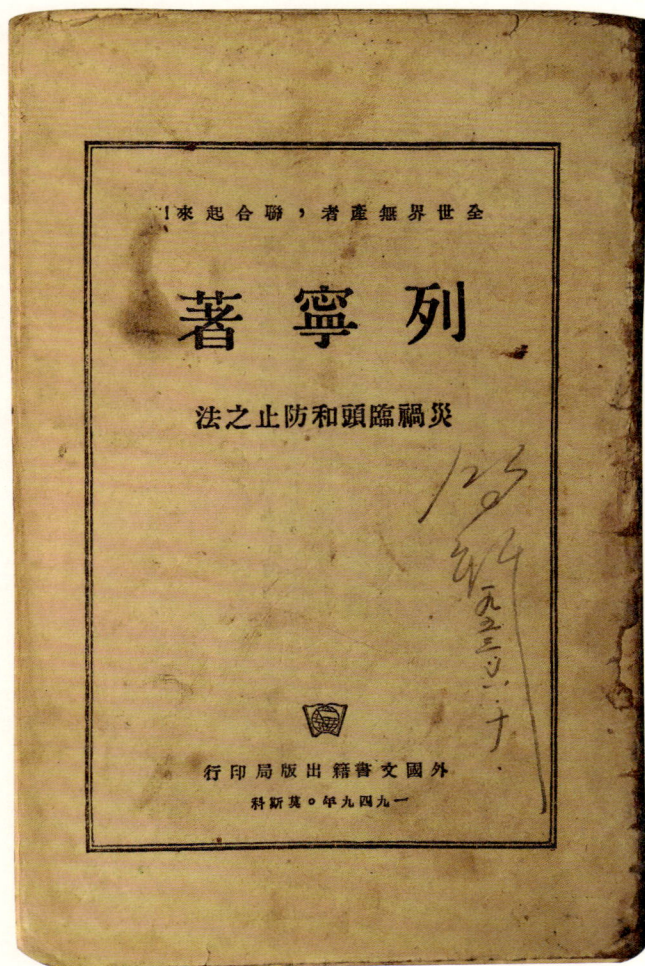

封面

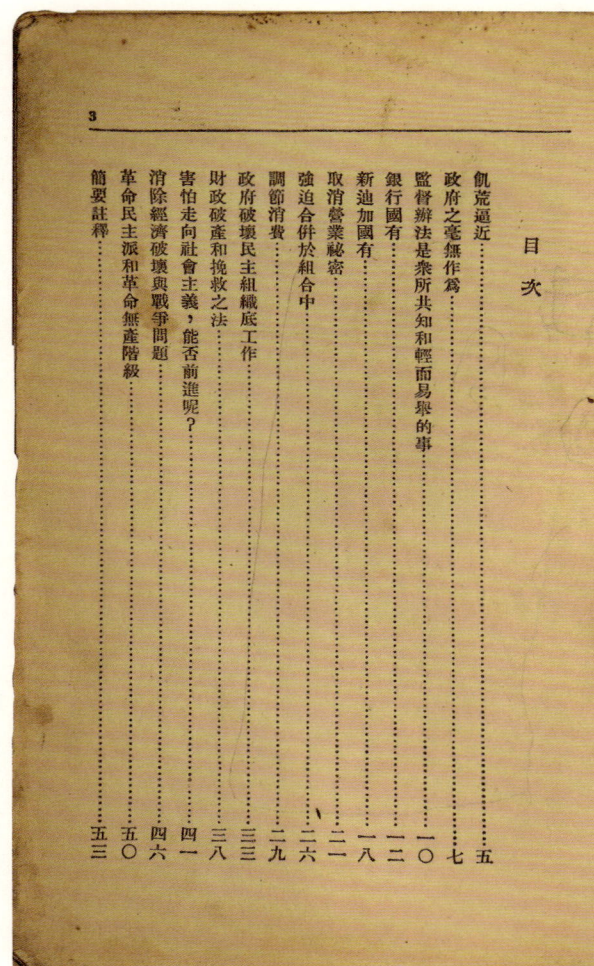

目录

斯大林著作

19. 列宁主义概论

题名：列宁主义概论

责任者：斯大林

出版（印制）单位：解放社

出版（印制）时间：1937年12月

开本（尺寸）：185mm×123mm

页数：194页

藏址：湖南省档案馆

扉页

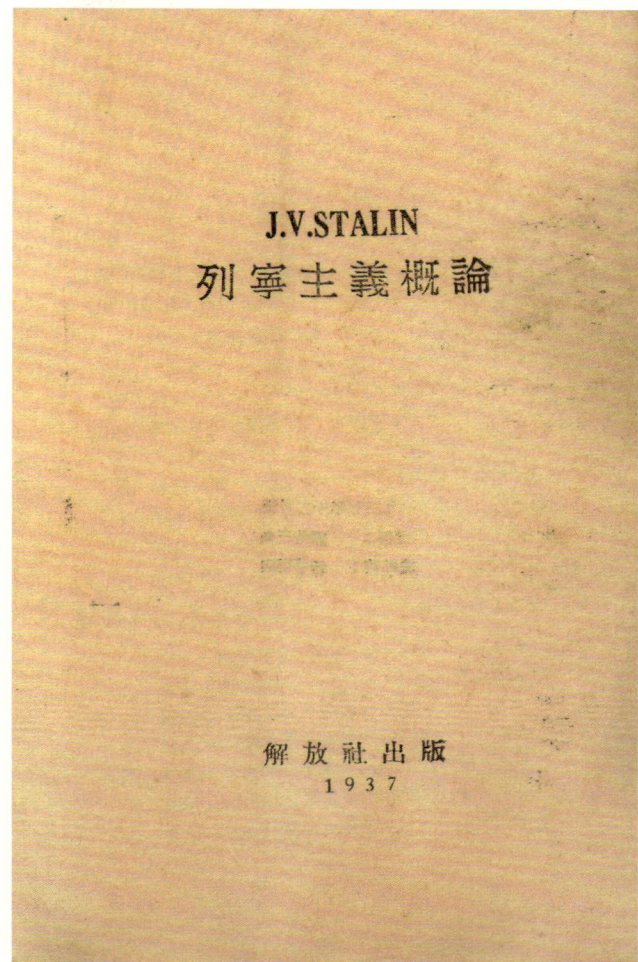

封面

《列宁主义概论》一书包括《关于列宁主义的基础》与《关于列宁主义问题》两篇文章。

20. 无政府主义还是社会主义？

题名：无政府主义还是社会主义？
责任者： 斯大林著　曹葆华译
出版（印制）单位：东北书店
出版（印制）时间：1949年5月
开本（尺寸）：180mm×125mm
页数： 135页
藏址：湖南红色档案馆

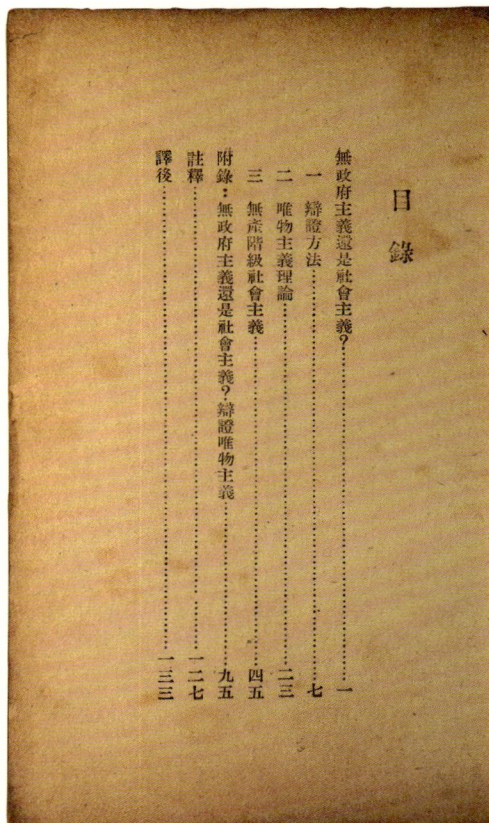

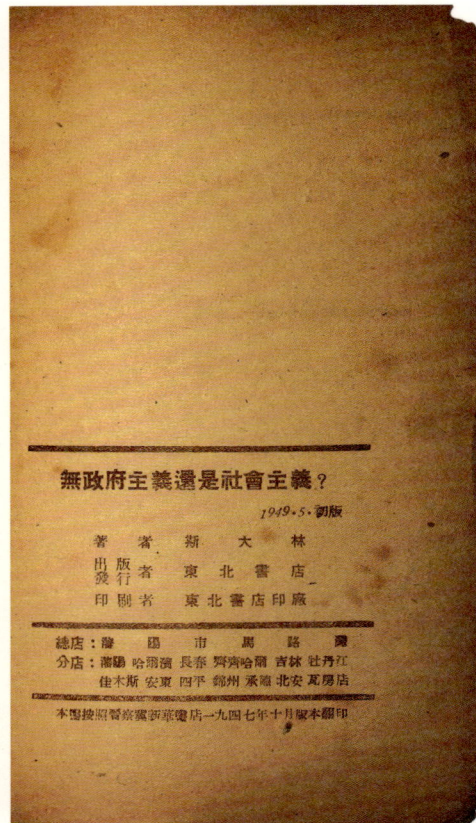

目录　　　　　　　　　　　　　　　　版权页

封面

　　《无政府主义还是社会主义？》写于1906年，是斯大林27岁在外高加索梯弗里斯与无政府主义者进行斗争时用乔治亚文所写的一系列论文，先后在当地的布尔什维克报纸上发表。在这些论文中，斯大林从思想上揭露并粉碎了无政府主义，捍卫与阐发了马克思主义的世界观和科学社会主义理论。

21. 列宁主义问题

题名：列宁主义问题
责任者：斯大林著　唯真译校
出版（印制）单位：外国文书籍出版局
出版（印制）时间：1949年
开本（尺寸）：225mm×145mm
页数：798页
藏址：湖南红色档案馆

《列宁主义问题》一书收录斯大林在1924年列宁逝世后的重要论文、报告和演说。1926年起至1953年共出十一版，各版所收文章不尽相同。本书收录的《列宁主义问题》是苏联外国文书籍出版局根据第十一版翻译的。主要文章有《论列宁主义基础》《十月革命和俄国共产党人底策略》《论列宁主义底几个问题》《论党在农民问题上的三个基本口号》等。

唯真，即谢唯真（1906—1972），曾用名谢建民，湖南桃源人。1923年加入中国共产党。谢唯真由中共党组织保送苏联，入莫斯科中国劳动大学学习。在莫斯科工作期间，谢唯真翻译和负责译校了大量的马列经典著作。1956年，谢唯真回国任中共中央马恩列斯著作编译局校审主任。

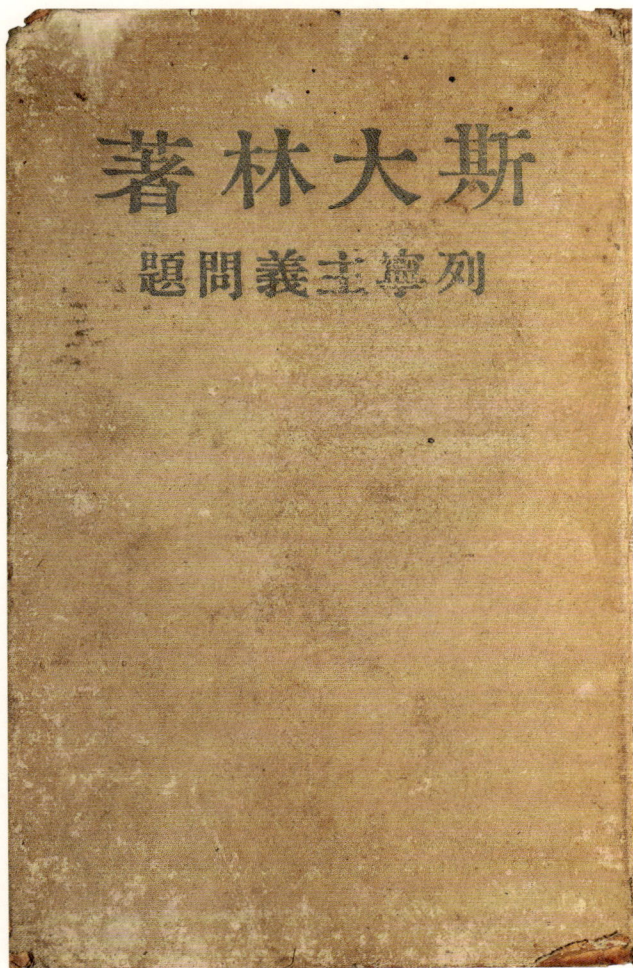

封面

扉页之插图

22. 论苏联宪法草案的报告

题名：论苏联宪法草案的报告
责任者： 斯大林
出版（印制）单位：外国文书籍出版局
出版（印制）时间：1949年
开本（尺寸）：200mm×130mm
页数：79页
藏址：湖南红色档案馆

《论苏联宪法草案的报告》是斯大林1936年11月25日—12月5日在莫斯科召开的全苏苏维埃第八次非常代表大会上作的报告。报告共分为六部分，分别为宪法委员会之成立及其任务、1924年至1936年间在苏联生活中发生的变化、宪法草案的基本特点、资产阶级对宪法草案的批评、对于宪法草案的修正与补充、苏联新宪法的意义。大会在12月5日通过了新的苏联宪法。《斯大林论苏联宪法草案的报告》一书包括《论苏联宪法草案的报告》和《苏联宪法》两部分内容。

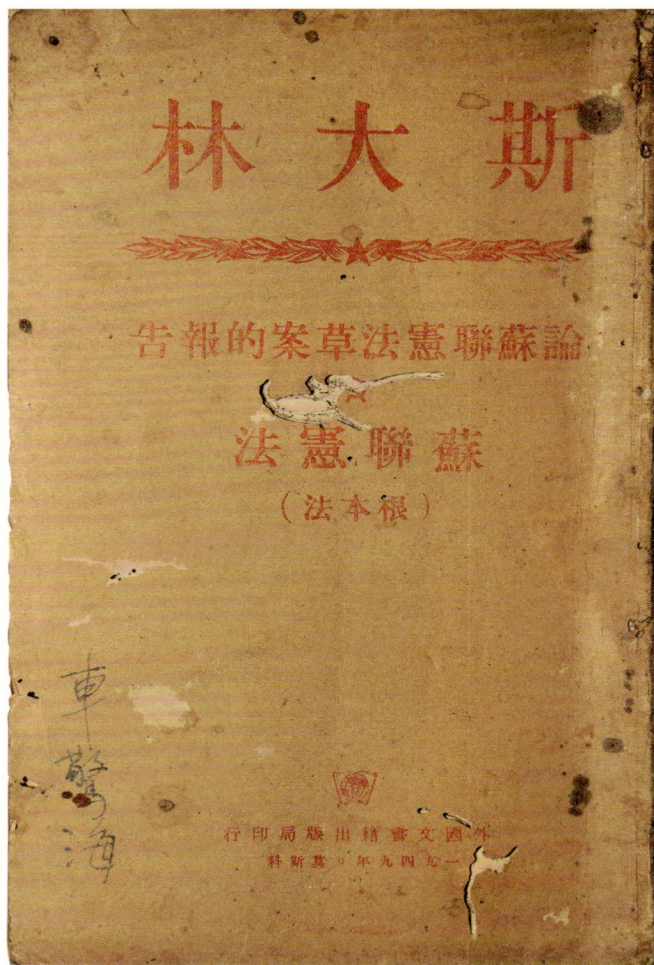

封面

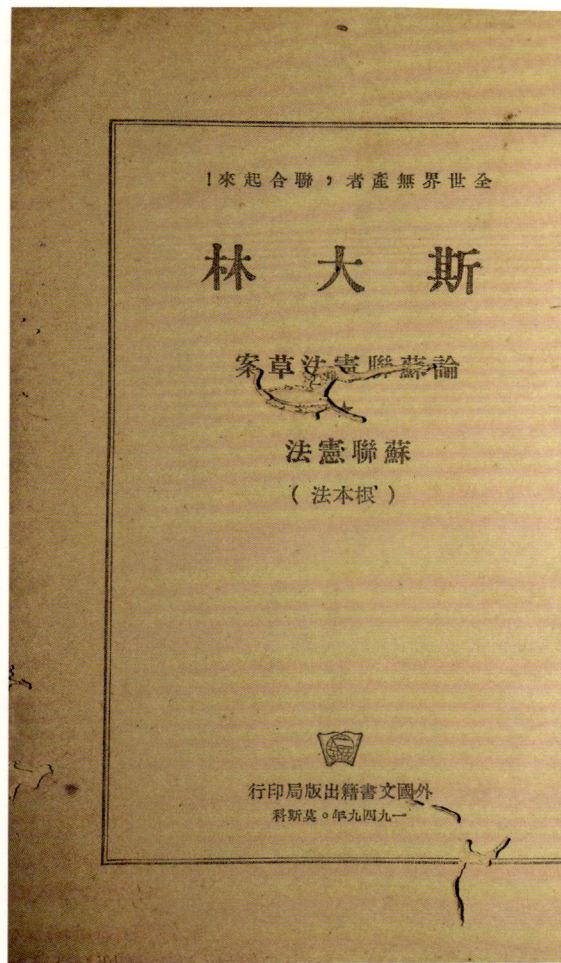

扉页

毛泽东著作

23. 土地法

题名：土地法
责任者：毛泽东
出版（印制）单位：
出版（印制）时间：1928年12月
开本（尺寸）：175mm×125mm
页数：4页
藏址：浏阳市档案馆

　　《土地法》是毛泽东总结井冈山根据地在1927年冬至1928年冬开展土地斗争经验的基础上亲自起草的，由湘赣边界工农兵苏维埃政府于1928年12月正式颁布。全文共9条，约1500字，内容主要包括没收一切土地归苏维埃、如何分配及分配数量、征收土地税、红军人员土地的耕种办法等。它是中央苏区土地革命的里程碑，对推动井冈山土地革命的发展起了相当大的作用。但由于当时经验不足，这部土地法还存在一些不足，这些不足在后来中央苏区颁布的《兴国土地法》中得到了改正。

　　该文编入1941年延安出版的《农村调查》。1982年，中央文献研究室将该文收入《毛泽东农村调查文集》。1993年被编入《毛泽东文集》第一卷。此外，该文在新中国成立后历年印行的各种党史资料中，都被广泛收录。

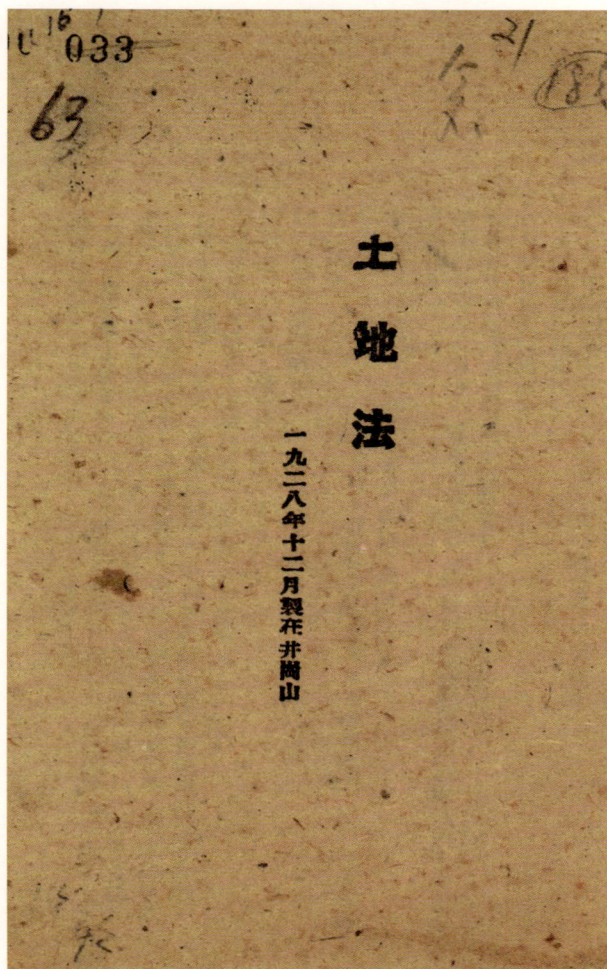

封面

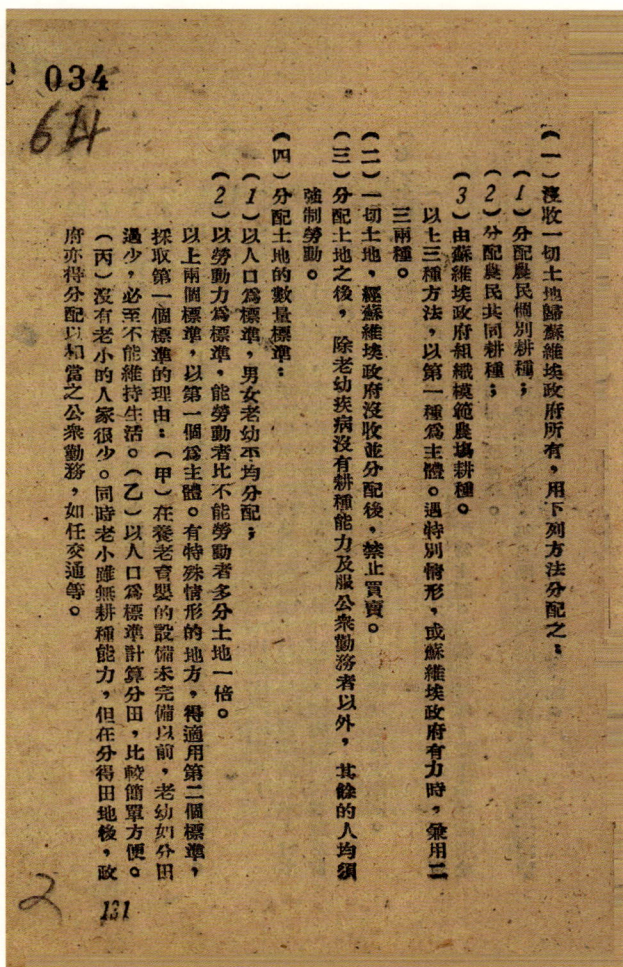

正文

24. 长冈乡调查

题名：长冈乡调查
责任者：毛泽东
出版（印制）单位：
出版（印制）时间：1933年12月15日
开本（尺寸）：175mm×125mm
页数：53页
藏址：浏阳市档案馆

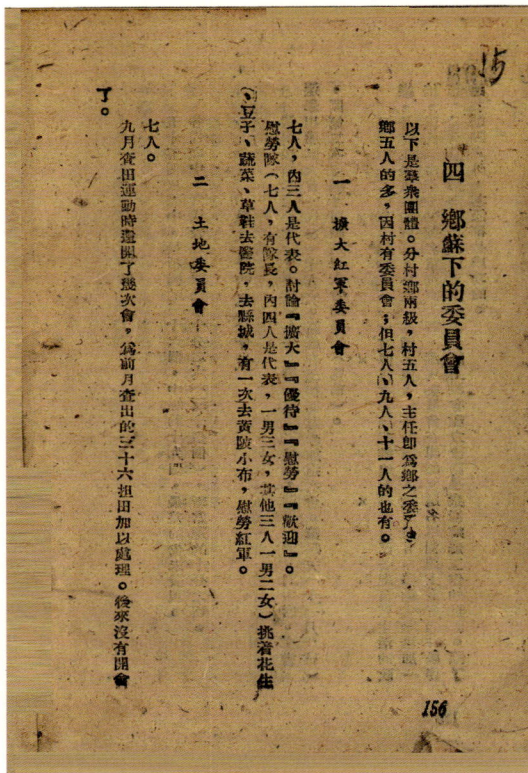

封面

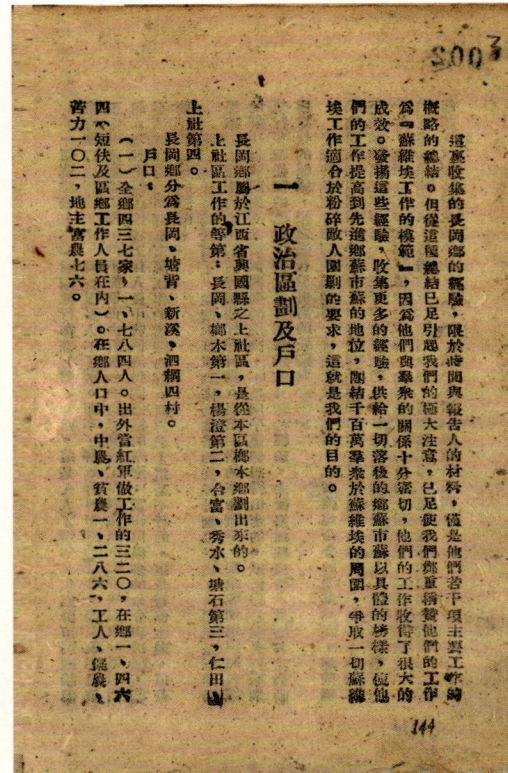

正文

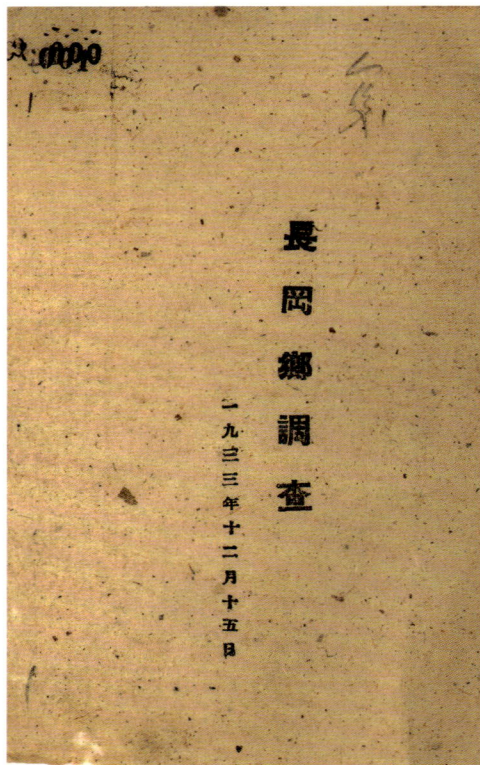

正文

　　《长冈乡调查》是1933年11月中旬毛泽东为即将召开的第二次中华苏维埃全国代表大会做准备，率领苏维埃中央政府检查团到长冈乡进行实地调查后写的长篇调查报告。在调查中，他召集乡和村的干部开调查会，走访贫苦农民家庭和红军家属，同农民一起劳动，在劳动过程中了解乡苏工作和群众生产、生活的情况，随后写出了《长冈乡调查》，原题为《乡苏工作的模范（一）——长冈乡》，全文约25000字。此报告的最重要特点是集毛泽东关于调查研究、民主建政和群众路线思想于一体。报告原载于1934年《斗争》第42、43、44期。1934年1月，印成油印单行本发给参加第二次中华苏维埃全国代表大会的代表。1941年，该文以《长冈乡的调查》为题，在《农村调查》一书中刊印出版。1993年，中央文献研究室将其编入《毛泽东文集》第一卷。

25. 才溪乡调查

题名：才溪乡调查
责任者：毛泽东
出版（印制）单位：
出版（印制）时间：1933年
开本（尺寸）：175mm×125mm
页数：9页
藏址：浏阳市档案馆

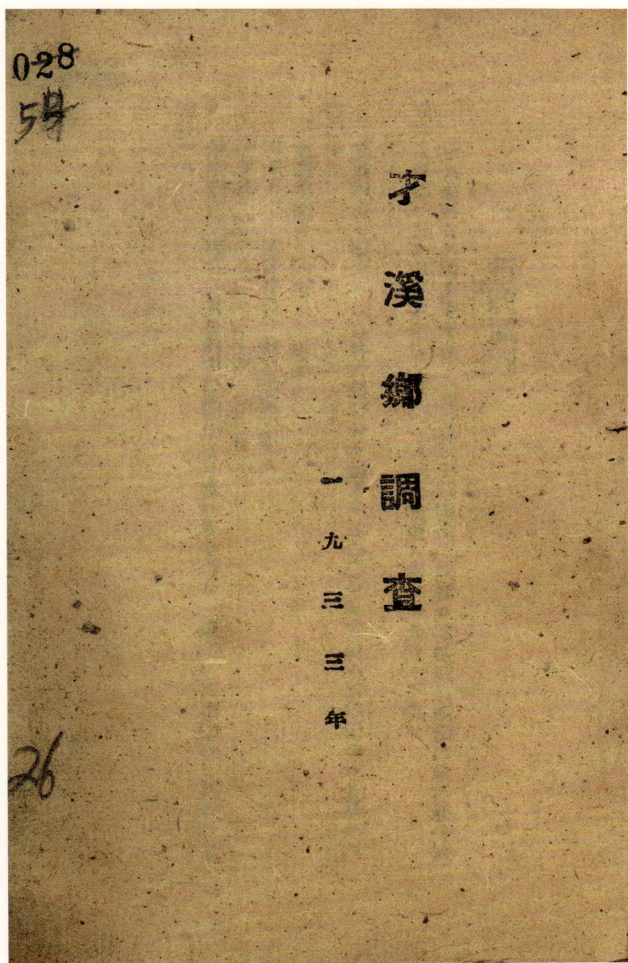

封面

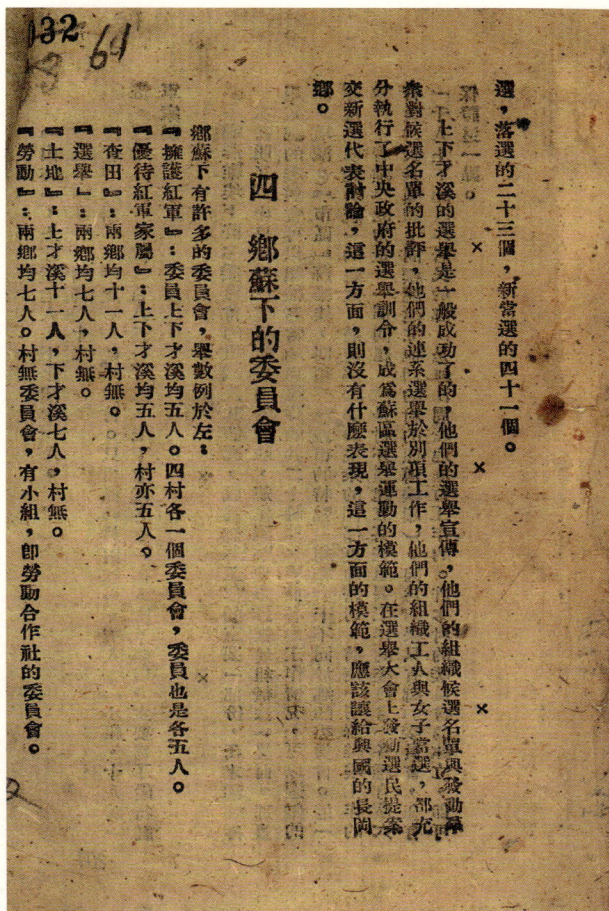

正文

　　《才溪乡调查》是毛泽东在长冈乡调查后，对福建上杭县才溪乡进行调查后写的报告，原题为《乡苏工作的模范（二）——才溪乡》，全文约12000字。在调查中，毛泽东运用马列主义的立场、观点、方法对才溪乡人民的革命斗争和经济、政权、民生、文化、教育等建设进行了全面、系统、周密的调查和科学的总结，用事实证明在国内革命战争环境下革命根据地各种建设不仅是必要的而且是可能的，驳斥了"左倾"机会主义的种种错误论断，对当时整个革命斗争和根据地建设起到了巨大的推动作用。"没有调查就没有发言权"的著名论断就是从这次调查中得来的。

　　《才溪乡调查》原文刊载于《斗争》第45、46、48期。1934年1月，印成油印单行本发给参加第二次中华苏维埃全国代表大会的代表。1941年该文随《农村调查》一书刊印出版；1993年，中央文献研究室将其编入《毛泽东文集》第一卷。

26. 农村调查

题名：农村调查
责任者：毛泽东
出版（印制）单位：晋察冀新华书店
出版（印制）时间：1947年9月
开本（尺寸）：180mm×125mm
页数：190页
藏址：湖南红色档案馆

封面

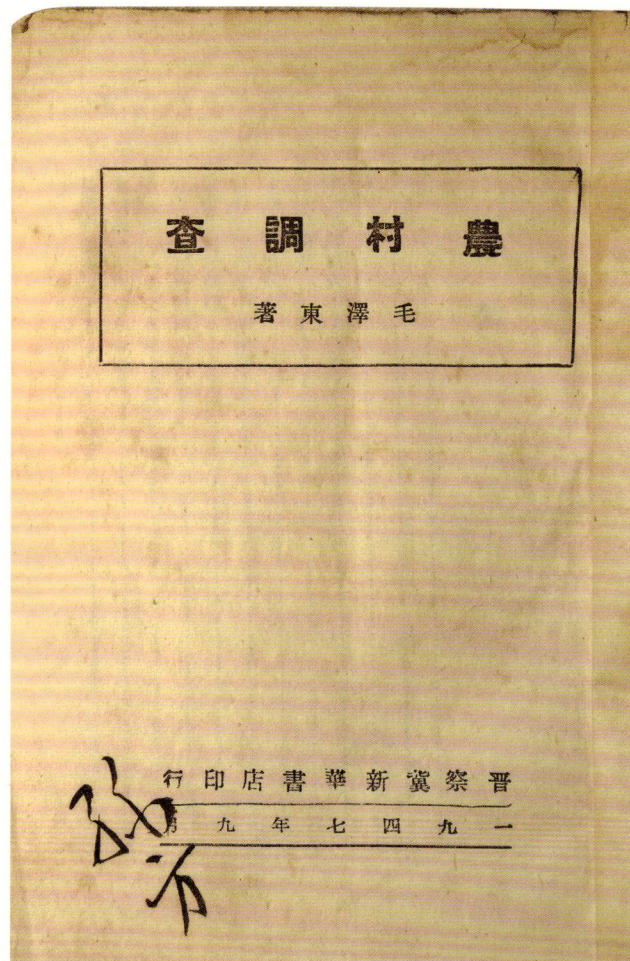

扉页

毛泽东1927年至1934年期间在农村进行调查研究，积累了大量材料。为保存史料，1937年10月，毛泽东决定将调查材料汇集成《农村调查》一书，并写了一篇序言，即序言一，说明资料来源及刊印目的。1941年在延安正式出版时他又写了序言二和跋。在"序言二"中，毛泽东说明编辑出版《农村调查》一书的主要目的是保存史料和帮助人们寻找研究问题的方法，重申"没有调查就没有发言权"。

《农村调查》正文分兴国调查、东塘等处调查、木口村调查、赣西土地分配情形、江西土地斗争中的错误、分青和出租问题、分田后的富农问题、土地法（1928年12月）、土地法（1929年4月）、长冈乡调查、才溪乡调查十一部分。其中《长冈乡调查》和《才溪乡调查》，曾分别在中央苏区机关报《斗争》报上连续刊发。

本书共收录《农村调查》两个版本。

27. 农村调查

题名：农村调查
责任者：毛泽东
出版（印制）单位：新华书店
出版（印制）时间：1949年7月
开本（尺寸）：180mm×125mm
页数：190页
藏址：湖南红色档案馆

封面

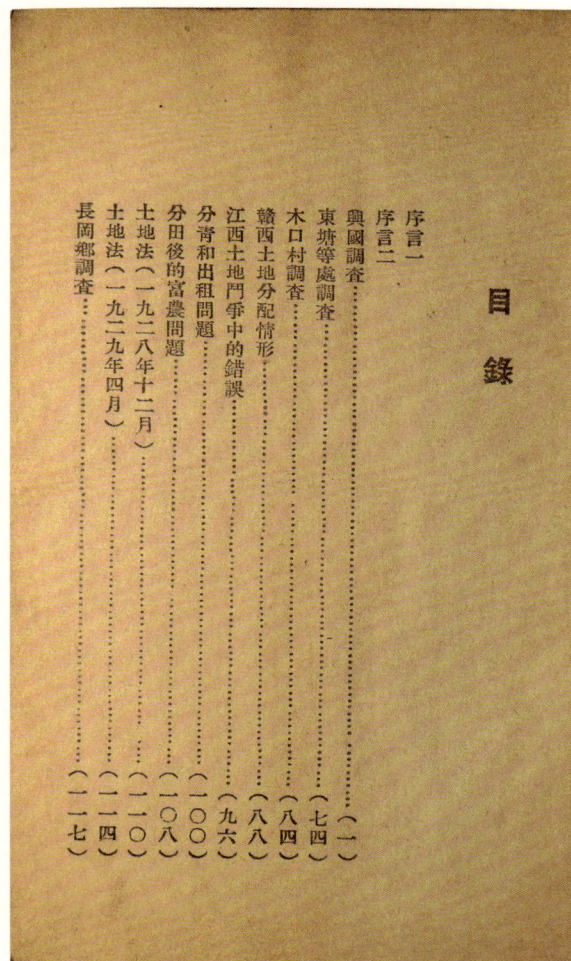

目录

28. 湖南农民运动考察报告

题名：湖南农民运动考察报告
责任者：毛泽东
出版（印制）单位：华北新华书店
出版（印制）时间：1947年11月
开本（尺寸）：180mm×123mm
页数：44页
藏址：湖南红色档案馆

扉页

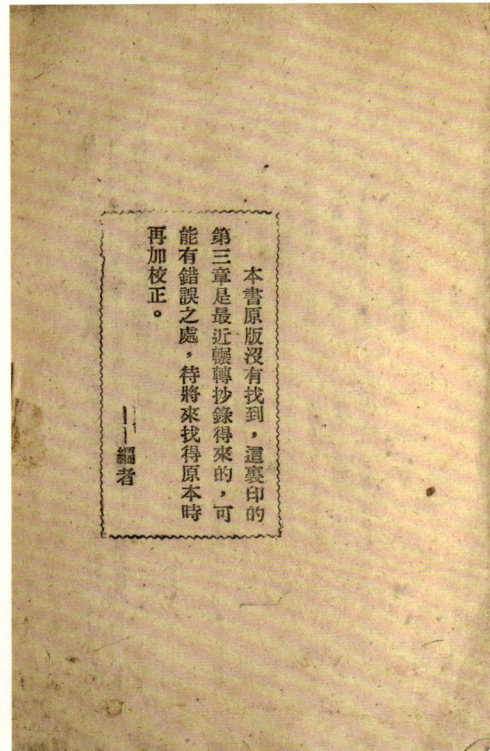

编者按

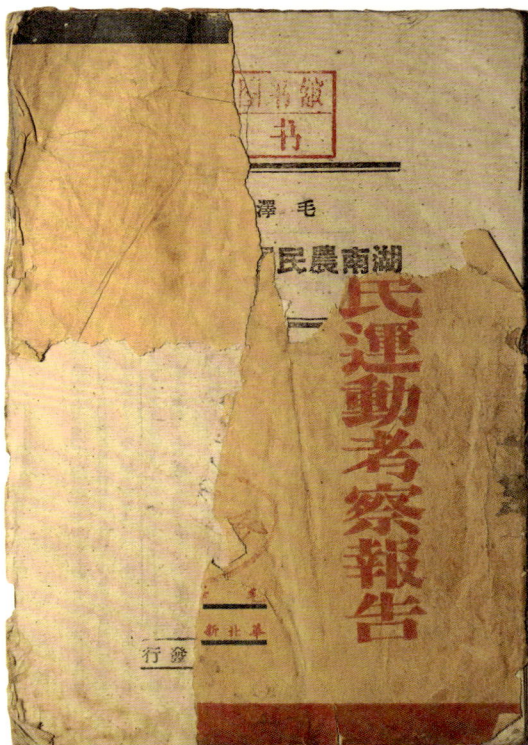

封面

《湖南农民运动考察报告》是毛泽东从1927年1月4日开始，用32天时间考察了湖南湘潭、长沙、湘乡、衡山、醴陵等五县的农民运动后所写的详细报告，全文约22000字。在这篇报告里，毛泽东答复了当时党内外对农民运动的责难，热烈赞颂和支持蓬勃兴起的农民反对乡村封建势力的斗争，总结了农民革命运动的经验，提出党领导农民革命运动的路线和政策以及解决中国民主革命的中心问题——农民问题的理论和政策。

1927年3月，该报告最早在中共湖南区委机关刊物《战士》周报上发表。中共中央机关刊物《向导》周报、汉口《民国日报》的《中央副刊》、《湖南民报》相继刊发，引起广泛关注。4月，汉口长江书店以《湖南农民革命(一)》为书名出版单行本，瞿秋白作序。5—6月，共产国际执委会机关刊物《共产国际》的俄文版和英文版先后转载《向导》周报刊发的《报告》。

该文先后被收入《六大以前》《两条路线》等书。1948年东北书店出版的《毛泽东选集》第一卷全文收录该文。之后在毛选的众多版本中一直保留。据统计，该文总计出单行本120多种，新中国成立前出版的有50多种。

29. 论持久战

题名：论持久战
责任者：毛泽东
出版（印制）单位：译报图书部
出版（印制）时间：1938年12月10日
开本（尺寸）：180mm×127mm
页数：88页
藏址：湖南红色档案馆

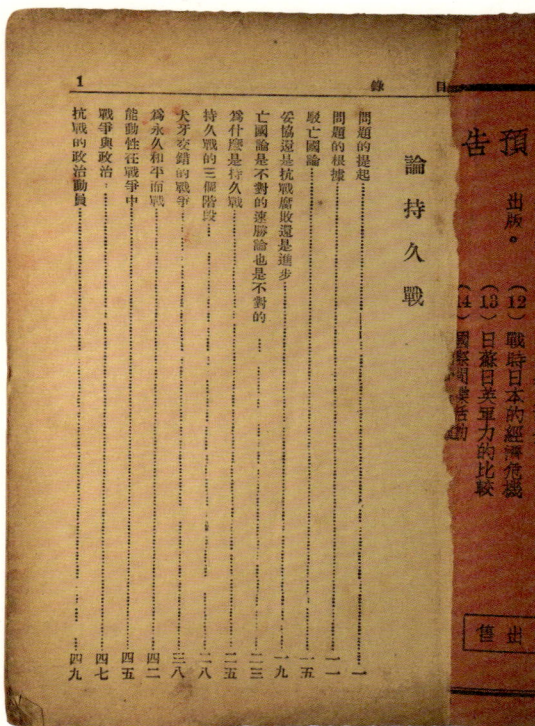

目录

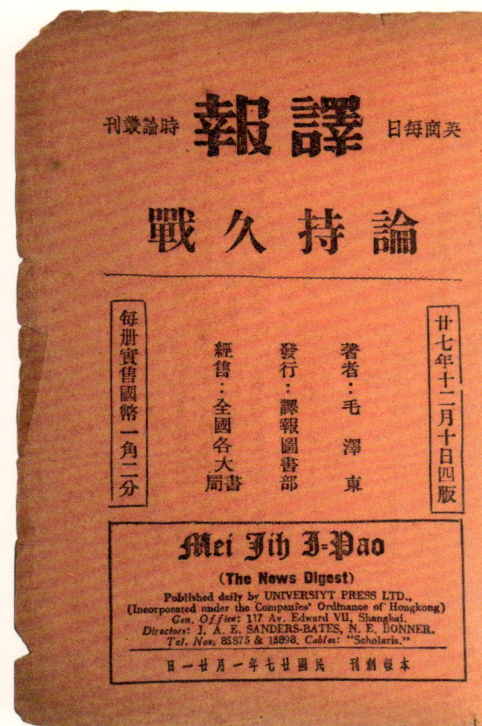

版权页

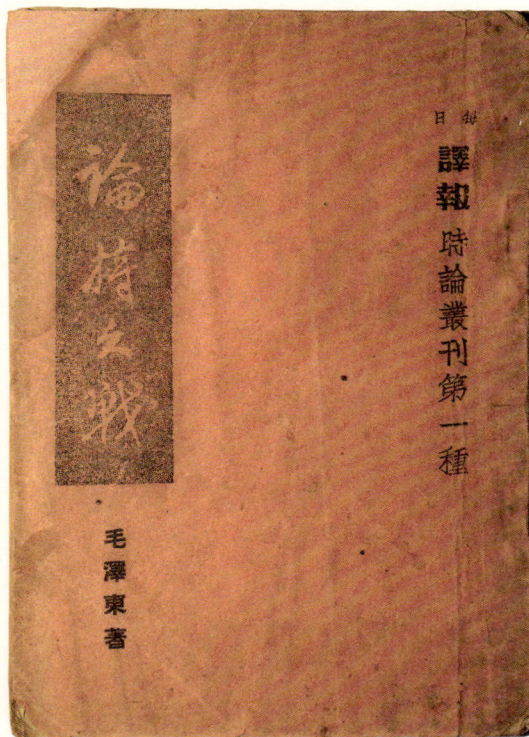

封面

　　《论持久战》是毛泽东于1938年5月26日至6月3日在延安抗日战争研究会上的演讲稿，是关于中国抗日战争方针的军事政治著作。文章在总结抗日战争初期经验的基础上，针对中国国民党内部分人的"中国必亡论"和"中国速胜论"，以及中国共产党内部分人轻视游击战的倾向，系统地阐述了中国实行持久战以获得对日作战胜利的战略。1938年7月1日，《论持久战》在延安《解放》杂志第43、44期（合刊）正式刊出。当月，延安解放社出版了单行本。此后，在各根据地、解放区有多种单行本流传。据统计，此文在建国前出的单行本就有50余种。《论持久战》是《抗日战争丛书》的第一本著作。新中国成立后，《论持久战》以原题编入《毛泽东选集》第二卷。

　　本书收录《论持久战》三个版本。

　　《每日译报》：《每日译报》的前身是《译报》，1937年12月9日创刊，由夏衍主持。当时上海沦陷，为突破日伪新闻封锁，中共上海地下党组织利用外国报刊在租界的合法性这一优势，创办了这份专门刊载译文的小报，揭露日军暴行，报道抗战形势，宣传抗战主张。12月20日，《译报》被日方通过租界当局下令取缔。1938年1月21日复刊，更名为《每日译报》。1938年8月23日起，《每日译报》对毛泽东的《论持久战》进行连载。该报于1939年5月18日被迫停刊。

30. 论持久战

题名：论持久战
责任者：毛泽东
出版（印制）单位：中国出版社
出版（印制）时间：1939年1月
开本（尺寸）：188mm×126mm
页数：68页
藏址：湖南省档案馆

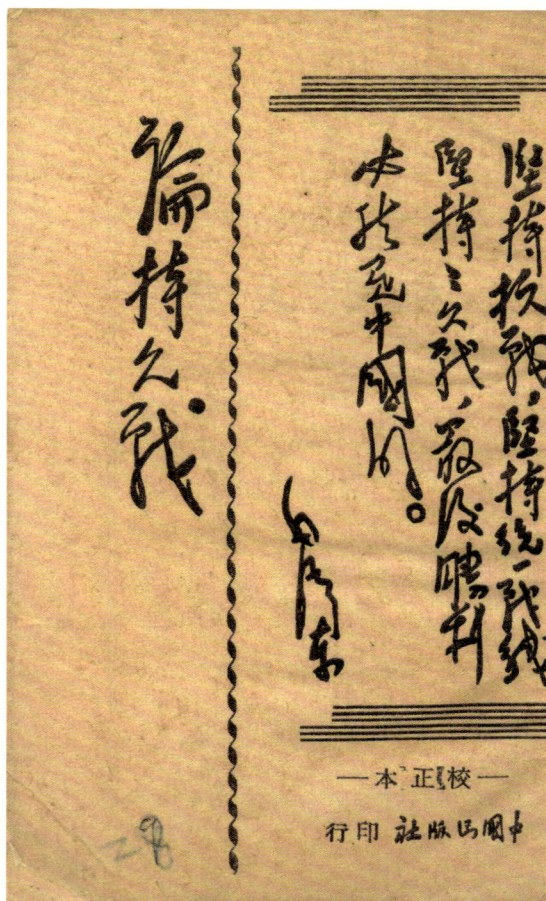

封面

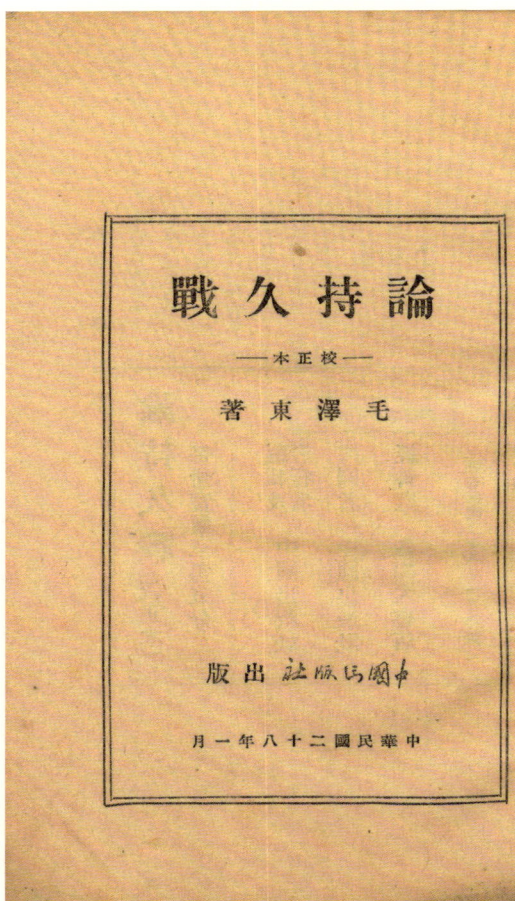

扉页

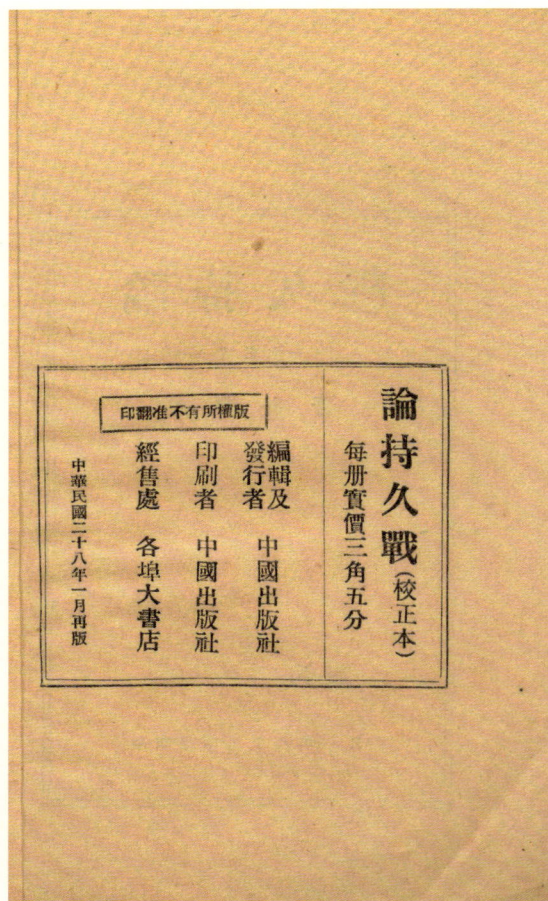

版权页

31. 论持久战

题名：论持久战

责任者：毛泽东

出版（印制）单位：东北书店

出版（印制）时间：1947年6月

开本（尺寸）：180mm×136mm

页数：101页

藏址：湖南红色档案馆

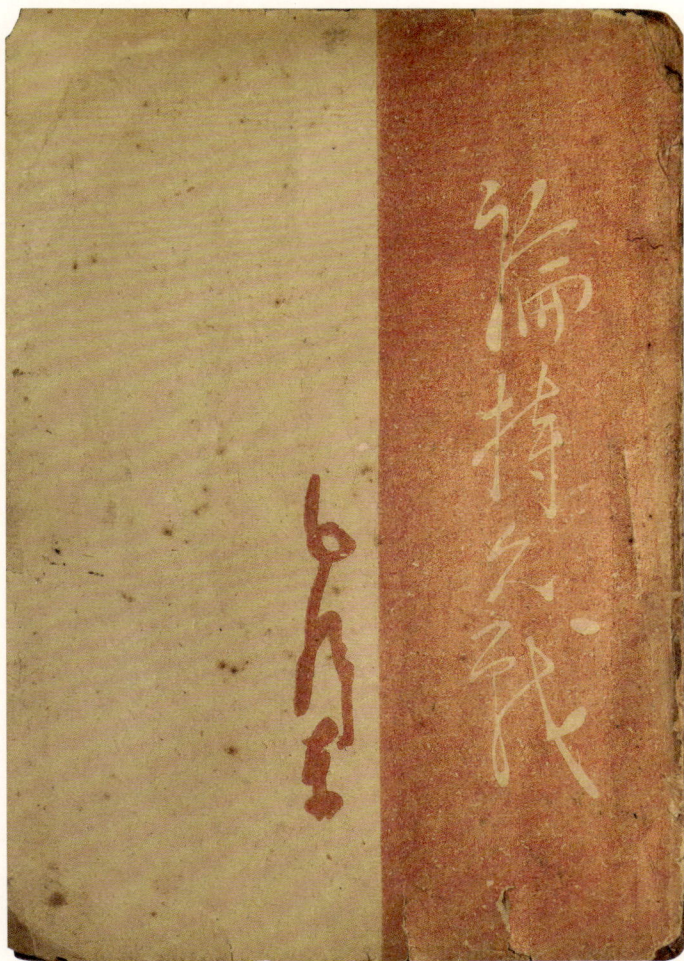

封面

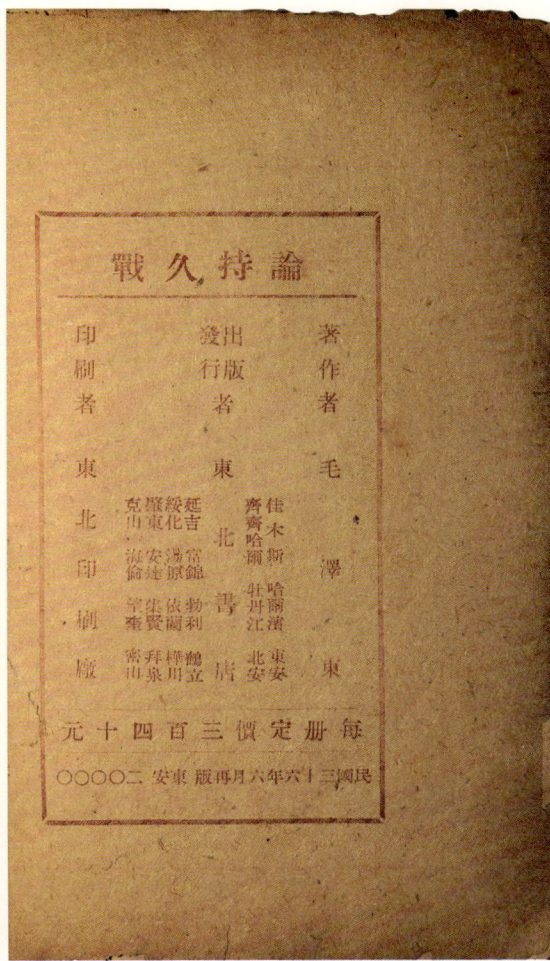

版权页

32. 抗日游击战争的一般问题

题名：抗日游击战争的一般问题
责任者：毛泽东等
出版（印制）单位：新华日报
出版（印制）时间：1939年3月20日
开本（尺寸）：186mm×128mm
页数：50页
藏址：湖南省档案馆

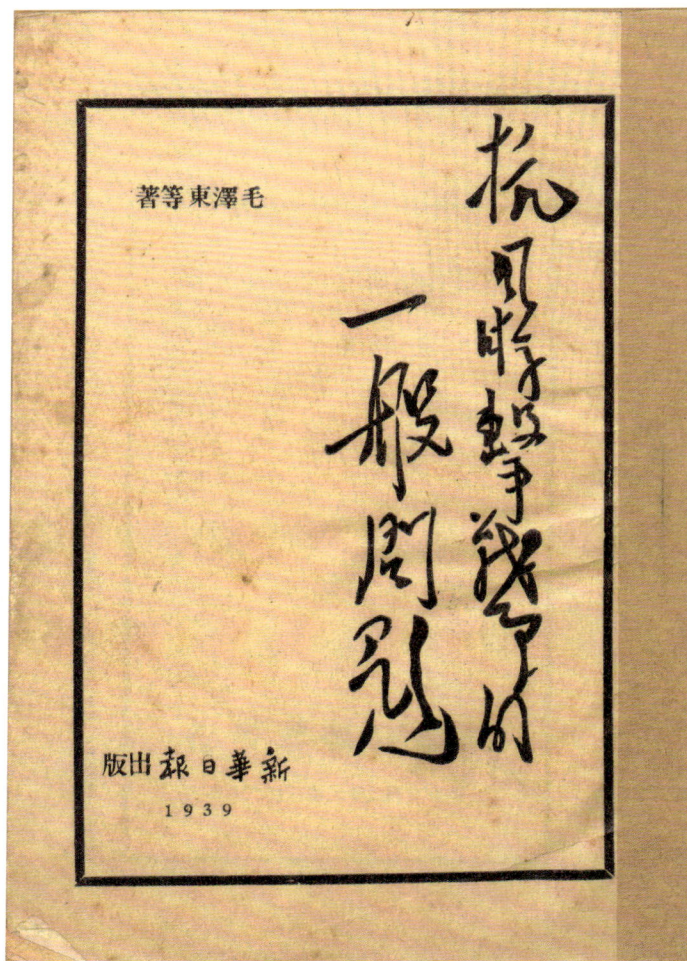

封面

目录

　　《抗日游击战争的一般问题》于1939年出版，选编了毛泽东、陈昌浩、刘亚楼、萧劲光、郭化若等人的文章，总结了土地革命战争和抗日战争中游击战争的经验，解决了抗日游击战争的基本问题。除了毛泽东的《抗日游击战争的战略问题》部分内容在《解放》杂志上发表过外，其余文章均是第一次发表。

33. 抗日游击战争战略问题 论持久战（合订本）

题名：抗日游击战争战略问题 论持久战（合订本）
责任者：毛泽东
出版（印制）单位：太岳军区司令部
出版（印制）时间：1939年5月
开本（尺寸）：175mm×120mm
页数：129页
藏址：湖南红色档案馆

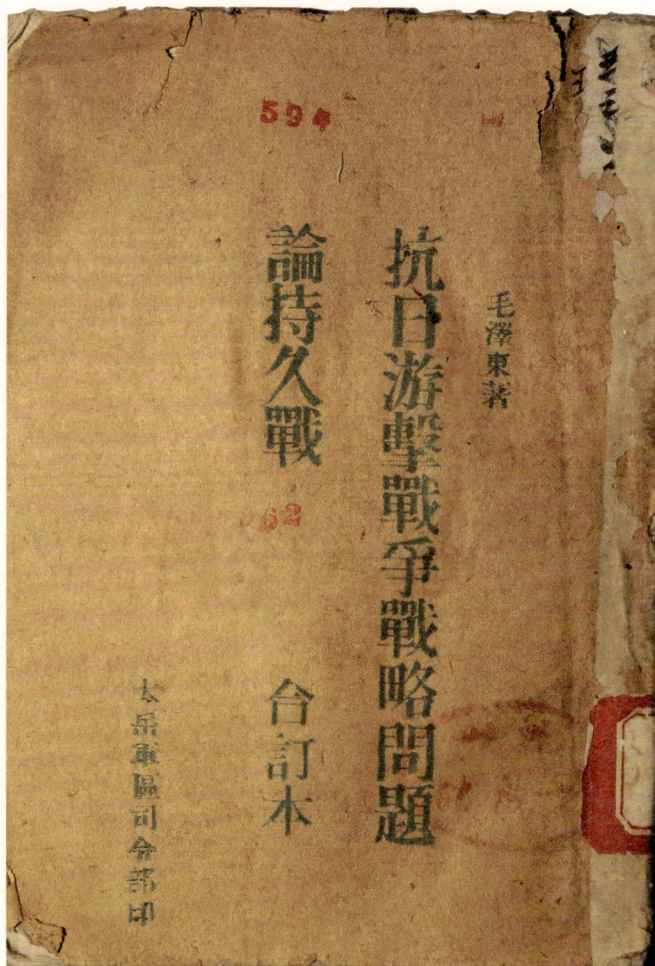

毛泽东木刻像

封面

《抗日游击战争战略问题 论持久战（合订本）》收录了毛泽东的《抗日游击战争的战略问题》和《论持久战》两篇文章，书中有一幅毛泽东木刻像。《抗日游击战争的战略问题》是毛泽东1938年5月写的一篇研究抗日战争的军事著作。该文从战略高度，论述了抗日游击战争的地位、作用，以及在抗日游击战争中一系列具体的战略问题。该文原载于1938年5月30日《解放》周刊40期，此后，《新华日报》《群众》《毛泽东救国言论集》《抗日游击战争的一般问题》等均收录这篇文章。

34. 论新阶段

题名：论新阶段
责任者：毛泽东
出版（印制）单位：大众日报社
出版（印制）时间：1939年3月15日
开本（尺寸）：199mm×142mm
页数：91页
藏址：湖南红色档案馆

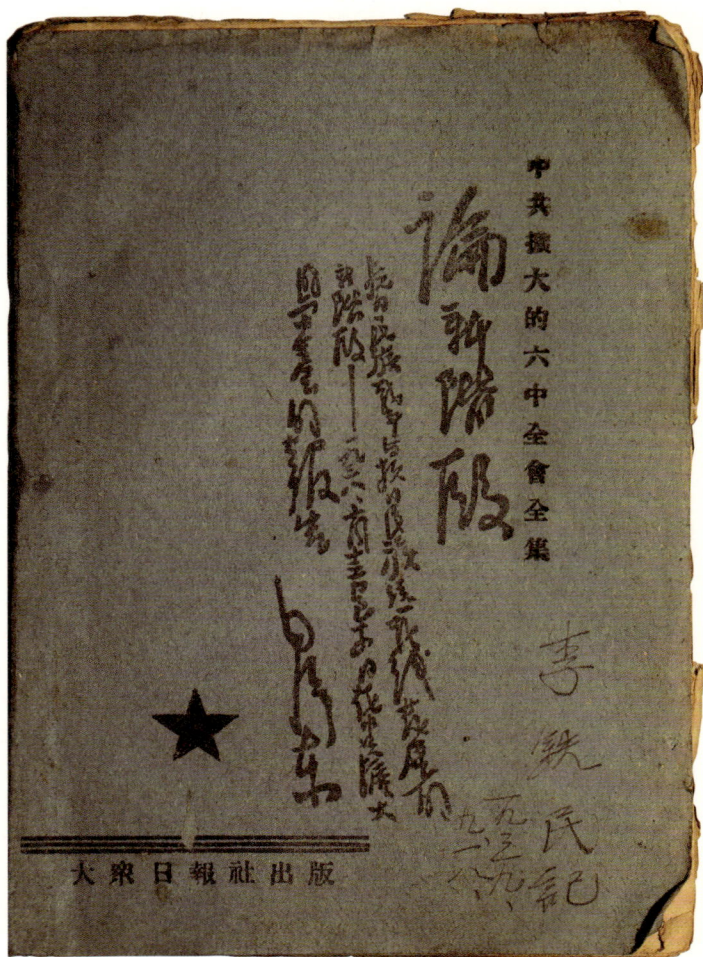

封面

1938年9月29日，扩大的中共六届六中全会在延安正式开幕，会议历时40天。10月12日至14日，毛泽东代表政治局向会议作了题为《抗日民族战争与抗日民族统一战线发展的新阶段》的政治报告（简称《论新阶段》）。这个报告是在中国人民同日本侵略者进行殊死决战，中华民族到了最危险的时候作出的。主要内容包括：（一）五中全会到六中全会；（二）抗战十五个月的总结；（三）抗日民族战争与抗日民族统一战线发展的新阶段；（四）全民族的当前紧急任务；（五）长期战争与长期合作；（六）中国的反侵略战争与世界的反法西斯运动；（七）中国共产党在民族战争中的地位；（八）召开党的七次全国代表大会。

《论新阶段》最早发表于1938年11月5日编印的《中共扩大的全会文献》。1938年11月25日《解放》第57期、1938年12月《新华日报》、1939年5月《文献》都曾全文转载。解放社于1938年12月出版了《新阶段》单行本，1942年4月再版。

本书收录《论新阶段》三个版本。

《大众日报》：1939年1月1日，《大众日报》在沂水县王庄——中共中央山东分局、八路军山东纵队指挥部驻地创刊。创刊后不久就接到印刷《论新阶段》的任务。大众日报社1939年3月出版的《论新阶段》这一版本，装帧和排版富有特点，采用从左往右横排版，书中有毛泽东的题词和木刻画像。

毛泽东木刻像

毛泽东题词

35. 论新阶段——纪念新华日报华北版三周年

题名：论新阶段——纪念新华日报华北版三周年
责任者：毛泽东
出版（印制）单位：新华书店
出版（印制）时间：1942年1月
开本（尺寸）：174mm×122mm
页数：74页
藏址：湖南红色档案馆

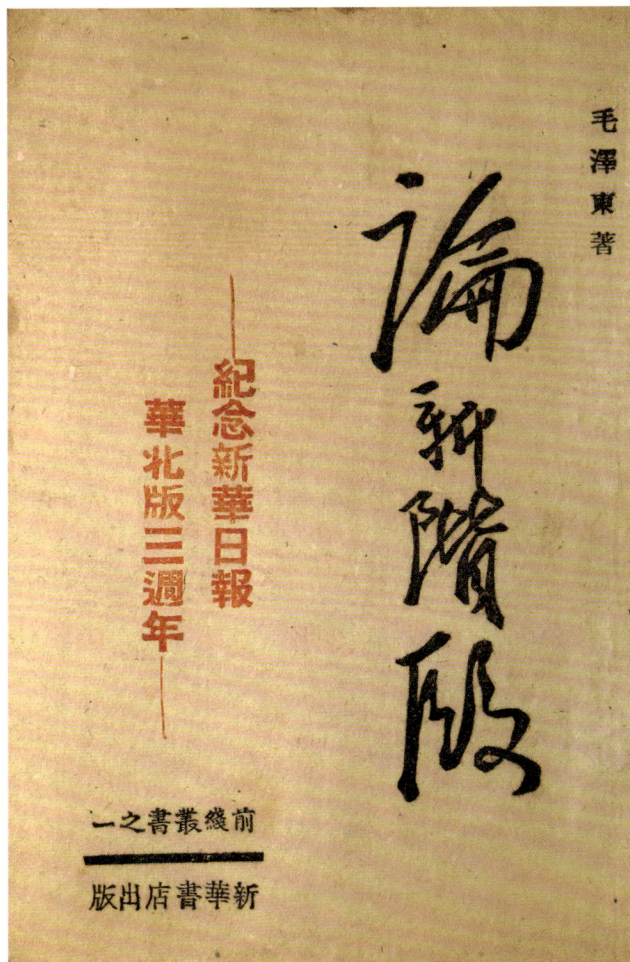

封面

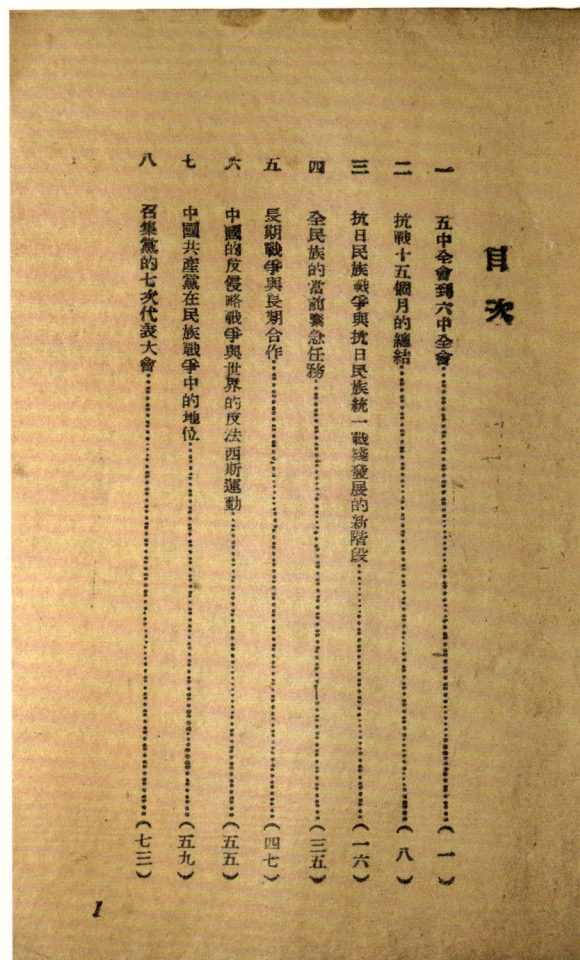

目录

此版本为纪念新华日报华北版三周年出版的"前线丛书之一"，是新华日报华北分馆早期的出版物。新华日报华北分馆成立于1938年12月19日，1939年2月出版了《论新阶段》。1942年1月在分馆成立三周年之际再版，印数5000册。

36. 论新阶段

题名：论新阶段
责任者：毛泽东
出版（印制）单位：东北书店
出版（印制）时间：1947年5月
开本（尺寸）：180mm×125mm
页数：137页
藏址：湖南红色档案馆

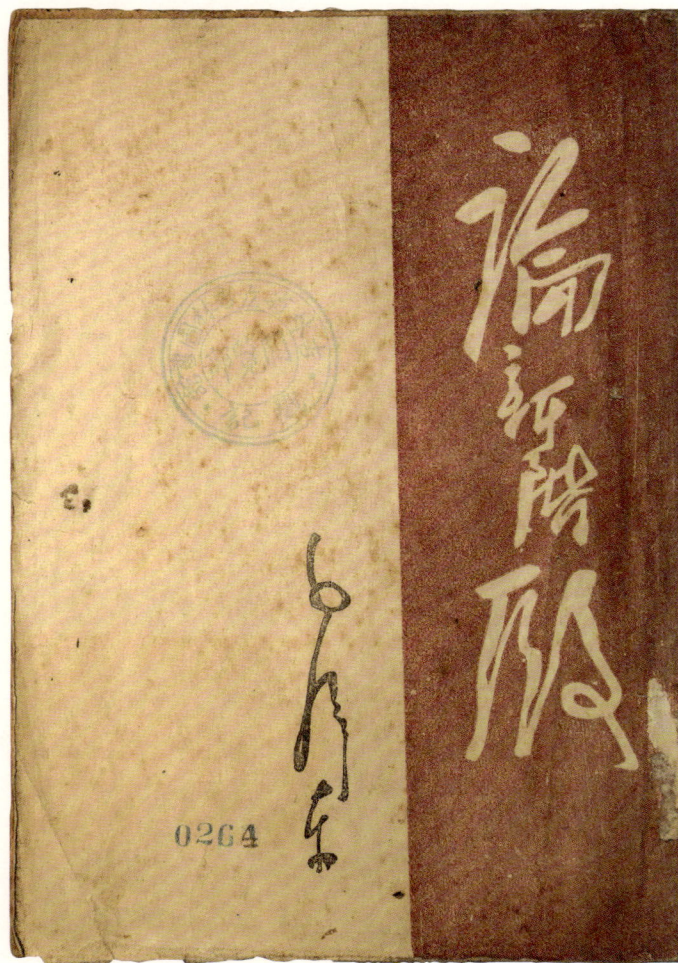

封面

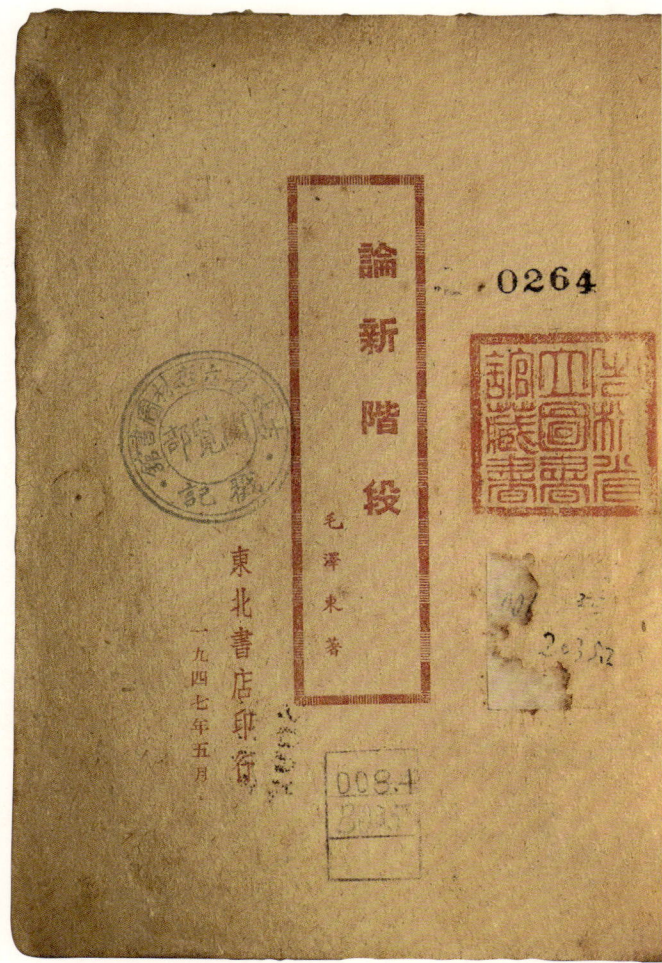

扉页

37. 目前国际形势与中国抗战

题名：目前国际形势与中国抗战
责任者：毛泽东
出版（印制）单位：现实出版社
出版（印制）时间：1939年9月
开本（尺寸）：186mm×126mm
页数：8页
藏址：湖南省档案馆

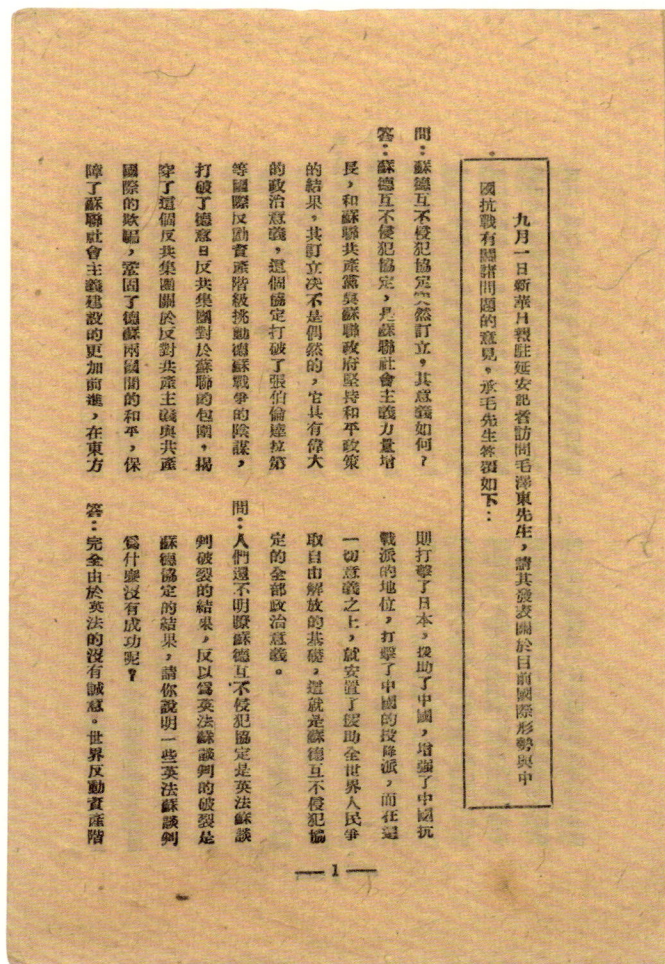

正文

封面

《目前国际形势与中国抗战》是1939年9月1日毛泽东接受《新华日报》驻延安记者采访的谈话。全文约4700字。谈话分析了《苏德互不侵犯协定》签订后的国际局势，阐述了中国抗战在新的国际形势下的前途和任务。该谈话首先发表在1939年9月5日出版的《新华日报》，题为《毛泽东先生关于目前国际形势与中国抗战的谈话》。此后，《解放》《八路军军政杂志》《大众》《六大以来》等资料均收录该谈话全文。后被收入《毛泽东选集》第二卷。

《新华日报》：是中国共产党在国民党统治区公开出版的机关报。1938年1月11日在汉口创刊，同年10月25日迁到重庆继续出版。1947年3月被国民党政府强迫停刊。

38. 中国革命与中国共产党

题名：中国革命与中国共产党
责任者：毛泽东
出版（印制）单位：陕南新闻社
出版（印制）时间：1939年12月15日
开本（尺寸）：175mm×130mm
页数：34页
藏址：湖南红色档案馆

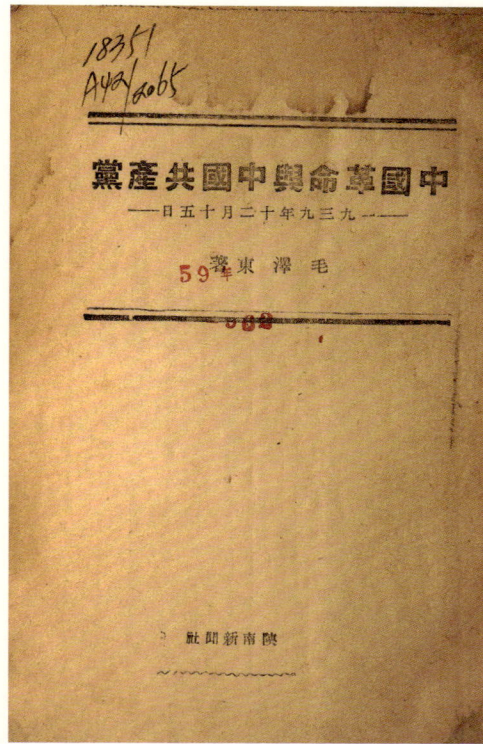

扉页

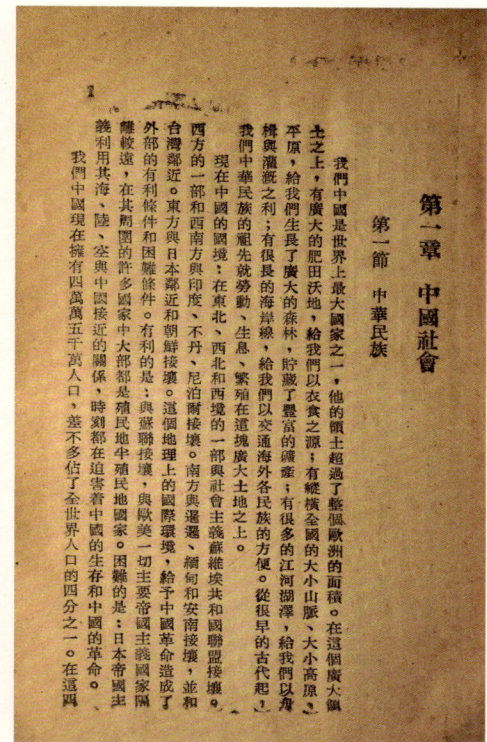

正文

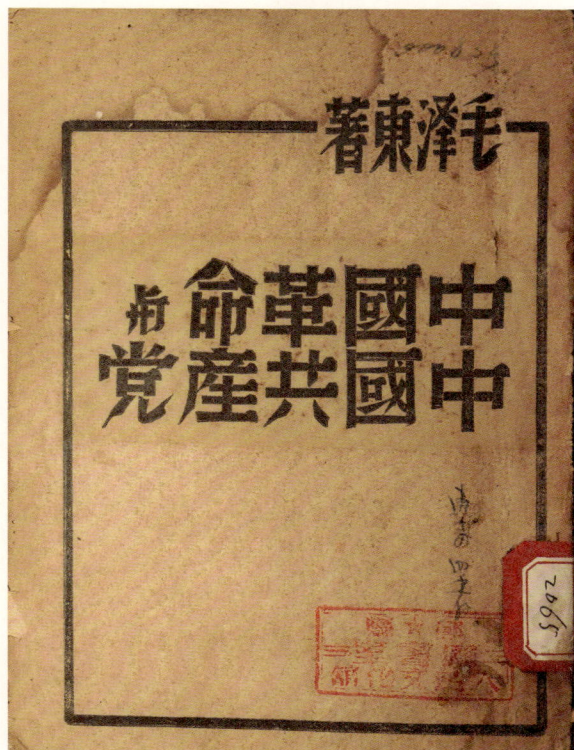

封面

　　《中国革命与中国共产党》是1939年冬由毛泽东和其他几位在延安的同志合写的一个课本。全文约2万字，共三章。第一章《中国社会》，是其他几个同志起草，经毛泽东修改的。第二章《中国革命》，毛泽东写。第三章，准备写《党的建设》，因为担任写作的同志没有完稿而停止。于是，第一、二章作为毛泽东的著作，单独成篇。1940年下半年，毛泽东根据反对第一次反共高潮的经验和当时的形势，对《中国革命与中国共产党》第二章作了重要修改。

　　《中国革命与中国共产党》一文最早发表于1940年2月25日和4月25日出版的《共产党人》第4、5期(连载)。后多次被收入各种文集，包括《毛泽东选集》第二卷，题目改为《中国革命和中国共产党》。该文还出版过单行本，多达260余种。

　　本书共收录《中国革命与中国共产党》五个版本。

39. 中国革命与中国共产党

题名：中国革命与中国共产党
责任者：毛泽东
出版（印制）单位：东北书店
出版（印制）时间：1947年3月
开本（尺寸）：180mm×125mm
页数：29页
藏址：湖南红色档案馆

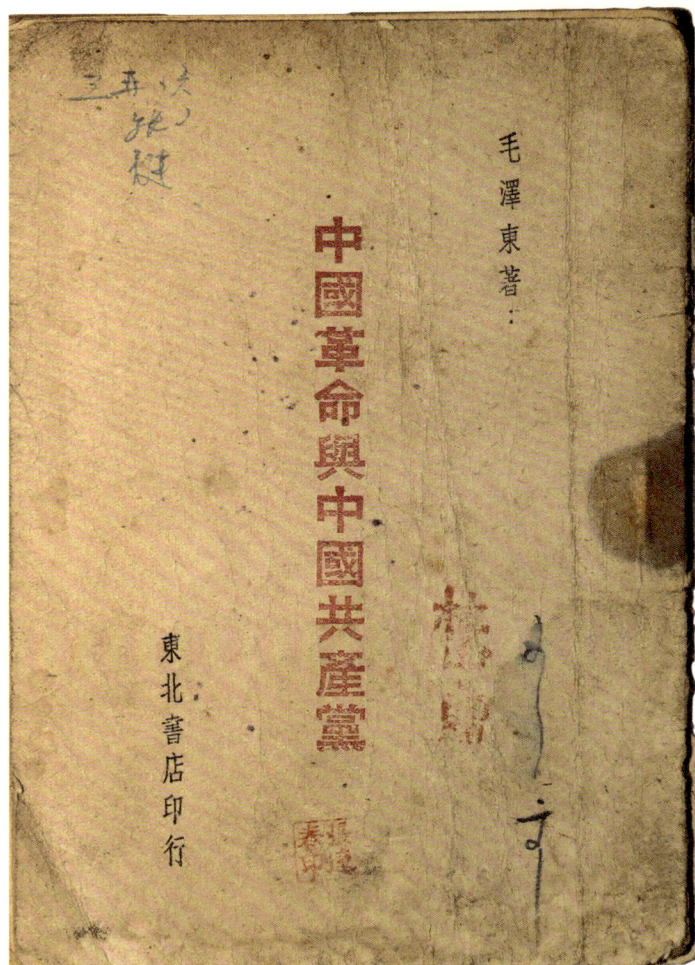

封面

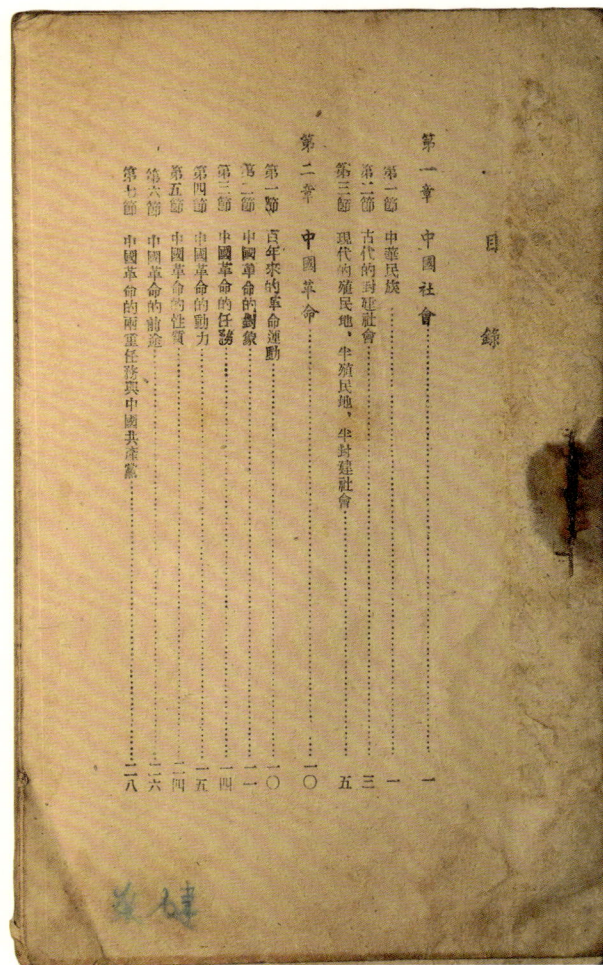

目录

40. 中国革命与中国共产党

题名：中国革命与中国共产党

责任者：毛泽东

出版（印制）单位：

出版（印制）时间：1948年9月

开本（尺寸）：175mm×124mm

页数：32页

藏址：湖南红色档案馆

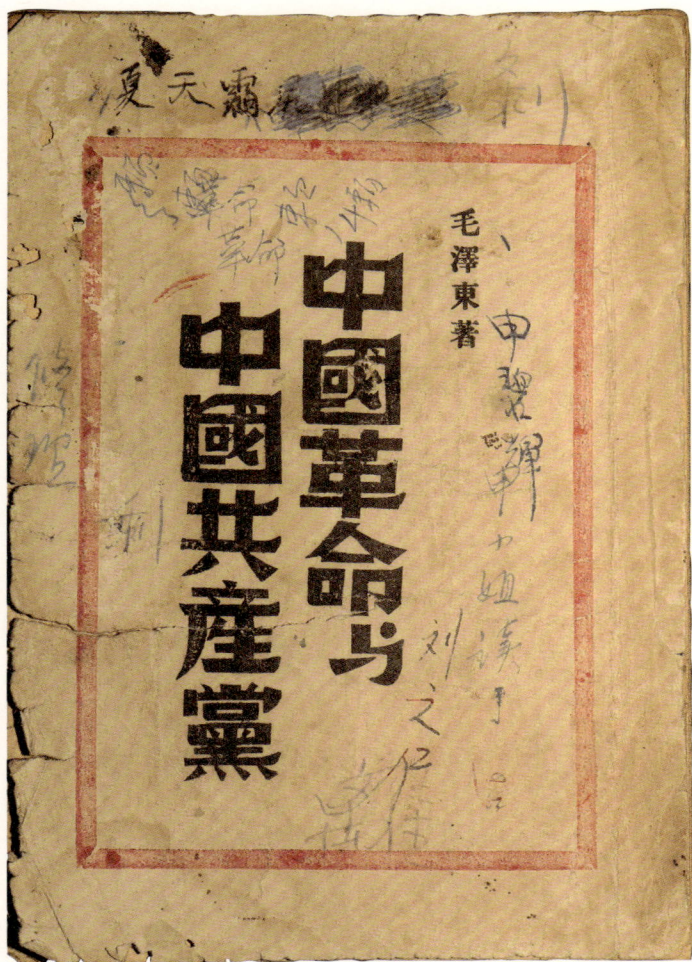

封面

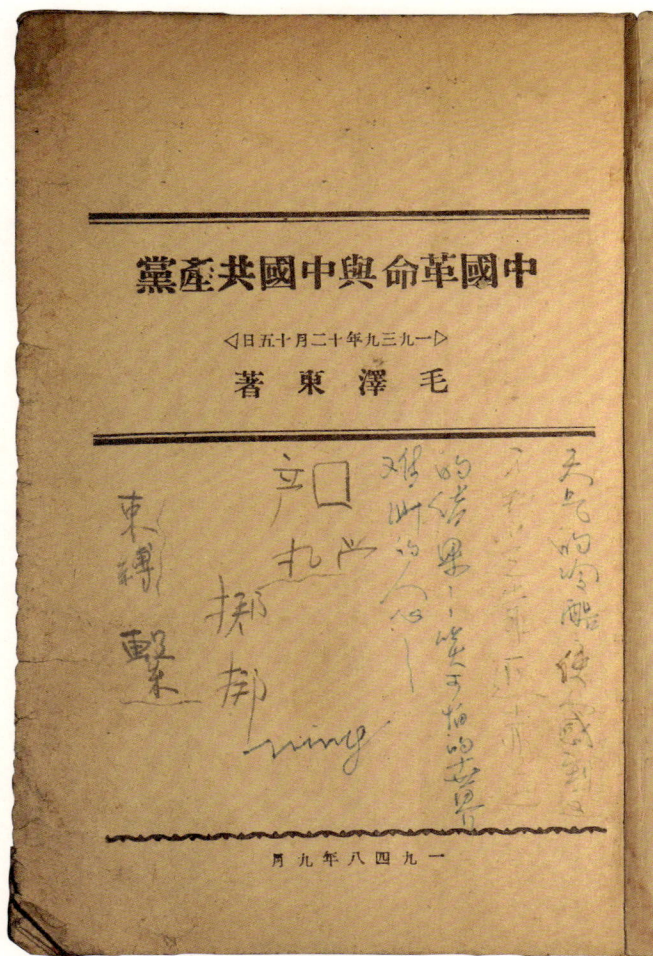

扉页

41. 中国革命与中国共产党

题名：中国革命与中国共产党
责任者：毛泽东
出版（印制）单位：新华书店
出版（印制）时间：1949年5月
开本（尺寸）：180mm×130mm
页数：44页
藏址：湖南红色档案馆

封面

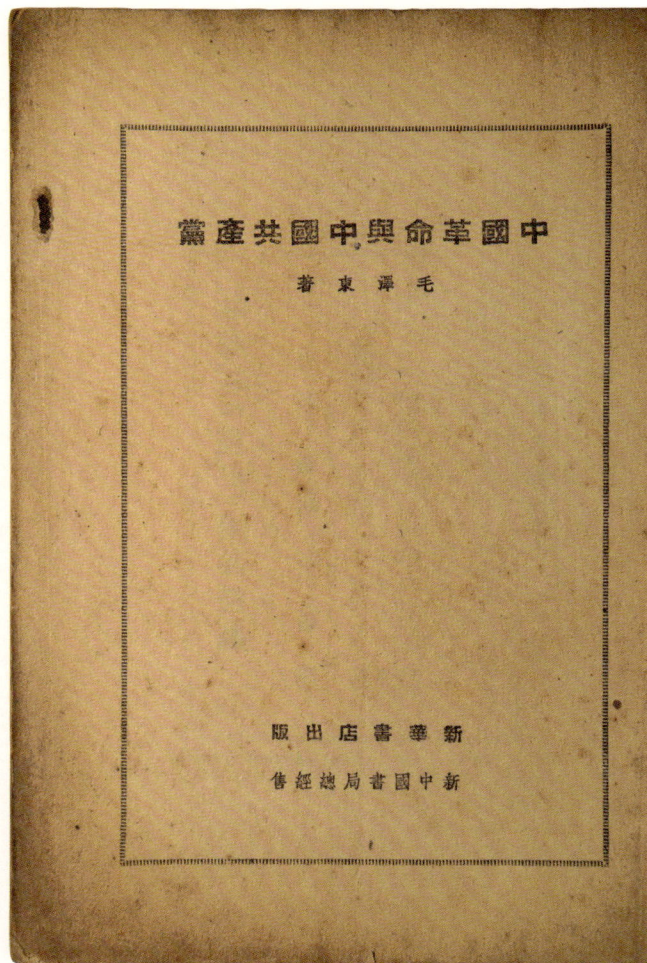

扉页

42. 中国革命与中国共产党

题名：中国革命与中国共产党
责任者：毛泽东
出版（印制）单位：新华书店
出版（印制）时间：1949年5月
开本（尺寸）：172mm×122mm
页数：30页
藏址：湖南红色档案馆

封面

扉页

43. 毛主席三大名著

题名：毛主席三大名著
责任者：毛泽东
出版（印制）单位：中共晋绥分局
出版（印制）时间：1943年10月
开本（尺寸）：185mm×130mm
页数：196页
藏址：湖南红色档案馆

毛泽东题词

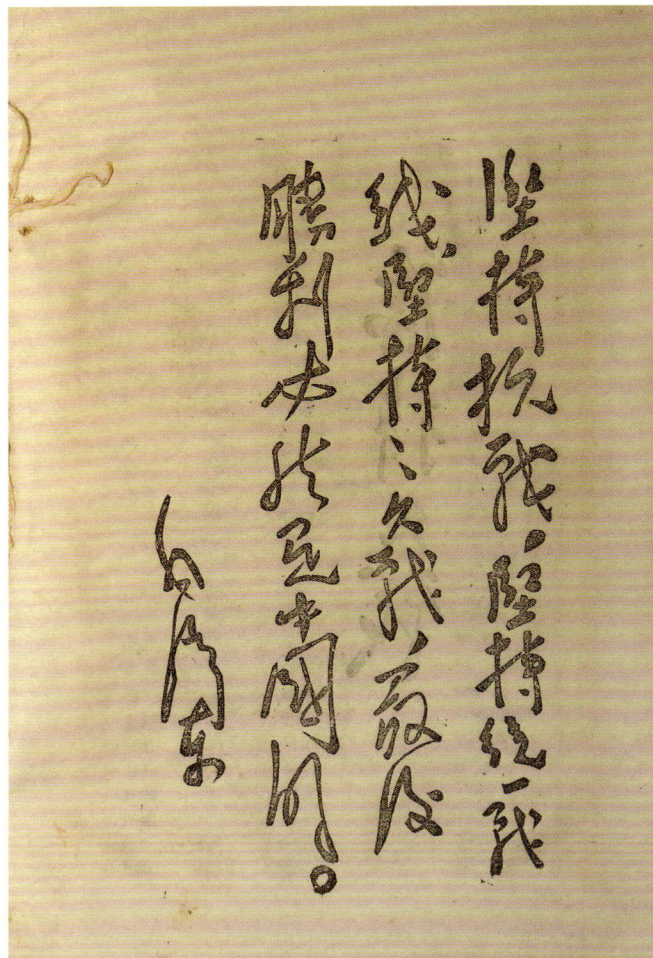

封面

《毛主席三大名著》是由毛泽东《论持久战》《论新阶段》和《新民主主义论》三篇著作组成的汇编本。1943年10月由中共晋绥分局出版，吕梁印刷厂印刷，新华书店晋西北分店发行。该汇编本当时被称为"马列主义中国化的典型著作"，在敌占区则被誉为"毛主席三大天书"。

44. 论联合政府

题名：论联合政府
责任者：毛泽东
出版（印制）单位：苏中出版社
出版（印制）时间：1945年5月30日
开本（尺寸）：180mm×130mm
页数：60页
藏址：湖南红色档案馆

　　《论联合政府》是1945年4月24日毛泽东在中国共产党第七次全国代表大会上所作的政治报告。全文约45900字，共分5个部分：中国人民的基本要求，国际形势与国内形势，抗日战争中的两条路线，中国共产党的政策，全党团结起来为实现党的任务而斗争。报告深刻分析国际国内形势，总结抗战中国共两条路线的斗争，阐述党的一般纲领和具体纲领，并指出中国人民应当争取打败侵略者、建设新中国的前途。

　　1945年5月2日，延安《解放日报》第一次公开发表了《论联合政府》。此后，《抗战日报》《晋察冀日报》等相继发表。从1945年5月《论联合政府》问世后至新中国成立，出版了不下58种版本，成为毛泽东早期版本最多的著作之一。1948年5月出版的《毛泽东选集》（卷2）收录此文。

　　本书共收录《论联合政府》两个版本。

封面

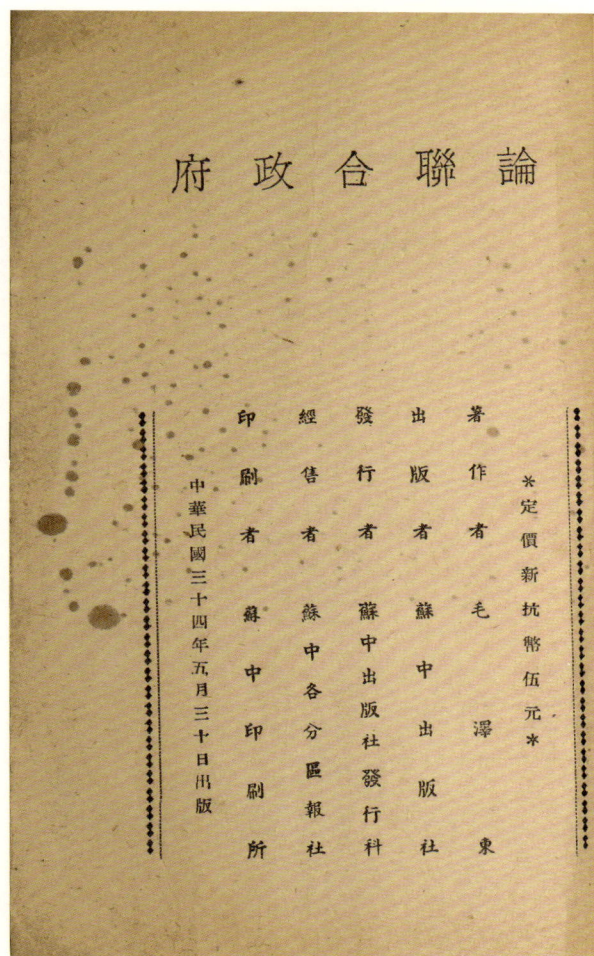

版权页

45. 论联合政府

题名：论联合政府
责任者：毛泽东
出版（印制）单位：新华书店
出版（印制）时间：1949年6月
开本（尺寸）：180mm×125mm
页数：66页
藏址：湖南红色档案馆

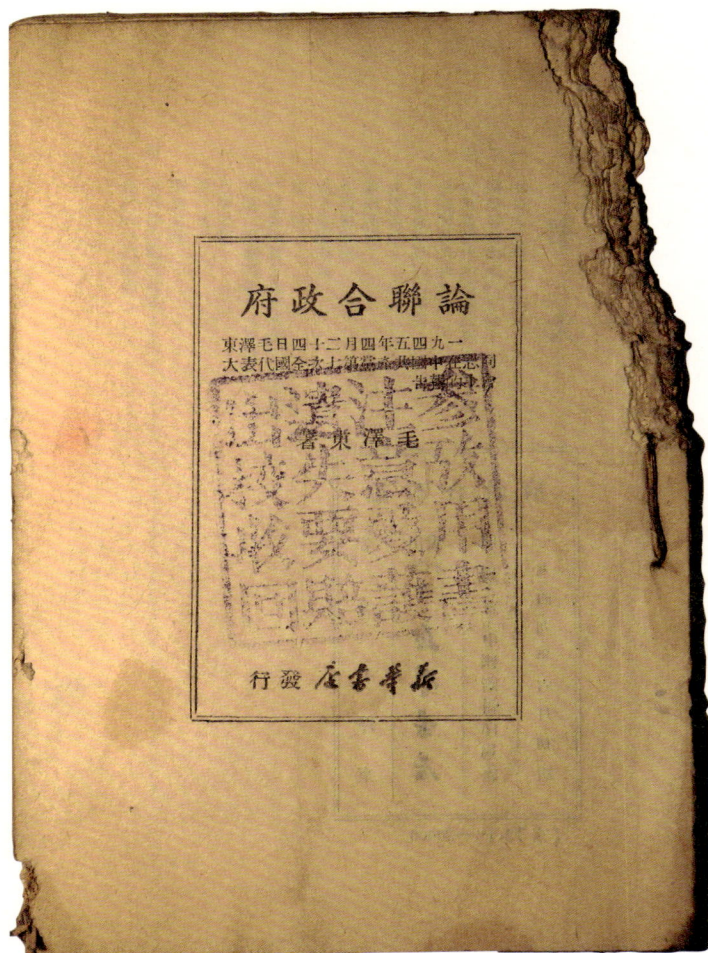

封面

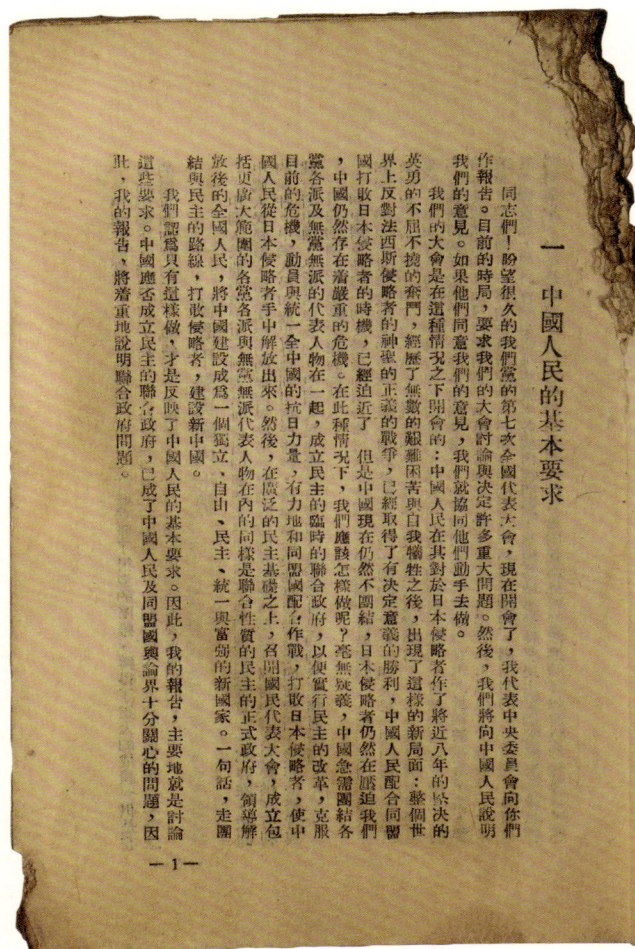

正文

46. 新民主义论

题名：新民主义论
责任者：毛泽东
出版（印制）单位：华北新华书店
出版（印制）时间：1945年
开本（尺寸）：180mm×127mm
页数：49页
藏址：湖南红色档案馆

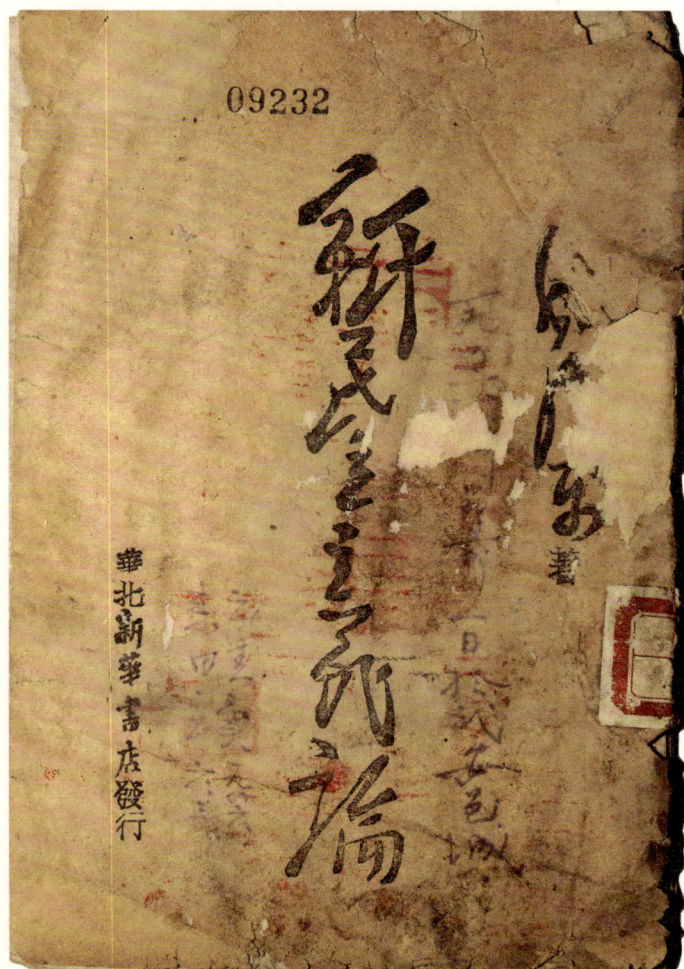

扉页

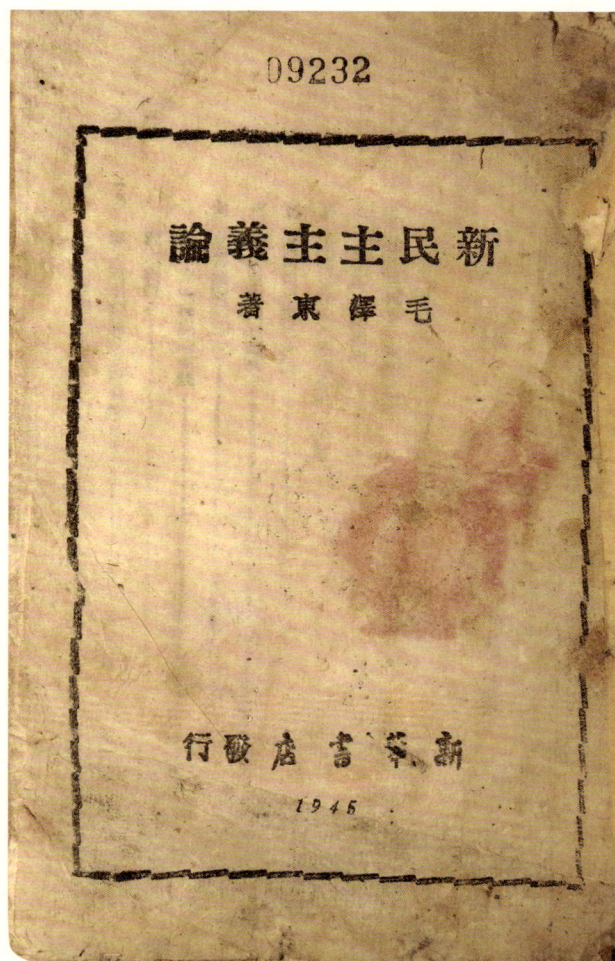

封面

《新民主义论》是毛泽东1940年1月9日在陕甘宁边区文化协会第一次代表大会上的讲演。1月15日，稿子修改定稿。后以《新民主义的政治与新民主义的文化》为题，载于1940年2月15日延安出版的《中国文化》创刊号。同年2月20日在延安出版的《解放》第98、99期上合刊登载时，题目改为《新民主义论》。这篇文章科学地总结了中国近百年来资产阶级民主革命的历史经验，特别是中国共产党所领导的新民主义革命的经验，全面地阐述了新民主义革命的理论，深刻地揭示了在殖民地半殖民地国家进行资产阶级民主革命的基本规律，正确地规定了新民主义的基本纲领。

本书共收录《新民主义论》四个版本。

47. 新民主主义论

题名：新民主主义论
责任者：毛泽东
出版（印制）单位：华东新华书店
出版（印制）时间：1949年4月
开本（尺寸）：178mm×127mm
页数：54页
藏址：湖南红色档案馆

扉页

封面

48. 新民主主义论

题名：新民主主义论
责任者：毛泽东
出版（印制）单位：新华书店
出版（印制）时间：1949年6月
开本（尺寸）：180mm×130mm
页数：52页
藏址：湖南红色档案馆

封面

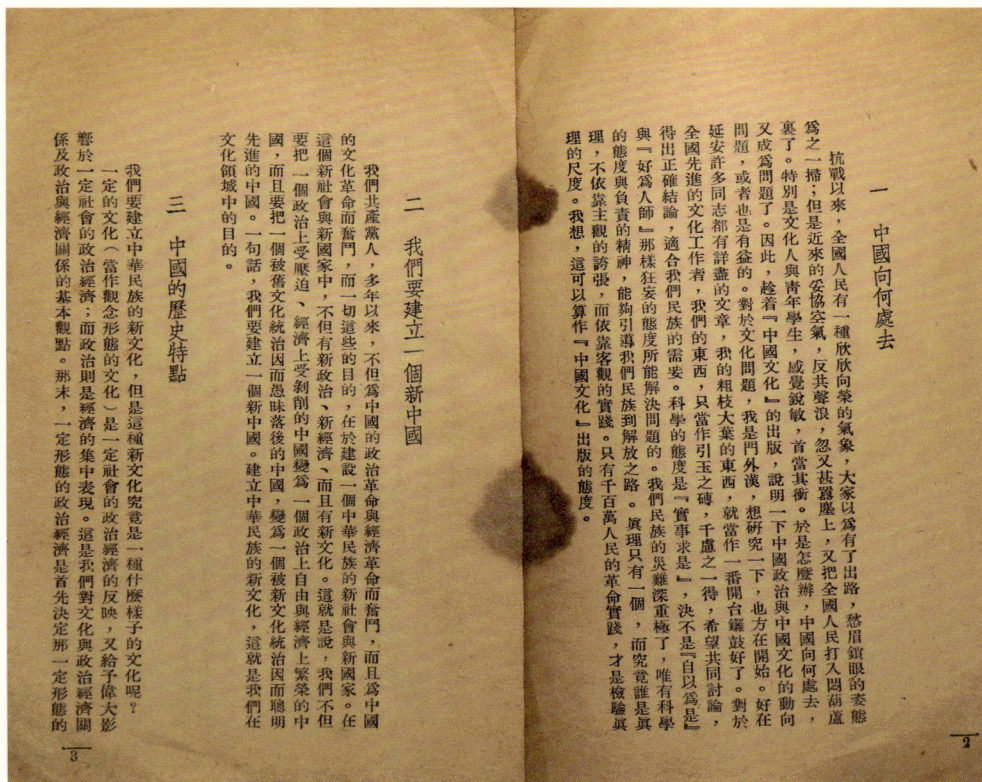

正文

49. 新民主主义论

题名：新民主主义论
责任者：毛泽东
出版（印制）单位：新华书店
出版（印制）时间：
开本（尺寸）：180mm×130mm
页数：50页
藏址：湖南红色档案馆

封面

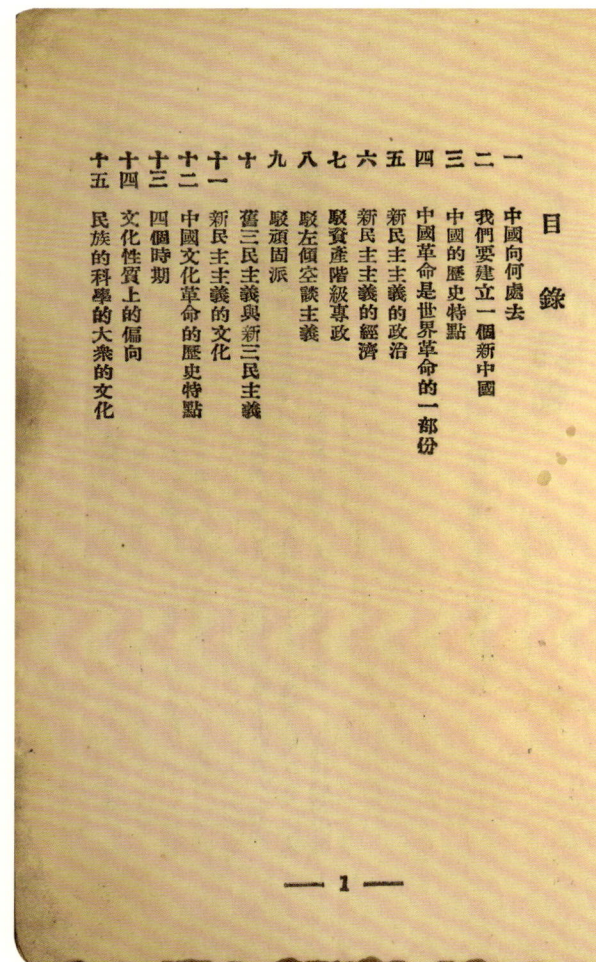

目录

50. 中国往何处去？

题名：中国往何处去？
责任者：毛泽东
出版（印制）单位：人民出版社
出版（印制）时间：1949年
开本（尺寸）：184mm×130mm
页数：32页
藏址：湖南省档案馆

　　随着《新民主主义论》的传播，国民党收紧了对它的控制，《新民主主义论》在国统区的传播受到限制，转而以更为隐蔽的方式，以"伪装本"形式在国统区悄悄发行。《中国往何处去？》即为《新民主主义论》伪装本。

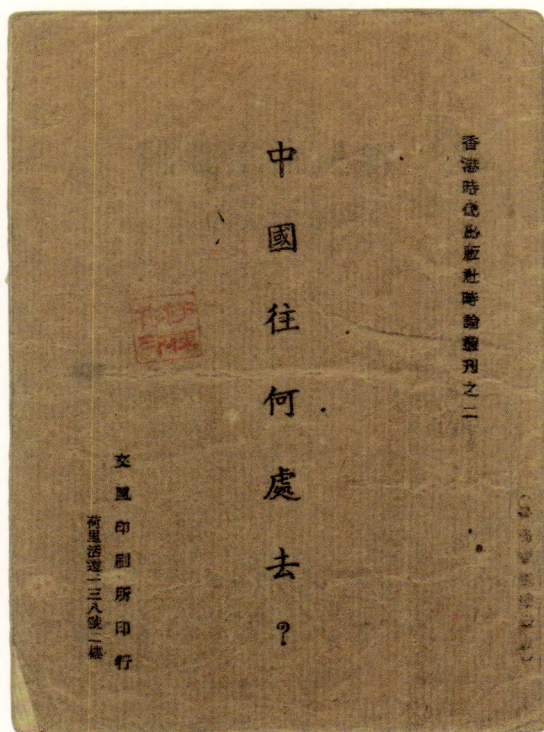

封面

扉页

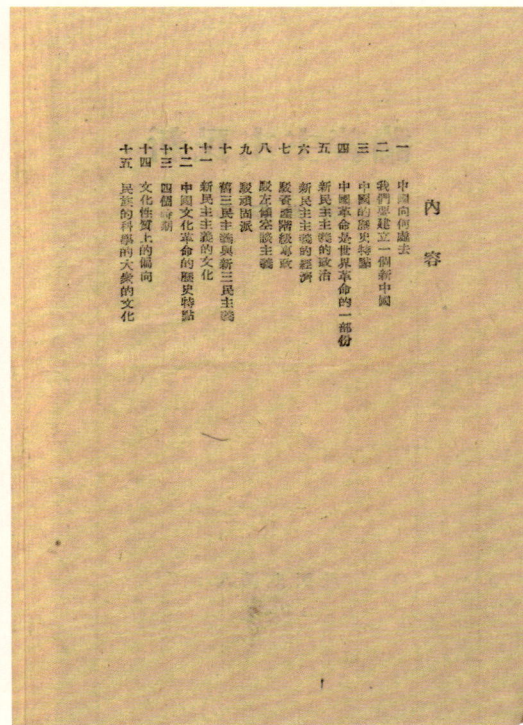

目录

51. 经济问题与财政问题

题名：经济问题与财政问题
责任者：毛泽东
出版（印制）单位：冀南书店
出版（印制）时间：1946年1月
开本（尺寸）：175mm×124mm
页数：65页
藏址：湖南省档案馆

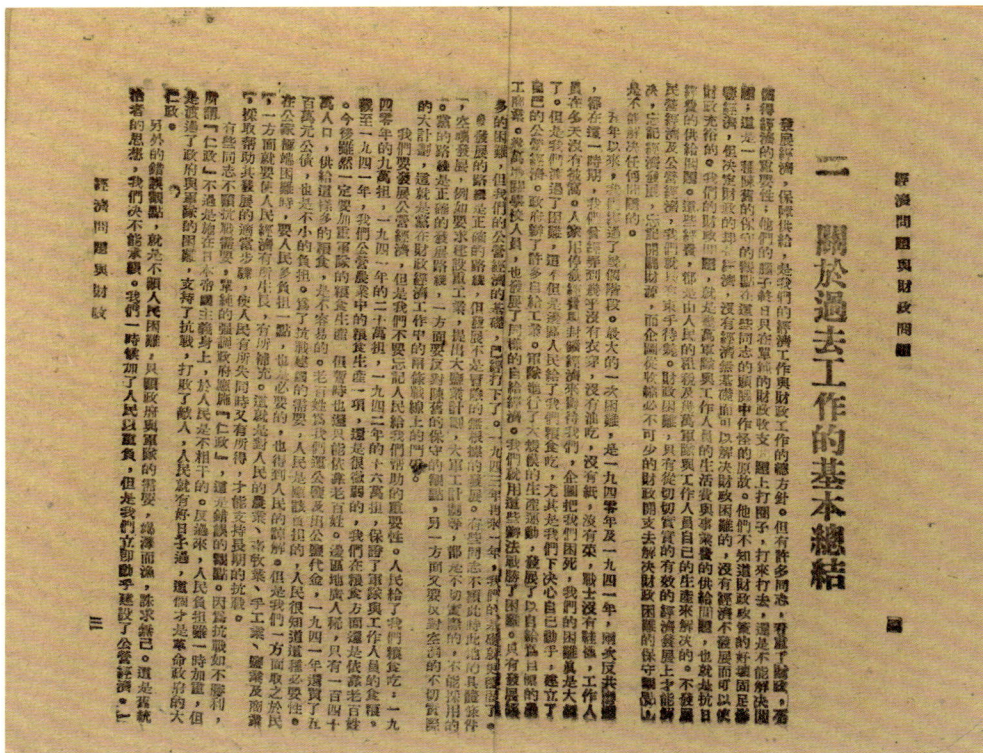

正文

封面

　　1942年12月，在中共中央西北局高干会议期间，毛泽东组织收集和整理经济与财政方面的历史、现实的材料，为会议撰写了题为《经济问题与财政问题》的长篇书面报告，共10万多字。该报告在总结根据地财政经济工作经验的基础上，对根据地的经济建设方针作了系统的阐述。报告由贺龙在12月21日和29日向西北局高干会议传达。1942年12月，延安解放社出版单行本，题为《经济问题与财政问题》，1944年订正再版。其中第一章《关于过去工作的基本总结》，建国后编入《毛泽东选集》第三卷时，题目改为《抗日时期的经济问题和财政问题》。

52. 毛泽东同志论新民主主义的文化教育

题名：毛泽东同志论新民主主义的文化教育
责任者：新教育学会
出版（印制）单位：东北书店
出版（印制）时间：1947年6月
开本（尺寸）：180mm×125mm
页数：78页
藏址：湖南红色档案馆

　　《毛泽东同志论新民主主义的文化教育》收录了毛泽东有关文化教育方面的讲话和文章，包括《实行抗战教育政策使教育为长期战争服务》《新民主主义的文化》《在延安文艺座谈会上的讲话》《文化教育知识分子问题》《学习》《改造我们的学习》《整顿学风》《反对党八股》8篇文章。

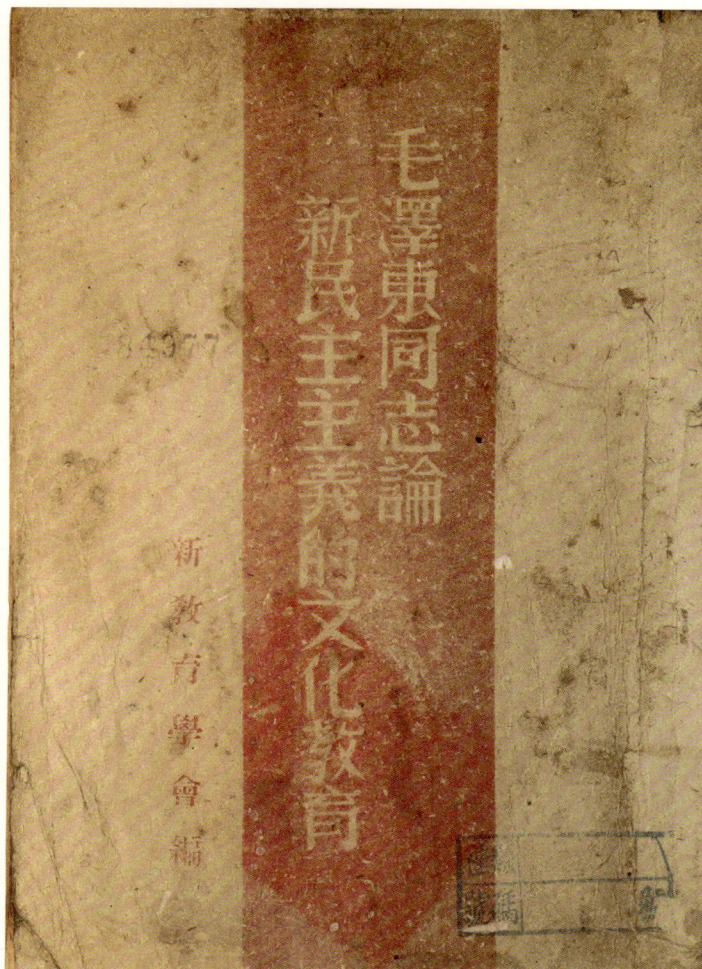

封面

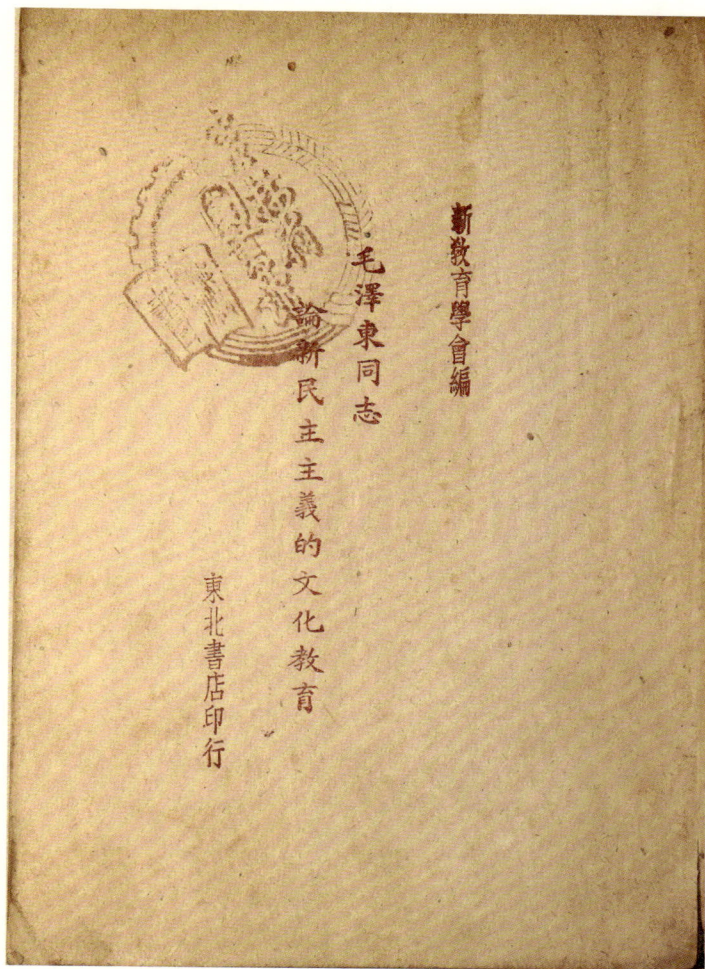

扉页

53. 目前形势和我们的任务

题名：目前形势和我们的任务
责任者：毛泽东
出版（印制）单位：
出版（印制）时间：1947年12月25日
开本（尺寸）：182mm×122mm
页数：75页
藏址：湖南省档案馆

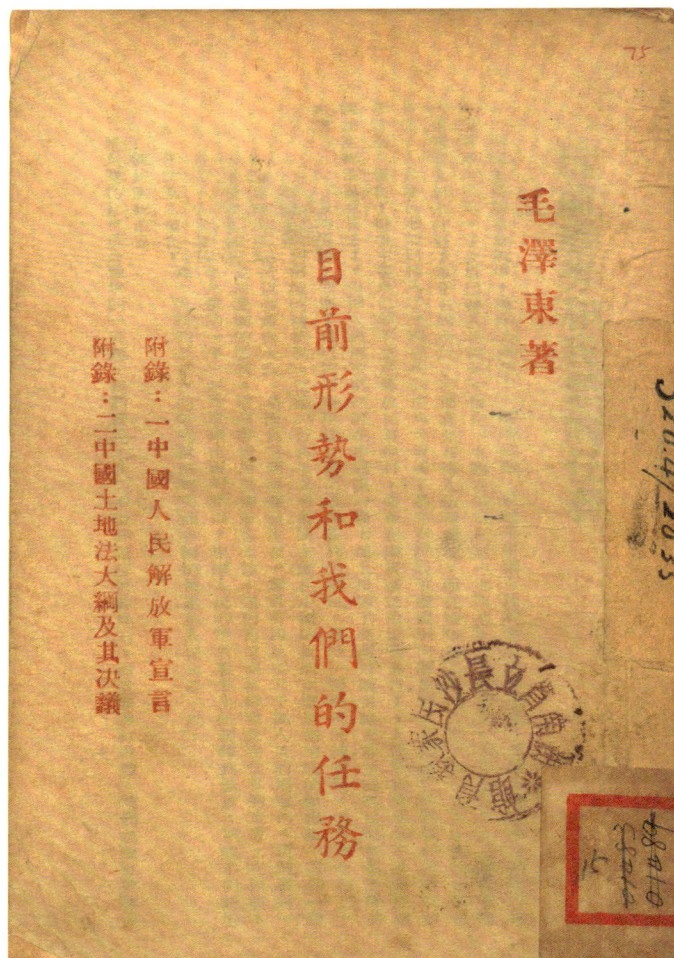

封面

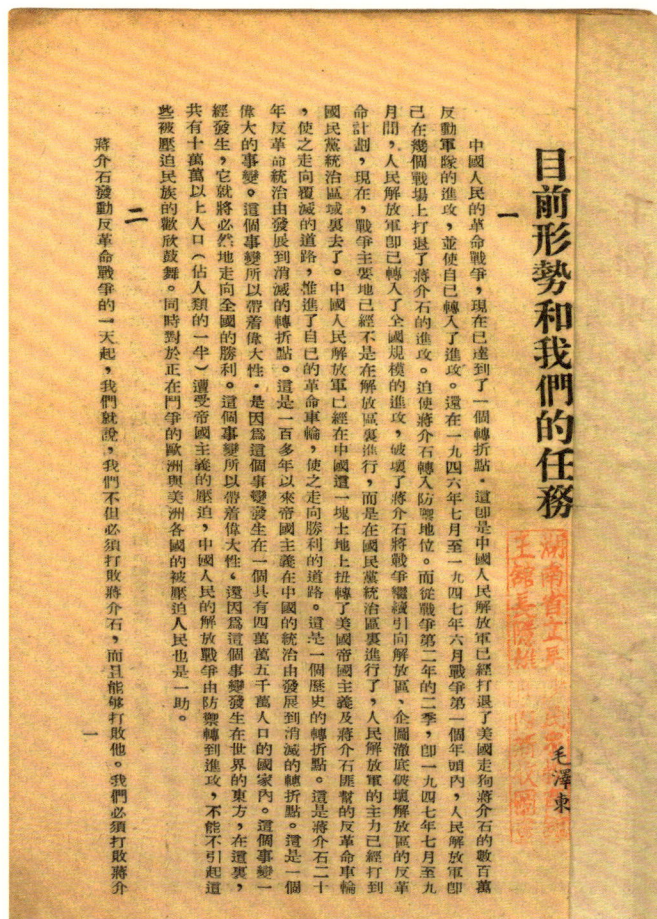

正文

　　《目前形势和我们的任务》是1947年12月25日毛泽东在陕北米脂县杨家沟召集的中共中央会议上所作的书面报告。全文约1.1万字，共分八部分。报告深刻分析了国际国内形势，阐明了彻底打败蒋介石、夺取全国胜利的军事、经济、政治等方面的方针和政策，是中国共产党在打倒蒋介石统治集团、建立新民主主义中国的整个时期内，在政治、军事、经济各方面的纲领性文件，并进一步丰富和发展了新民主主义理论。1948年1月1日出版的《人民日报》（晋冀鲁豫版）、《辽南日报》、《新华日报》（太行版）、《冀南日报》等都刊载了此报告。此文单行本有140多种。新中国成立后，收入《毛泽东选集》第四卷。
　　本书共收录《目前形势和我们的任务》六个版本。

54. 目前形势和我们的任务

题名：目前形势和我们的任务
责任者：毛泽东
出版（印制）单位：山东新华书店
出版（印制）时间：1947年12月25日
开本（尺寸）：176mm×128mm
页数：25页
藏址：湖南红色档案馆

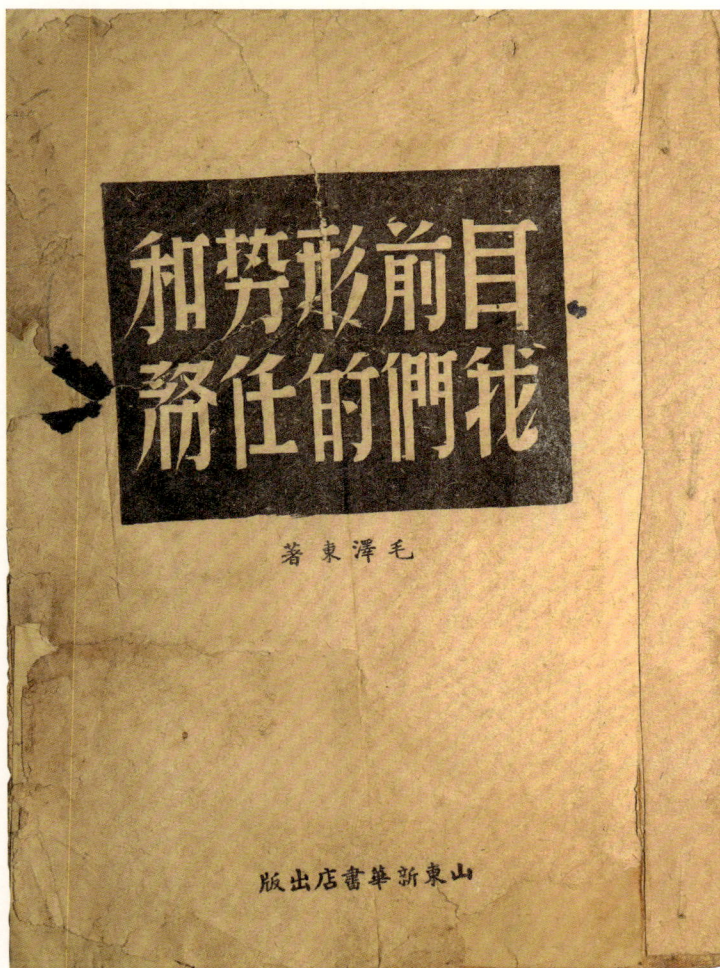

封面

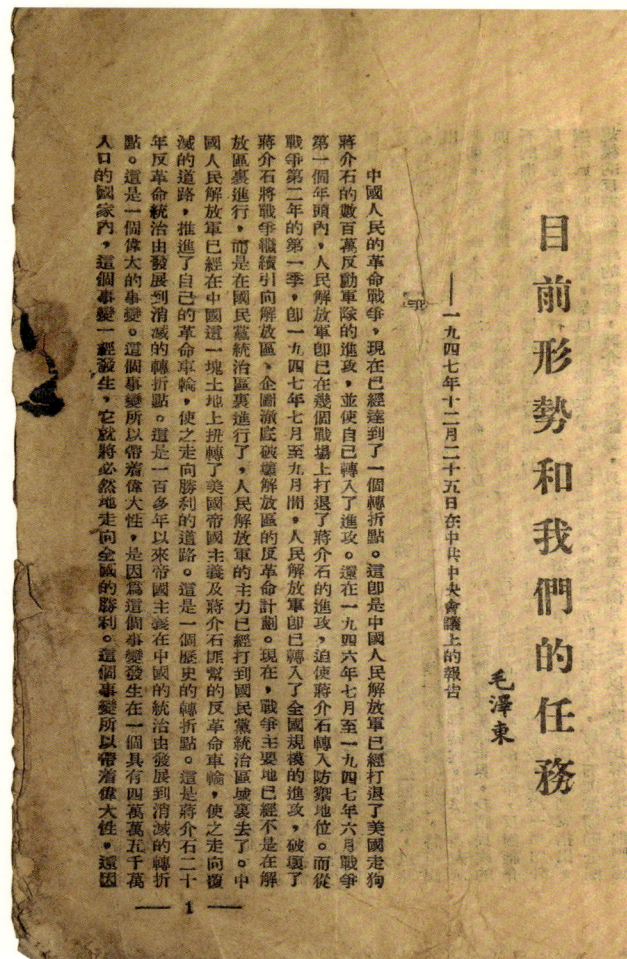

正文

55. 目前形势和我们的任务

题名：目前形势和我们的任务
责任者：毛泽东
出版（印制）单位：华东军区政治部
出版（印制）时间：1947年12月25日
开本（尺寸）：178mm×118mm
页数：75页
藏址：湖南省档案馆

封面

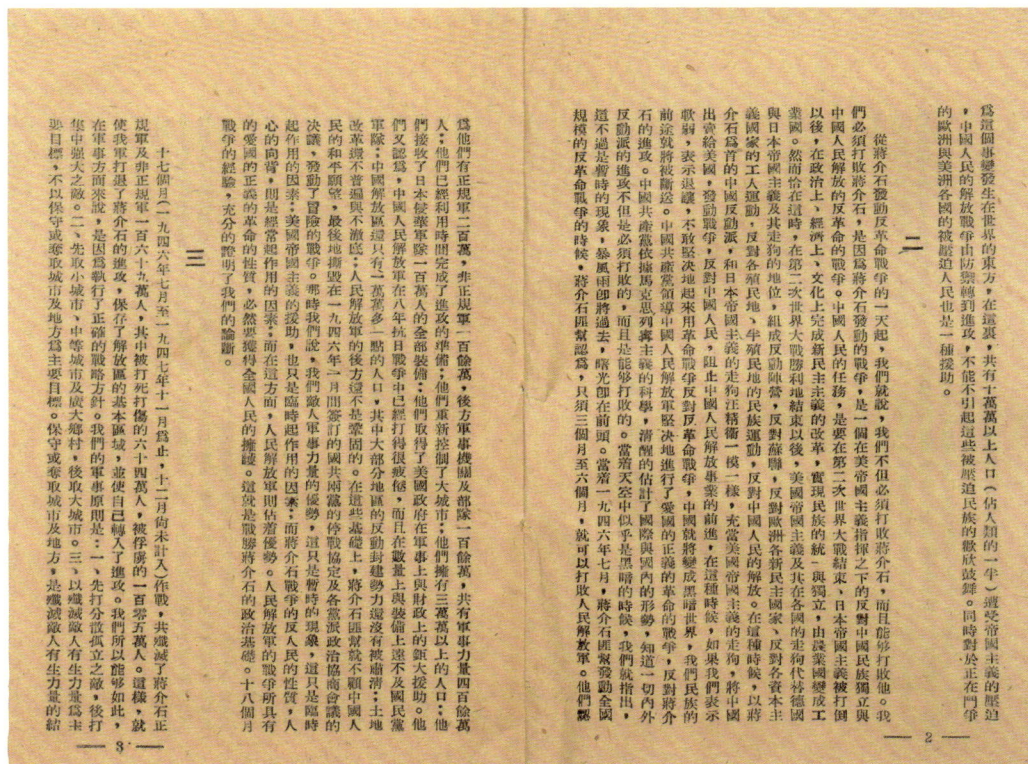

正文

56. 目前形势和我们的任务

题名：目前形势和我们的任务
责任者：毛泽东
出版（印制）单位：晋察冀新华书局
出版（印制）时间：1948年1月
开本（尺寸）：175mm×125mm
页数：38页
藏址：湖南红色档案馆

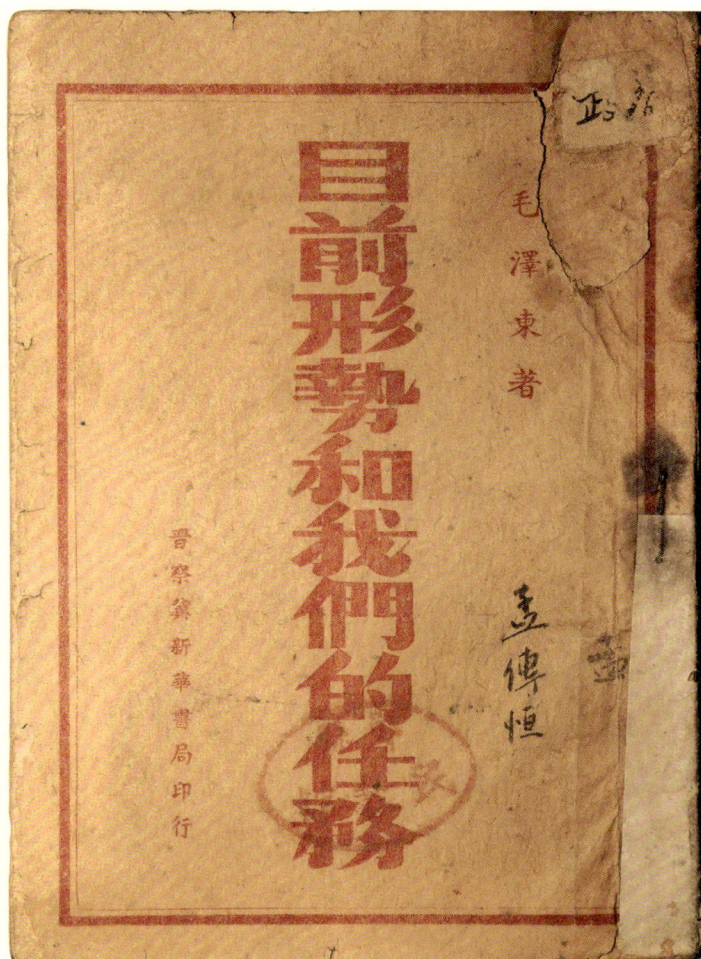

封面

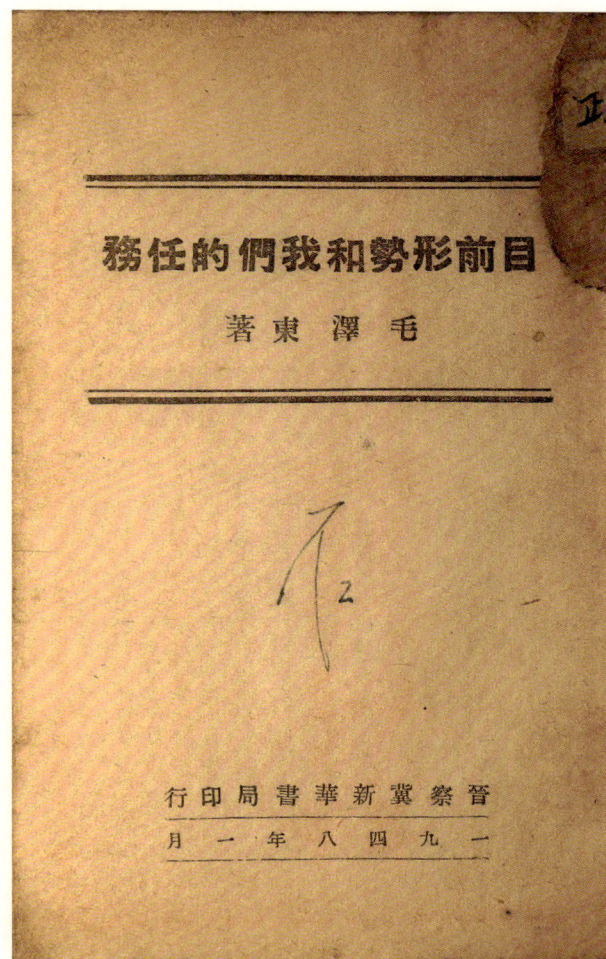

扉页

57.目前形势和我们的任务

题名：目前形势和我们的任务
责任者：毛泽东
出版（印制）单位：胶东新华书店
出版（印制）时间：1948年4月
开本（尺寸）：180mm×125mm
页数：14页
藏址：湖南红色档案馆

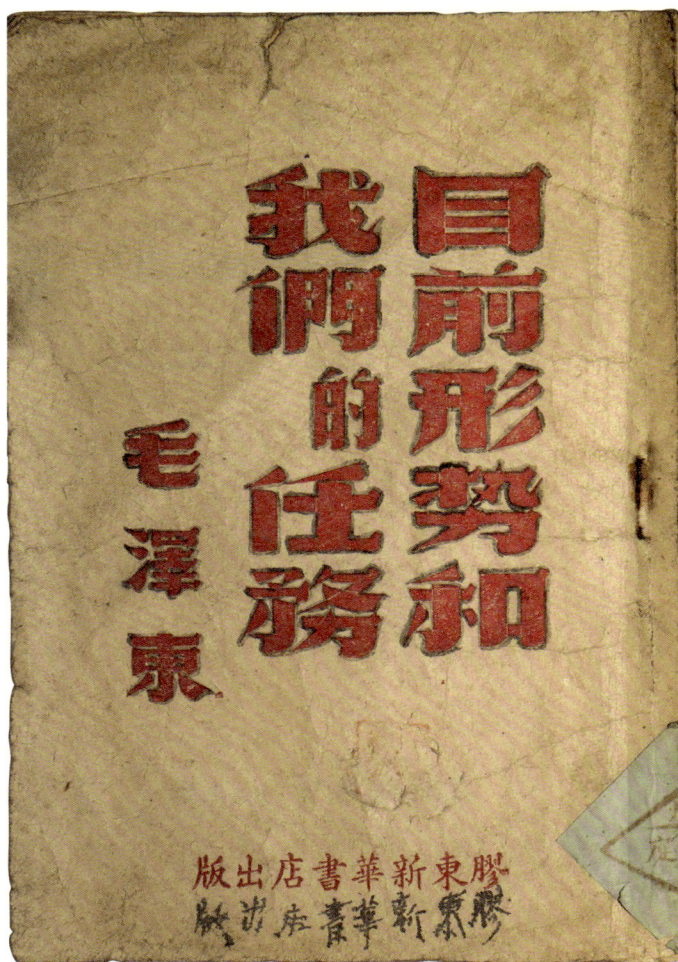

封面

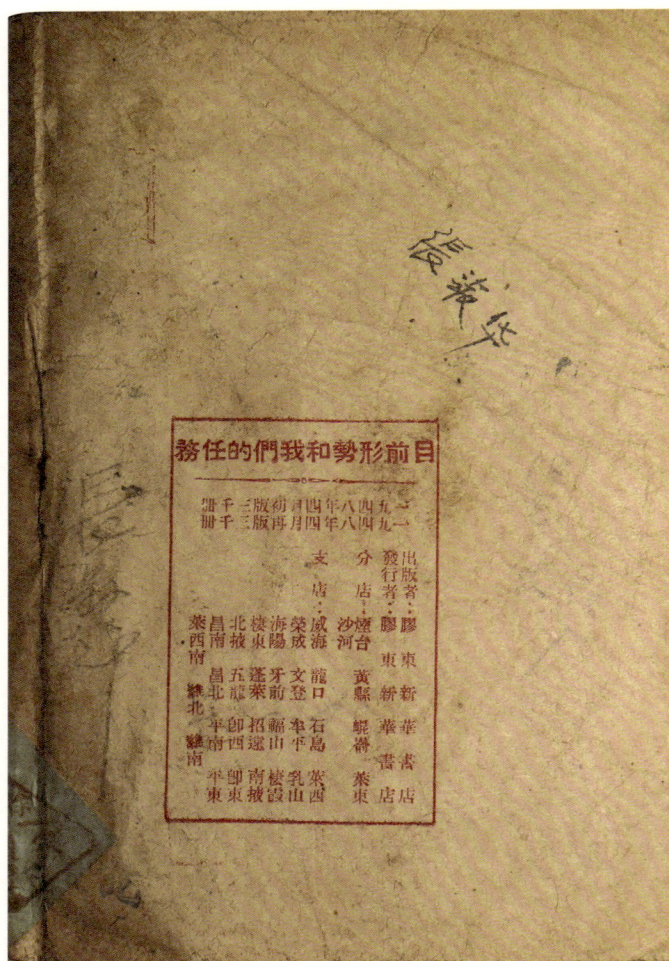

版权页

58. 目前形势和我们的任务

题名：目前形势和我们的任务
责任者：毛泽东等
出版（印制）单位：华中新华书店
出版（印制）时间：1949年2月
开本（尺寸）：185mm×127mm
页数：128页
藏址：湖南红色档案馆

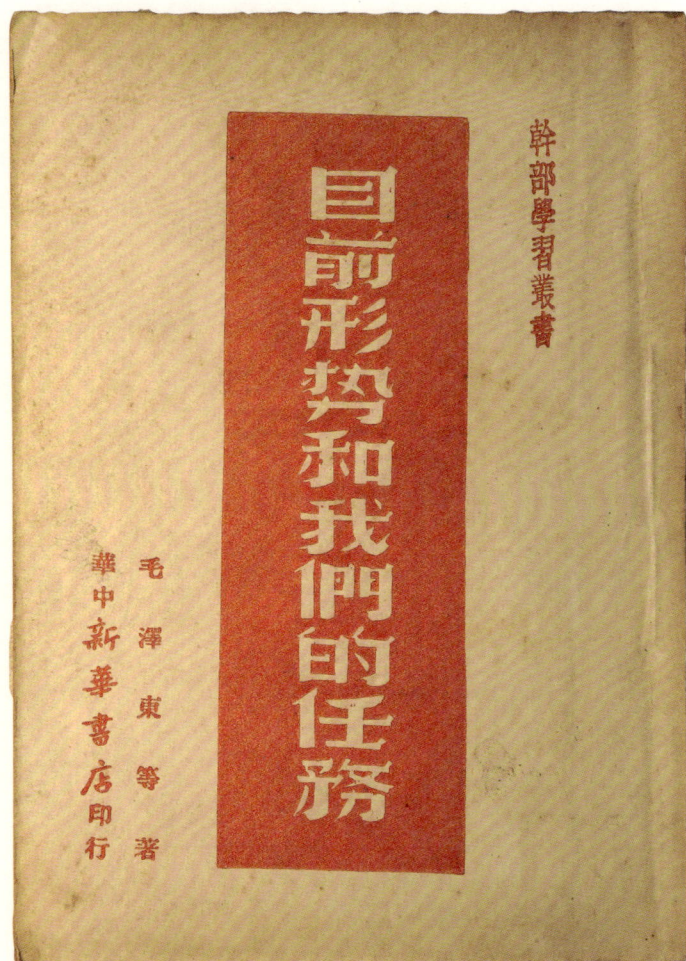

封面

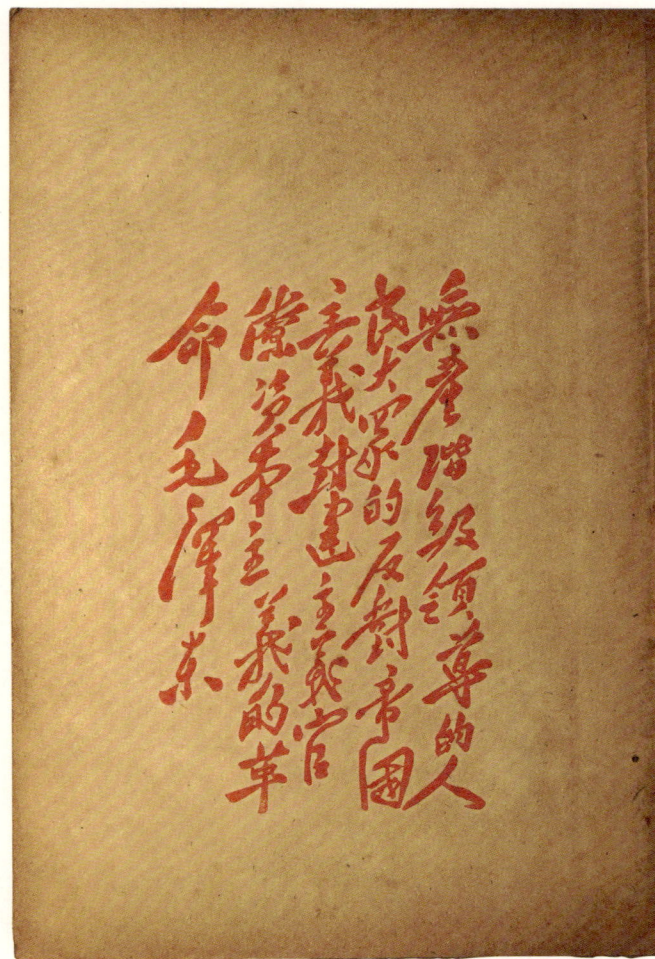

毛泽东题词

59. 论人民民主专政

题名：论人民民主专政
责任者：毛泽东
出版（印制）单位：山东新华书店
出版（印制）时间：1949年8月
开本（尺寸）：175mm×125mm
页数：20页
藏址：湖南红色档案馆

《论人民民主专政》是1949年6月30日毛泽东为纪念中国共产党成立28周年而写的一篇论文。全文8800字。文章在新中国即将成立之际，总结中国近百年革命的历史经验，阐明了资产阶级的民主主义让位给工人阶级领导的人民民主主义、资产阶级共和国让位给人民共和国的历史必然性，阐明了中华人民共和国的性质、各阶级在国家中的地位及其相互关系、这个国家的前途等根本问题，提出了人民民主专政这一科学概念。该文关于人民民主专政的理论，是对马克思列宁主义国家学说的丰富和发展。它为新中国的建立，奠定了理论和政策的基础。

《论人民民主专政》最初在1949年7月1日《人民日报》上发表。新中国成立后，收入《毛泽东选集》第四卷。

封面

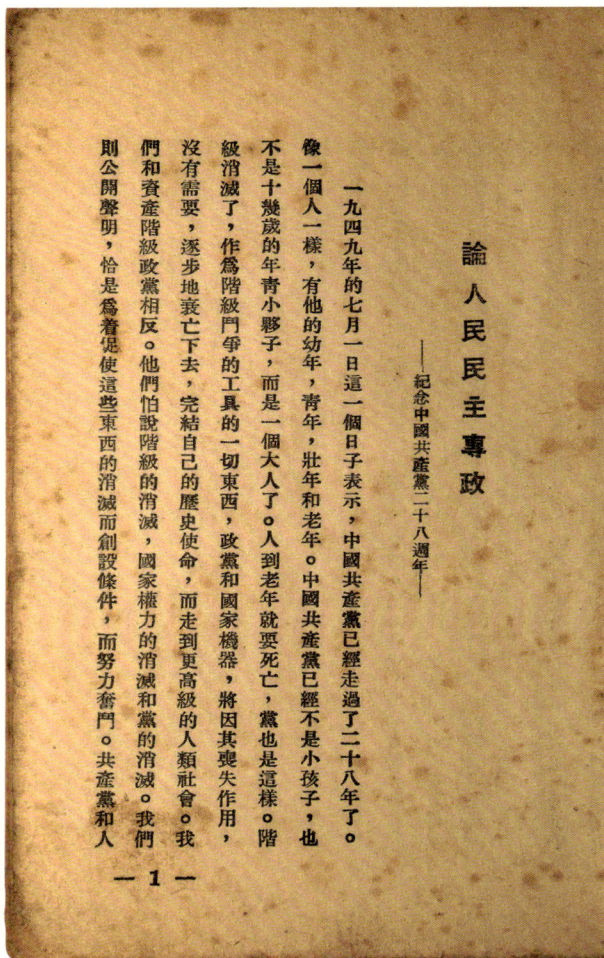

正文

60. 怎样分析阶级

题名：怎样分析阶级
责任者：毛泽东
出版（印制）单位：湖南省委会办公室
出版（印制）时间：1949年9月
开本（尺寸）：173mm×130mm
页数：17页
藏址：株洲市档案馆

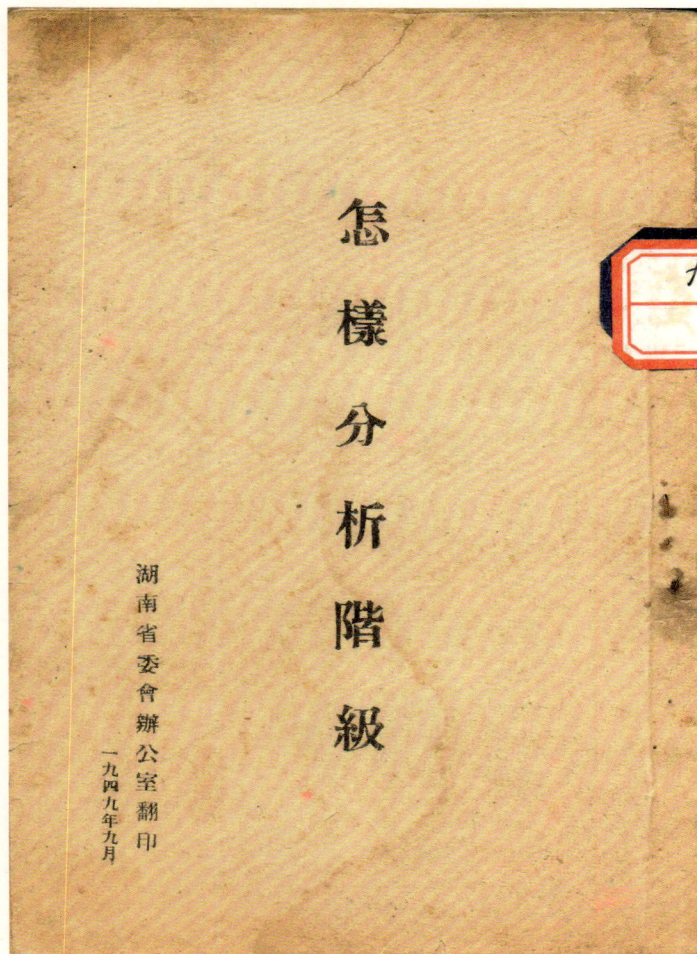

封面

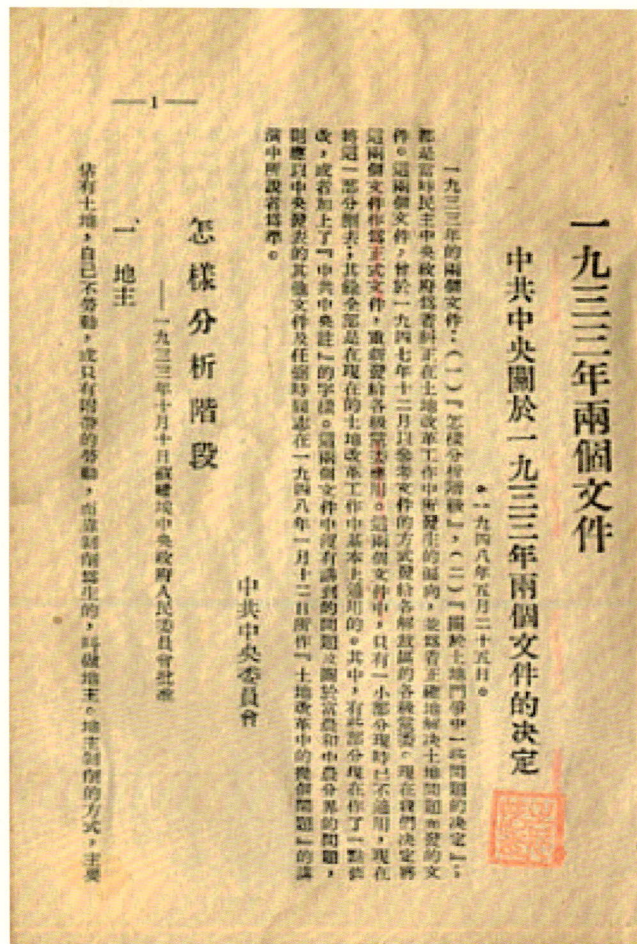

正文

《怎样分析阶级》是毛泽东1933年10月为纠正中央苏区在土地改革工作中发生的偏向、正确地解决土地问题而撰写的一篇文章，全文约900字。文章用马克思主义阶级分析的方法，对中国农村各阶级和阶层进行了具体的划分。10月10日，经中华苏维埃中央临时政府批准作为划分农村阶级的标准下发执行。湘鄂川黔省革委会于1934年12月1日翻印的《中央政府关于土地斗争中的一些问题的决定》和1935年9月9日翻印的《中国历史参考资料》，均收录此文本。1951年10月人民出版社出版的第一版《毛泽东选集》第一卷收录该文，篇名正式确定为《怎样分析农村阶级》。

毛泽东选集

61. 毛泽东选集

题名：毛泽东选集
责任者：晋察冀日报社
出版（印制）单位：晋察冀新华书店
出版（印制）时间：1944年5月
开本（尺寸）：185mm×126mm
页数：792页
藏址：湖南红色档案馆

　　1944年5月晋察冀日报社出版的《毛泽东选集》精装本，一般被认为是第一个系统的版本，由邓拓主编。1944年，在整风运动进行中，晋察冀分局决定编辑出版《毛泽东选集》，编选任务由邓拓负责。这部《毛泽东选集》，共收录文章29篇，分为5卷，扉页印有毛泽东头像，下书"中国人民领袖毛泽东同志"，定价300元（边币）。选集中"编者的话"由邓拓执笔，由于邓拓1944年5月改任《晋察冀日报》副社长，赴党校学习，胡锡圭兼任社长，具体主持了从5月到7月间《毛泽东选集》出版的一些工作。7月以后该书正式对外发行，当时印刷4000册，精装、平装各2000册，平装本一套五册（每卷一册），凸版纸印刷，精装本五卷合订为一本，《晋察冀日报》社印刷厂承印，晋察冀新华书店发行。这是第一部系统编选的《毛泽东选集》，对毛泽东思想研究、中国革命史研究、中国共产党党史研究以及毛泽东生平研究都有十分重要的意义和价值。
　　本书共收录《毛泽东选集》五个版本。

封面

毛泽东像

62. 毛泽东选集（卷一）

题名：毛泽东选集（卷一）
责任者：晋察冀日报社
出版（印制）单位：晋察冀新华书店
出版（印制）时间：1945年3月
开本（尺寸）：180mm×125mm
页数：124页
藏址：湖南红色档案馆

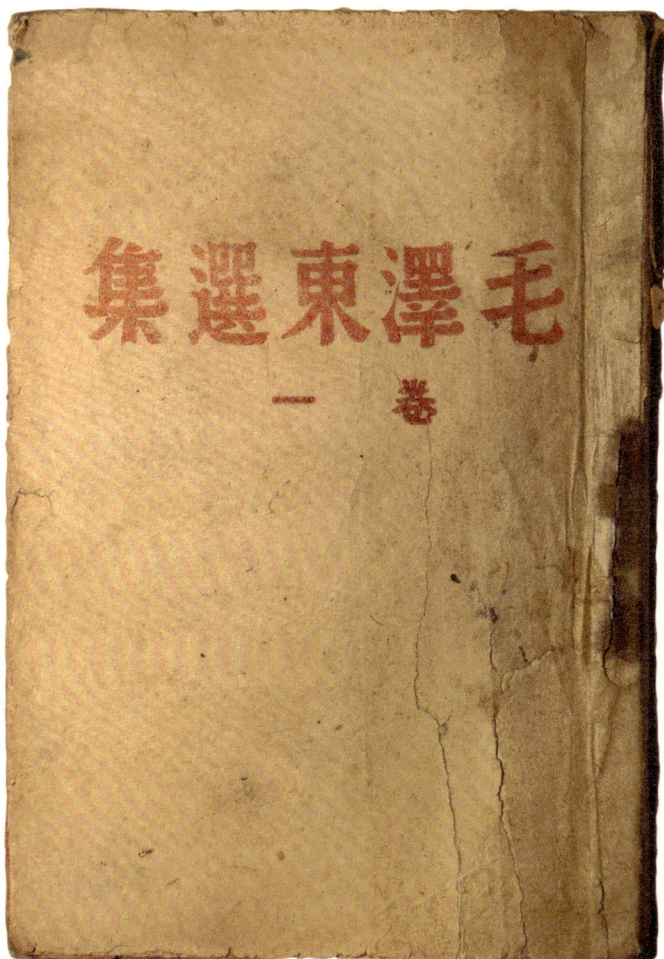

毛泽东像

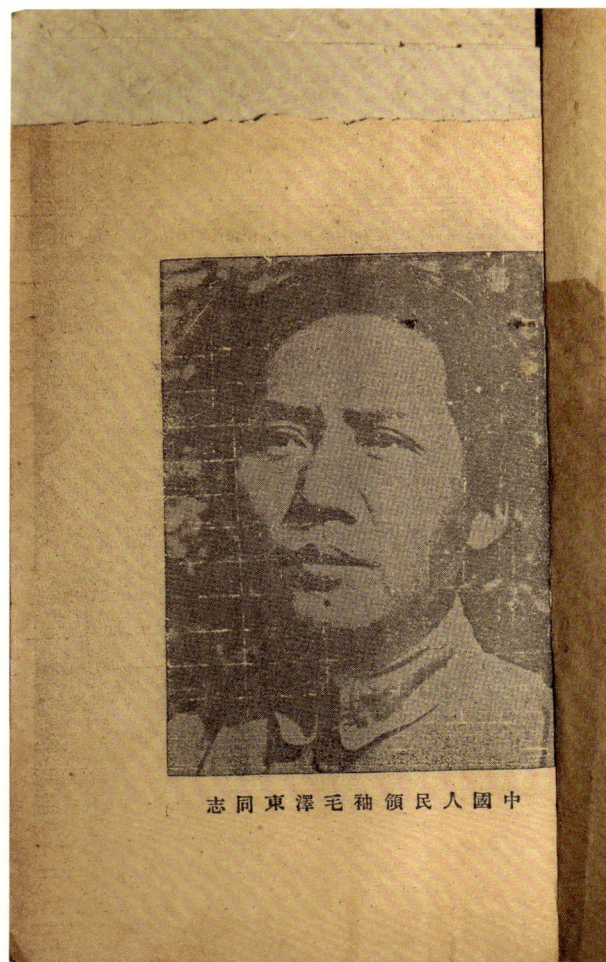

封面

　　1945年3月，晋察冀日报社对《毛泽东选集》再版，再版时增补了毛泽东新发表两篇文章《一九四五年的任务》和《两三年内完全学会经济工作》。再版版本平装本共5卷，封面"毛泽东选集"及卷号为红字，扉页印有毛泽东头像。

63. 毛泽东选集（第一卷）

题名：毛泽东选集（第一卷）
责任者：苏中出版社
出版（印制）单位：苏中出版社
出版（印制）时间：1945年7月
开本（尺寸）：176mm×125mm
页数：124页
藏址：湖南红色档案馆

　　1945年7月苏中出版社出版《毛泽东选集》，出版地为江苏宝应，封面印有毛泽东正面免冠木刻像。在其封底左下角，印有"1—20000抗币六元"的字样。在我国出版史上，第一部《毛泽东选集》是1944年5月晋察冀日报社编印的五卷本，苏中出版社出版的是第二部《毛泽东选集》。苏中版《毛泽东选集》卷首辑录了朱德、周恩来、刘少奇等18人有关毛泽东思想2万多字的论述，用以代序，题为《论毛泽东思想》，在众多《毛泽东选集》版中首次使用了"毛泽东思想"一词。《毛泽东选集》第一卷收文11篇、序1篇。

　　苏中版《毛泽东选集》由时任苏中区党委宣传部部长俞铭璜策划和主编。原计划出四卷印两万册，后因日寇投降，形势发生变化，苏中出版社于1945年10月结束，其他各卷未能出版，第一卷原计划出20000册，后也只出版了两三千册。但它的编选和出版，在新四军和华中解放区掀起了出版、学习、研究《毛泽东选集》的热潮，以其独有的风格特点在毛泽东著作出版史上写下了重要的一页。

封面

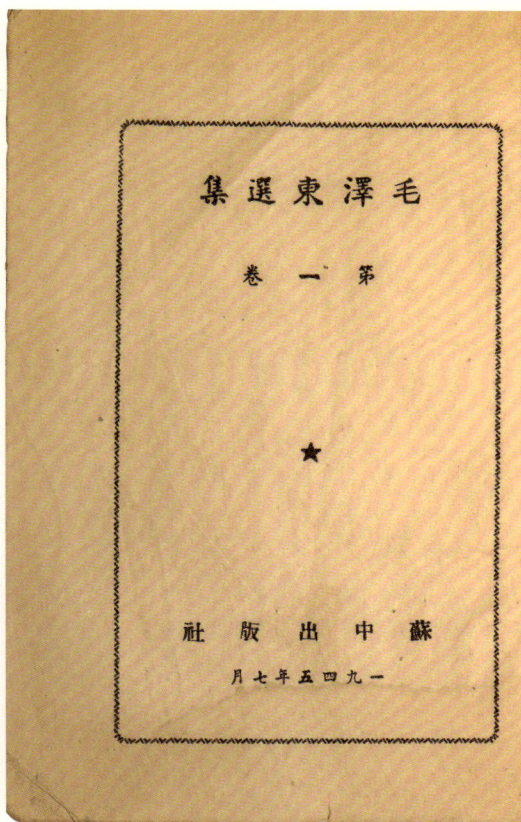

扉页

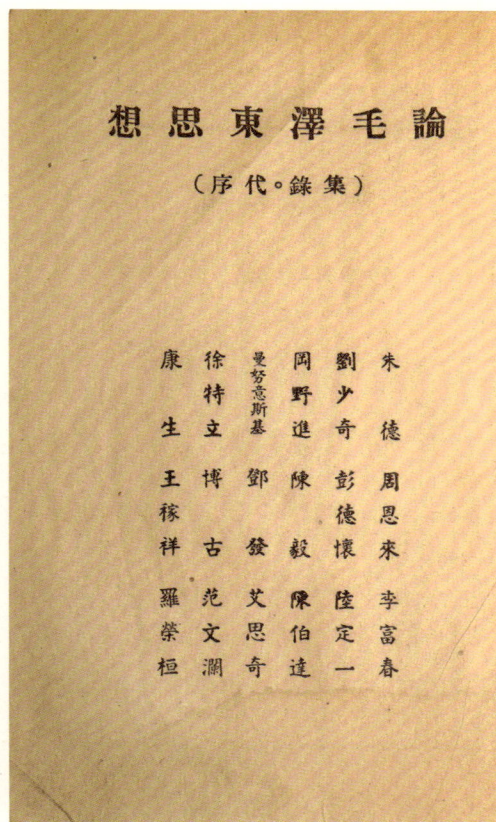

代序

64. 毛泽东选集

题名：毛泽东选集
责任者：中国共产党晋察冀中央局
出版（印制）单位：新华书店晋察冀分店
出版（印制）时间：1947年3月
开本（尺寸）：185mm×130mm
页数：1037页
藏址：湖南红色档案馆

　　1947年3月，中国共产党晋察冀中央局在1944年5月晋察冀日报社编印的《毛泽东选集》基础上进行增订，分平装、精装两种，各印2000册，由新华书店晋察冀分店发行，无定价。该版本精装本封皮是上漆布包裹的硬纸板，书名页印有竖排繁体"毛泽东选集中国共产党晋察冀中央局编印"字样。全书收录毛泽东从1927年3月至1946年6月发表的38篇文章，按专题性质分为6类，编为6卷。该版本所收录的38篇文章，在1944年晋察冀日报社版本基础上新增9篇文章，均来自毛泽东在各个时期各种会议、报刊所发表的文稿，未经毛泽东本人再作修改审定，编辑出版者只更正了原稿中的错别字和标点符号，作了版面编排等技术处理，保持了原稿原貌。这使该版本成为研究毛泽东思想的第一手资料。从整体看，这个版本在版式设计及编辑质量上较以前有了一定进步。

　　本版本是当年影响力较大的毛选版本，新华书店冀中分店、冀东分店、太岳书店等均根据该版本翻印，但精装本存世并不多见。

　　本书收录有三种不同封面颜色的此版毛选。

封面

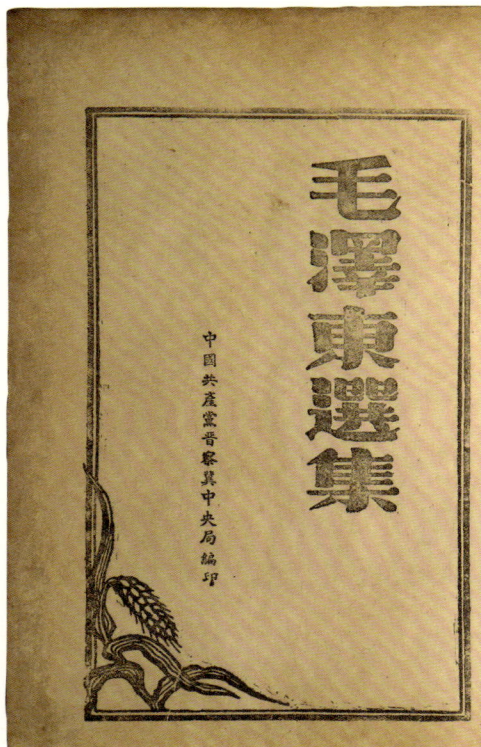

扉页

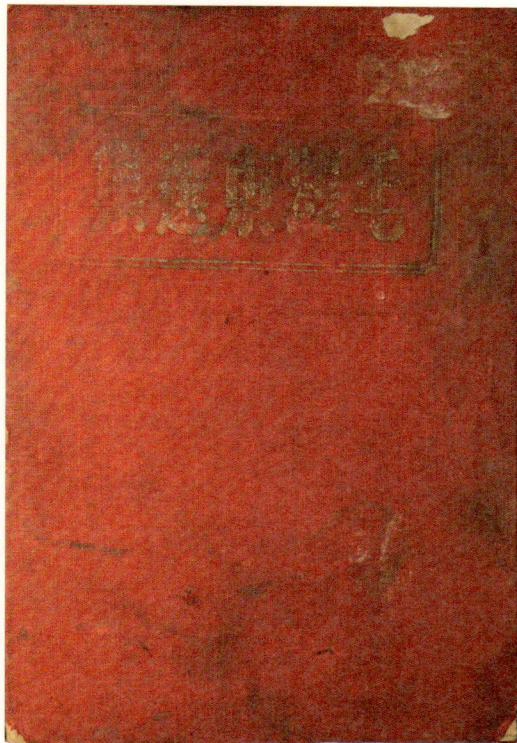

封面

毛澤東選集總目錄

卷一

湖南農民運動考察報告 …… 一
農村調查序言 …… 一五
興國調查 …… 二一
長岡鄉調查 …… 九五
才溪鄉調查 …… 一四九

卷二

新民主主義論 …… 一九五
中國革命與中國共產黨 …… 五五
新民主主義的憲政 …… 九一
在陝甘寧邊區參議會的演說 …… 一〇三

目录

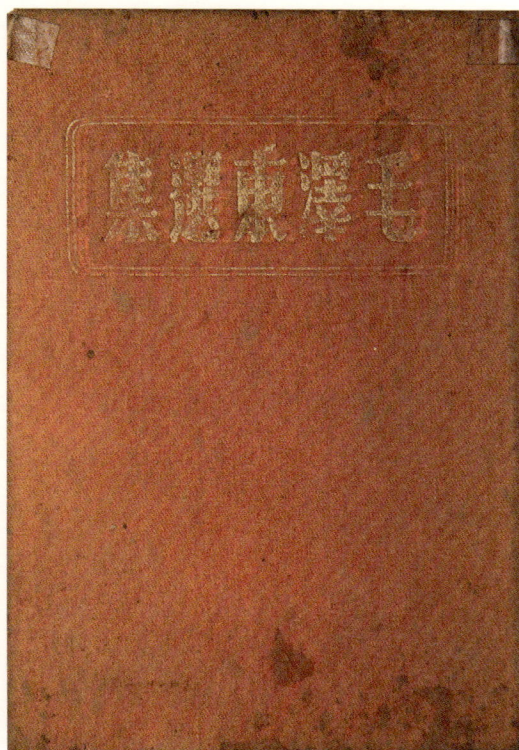

封面

精　裝

毛澤東選集
（全一冊）

★

編印者　中國共產黨晉察冀中央局
發行者　晉察冀新華書店
總經售　晉察冀新華書店分店
分售處　邊區各地新華書店代銷處
定價每冊　　元

一九四七年三月出版
精裝1——2,000　平裝1——2,000

版权页

65. 毛泽东选集

题名：毛泽东选集
责任者：东北书店
出版（印制）单位：东北书店
出版（印制）时间：1948年5月
开本（尺寸）：220mm×150mm
页数：999页
藏址：湖南红色档案馆

　　此版本由东北局宣传部长凯丰主编，收录毛泽东1927年3月至1947年12月的著作共50篇。东北版有几个特点：一是选用优质纸张印刷。二是版本设计呈现以往版本不同特点，每卷之前有一张空白页，书的扉页前的环衬上部印有"在毛泽东旗帜下前进"的红字。封面压印有毛泽东头像，书内照片有两种，一张带八角帽头像，一张系在中共七大会议时作报告。在编排内容上，同1947年晋察冀中央局版相比，其分卷原则一致，东北版新增了1947年12月发表的《目前形势和我们的任务》放在前言位置，作为代前言。每卷所收录著作做了小的调整，抽掉了《给林彪同志的信》。此版本所辑录的文章均录自报刊或文件，未经毛泽东修改润色，保持了发表时的思路与文采，因而具有较高的文献价值。此书1948年5月31日完成2万册印刷任务，由东北书店出版发行。
　　本书收录四种不同颜色封面的《毛泽东选集》。

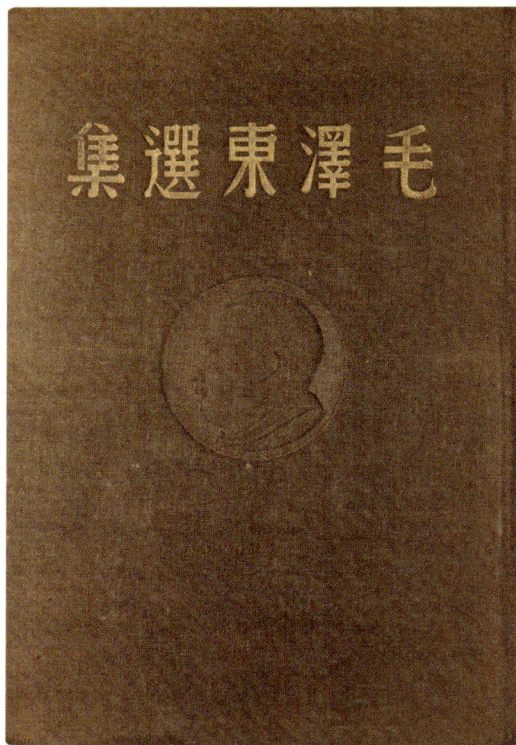

封面

扉页

封面

封面

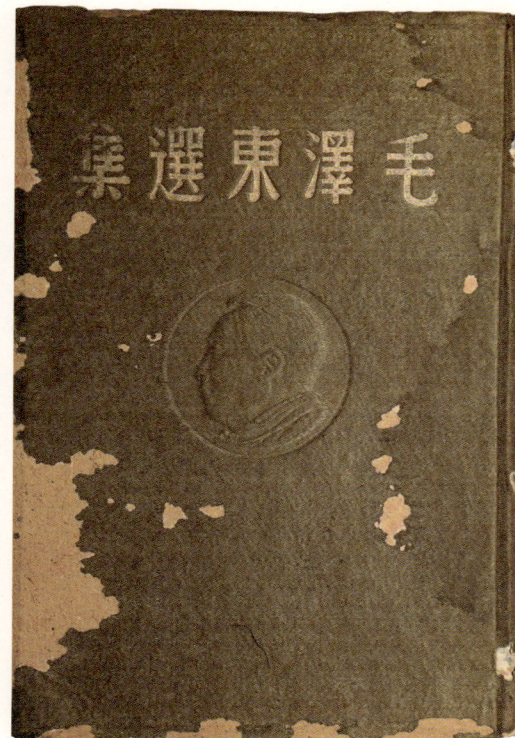

封面

毛泽东像

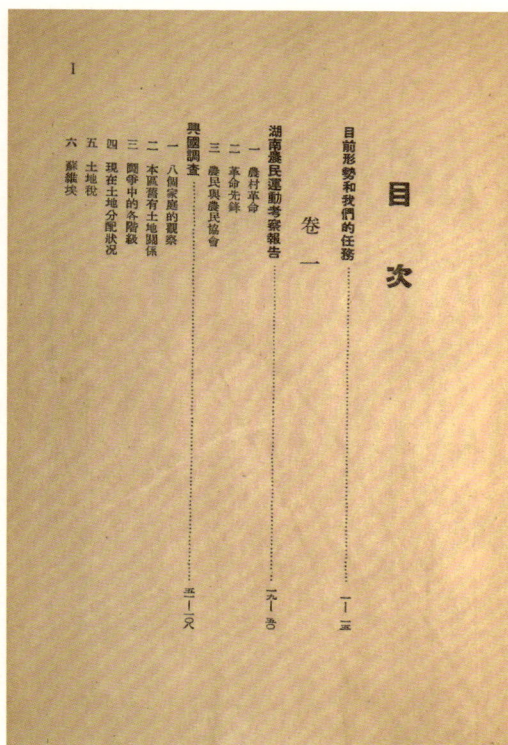

目录

毛泽东像

二、红色理论读本

1. 社会科学概论

题名：社会科学概论
责任者：瞿秋白
出版（印制）单位：长沙文化书社
出版（印制）时间：1924年10月
开本（尺寸）：188mm×130mm
页数：88页
藏址：湖南省档案馆

《社会科学概论》为瞿秋白担任上海大学社会学系主任时的授课讲义，1924年最早由上海书店出版。该书全面系统地介绍了马列主义关于社会科学方面的论述，对马克思的历史唯物主义做了精辟的阐述，是研究马列主义在中国传播的资料。

瞿秋白（1899—1935），江苏常州人。1917年入北京俄文专修馆学习，1919年参加五四运动。1920年参加李大钊发起的马克思学说研究会。1922年在莫斯科加入中国共产党。1923年回国负责编辑《新青年》《向导》《前锋》等刊物。1934年中央红军长征后，留在中央苏区。1935年被国民党逮捕，同年6月牺牲在福建长汀。著有《瞿秋白文集》《瞿秋白选集》。

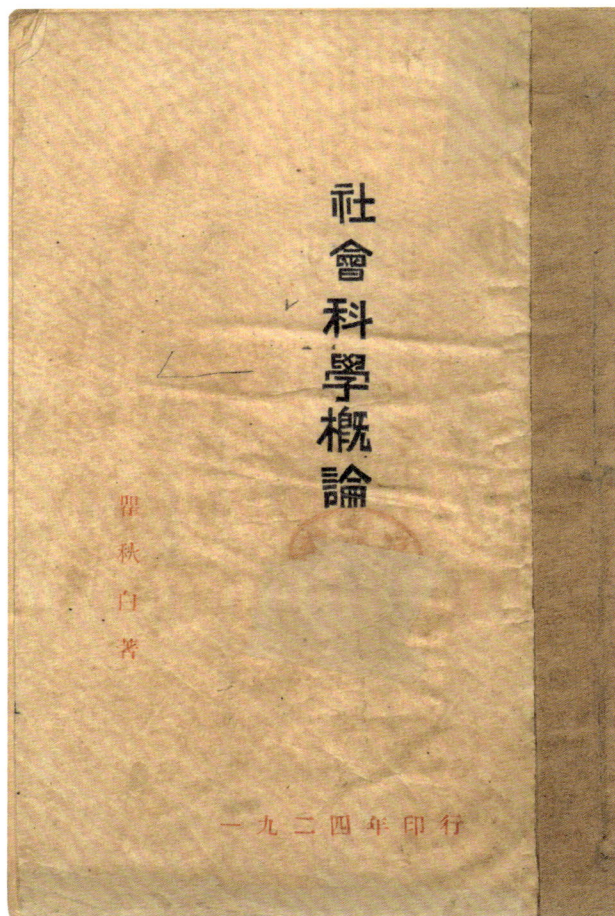

封面

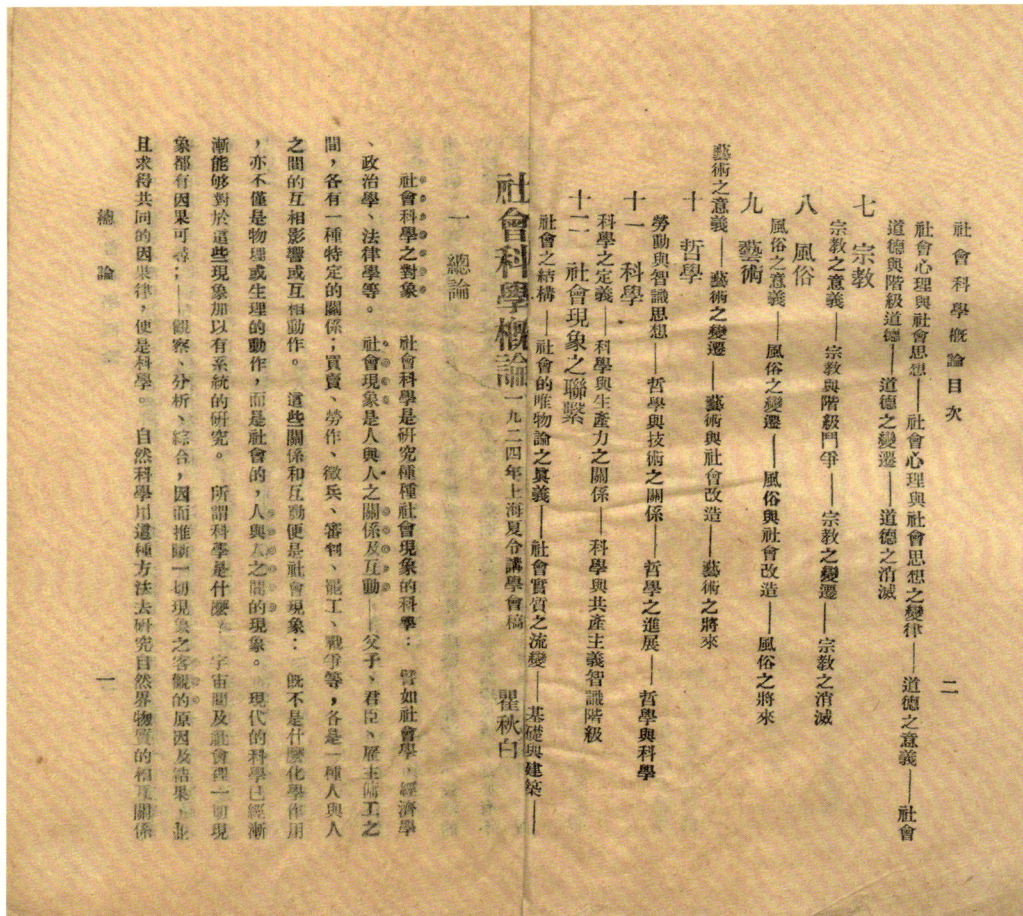

目录及正文

2. 新社会观

题名：新社会观
责任者：国光书店
出版（印制）单位：国光书店
出版（印制）时间：1925年7月
开本（尺寸）：185mm×130mm
页数：66页
藏址：湖南省档案馆

《新社会观》共分十二章，系统阐述了马列主义关于社会发展一般规律、社会主义革命和无产阶级专政学说，详细介绍了第一国际及巴黎公社、苏联实行新经济政策以及苏维埃政权的情况。这本书一经翻译出版就受到广大读者的欢迎，引起了强烈的社会反响，曾先后由汉口、广州和上海等地的进步书店多次再版发行。

本书收录《新社会观》两种版本。

国光书店：1925年，周恩来、陈延年、张太雷等人在平民书社的基础上建立了一个出版机构——国光书店。书店由中共广东区委宣传部直接领导，社址在平民书社原址——广州昌兴街26号。国光书店出版和重印了大量介绍马克思主义和中国共产党政策的书籍，如《共产党宣言》《资本论入门》《共产主义问答》《湖南农民革命》等。

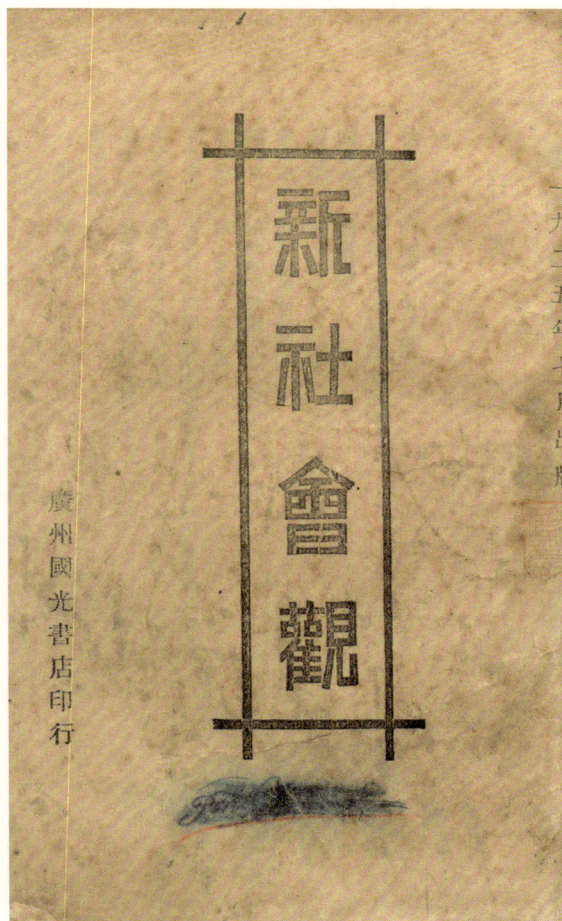

封面

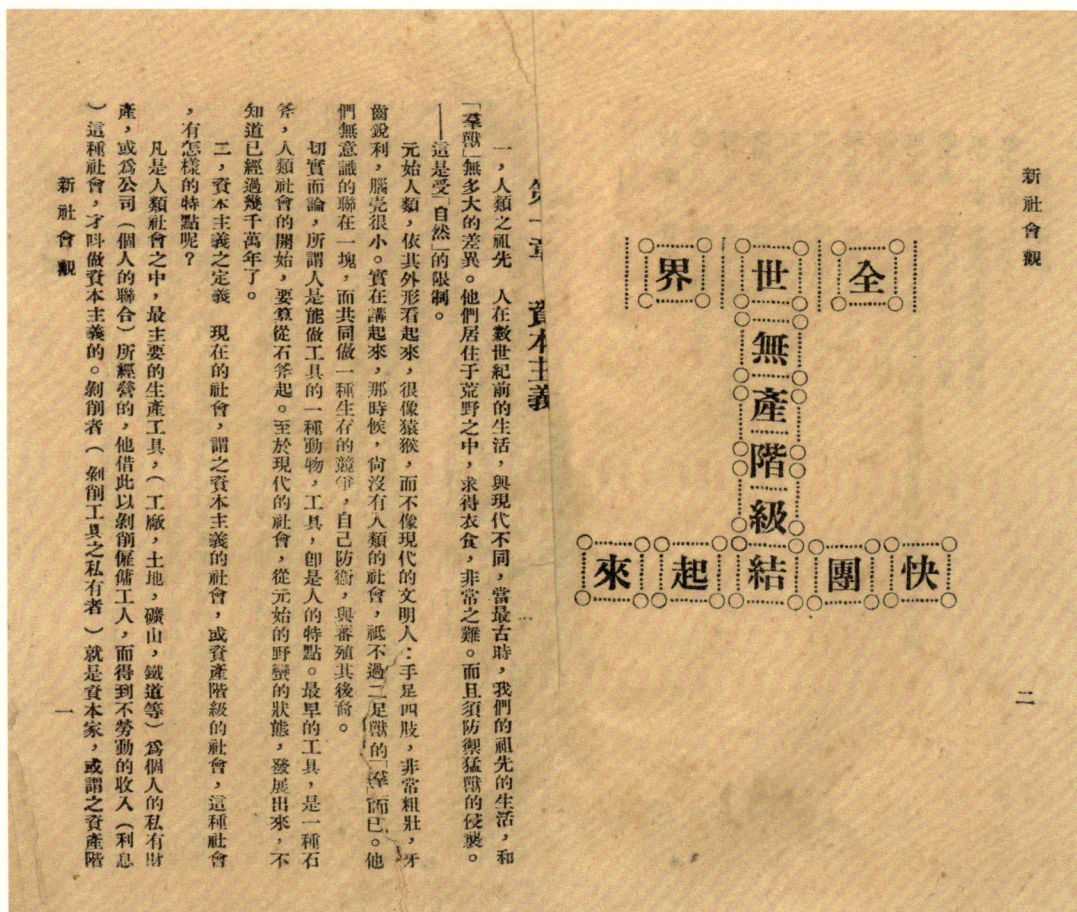

正文

3. 新社会观

题名：新社会观
责任者：郭范仑科（苏联）著　王伊维译
出版（印制）单位：长江书店
出版（印制）时间：1927年1月
开本（尺寸）：185mm×130mm
页数：66页
藏址：湖南省档案馆

长江书店：上海书店被封闭以后，中共中央缺乏理论出口，于是决定在武汉成立一个公开的出版发行机构，即汉口长江书店。书店的创办宗旨是出版发行马克思列宁著作和其他革命书刊，由瞿秋白直接领导，苏新甫负责具体工作，一度成为全国进步书刊的出版发行中心。长江书店从1926年10月开业到1927年7月结束，出版了如瞿秋白著《社会科学讲义》、张伯简编《社会进化简史》、毛泽东的《湖南农民革命》等进步书籍，为马克思主义的传播作出了重大贡献。1927年，书店被查封。

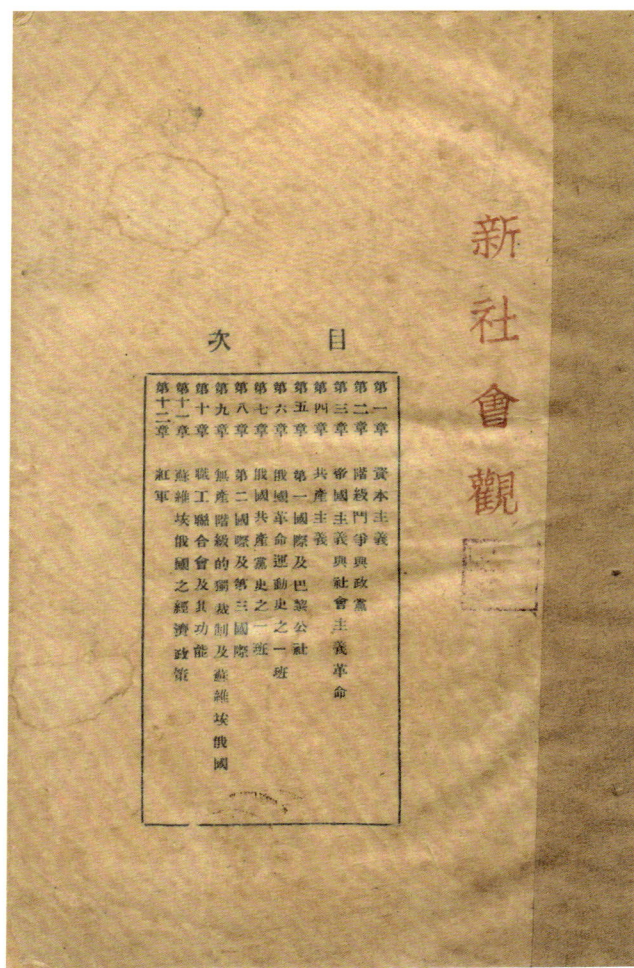

封面

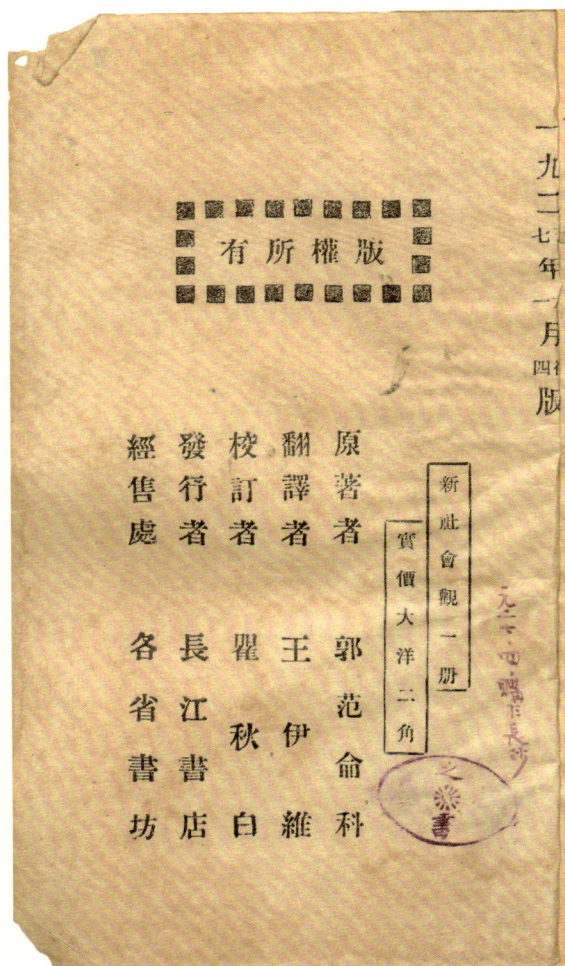

版权页

4. 社会进化简史

题名：社会进化简史
责任者：张伯简
出版（印制）单位：国光书店
出版（印制）时间：1925年11月
开本（尺寸）：185mm×130mm
页数：116页
藏址：湖南省档案馆

《社会进化简史》是我国较早用历史唯物主义原理阐述人类社会发展史的理论著作，在早期马克思主义的宣传中起了重要作用。1926年毛泽东在广州举办农民运动讲习所时，该书被列为学生的课外读物。抗日战争时期，毛泽东曾将此书作为学习唯物史观和社会发展史的书目予以推荐。

张伯简(1898—1926)，云南剑川人，白族。早年曾赴法勤工俭学，1921年在巴黎加入中国共产党，1923年回国。曾任上海大学教授，翻译早期普及宣传马列主义理论的一批通俗读物。后在广州农民运动讲习所执教，1925年任中共中央罢工委员会书记，与邓中夏等人一起领导省港大罢工。1926年牺牲。

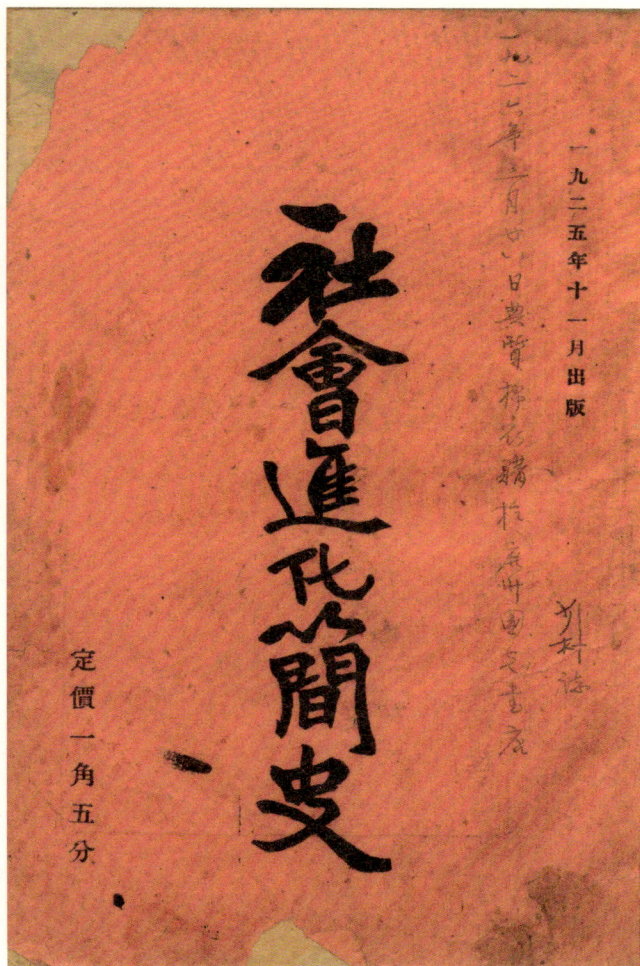

封面

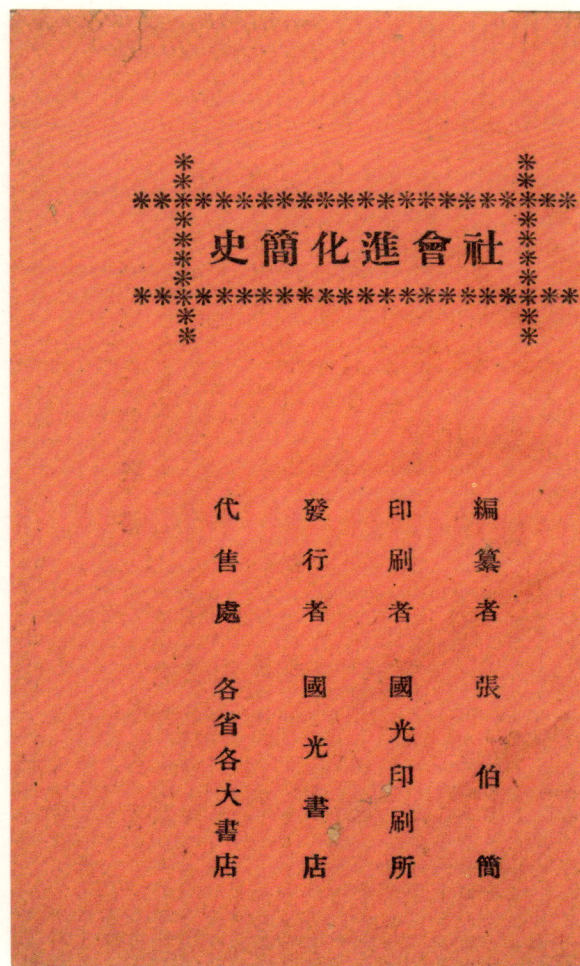

版权页

5. 马克思主义浅说

题名：马克思主义浅说
责任者：上海书店
出版（印制）单位：上海书店
出版（印制）时间：1925年
开本（尺寸）：186mm×128mm
页数：41页
藏址：湖南省档案馆

　　《马克思主义浅说》是一本通俗简要解释马克思主义的书，便于初次接触马克思主义的读者学习。全书包括资本、资本主义的发展、阶级斗争和帝国主义四编。每编附有名词解释，编后附有问题待答，供读者学习。

　　本书收录《马克思主义浅说》两种版本。

　　上海书店：中共中央早期的出版发行机构，1923年在上海南市小北门花园路振业里口11号开业。最初由张伯简负责，1925年起，由毛泽民主持，具体的业务工作由徐白民负责。书店发行的书籍有译制的马克思主义著作，还有中国早期宣传马克思主义的书籍，在中国起到了传播马克思主义的作用。1926年，军阀孙传芳查封了上海书店。1927年"四一二"政变以后，上海书店化名华兴书局继续从事革命的出版发行活动。1930年，上海的中共党组织遭到严重破坏，上海书店被迫歇业。

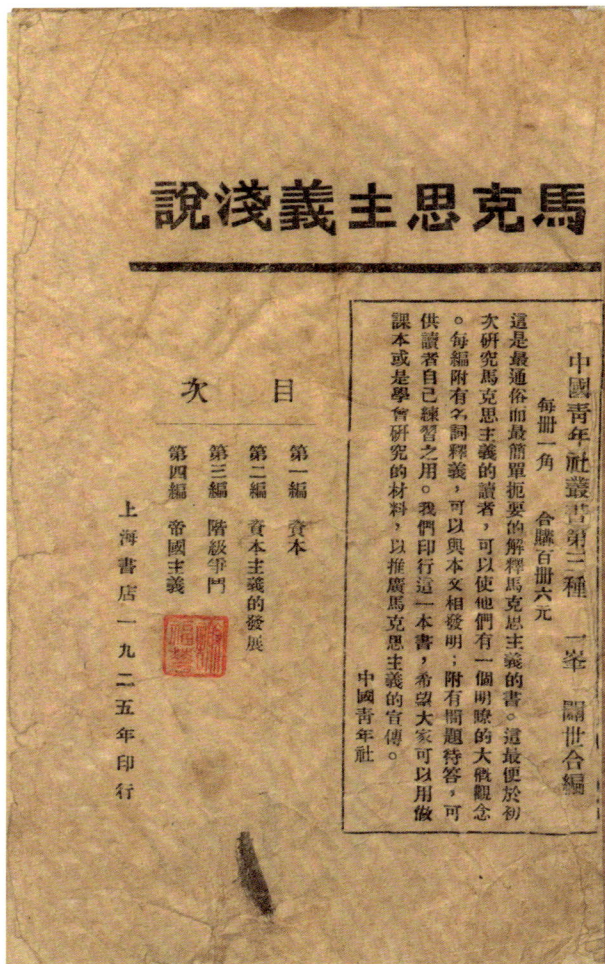

封面

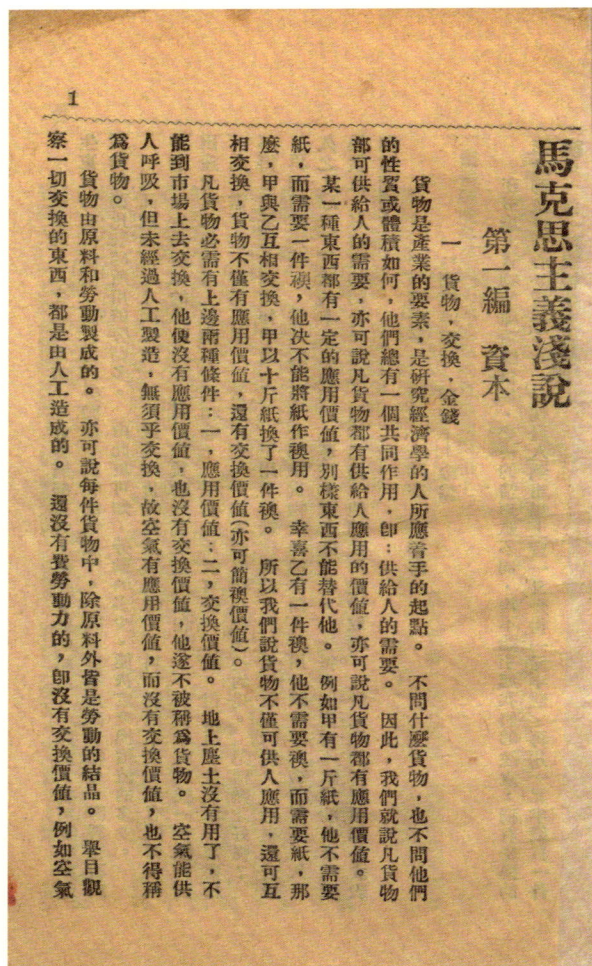

正文

6. 马克思主义浅说

题名：马克思主义浅说
责任者：国光书店
出版（印制）单位：国光书店
出版（印制）时间：1926年1月
开本（尺寸）：180mm×126mm
页数：43页
藏址：湖南省档案馆

扉页

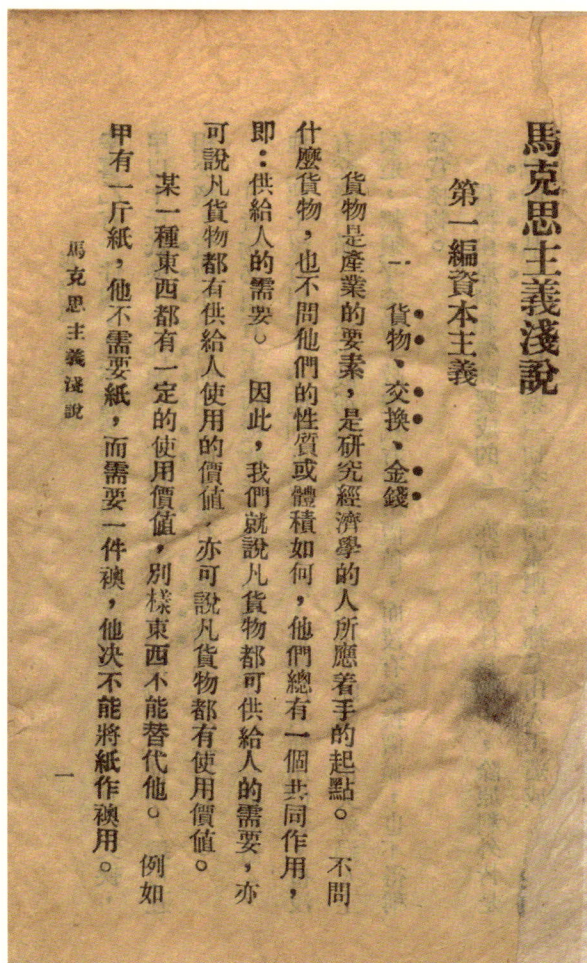

正文

7. 将来之妇女

题名：将来之妇女
责任者：上海书店
出版（印制）单位：上海书店
出版（印制）时间：1925年
开本（尺寸）：190mm×132mm
页数：26页
藏址：湖南省档案馆

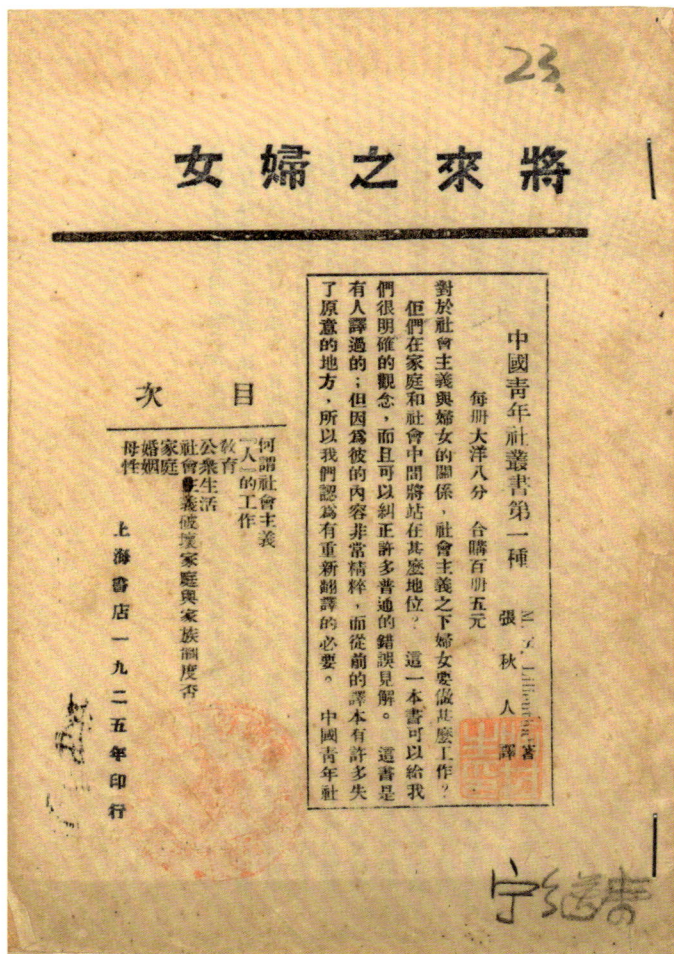

封面

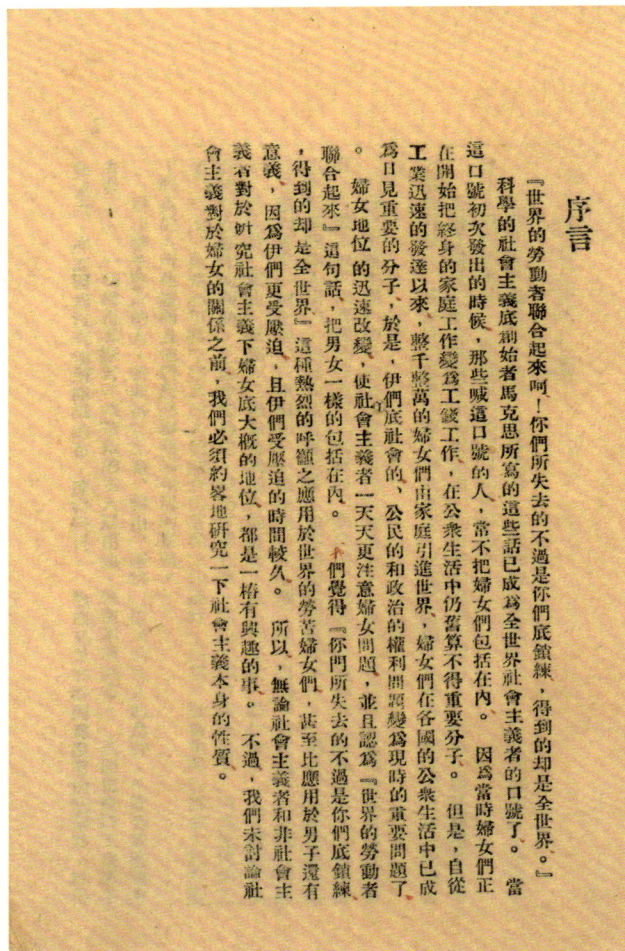

序言

《将来之妇女》一书介绍了社会主义制度下的家庭、婚姻、妇女及教育等情况，全书从何谓社会主义、"人"的工作、教育、公众生活、社会主义破坏家庭与家族制度否、家庭、婚姻、母性八个方面进行阐述。

8. 唯物史观

题名：唯物史观
责任者：中国青年社
出版（印制）单位：上海书局
出版（印制）时间：1926年1月
开本（尺寸）：188mm×130mm
页数：51页
藏址：湖南省档案馆

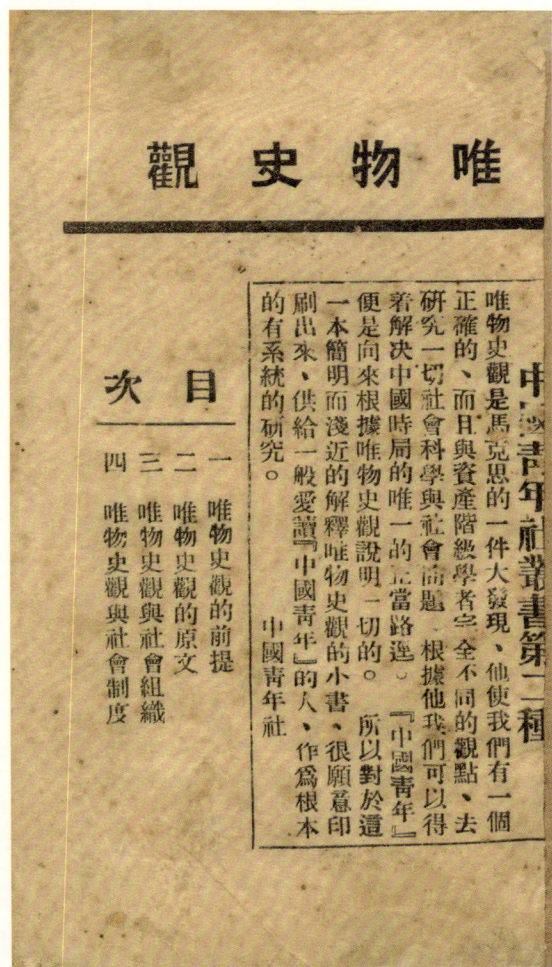

版权页

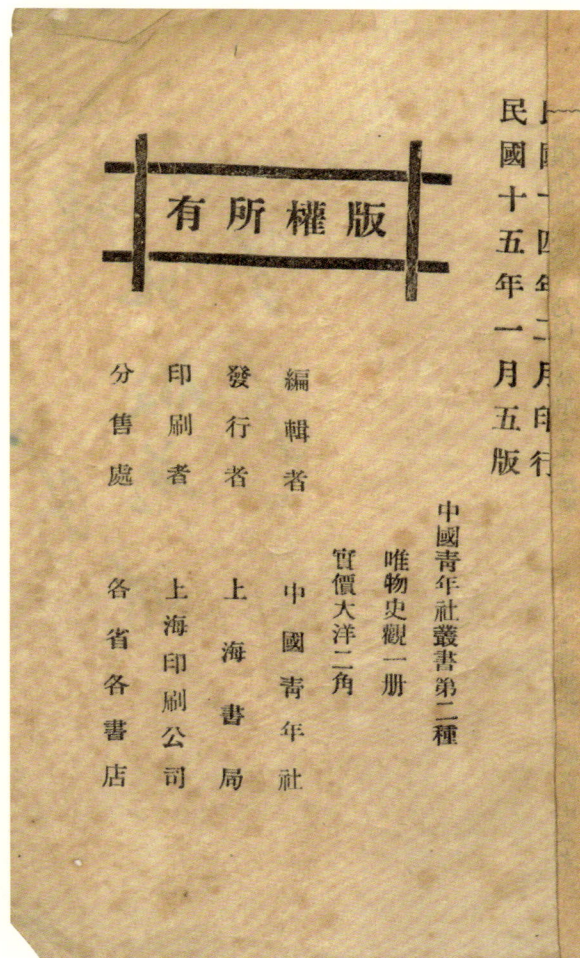

封面

《唯物史观》是一本简明而浅近地解释唯物史观的书籍。全书分为唯物史观的前提、唯物史观的原文、唯物史观与社会组织、唯物史观与社会制度四个部分。

9. 湖南工人运动之过去与现在

题名：湖南工人运动之过去与现在
责任者：郭亮
出版（印制）单位：
出版（印制）时间：1927年1月
开本（尺寸）：188mm×132mm
页数：12页
藏址：湖南省档案馆

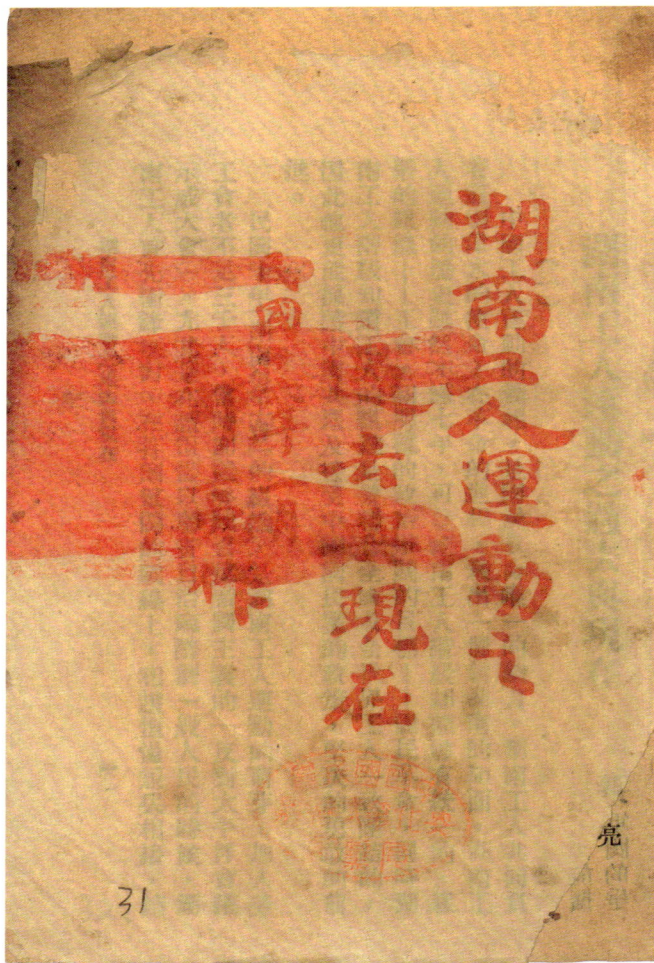

封面

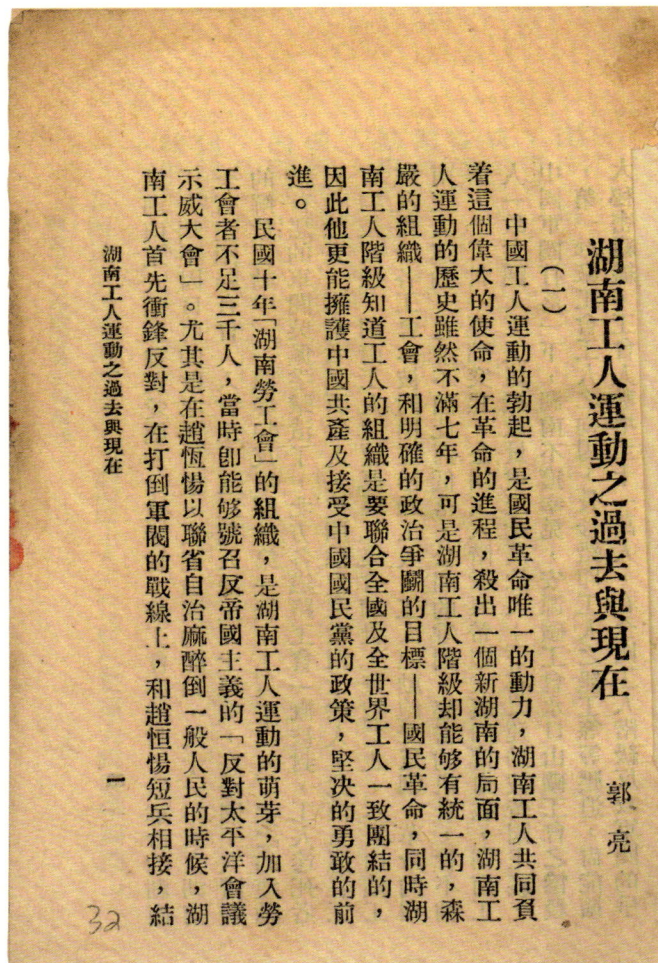

正文

《湖南工人运动之过去与现在》一文是郭亮潜心研究几年来工人运动经验写作而成，以指导当时的湖南工运。

郭亮（1901—1928），湖南长沙县（今长沙市望城区）人。1920年参加新民学会，1921年加入中国共产党。曾任中共湘区执委会委员、工运委员，湖南工团联合会总干事等。中共第五届中央候补委员。后任中共湘南临时省委代理书记、湖北省委书记湘鄂赣特委书记等。1928年3月被国民党逮捕，同月底在长沙牺牲。

10. 社会主义讲授大纲

题名：社会主义讲授大纲
责任者：萧楚女
出版（印制）单位：时中合作书社
出版（印制）时间：1927年3月
开本（尺寸）：182mm×126mm
页数：66页
藏址：湖南省档案馆

《社会主义讲授大纲》是萧楚女在农民运动讲习所任专职教员时编写的教材。他以马克思列宁主义为指导，详细研究世界的经济政治状况，深入分析中国革命的历史和现状，边教学边编写，先后编写出《帝国主义讲授大纲》《中国民族革命运动史讲授大纲》《社会主义讲授大纲》等教材。这些著作成为当时发行广泛、影响普遍、深受广大青年喜爱的政治读物。

《社会主义讲授大纲》分三部分，分别为资本主义与社会问题、空想的社会主义与科学的社会主义、马克思主义成立以后的社会主义运动。

萧楚女（1893—1927），湖北汉阳人，中国共产党早期的杰出宣传家、青年运动领导人，参加过武昌起义、五四运动。参加过恽代英组织的利群书社。1922年加入中国共产党，先后任《新蜀报》主编、《中国青年》编辑、《中州评论》主编。1926年初到广州，协助毛泽东编辑《政治周报》，在国民党中央宣传部、农讲所、黄埔军校均任过职，1927年在广州"四一五"反革命政变中被捕牺牲。

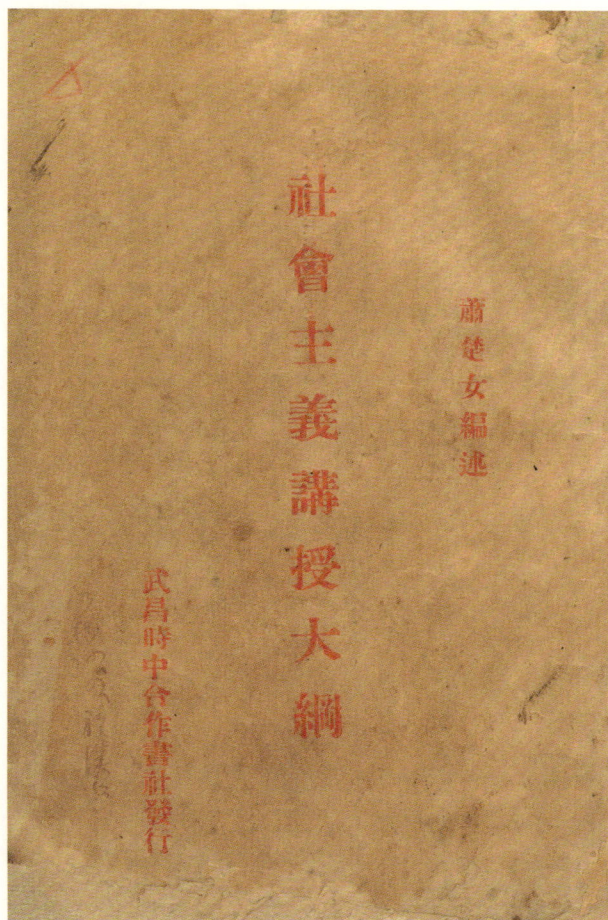

封面

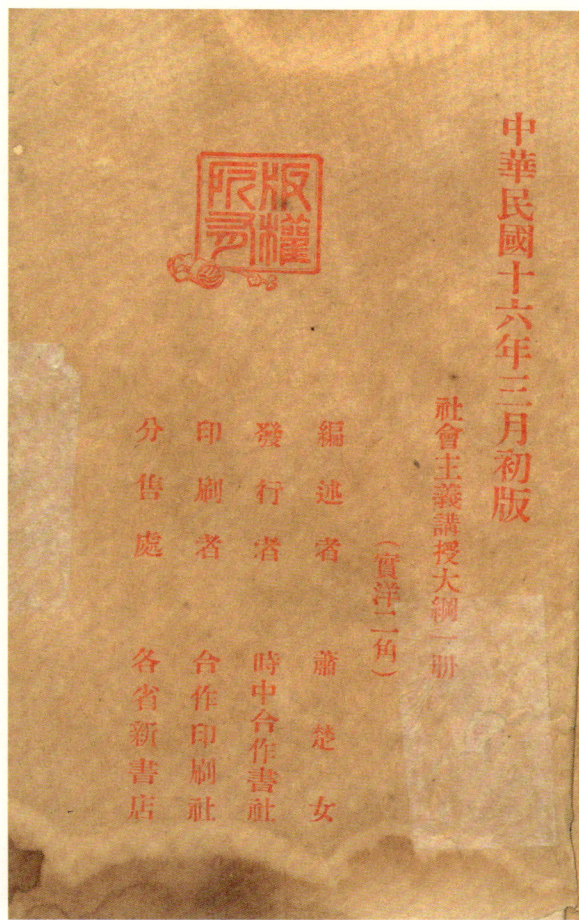

版权页

11. 马克思底共产主义

题名：马克思底共产主义
责任者：施存统
出版（印制）单位：上海社会主义研究社
出版（印制）时间：1927年
开本（尺寸）：186mm×130mm
页数：16页
藏址：湖南省档案馆

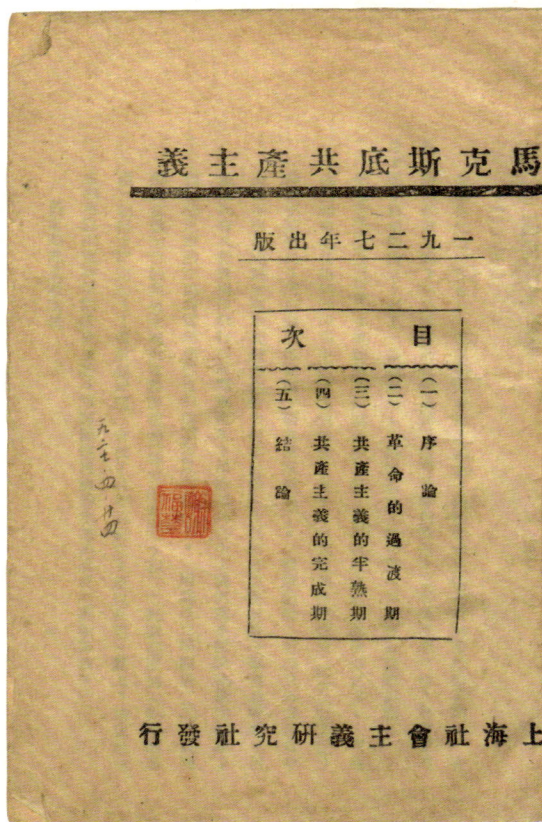

正文

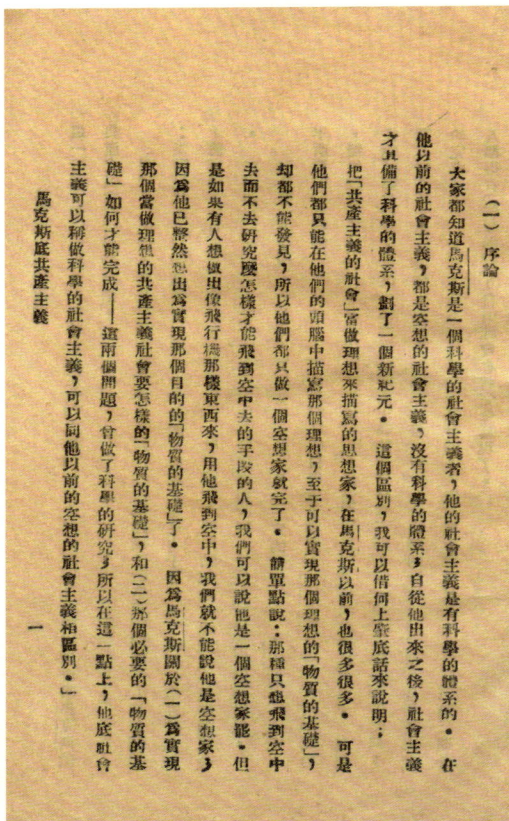

版权页

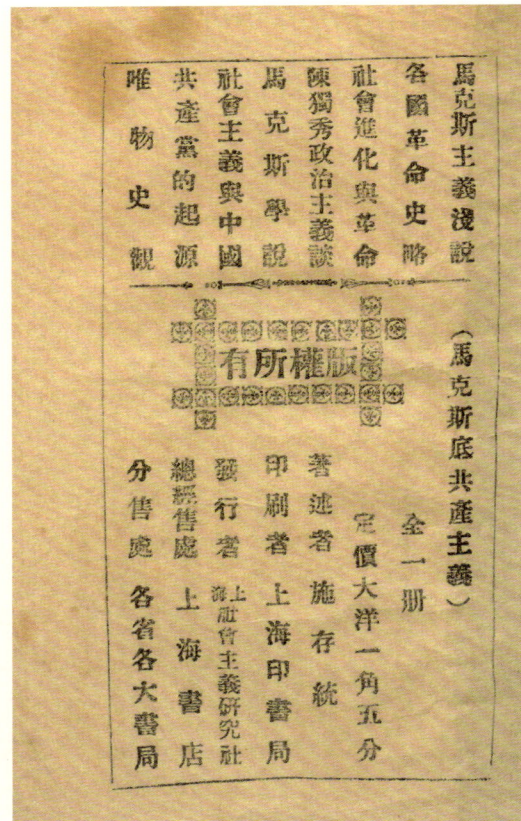

封面

《马克思底共产主义》是施存统发表过的一篇文章。文章对马克思未来社会发展阶段理论进行了探讨，认为实现共产主义社会分为革命的过渡期、共产主义的半熟期、共产主义的完成期三个阶段。

施存统（1898—1970），原名复亮，浙江诸暨人，早年入浙江省立第一师范学习，1920年加入共产主义小组，参与成立马克思主义研究会，1922年任团中央书记，先后在上海大学、中山大学、黄埔军校、广州农讲所任教。抗战期间，系文化救国会领导人之一。新中国成立后，历任劳动部副部长、全国人大常委、民建中央常委和副主席等。著有《现代唯物论》《中国现代经济史》，译有《资本制度浅说》《世界史纲》《社会进化论》等。

12. 思想方法论

题名：思想方法论

责任者：艾思奇

出版（印制）单位：上海生活书店

出版（印制）时间：1937年11月

开本（尺寸）：170mm×120mm

页数：161页

藏址：湖南省档案馆

　　《思想方法论》是我国哲学家艾思奇的哲学专著，分六章阐述马克思主义思想方法，通俗易懂，属《青年自学丛书》之一。

　　《青年自学丛书》是生活书店二十世纪三四十年代出版发行的系列丛书，张仲实主编。这是一套对青年富有教育意义，也是影响很大的丛书，包括《社会科学研究法》《新人生观讲话》《思想方法论》《认识与逻辑》《逻辑与逻辑学》《中国社会性质问题论战》，胡绳的《新哲学的人生观》《文学与生活》《创作的准备》等书。其中艾思奇的《思想方法论》，在1937年到1949年间，就由生活书店出版、再版六次。

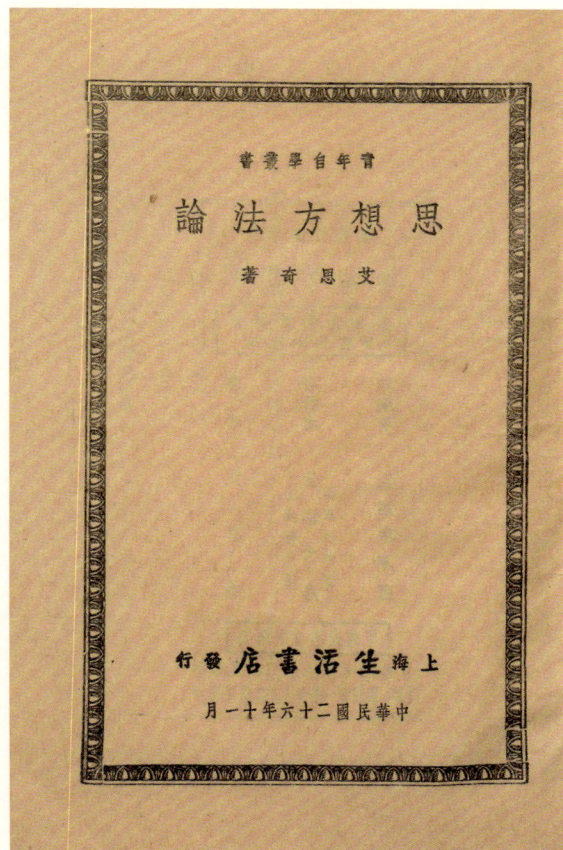

封面

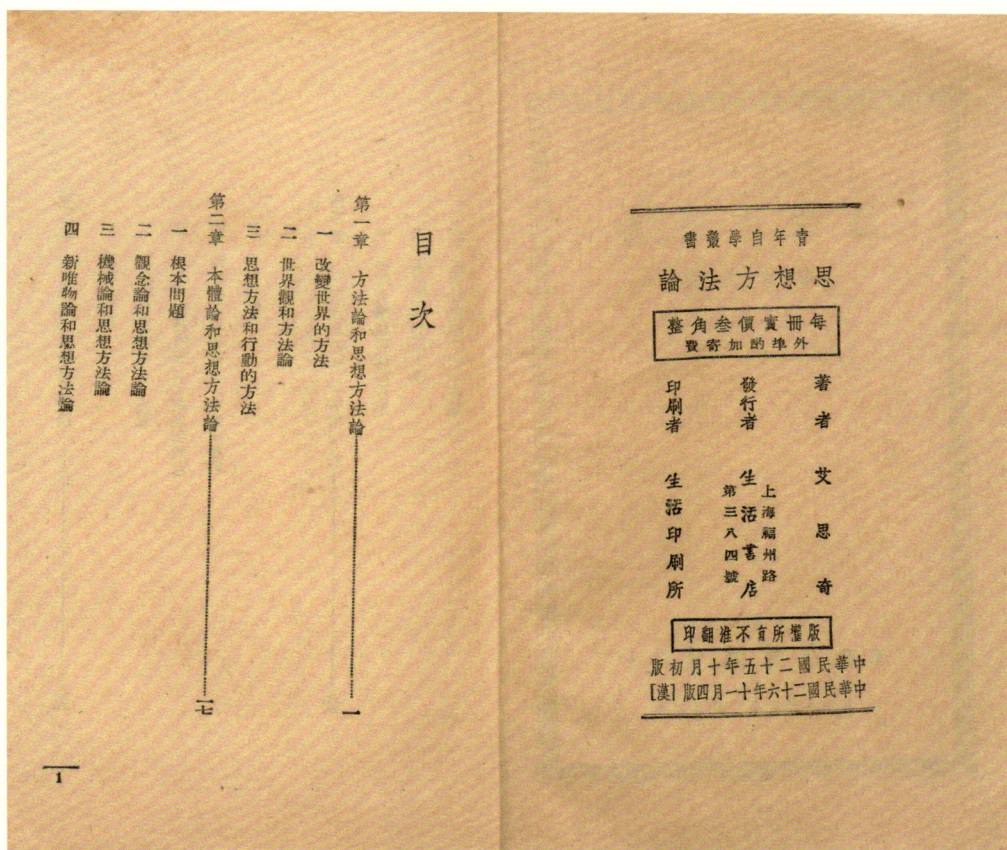

版权页和目录

13. 什么是列宁主义

题名：什么是列宁主义
责任者：文维城编译
出版（印制）单位：中国出版社
出版（印制）时间：1938年3月
开本（尺寸）：166mm×120mm
页数：146页
藏址：湖南省档案馆

　　《什么是列宁主义》一书是研究列宁主义的参考读物。该书资料来源为《列宁全集》（俄文版第三版）和斯大林所著《列宁主义问题》（俄文第十版）。全书分两编，第一编为列宁主义是在帝国主义和无产阶级革命时代的马克思主义，第二编为方法和理论。

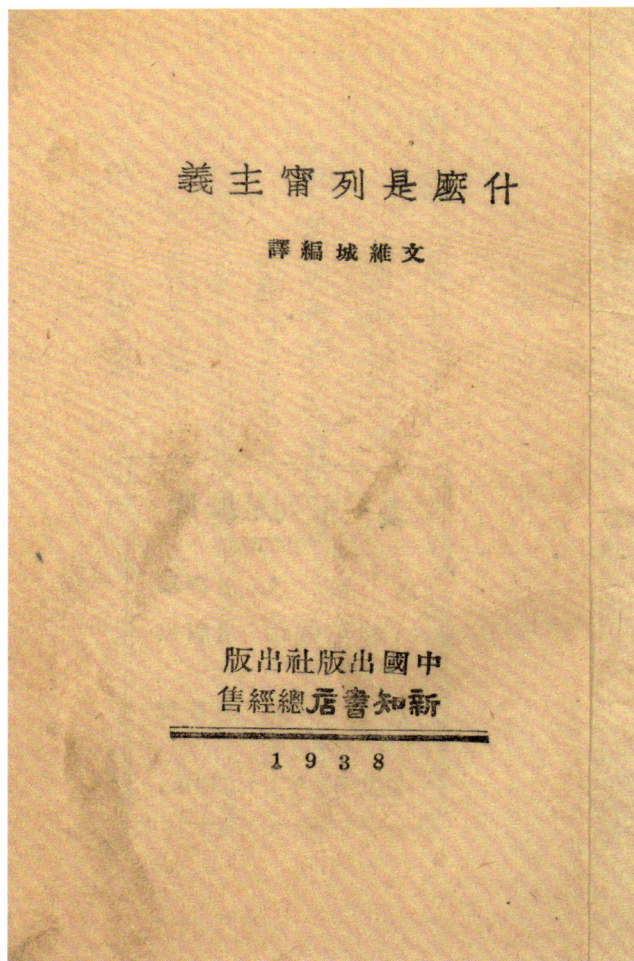

封面

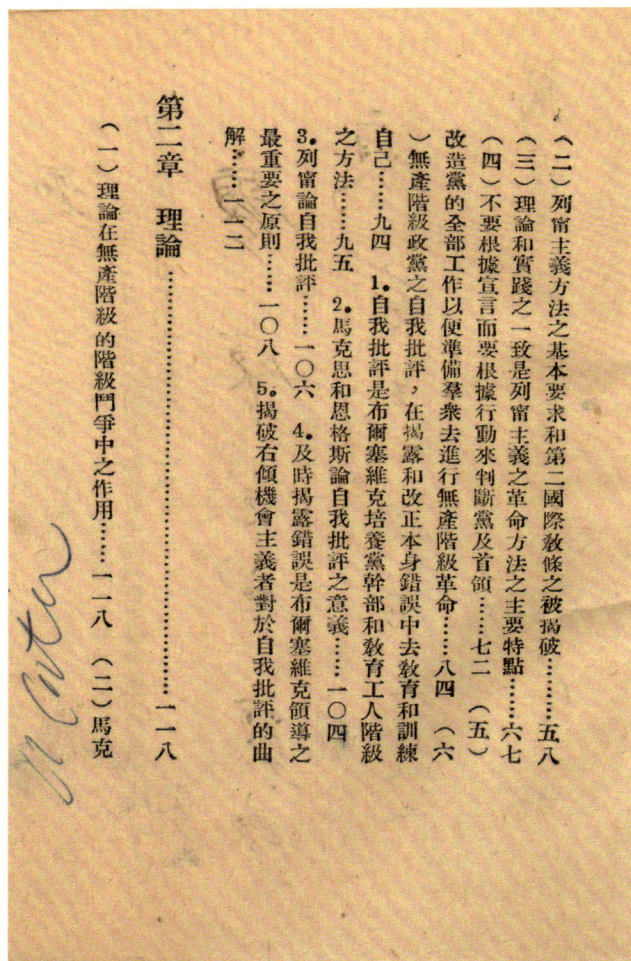

目录

14. 抗战中的政治问题

题名：抗战中的政治问题
责任者：徐特立
出版（印制）单位：播种社
出版（印制）时间：1938年5月
开本（尺寸）：172mm×115mm
页数：130页
藏址：湖南省档案馆

《抗战中的政治问题》是徐特立1937年12月13日至1938年3月20日期间发表在报纸和杂志的关于抗战的政治言论集，包括《政党与政府》《目前政治形势与今后抗战的任务》《国共合作与抗战前途》等。

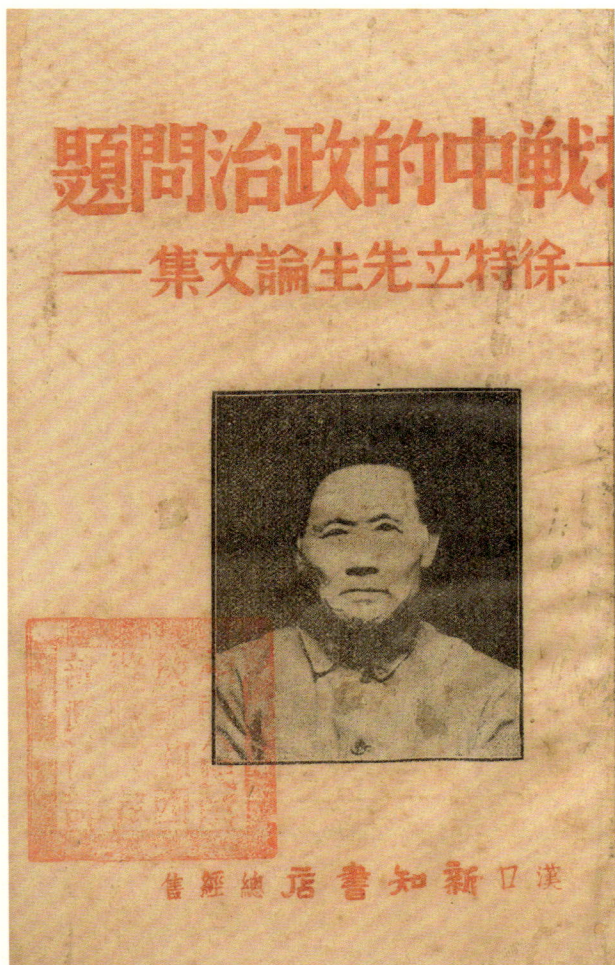

封面

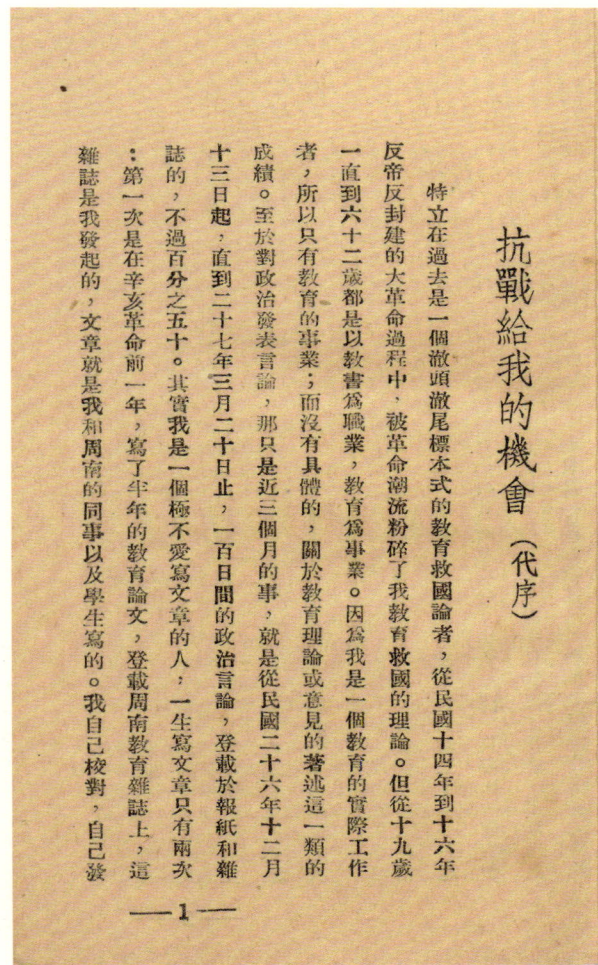

序言

15. 联共（波）党史

题名：联共（波）党史
责任者：苏联共产党（波）中央委员会所设专门委员会
出版（印制）单位：哈尔滨兆麟书店
出版（印制）时间：1938年
开本（尺寸）：180mm×130mm
页数：431页
藏址：湖南红色档案馆

《联共（波）党史》（亦名《联共（布）党史简明教程》《苏联共产党（布）历史简要读本》）是由联共（布）中央特设委员会编著、经联共（布）中央审定的联共（布）党史正式课本，全书共12章，1938年出版，中文本于1939年1月由外文出版局出版。该书适应了中国革命和中共自身建设的客观需要，受到中共中央和毛泽东的重视和推崇，在中共中央的领导下广大党员多次集中学习。但是，该书歪曲了某些重要历史事实，对苏联党的历史经验也多有曲解和拔高之处。1956年苏共二十大后，此书不再重印。苏联解体后，2004年7月，俄罗斯教育部再版发行《联共（布）党史简明教程》。

封面

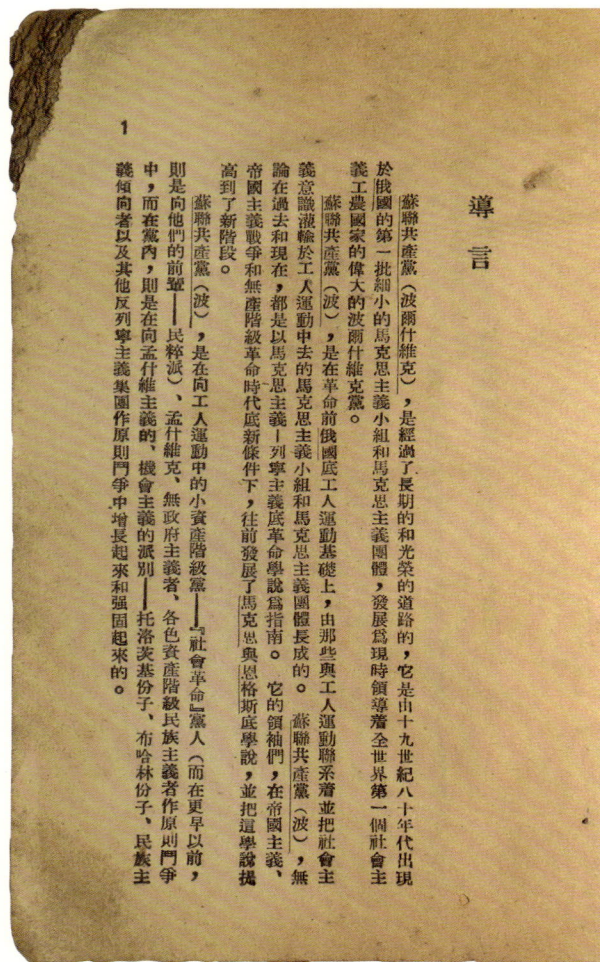

导言

16. 苏联共产党（布）历史简要读本

题名：苏联共产党（布）历史简要读本
责任者：联共（布）中央特设委员会
出版（印制）单位：解放社
出版（印制）时间：1938年
开本（尺寸）：205mm×145mm
页数：562页
藏址：攸县档案馆

封面

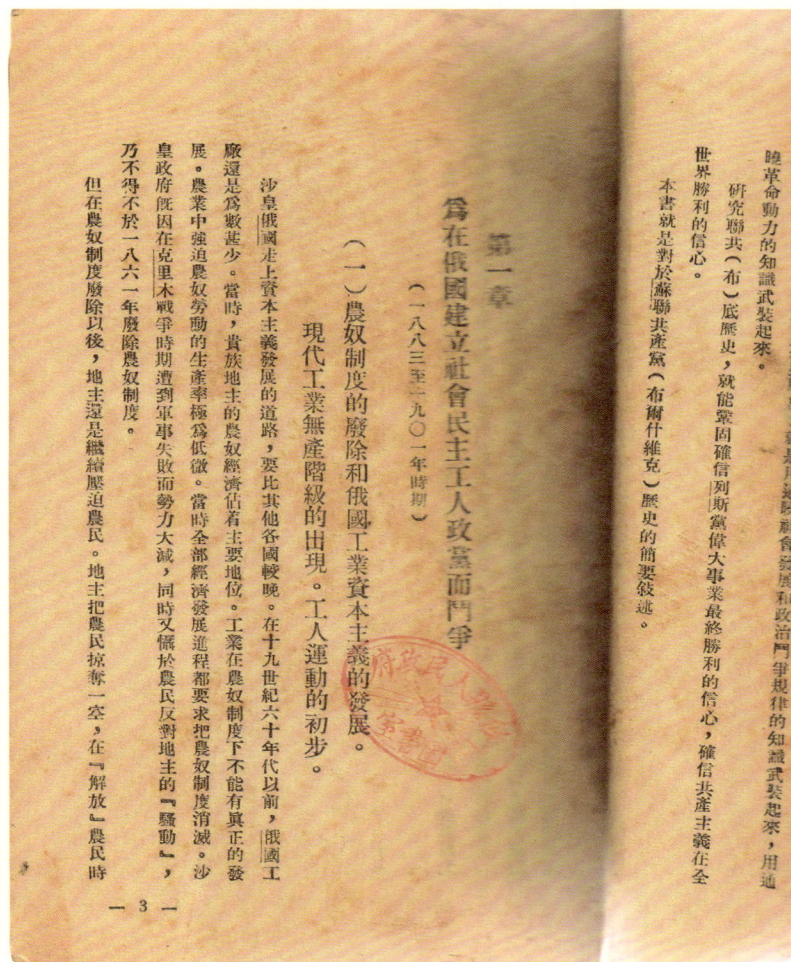

正文

17. 联共（布）党史简明教程

题名：联共（布）党史简明教程
责任者：联共（布）中央特设委员会
出版（印制）单位：外国文书籍出版局
出版（印制）时间：1949年
开本（尺寸）：225mm×150mm
页数：447页
藏址：湖南红色档案馆

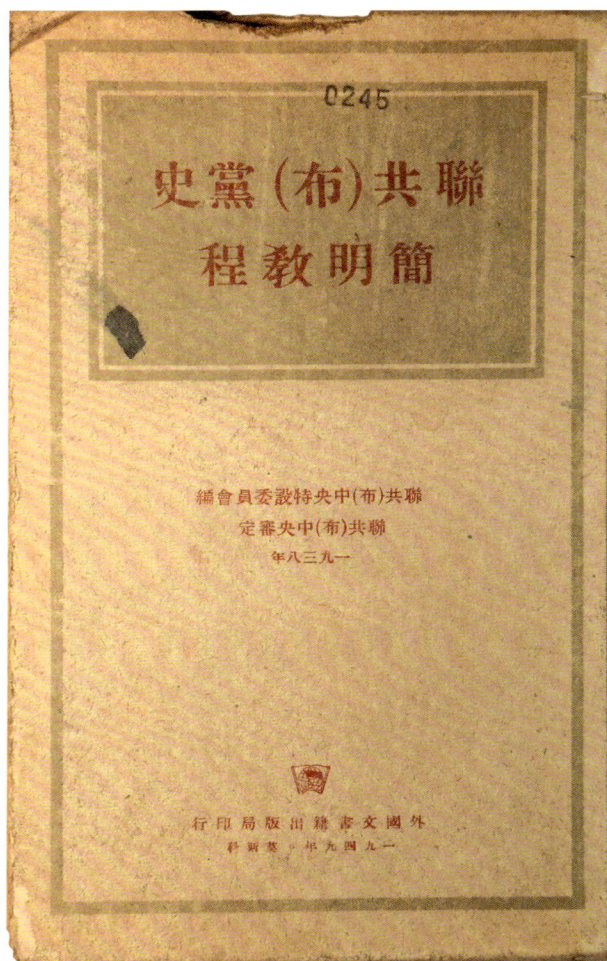

封面

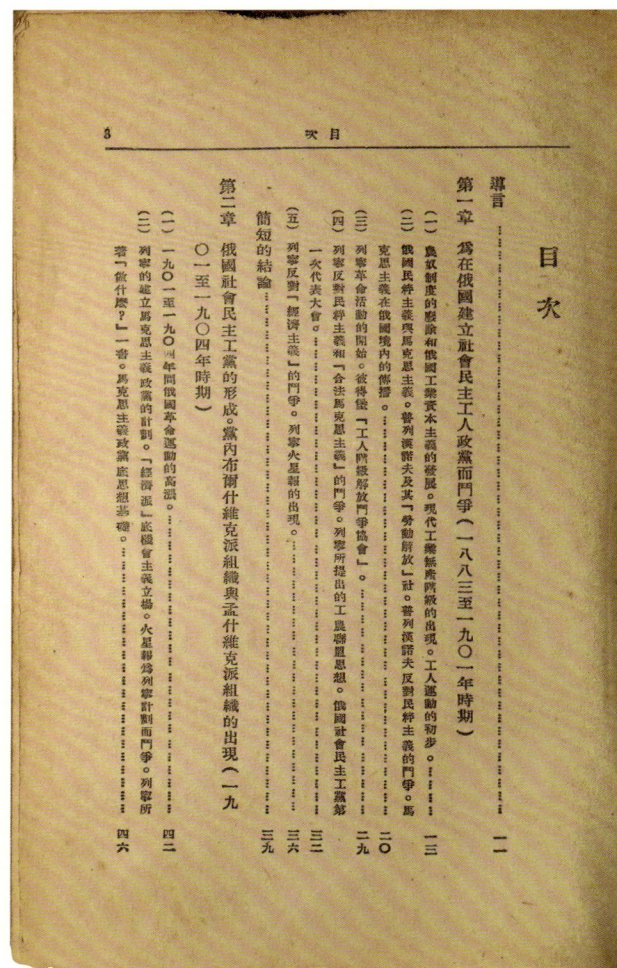

目录

18. 怎样做一个共产党员

题名：怎样做一个共产党员
责任者：陈云
出版（印制）单位：
出版（印制）时间：1939年5月
开本（尺寸）：178mm×124mm
页数：20页
藏址：湖南红色档案馆

《怎样做一个共产党员》是陈云1939年5月30日发表在中国共产党中央委员会机关刊物《解放》第72期上的一篇文章，1943年编入解放社出版的《整风文献》。全文主要从入党资格，党员的成分，入党手续、恢复党籍或重新入党，候补党员，共产党员标准五个方面介绍怎样做一名共产党员。

陈云(1905—1995)，上海青浦人。1925年参加五卅运动，同年加入中国共产党，后在上海从事工人运动，参加上海工人三次武装起义。1933年赴中央革命根据地。参加过红军长征。新中国成立后，长期担任中共中央政治局常委，中共中央副主席，中顾委主任等。主要著作编为《陈云文选》《陈云文稿》。

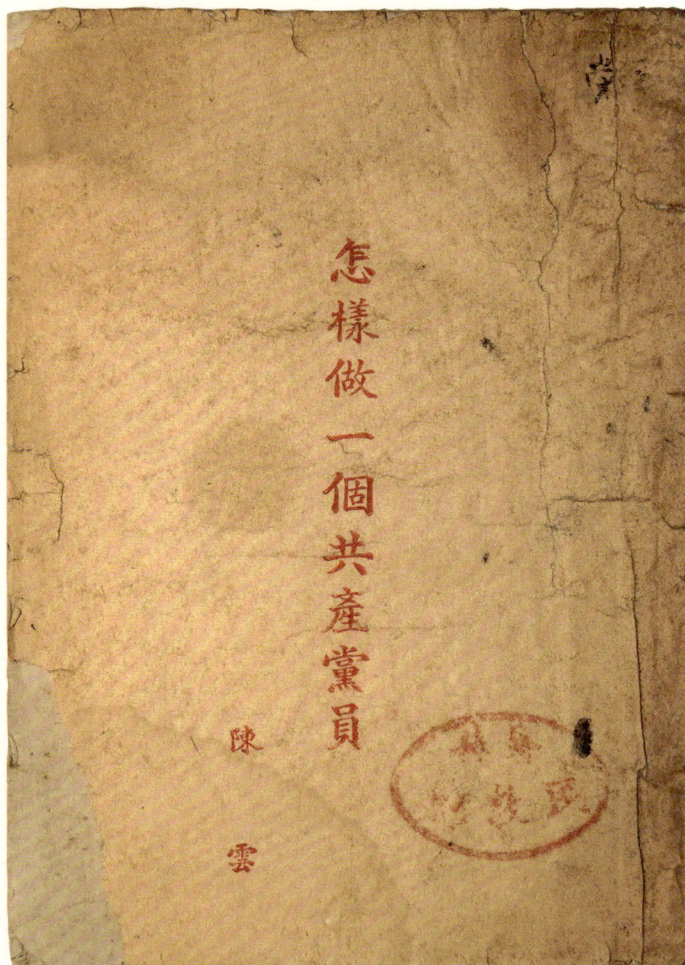

封面

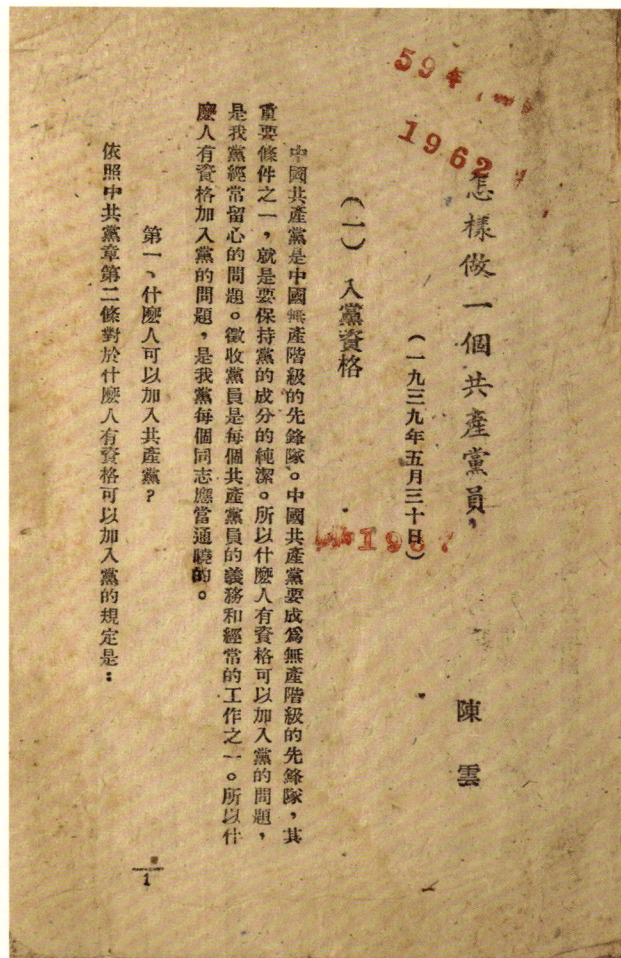

正文

19. 什么是帝国主义

题名：什么是帝国主义
责任者：陆明
出版（印制）单位：山东渤海新华书店
出版（印制）时间：1946年10月
开本（尺寸）：175mm×125mm
页数：20页
藏址：湖南红色档案馆

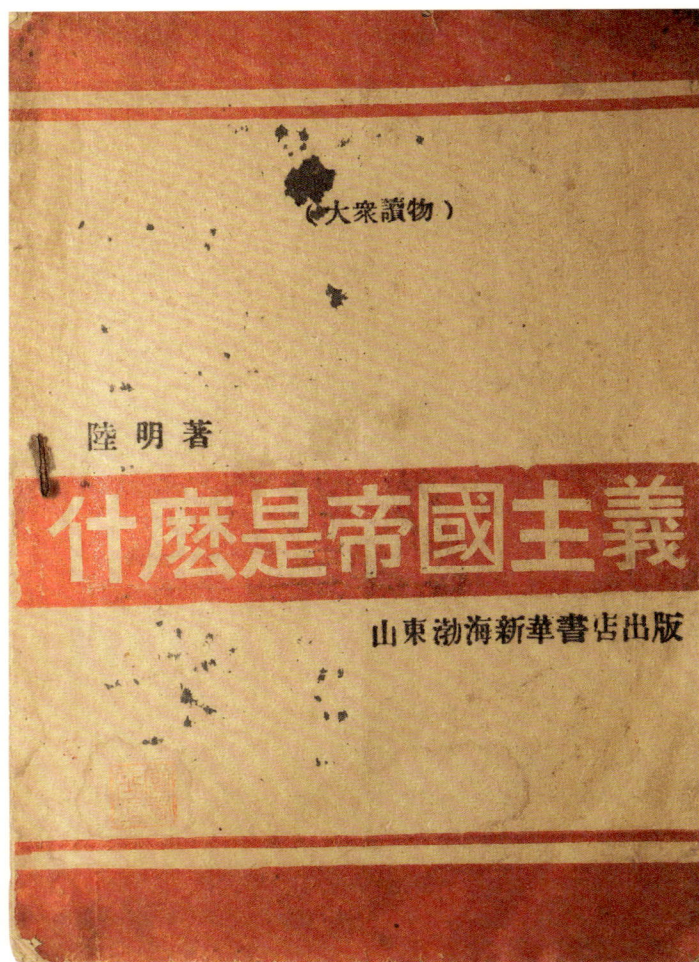

封面

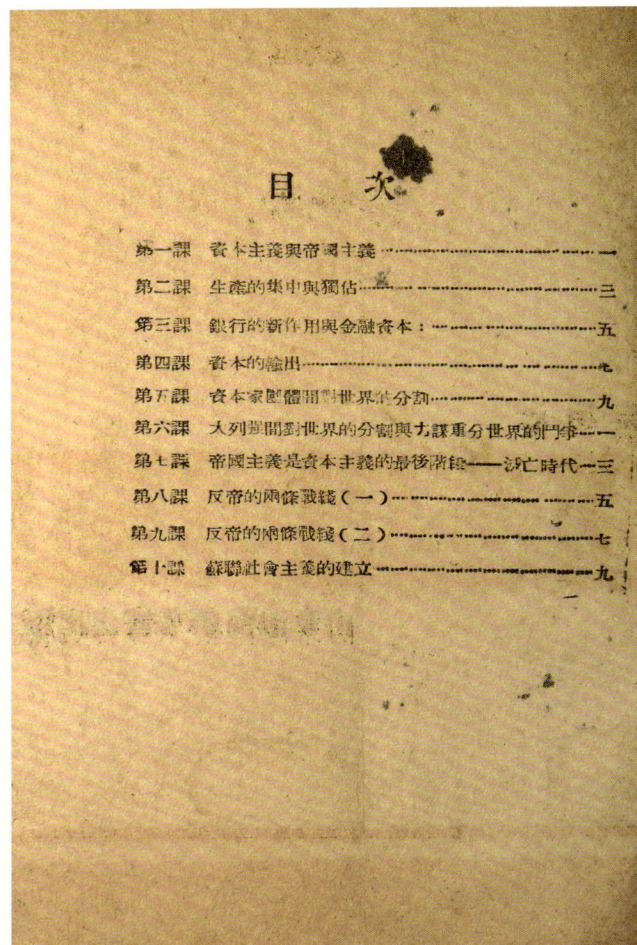

目录

《什么是帝国主义》是一本通俗读物，主要内容包括资本主义与帝国主义、生产的集中与独占、银行的新作用与金融资本、资本的输出等内容。

20. 社会发展简史

题名：社会发展简史
责任者：解放社
出版（印制）单位：西南军区后勤政治部
出版（印制）时间：1948年
开本（尺寸）：180mm×130mm
页数：77页
藏址：湖南红色档案馆

《社会发展简史》主要内容分七章，包括谁是我们的祖先、原始共产主义、奴隶占有制度、封建制度、资本主义、从资本主义到共产主义的过渡时期、共产主义。前四章摘自李昂节夫的《政治经济学初级读本》第二、三两章，后三章摘自《社会科学简明教程》一书第二讲《社会发展史》第四、五、六节。后面三章材料因为找不到原文，仅将其中所引马克思、列宁、斯大林的话，根据马、列、斯原著校阅。

本书共收录《社会发展简史》两个版本。

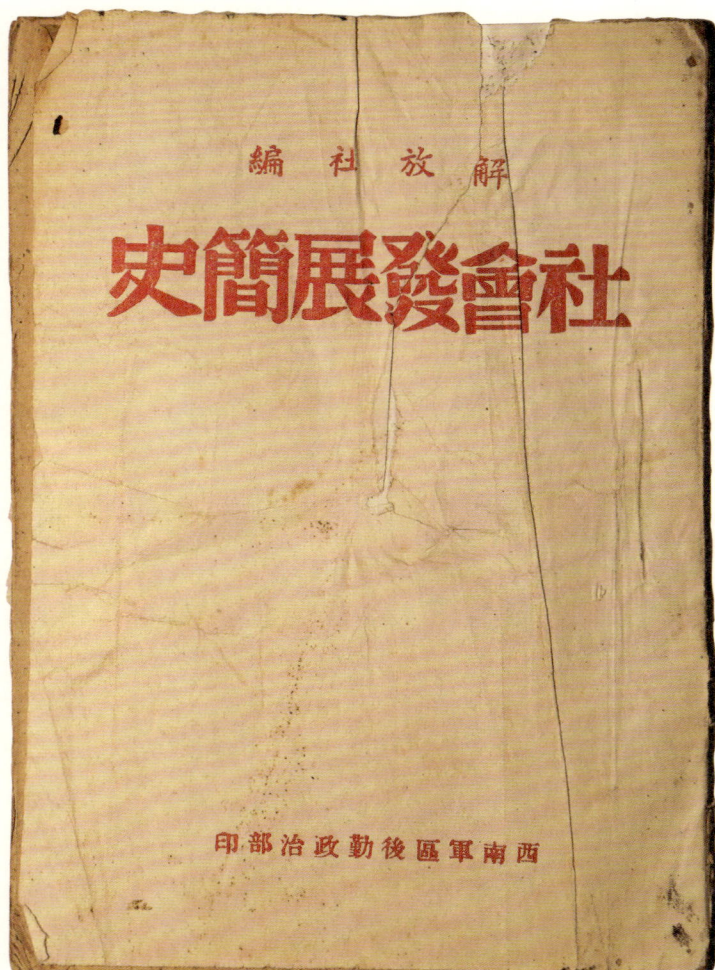

封面

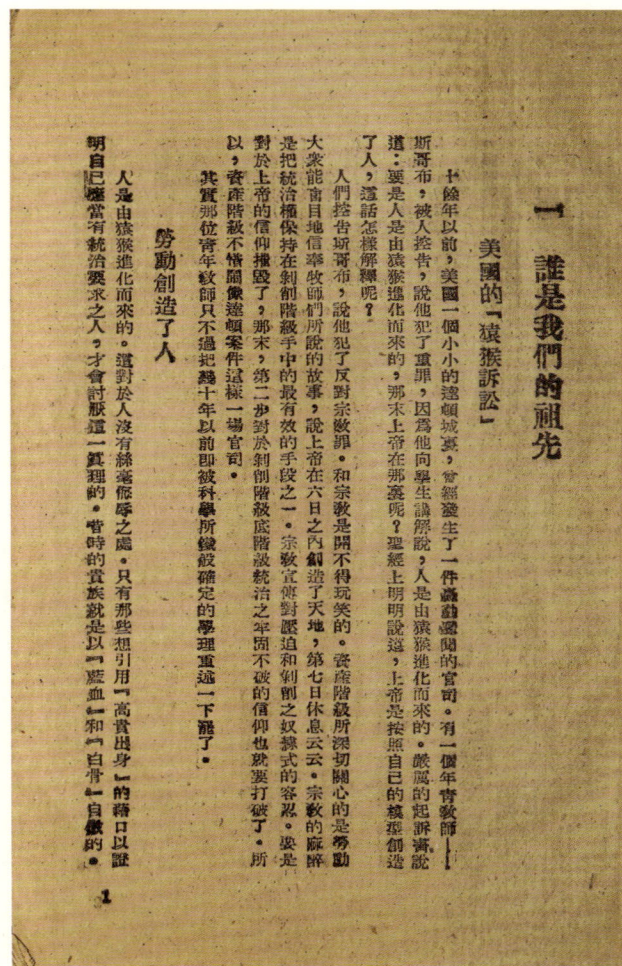

正文

21. 社会发展简史

题名：社会发展简史

责任者：解放社

出版（印制）单位：冀南新华书店

出版（印制）时间：1948年12月

开本（尺寸）：180mm×120mm

页数：96页

藏址：湖南红色档案馆

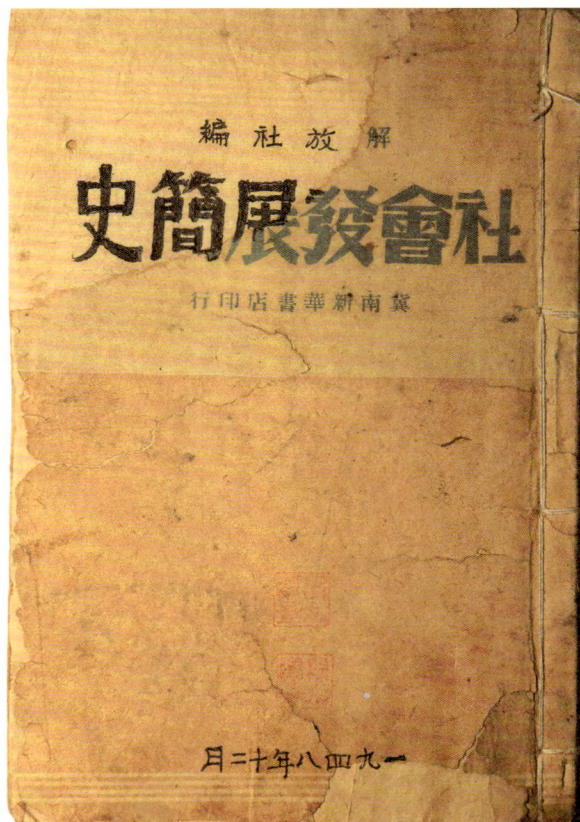

正文

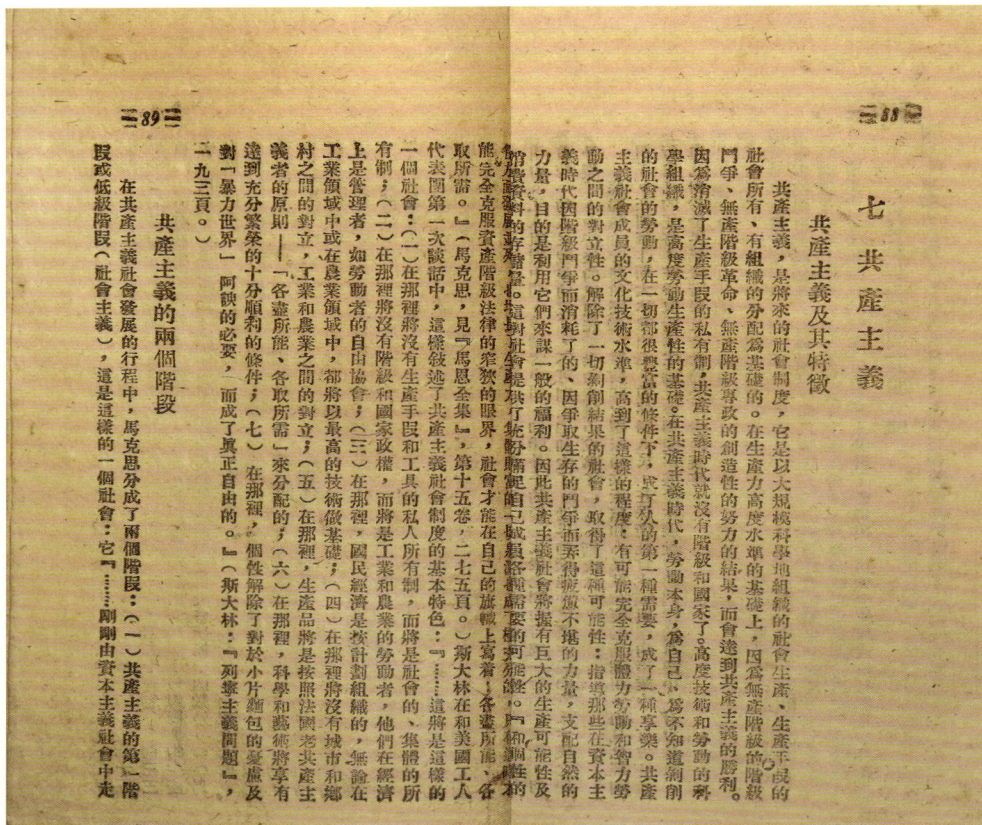

封面

22. 论群众运动

题名：论群众运动
责任者：邓子恢
出版（印制）单位：豫西区党委办公室
出版（印制）时间：1948年
开本（尺寸）：180mm×120mm
页数：37页
藏址：邵阳市特色档案馆

《论群众运动》是邓子恢在华东干部队所作的报告。1947年8月16、17、18日，邓子恢连续三天给中原支队区级以上干部作了《论群众运动》的报告，系统论述了在中原如何根据实际情况做好群众工作的种种问题。《论群众运动》在支队全体干部中传达之后，引起强烈反响，被称为"新区工作的指南""发动群众的法宝"。

邓子恢（1896—1972），曾用名邓建中，福建龙岩人。1925年参加革命，1926年加入中国共产党，闽西革命根据地和苏区的主要创建者和领导人之一，历经土地革命战争、抗日战争和解放战争。解放后领导中南地区的社会主义改造，主持中央农村工作部，为探索我国社会主义农业的发展道路倾注了毕生精力。

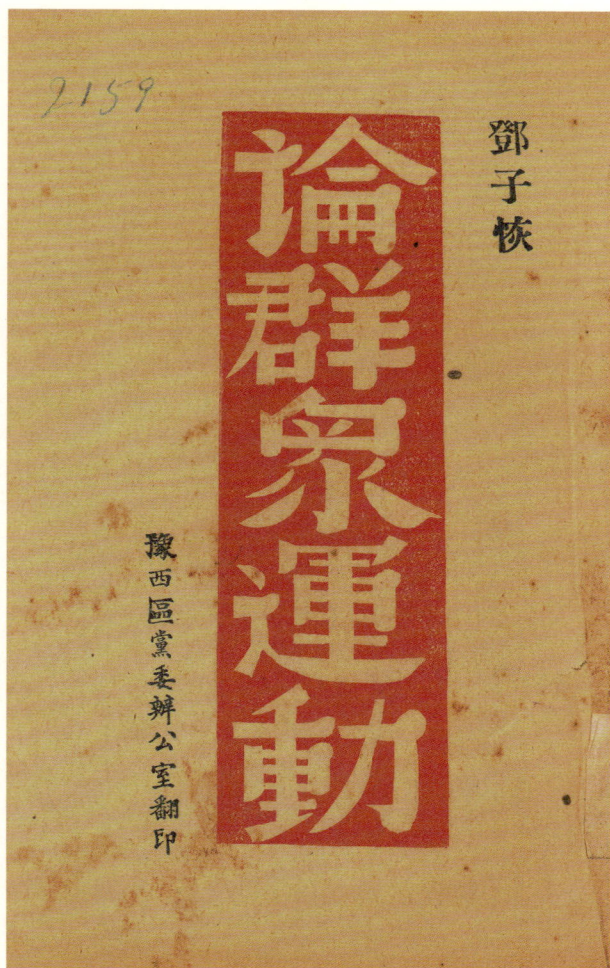

封面

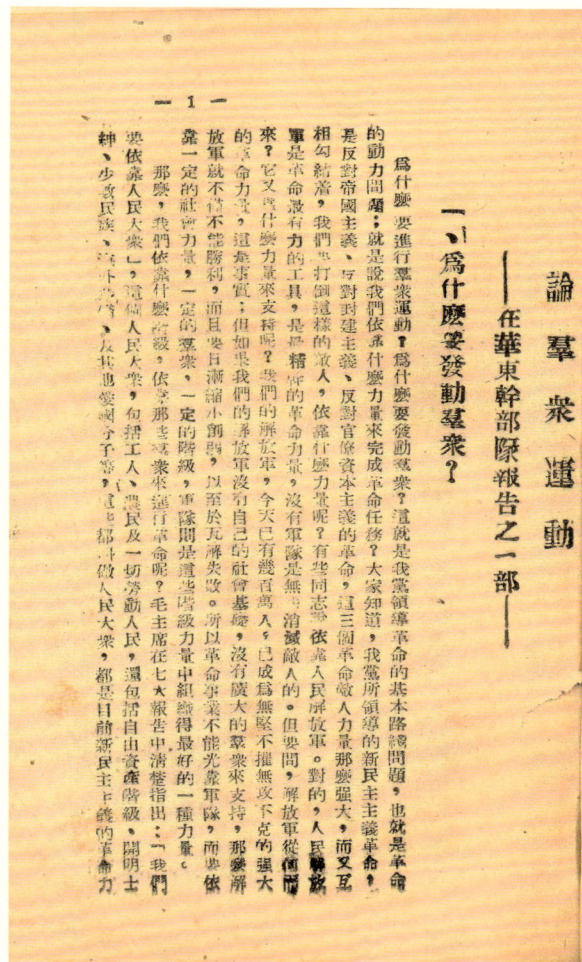

正文

23. 社会主义时代个人利益与公共利益的结合

题名：社会主义时代个人利益与公共利益的结合
责任者：贾波奇卡（苏联）著　青山译
出版（印制）单位：光华书店
出版（印制）时间：1949年2月
开本（尺寸）：173mm×121mm
页数：39页
藏址：湖南红色档案馆

《社会主义时代个人利益与公共利益的结合》主要讲述社会主义时期个人利益与公共利益相结合的原因、形式、意义等。

封面

扉页

24. 马列主义文献介绍

题名：马列主义文献介绍

责任者：彭聪编译

出版（印制）单位：大连东北书店

出版（印制）时间：1949年4月

开本（尺寸）：182mm×125mm

页数：181页

藏址：湖南红色档案馆

　　《马列主义文献介绍》主要介绍了马列经典文献，是学习马列主义理论的必读学习资料，全书分五部分：《马列主义百战百胜的思想宝库——联共（布）党史简明教程》介绍、《斯大林传略》第二版介绍、列宁《左派幼稚病》介绍、《国家与革命》、《帝国主义论》介绍。此外，附录还包括《布尔什维克党历史经验的国际意义》和《马克思、列宁主义党底世界观》。这几篇介绍文字有助于掌握原著的精神，它以极简短的篇幅，阐明了原著的价值和主要内容，对于理论学习具有较大的参考价值。

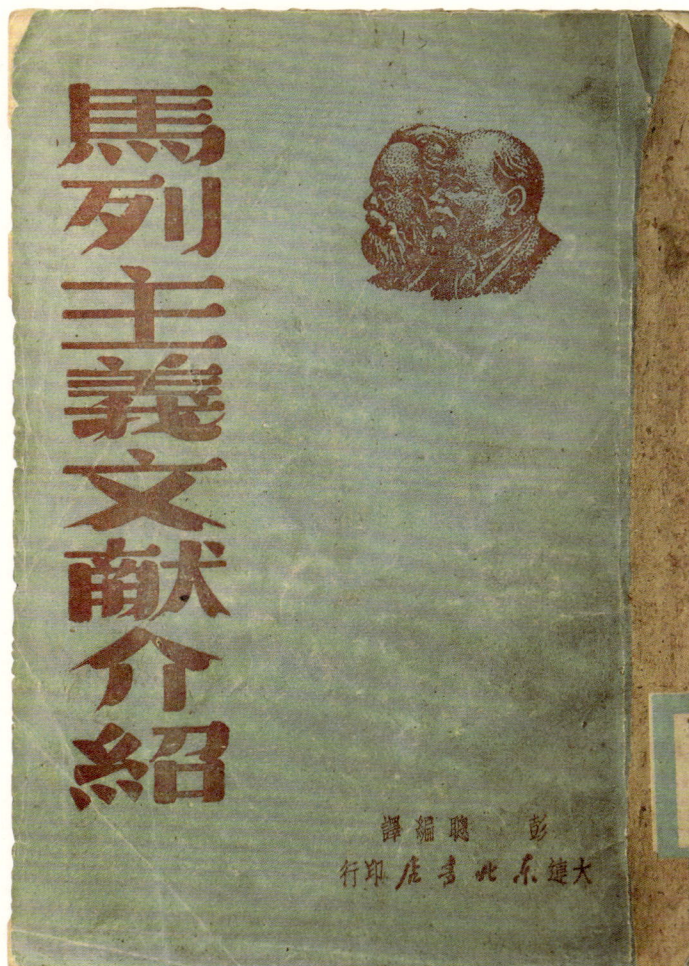

封面

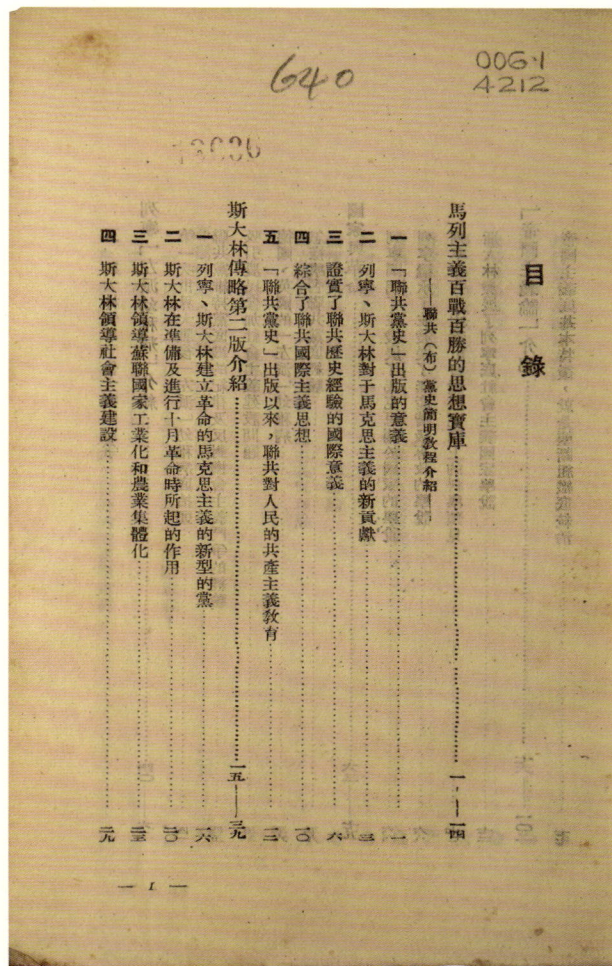

目录

25. 向列宁学习工作方法

题名：向列宁学习工作方法
责任者：克鲁普斯卡娅
出版（印制）单位：华中新华书店
出版（印制）时间：1949年4月
开本（尺寸）：180mm×125mm
页数：104页
藏址：湖南红色档案馆

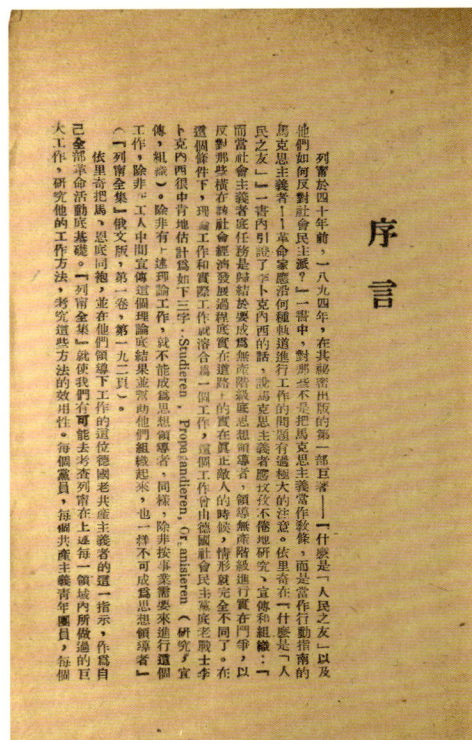 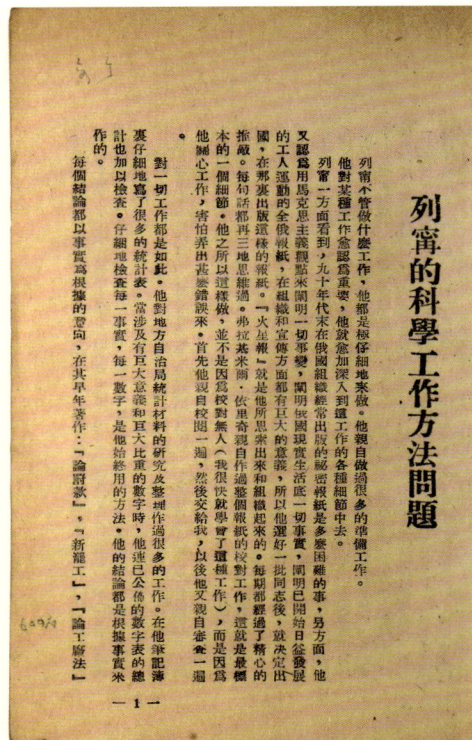

序言　　　　　　　　　　　　　正文

封面

《向列宁学习工作方法》由列宁夫人克鲁普斯卡娅所著。全书共12篇文章，包括《列宁的科学工作方法问题》《列宁是怎样研究马克思著作的》《列宁是个宣传家和鼓动家》《列宁是党刊物底编辑者和组织者》等文章，介绍了列宁在各领域所做的工作，以研究他的工作方法，考究这些方法的效用性。

克鲁普斯卡娅（1869—1939），苏联杰出的教育家，无产阶级政治活动家，革命导师列宁的夫人和亲密战友。她一生致力于研究马克思主义的教育科学，并担任苏维埃教育领导工作，做出了突出贡献。1939年2月27日因病辞世，享年70岁。

26. 大众哲学

题名：大众哲学
责任者：艾思奇
出版（印制）单位：华中新华书店
出版（印制）时间：1949年5月
开本（尺寸）：185mm×128mm
页数：215页
藏址：湖南红色档案馆

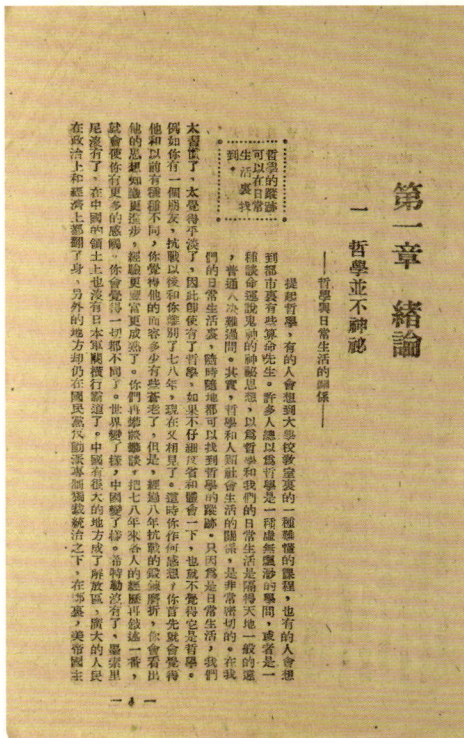

正文

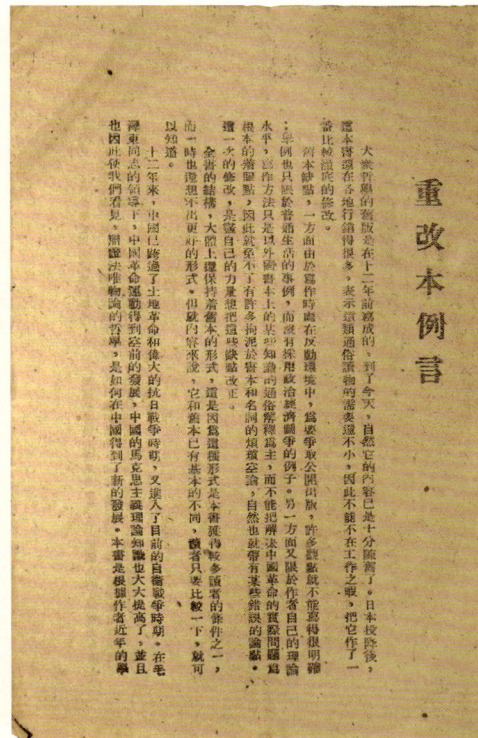

重改本例言

封面

　　《大众哲学》是艾思奇在二十世纪三十年代为通俗地宣传马克思主义哲学而写的优秀著作，由艾思奇发表在《读书生活》杂志"哲学讲话"栏目的大部分稿件汇集成册出版，取名为《哲学讲话》，后改名为《大众哲学》。《大众哲学》共有24篇，主要包括唯物主义、认识论和辩证法三个方面的内容，比较系统地讲解了马克思主义的基本理论，是一本简明的马克思主义基本理论通俗读本。1947年，作者在原版基础上进行了修订。

　　艾思奇(1910—1966)，原名李生萱，云南腾冲人。早年留学日本，九一八事变后回国。1932年参加上海反帝大同盟。1933年参加社会科学家联盟。1934年发表《大众哲学》，对广大群众特别是青年起过启蒙作用。1935年加入中国共产党。1937年到延安，先后担任延安抗日军政大学主任教员、中央研究院文化思想研究室主任、中共中央文委秘书长、《解放日报》副总编辑。主要著作编为《艾思奇文集》。

27. 唯物辩证法

题名：唯物辩证法
责任者：罗森塔尔（苏联）著　岳光译
出版（印制）单位：山东新华书店
出版（印制）时间：1949年5月
开本（尺寸）：180mm×128mm
页数：219页
藏址：湖南红色档案馆

《唯物辩证法》是一本关于马克思主义哲学的书籍，全书分导言，现象的普遍联系与相互依存，现象的运动与转化、新生与发展，当作量变向质变转化看的发展，作为对立的斗争看的发展，唯物辩证法的范畴六部分。《唯物辩证法》原为上海读书出版社出版，后在解放区进行翻印，新华书店、新中国书局、生活·读书·新知三联书店、山东新华书店等都进行了翻印。

本书收录《唯物辩证法》两个版本。

罗森塔尔(1906—1975)，苏联哲学家，心理学家。1925年加入苏联共产党，1933年在红色教授学院毕业。罗森塔尔主要研究辩证唯物主义、美学和哲学史，尤其注重辩证逻辑的研究。著有《反对文学理论中的庸俗社会学》《唯物辩证法》《普列汉诺夫的美学问题》等。

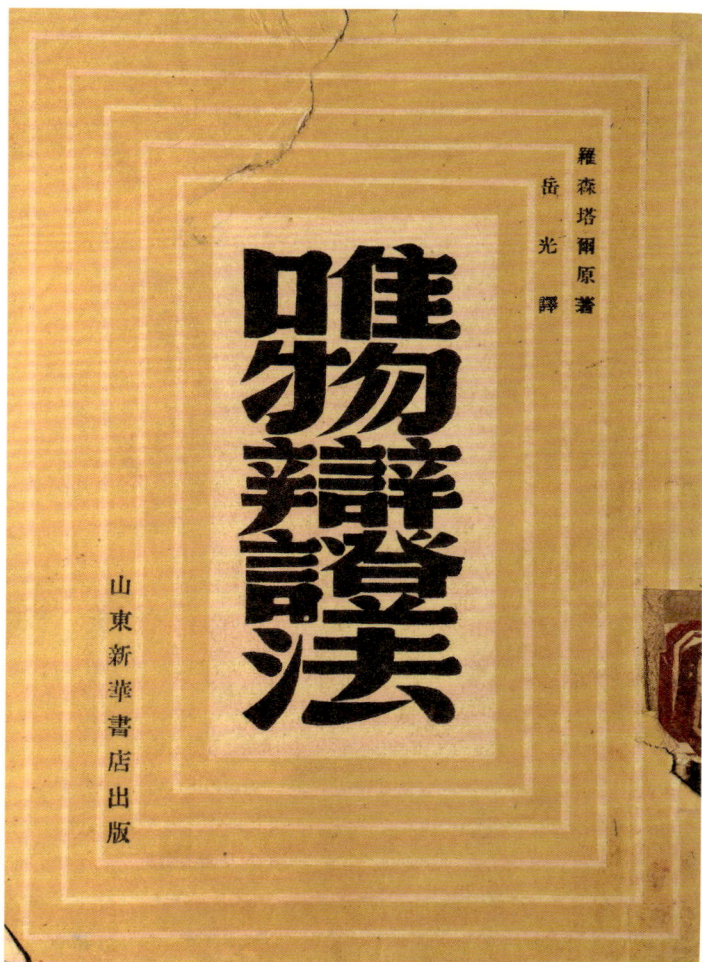

封面

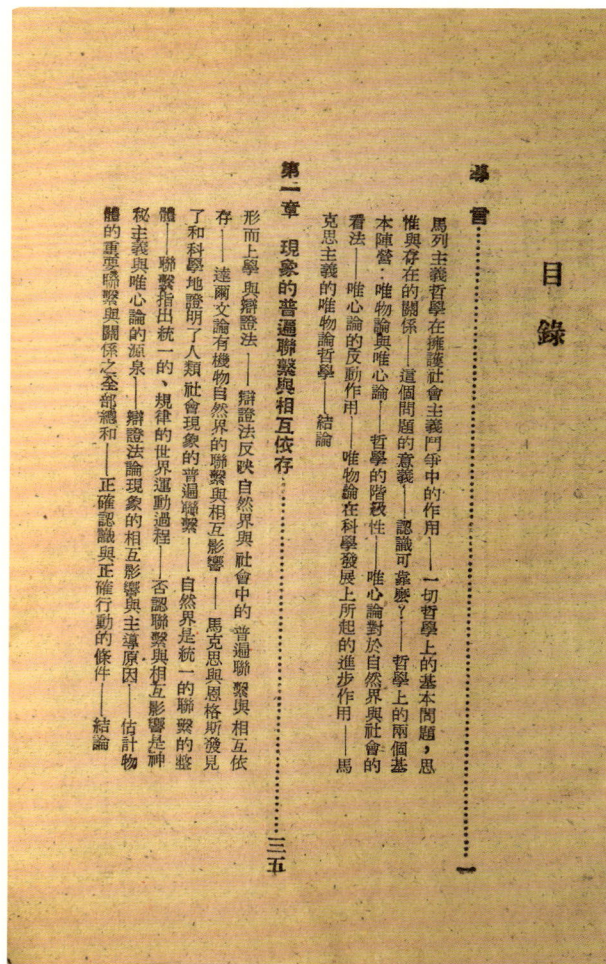

目录

28. 唯物辩证法

题名：唯物辩证法
责任者：罗逊（森）塔尔（苏联）著　岳光译
出版（印制）单位：新华书店
出版（印制）时间：1949年8月
开本（尺寸）：180mm×125mm
页数：205页
藏址：湖南红色档案馆

封面

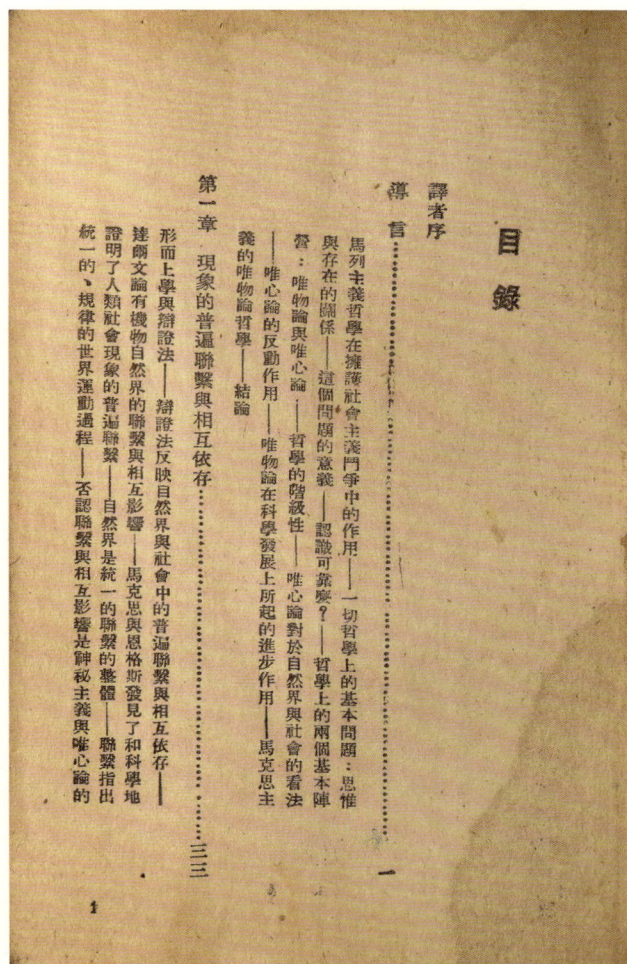

目录

29. 论从社会主义到共产主义的过渡

题名：论从社会主义到共产主义的过渡
责任者：A·拉萍（苏联）著　青山译
出版（印制）单位：新中国书局
出版（印制）时间：1949年7月
开本（尺寸）：170mm×120mm
页数：35页
藏址：湖南红色档案馆

《论从社会主义到共产主义的过渡》一书包括七篇文章，分别为《建设共产主义是人类底最终目标》《社会主义与共产主义的区别和共通点》《从社会主义到共产主义的过程》《怎样过渡到共产主义》《过渡期中的几个问题》《城市与乡村间、智力劳动与体力劳动间的对立性底消灭》《苏维埃国家在过渡期中的作用》。

封面

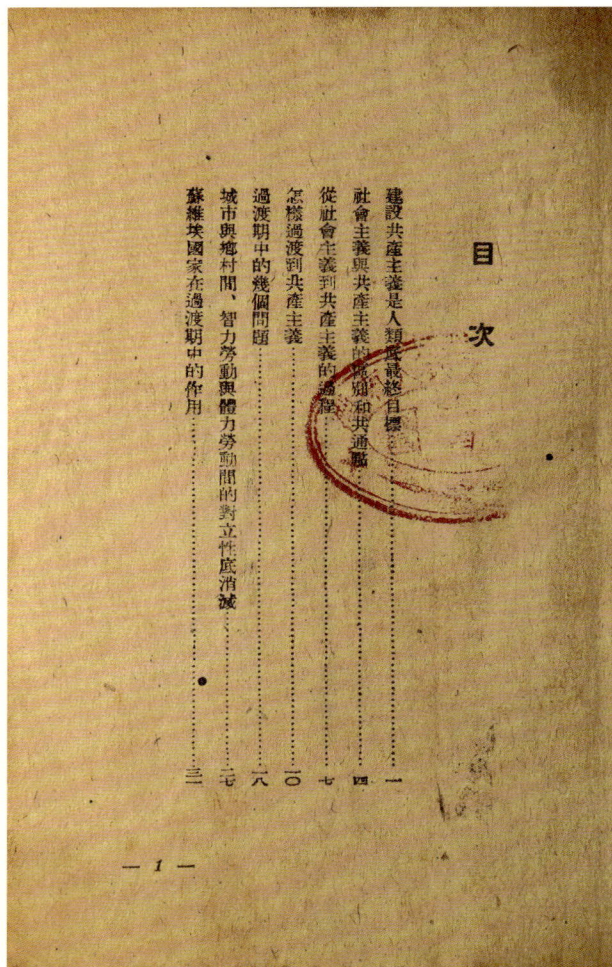

目录

30. 论一元论历史观之发展

题名：论一元论历史观之发展
责任者：普列哈诺夫（俄国）著　博古译
出版（印制）单位：解放社
出版（印制）时间：1949年8月
开本（尺寸）：175mm×125mm
页数：418页
藏址：湖南红色档案馆

《论一元论历史观之发展》是普列哈诺夫（普列汉诺夫）早期哲学著作之一。写于1894年，1895年在彼得堡出版，是一本论战性的著作。在本书中，普列汉诺夫批判了民粹主义错误观点并给它以致命的打击，还叙述了马克思的唯物史观。通过列举例证，说明马克思如何正确地以生产方式及由这个生产方式所造成的人们之间的相互关系来解释社会发展规律性的过程，还有力地论证了马克思主义的哲学是现代社会科学历史发展的合法的产物，是人类先进思想的继续和完成。

封面

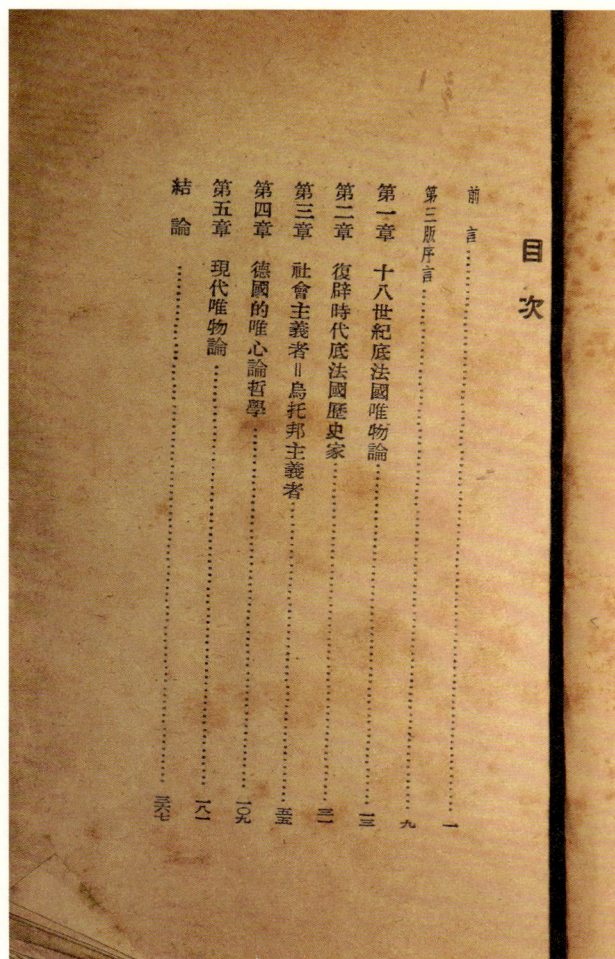

目录

31. 毛泽东思想与作风

题名：毛泽东思想与作风

责任者：张如心

出版（印制）单位：浙江新华书店

出版（印制）时间：1949年8月

开本（尺寸）：178mm×125mm

页数：72页

藏址：湖南红色档案馆

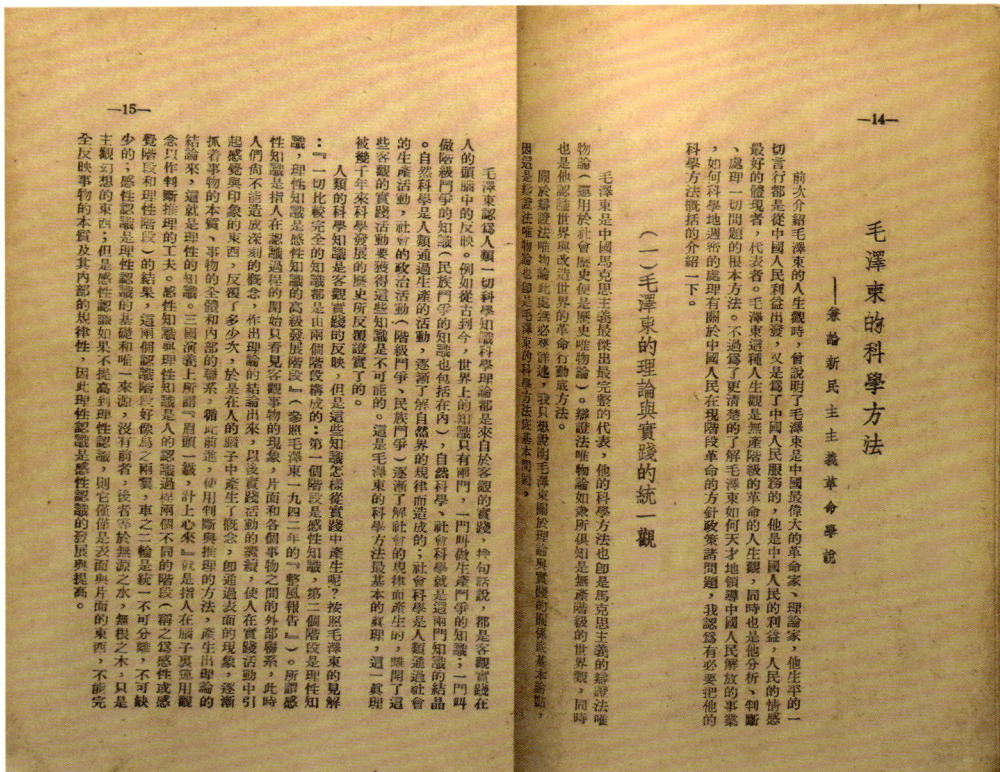

正文

封面

《毛泽东思想与作风》是张如心较早关于论述毛泽东思想和理论的专著。全书内容分四部分：毛泽东的人生观、毛泽东的科学方法、毛泽东的科学预见、毛泽东的作风。

张如心(1908—1976年)，广东兴宁人。马克思主义理论家、哲学家和教育家，中国科学院院士。1926年2月赴苏联莫斯科中山大学学习。1929年回国，同年加入中国共产党，后赴中央革命根据地。参加过长征。抗日战争时期，先后在抗日军政大学、中央研究院任职。他一生主要从事宣传教育和理论研究工作，发表了《论毛泽东》等有关毛泽东的理论和策略的文章，是党内较早从事毛泽东思想的理论研究、较早宣传毛泽东及其思想的理论工作者。著有《哲学概论》等。

32. 社会科学底哲学基础

题名：社会科学底哲学基础
责任者：沈志远
出版（印制）单位：生活·读书·新知联合发行所
出版（印制）时间：1949年8月
开本（尺寸）：168mm×105mm
页数：75页
藏址：湖南红色档案馆

《社会科学底哲学基础》是《社会科学基础读本》（全六册）之一，其余五本为《新社会学底基本问题》《社会形态发展史》《资本主义经济之剖视》《新政治学底基本问题》《社会问题》。该书包括四部分，分别为：哲学——一切科学底理论基础，唯物辩证法——法则加方法的统一，辩证唯物论哲学底基本原则，辩证唯物论哲学与社会研究。

本书收录《社会科学底哲学基础》两个版本。

沈志远(1902—1965)，原名观澜，浙江萧山人。1925年加入中国共产党，1926年入莫斯科中山大学学习。在苏联留学期间，参加《列宁选集》（六卷本）的中文翻译和出版工作。1931年回国，曾任上海暨南大学教授、西安大学教授、重庆生活书店总编辑、香港达德学院教授。一生倾注于马列主义政治经济学和哲学的研究，把传播马列主义作为终生的追求。主要著作有《社会科学基础》《计划经济学大纲》《新经济学大纲》《近代经济学说史纲要》等，译著有《辩证唯物论与历史唯物论》。其中1934年出版的《新经济学大纲》是其成名之作。

封面

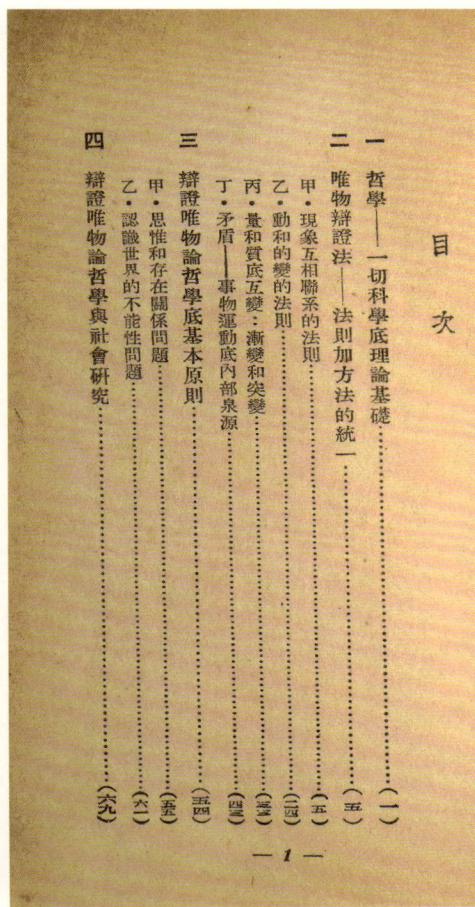

目录

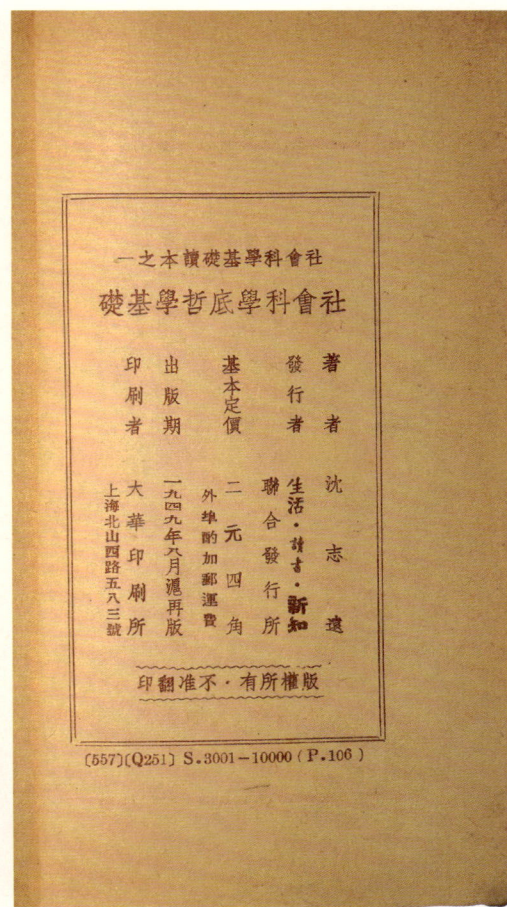

版权页

33. 社会科学底哲学基础

题名：社会科学底哲学基础
责任者：沈志远
出版（印制）单位：生活·读书·新知三联书店
出版（印制）时间：1949年10月
开本（尺寸）：168mm×105mm
页数：75页
藏址：湖南红色档案馆

封面

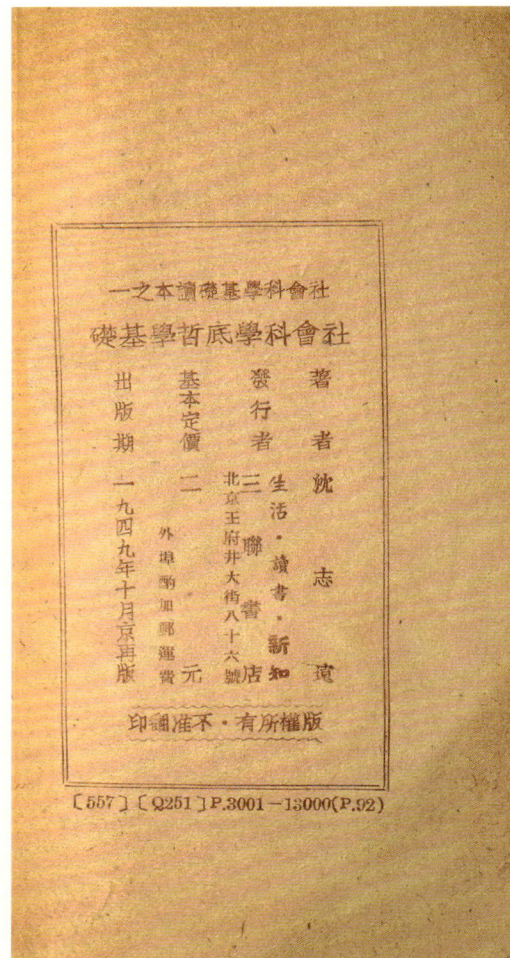

版权页

34. 世界工人是一家

题名：世界工人是一家
责任者：中华全国总工会文教部
出版（印制）单位：工人出版社
出版（印制）时间：1949年10月
开本（尺寸）：180mm×125mm
页数：14页
藏址：湖南红色档案馆

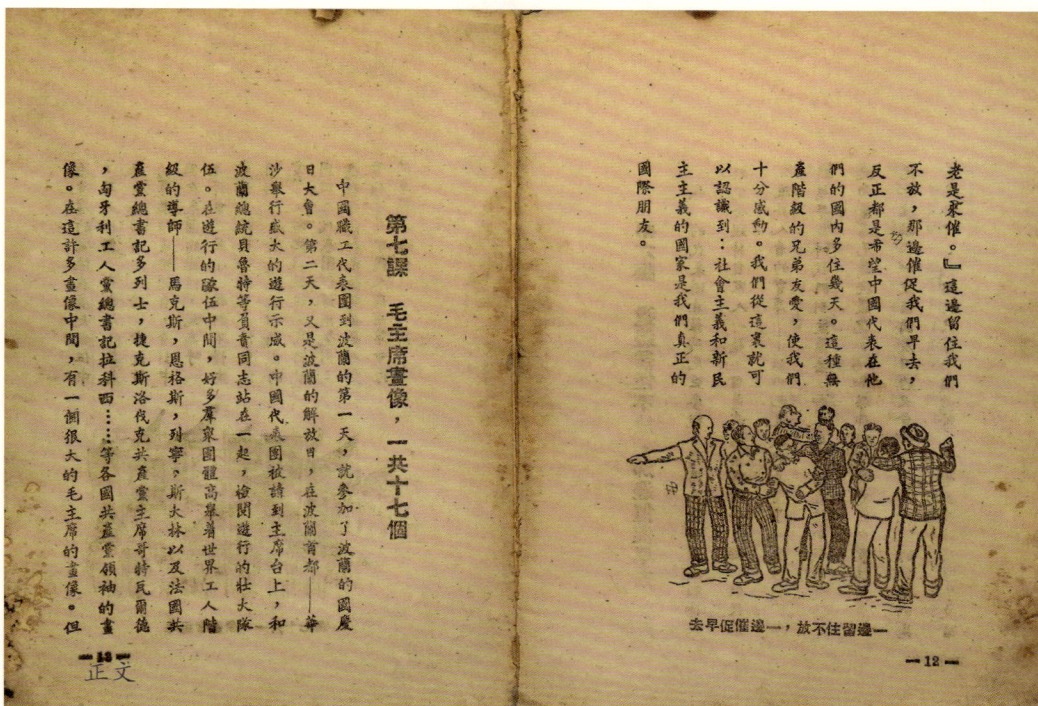

正文

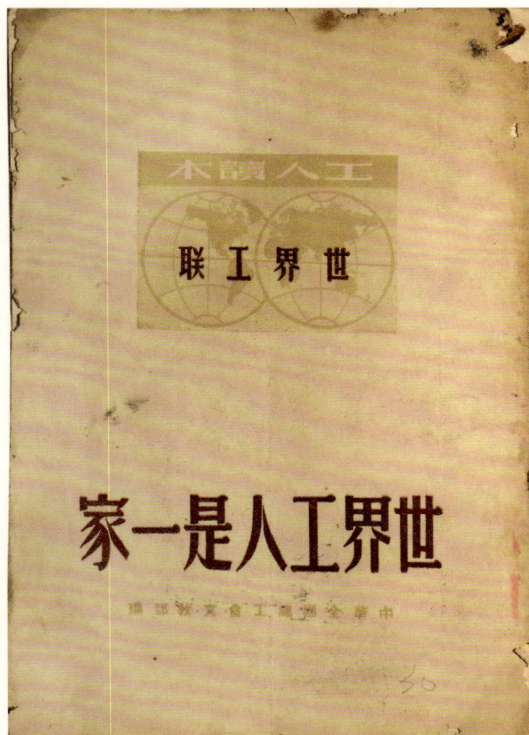

封面

　　《世界工人是一家》一书分七课，分别为《路过苏联》《我们欢迎你们来》《我们是一家，从东屋到西屋》《站起来二十七次和八月一日的军旗》《不用翻译，我们懂得了》《这边留住不放，那边催促早去》《毛主席画像，一共十七个》，文章形式活泼，配以漫画，表现了当时在国际共产主义精神下，各国工人亲如一家的状况。

　　1949年中华全国总工会组成代表团，参加世界工人联合会在意大利召开的世界工联会议。中国代表团有20多人，由全总领导人刘宁一带队，先到苏联首都莫斯科、捷克斯洛伐克首都布拉格、匈牙利首都布达佩斯、罗马尼亚首都布加勒斯特。后因意大利政府不准他们入境，他们机智地转道波兰，再一路转回到莫斯科，他们沿途参观和学习了各国总工会的工作经验，三个月后返回祖国。回国后，中华全国总工会文教部根据出国情况，编写了《世界工人是一家》。

三、红色文辑

1. 中国革命问题论文集

题名：中国革命问题论文集
责任者：陈独秀、蔡和森等
出版（印制）单位：新青年社
出版（印制）时间：1926年9月
开本（尺寸）：180mm×125mm
页数：306页
藏址：湖南省档案馆

　　《中国革命问题论文集》汇集了陈独秀、蔡和森、屈维它（瞿秋白）、彭述之等人的文章。全书分七个部分：中国革命之性质；帝国主义侵略下之中国；中国革命过去之经验；中国革命中之国民党；军阀制度与联省自治；革命与不合作；劳动运动。文集集中反映了马克思列宁主义与中国革命相结合的初步理论成果，是中国共产党人运用马克思列宁主义于中国实际的理论成果，是早期马克思主义中国化的理论结晶，为"新青年丛书之一种"。文集出版后，一度成为当时最畅销的革命书籍之一。

　　新青年社：是中国共产党的第一个出版机构。1920年9月，《新青年》成为上海共产主义小组的刊物。与此同时，新青年社也创办，直接办理编辑、印刷业务，还成立了总发行所，办理发行业务，除出版《新青年》之外，还出版发行宣传马克思主义的《共产主义ABC》《列宁主义概论》等书，后迁至广州。

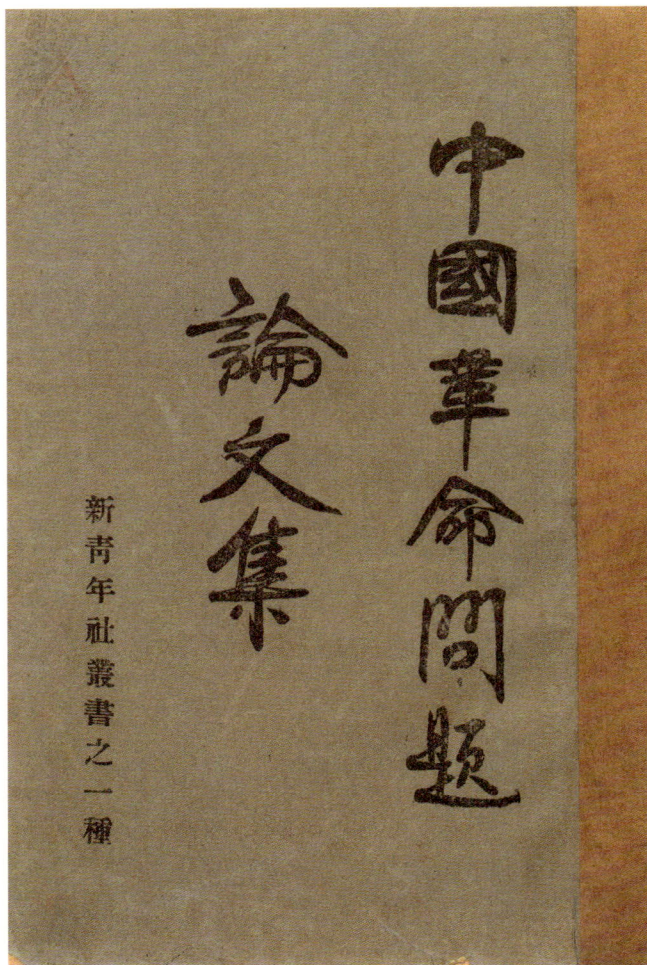

封面

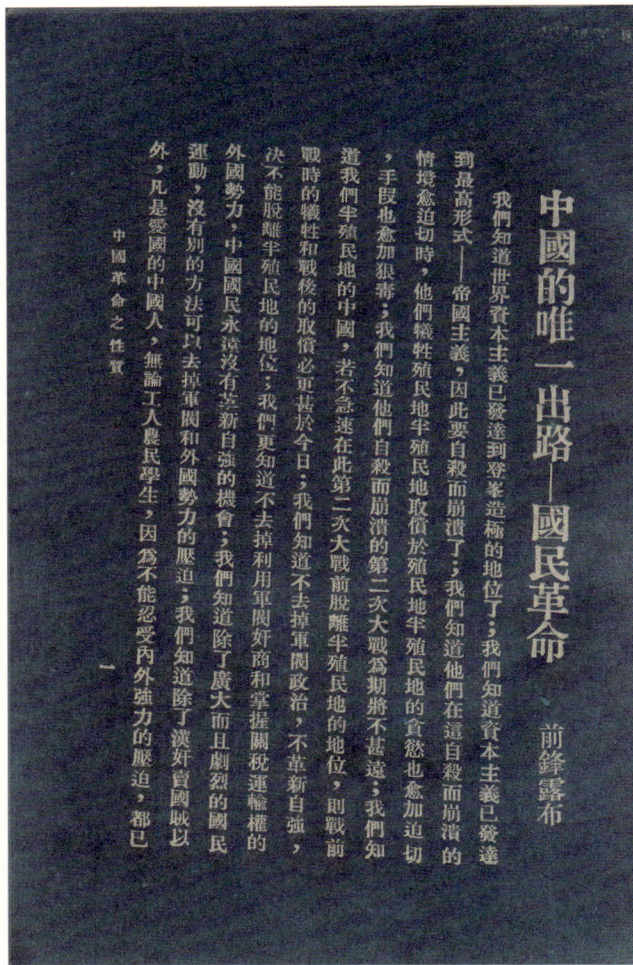

正文

2. 中国共产党五年来之政治主张

题名：中国共产党五年来之政治主张
责任者：中国共产党
出版（印制）单位：向导周报社
出版（印制）时间：1926年10月10日
开本（尺寸）：180mm×126mm
页数：214页
藏址：湖南省档案馆

　　《中国共产党五年来之政治主张》辑录了中国共产党第二次代表大会以来有关党的政治主张的重要文献，是早期中国共产党集体智慧的结晶，是马克思主义中国化的经典，是中国共产党人第一次对国内时局的集中发声。该著作最早由向导周报社于1926年5月1日出版，中国共产党印行，出版后广受欢迎，1926年10月10日再版。1926年12月20日，《中国青年》在第145、146合期封底上刊登了"革命青年必读的书十种"，对该著作进行大力推荐。

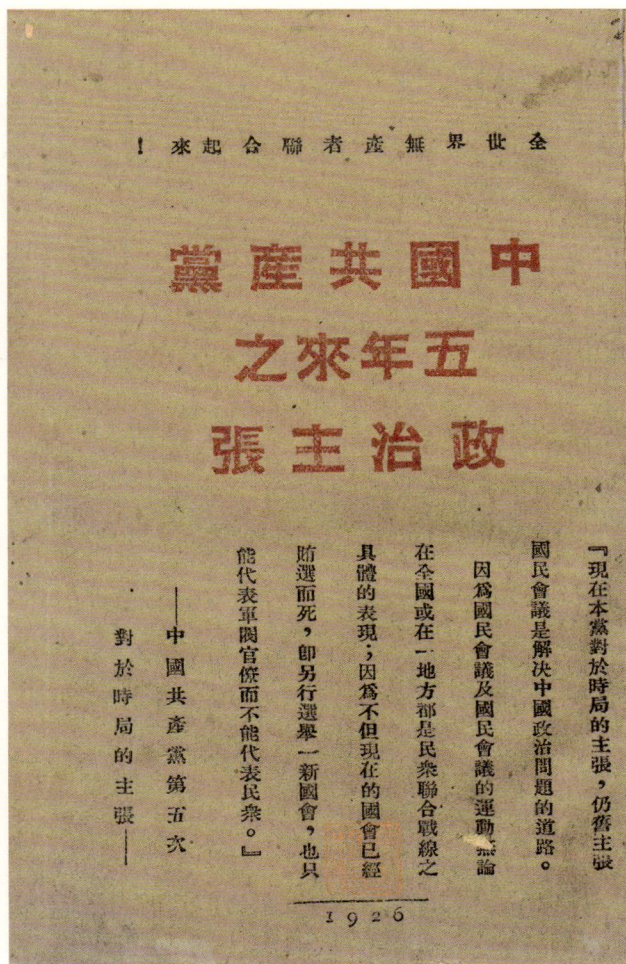

封面

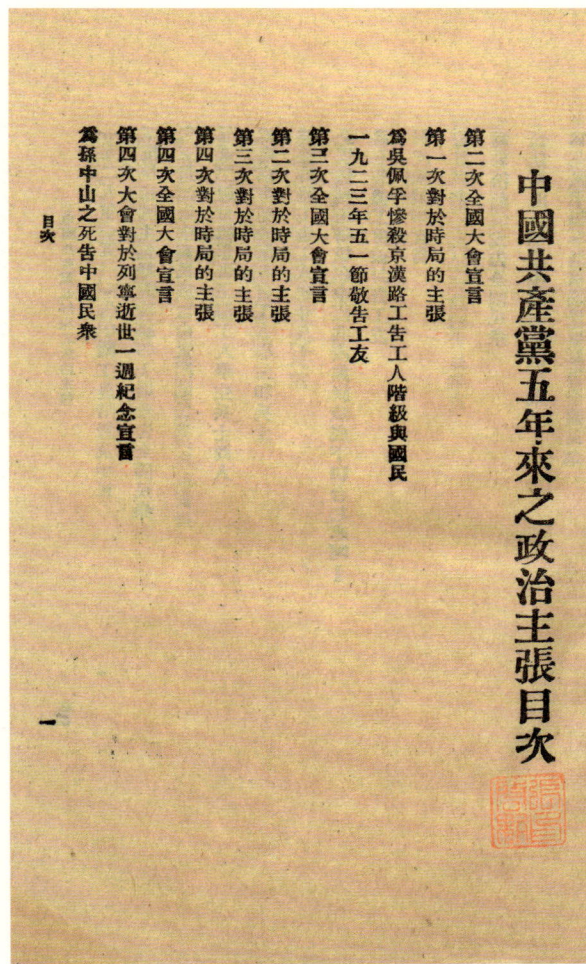

目录

3. 苏联革命与中国抗战

题名：苏联革命与中国抗战
责任者：胡愈之
出版（印制）单位：上海生活书店
出版（印制）时间：1937年11月
开本（尺寸）：182mm×130mm
页数：165页
藏址：湖南省档案馆

序

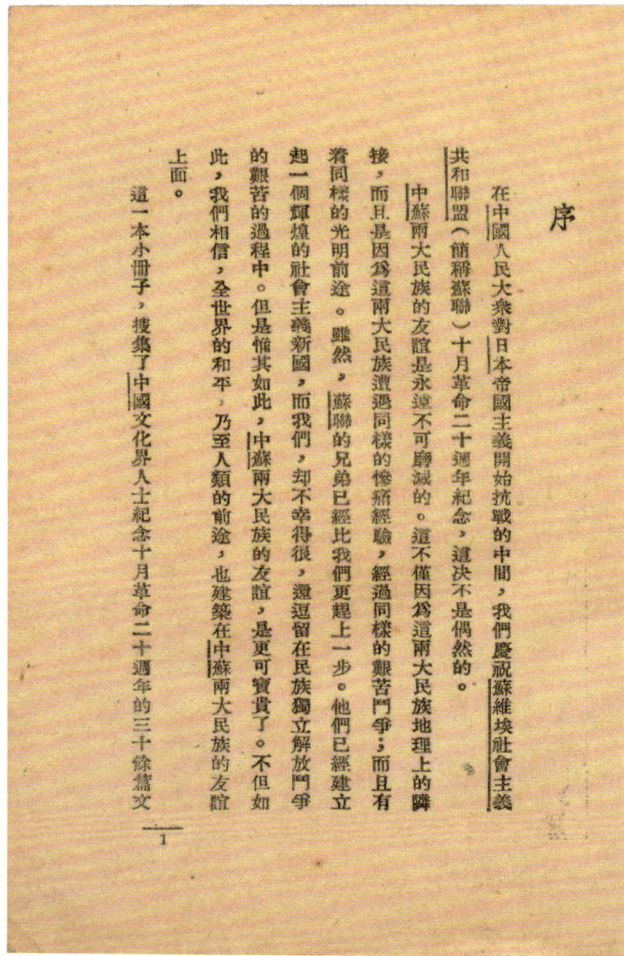

封面

《苏联革命与中国抗战》一书汇集了中国文化界人士为纪念俄国十月革命二十周年而作的文章，共35篇，由胡愈之编写，作者包括宋庆龄、孙科、何香凝、梁寒操、章乃器、陈望道等人。

胡愈之（1896—1986），浙江上虞人。早年创建世界语学会。1920年与沈雁冰等成立文学研究会。九一八事变后与邹韬奋主持《生活周刊》。1933年初参加中国民权保障同盟，同年加入中国共产党。1935年后参加上海文化界救亡运动，为"救国会"发起人之一。抗战胜利后，在海外宣传党的方针政策。新中国成立后，曾任《光明日报》总编辑、出版署署长、文化部副部长等职。

4. 关于统一战线—— 一年来我们的抗日救亡主张

题名：关于统一战线—— 一年来我们的抗日救亡主张
责任者：
出版（印制）单位：
出版（印制）时间：1937年1月
开本（尺寸）：170mm×130mm
页数：37页
藏址：浏阳市档案馆

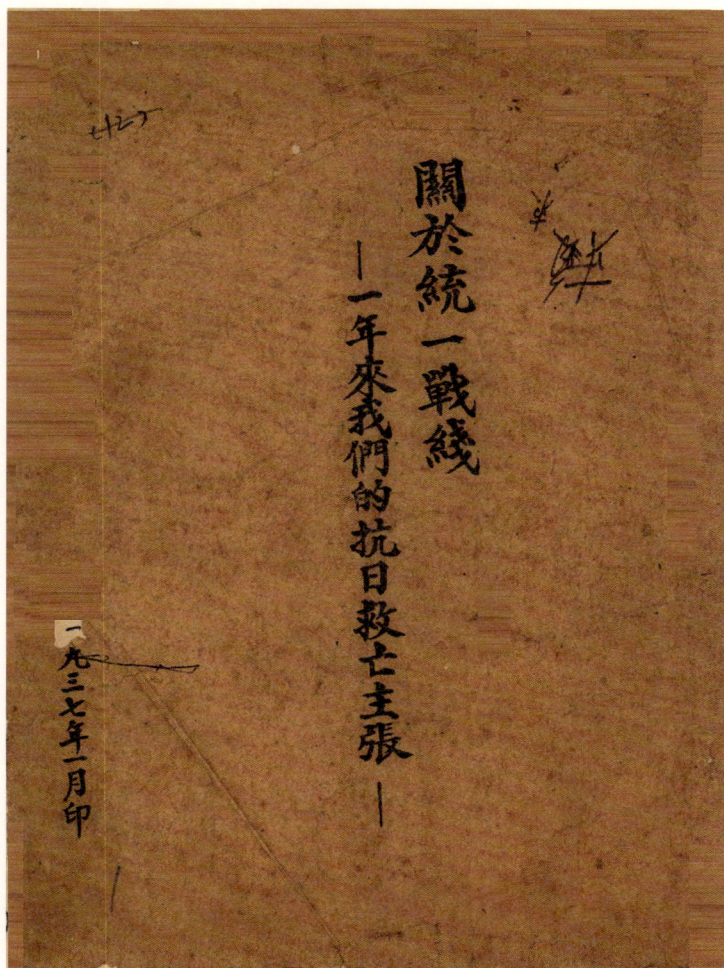

封面

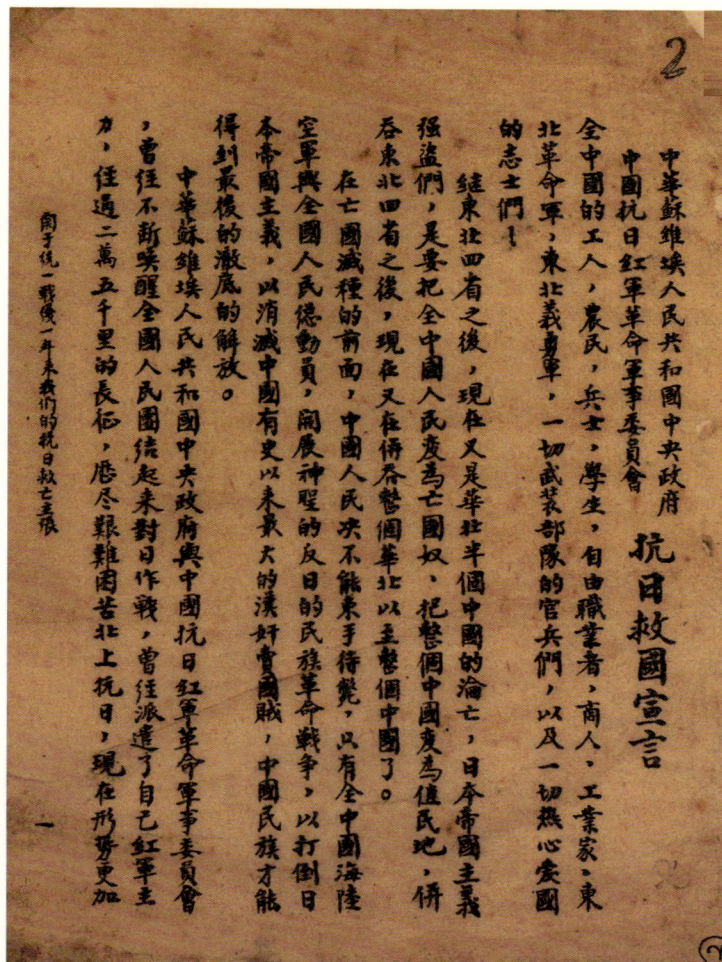

正文

《关于统一战线—— 一年来我们的抗日救亡主张》主要选编了1935年1月至1936年12月中国共产党关于统一战线的主张、宣言、通电、书信等，是较为珍贵的抗战文献。

5. 抗战文选（四）

题名：抗战文选（四）
责任者：向愚
出版（印制）单位：战时出版社
出版（印制）时间：1938年1月20日
开本（尺寸）：185mm×130mm
页数：164页
藏址：湖南红色档案馆

《抗战文选》是向愚、刘雯夫妇为宣传共产党八路军及党的统一战线政策，从各种报纸剪辑有关国共抗战的报道、论述而编的选辑，1937年10月20日以西安二中的名义出版《抗战文选》第一辑。后来，在周恩来的鼓励下，向愚夫妇在西安二中向愚办公室创办战时出版社，继续编辑出版抗战书籍，陆续出版了《抗战文选》第一至第八辑。内容分五类：论著、抗战文艺、战地通讯、抗战史料、杂品。《抗战文选》每辑10余万字，少则38篇文章，多则50篇文章。

本书收录了第四辑，内刊载有孙科、毛泽东、周恩来、宋庆龄等人的文章共38篇。

向愚，湖南衡东人，1924年加入中国共产党，1937年与刘雯赴西安二中任教。七七事变后，向愚夫妇一起编辑《抗战文选》第一至第八辑。

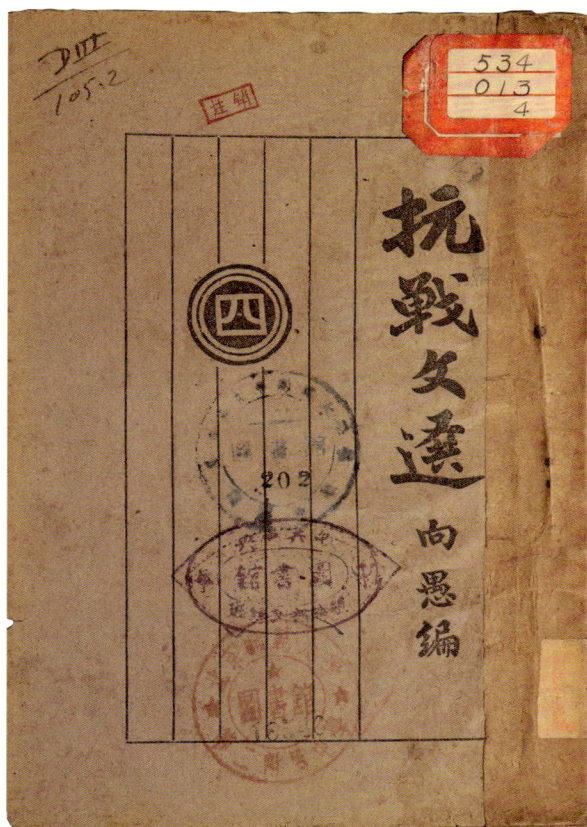

封面

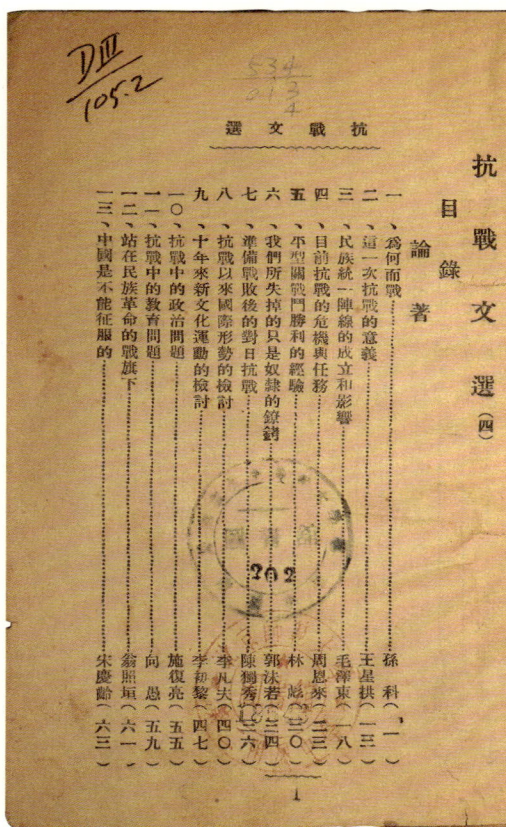

目录

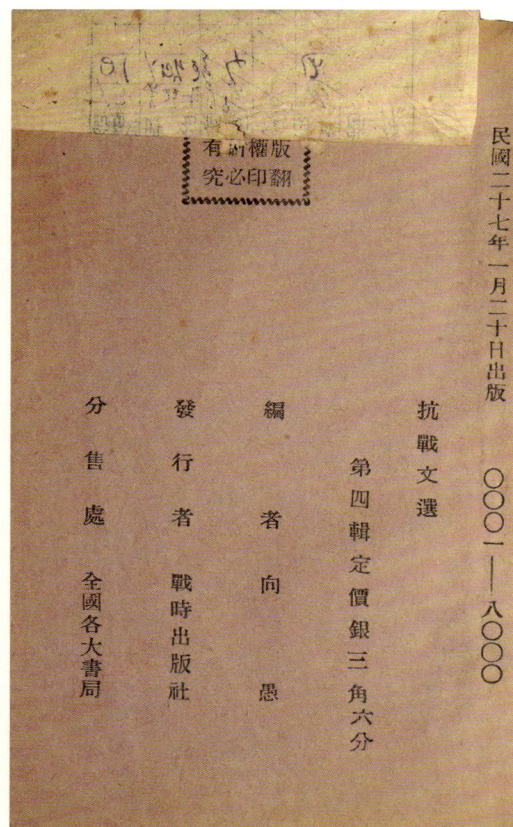

版权页

6. 解放文选（第一集）

题名：解放文选（第一集）
责任者：黎百强等
出版（印制）单位：解放社
出版（印制）时间：1938年1月
开本（尺寸）：182mm×128mm
页数：309页
藏址：湖南省档案馆

　　《解放文选》（第一集）是解放社根据读者需要，把曾发表在《解放周刊》上关于抗日的部分文章汇编而成的文集，包括《日寇大规模进犯中国的近因及其前途》《毛泽东论中日战争》《毛泽东与英国记者贝特兰之谈话》《论抗日民族革命战争的持久性》等19篇文章。

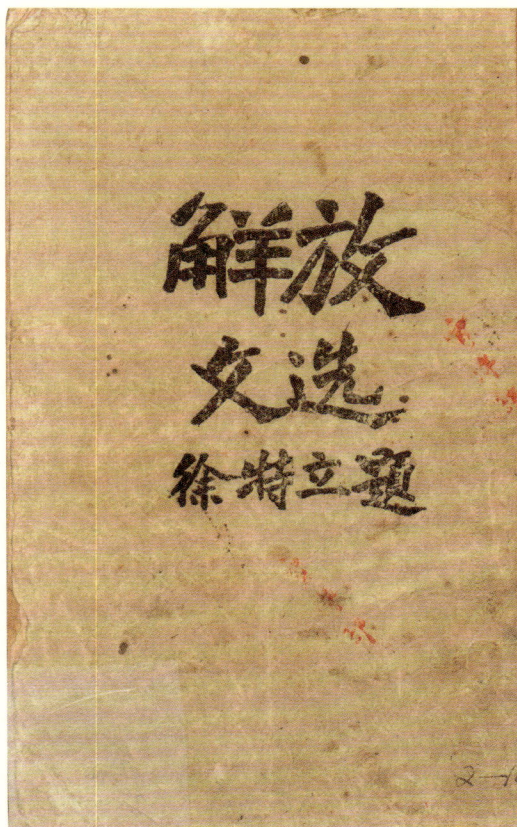

封面

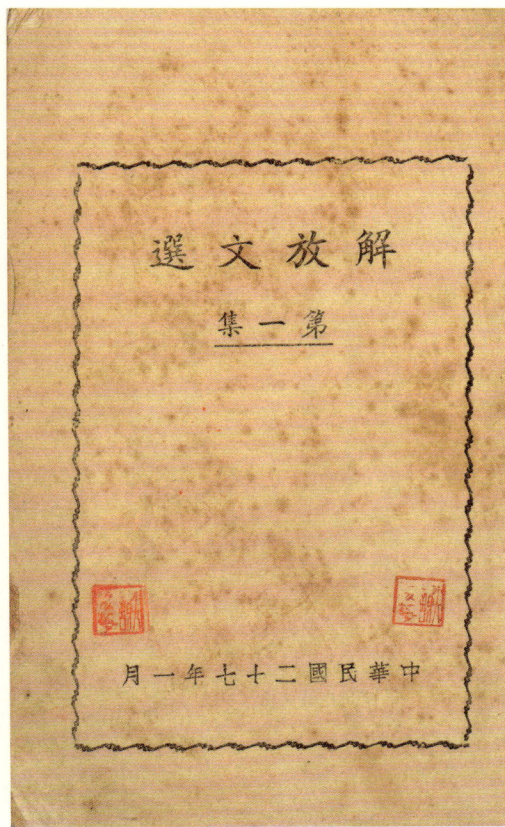

扉页

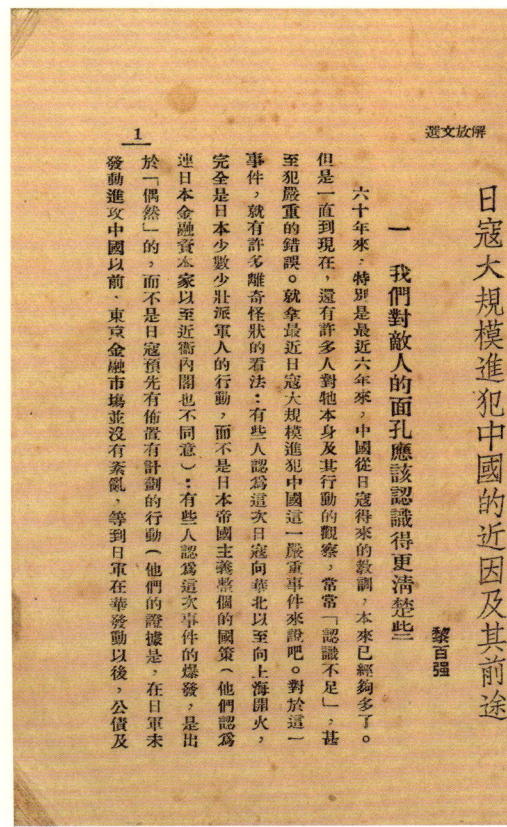

正文

7. 抗日游击战争之理论与实验

题名：抗日游击战争之理论与实验
责任者：金仲华、杨博民等
出版（印制）单位：
出版（印制）时间：1938年3月
开本（尺寸）：186mm × 126mm
页数：208页
藏址：湖南省档案馆

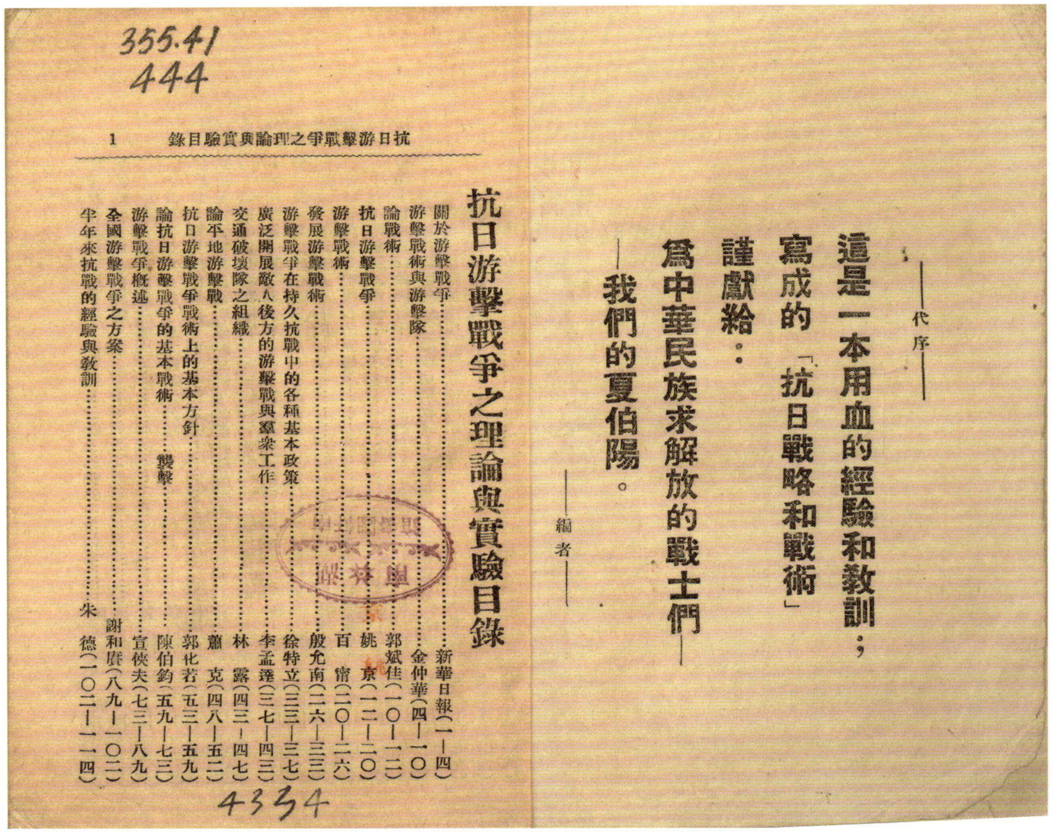

抗日游擊戰爭之理論與實驗目錄　1

抗日游擊戰爭之理論與實驗目錄

——代序——

這是一本用血的經驗和教訓；
寫成的「抗日戰略和戰術」
謹獻給：
爲中華民族求解放的戰士們——
我們的夏伯陽。

——編者——

代序与目录

抗日游擊戰爭之理論与實驗

執筆者

金仲華　郭斌佳　姚京　百甯　殷允南　徐特立　李孟達　林露

蕭克　郭化若　陳伯鈞　宣俠夫　謝和賡　朱德　歐陽電

林彪　賀龍　劉伯承　老向　項英　松五　林維

熙文　楊博民　方心　吳建東　李素若　化郇　陸詒

封面

《抗日游击战争之理论与实验》一书是由金仲华、萧克、林彪、贺龙等人撰写的关于抗日游击战争的理论方针、经验教训，是“一本用血的经验和教训写成的‘抗日战略与战术’”（编者），共选录文章32篇。

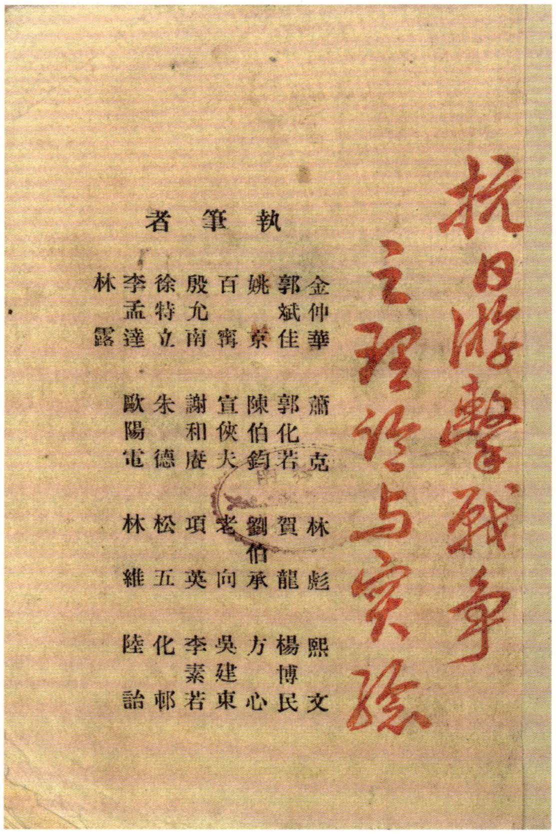

8. 文献（纪念抗战第六周年）

题名：文献（纪念抗战第六周年）
责任者：苏中出版社
出版（印制）单位：苏中出版社
出版（印制）时间：1943年7月20日
开本（尺寸）：180mm×123mm
页数：126页
藏址：湖南红色档案馆

中，就曾向國民黨作過親密合作的建議，可是這個提議，數年以來，未能完滿實現，相反近來那些擁有重兵和大陰謀的人，曾經殺過對方大批的赤手空拳的人，並對此種慘殺毫無改悔表示，卻叫對方依然束手待斃，[illegible]只能欺騙小孩子，這種欺騙自以少做為妙，自己被北洋軍閥罵過「割據」與「破壞統一」，現在自己[illegible]北洋軍閥的話來罵共產黨，[illegible]于擁護抗日民主根據地為「封建割據」，誣蔑共產黨人的[illegible]抗日救國為「破壞統一」，並且[illegible]要進行內戰，這種[illegible]不了人，亦自以少做為妙，老老實實[illegible]行三民主義上，在抗戰和建國的工作上，多做些有益之事，愛惜六年的合作局面，不要輕易毀棄吧，我們共產黨的手，總是伸着的。我們希望得到回響。

我們對于抗日民族統一戰線與民主共和國的主張，是堅持的，因為中國的解放只有經過這條道路，我黨領袖毛澤東同志「論新階段」上說得具體的把這個新中國的道路指出來了。「第一，這個國家是一個民族主義的國家，它是一個獨立國家，不受任何外國干涉，同時也不去干涉任何外國，即是說，改變中國原來半殖民地社會，它獨立起來了，但同時無論它強盛到什麼程度，決不把自己變為帝國主義，而是以平等精神同一切尊重中國獨立的友邦和平往來，共存、互惠，對國內各族給予平等權利，而在自願的原則之下，互相團結，建立統一的政府。第二、這個國家是一個民權主義的國家，國內人民政治地位一律平等，各級官吏是民選的，政治制度是民主集中制，設立人民代表會議的國會與地方議會，凡十八歲以上的公民除犯罪者外，不分階級男女、民族、信仰與文化程度，都有選舉權和被選舉權，國家給予人民以言論、出版、集會、結社、信仰、居住、遷徙之自由，並在政治上物質上保證之。第三，這個國家是一個民生主義的國家，它不否認私有財產制，但須使工人有工作，並改良勞動條件，農民有土地，並廢除苛捐雜稅重租重利，學生有書讀，並保證貧苦者入學，其他各界都有事做，能夠充分發揮其天才，一句話，使人有衣穿，有飯吃，有書讀，有事做」。

我們相信孫中山先生奮鬥一生，仍是為了一個三民主義新中國，翻遍中山全集，也找不出一句話可

8

以證明孫先生要建立一個什麼法西斯專政的國家的，我們相信，忠實於三民主義的國民黨同志，會同我們一起建設國民黨第一次代表大會宣言中所規定的三民主義國家，那些企圖把三民主義解釋成為法西斯主義的人，不妨捫心自問，如果有人說你忘本，你將何辭以答。

共產黨如同革命的國民黨一樣，是中華民族所需要的，要想消滅它，是辦不到的，想辦法曲曲折折的來消滅它，亦是辦不到的，我們共產黨人主張國共兩黨更加親密的合作，來克服困難，完成抗戰建國的大業，我們堅決反對分裂，反對內戰，反對禍國殃民的法西斯主義，堅決主張實行孫中山先生的三民主義。

（解放日報七一社論）

中國共產黨中央委員會為抗戰六週年紀念宣言

我中華民族團結起來反對萬惡的日本法西斯帝國主義的神聖戰爭，已經過去了整整六年了，當此抗戰六週年紀念的偉大節日，正值全世界反法西斯同盟與法西斯侵略同盟兩大陣綫發生了力量對比的鉅大變化之際，中國共產黨中央委員會願向我全國同胞全體將士發表自己的意見：

自從萬惡的法西斯各國發動侵略戰爭以來，我們中國以及全世界一切反法西斯侵略的國家久經艱苦鬥爭，但是一向處于劣勢地位的，這種不利情況，現在已經根本改變了，這是一個國際範圍內的有決定意義的變化，這個變化是由蘇聯第二個冬季攻勢的勝利，英美在北非的勝利，中國的六年抗戰與英美過去一年在太平洋上對于日寇的打擊所造成的，其中特別是紅軍在斯大林格勒的勝利起了轉變整個戰爭形

9

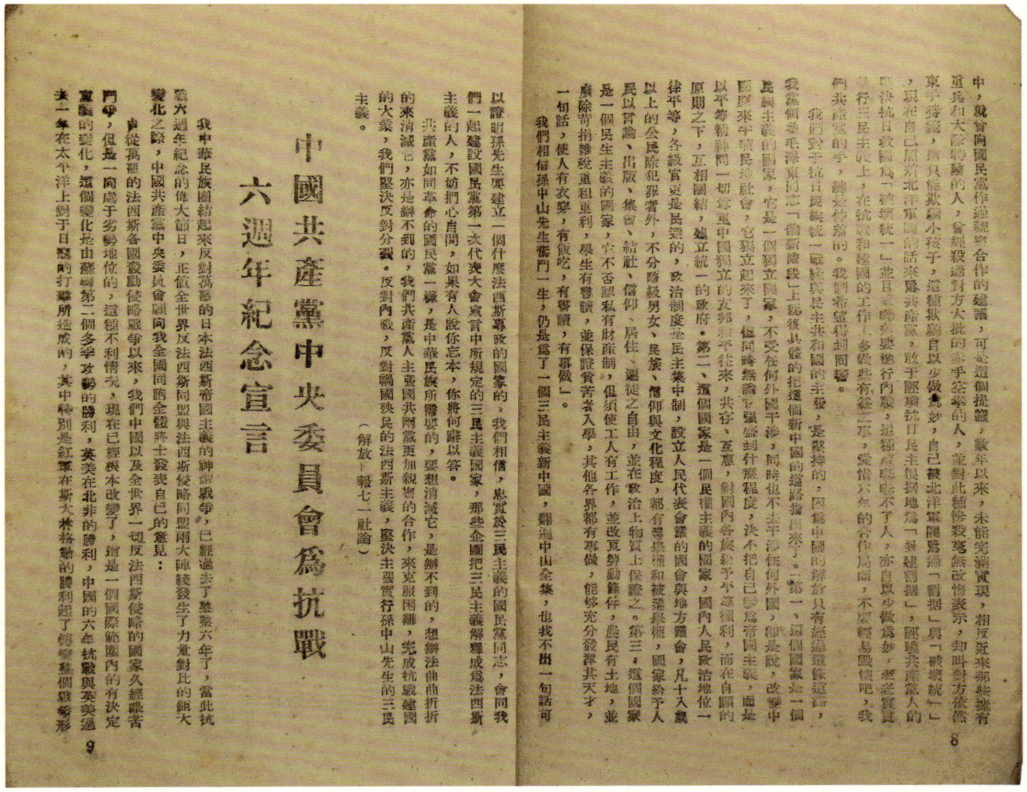

正文

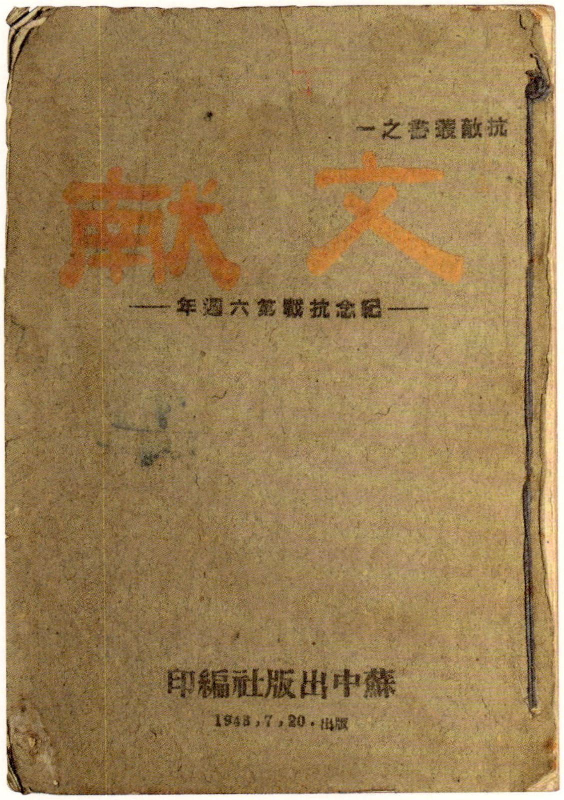

封面

《文献（纪念抗战第六周年）》是合订本，包括《文献（纪念抗战第六周年）》和《文献续编》。《文献（纪念抗战第六周年）》为抗敌丛书之一，包括纪念抗战的宣言、社论、报告等文献15篇和呼吁团结、反对内战的文献12篇。

9. 整风文献（订正本）

题名：整风文献（订正本）
责任者：解放社
出版（印制）单位：中共晋绥分局
出版（印制）时间：1943年12月
开本（尺寸）：186mm×130mm
页数：305页
藏址：湖南红色档案馆

　　《整风文献》是延安整风运动中出版的，由整风文件汇编而成。其内容包括《毛泽东同志整顿三风报告的决定》《整顿学风党风文风》《反对党八股》等文章。最先是由解放日报社编辑《整顿三风讨论资料特辑》。解放社于1942年4月出版了《整顿三风文献》一书。陕甘宁边区新华书店也于1942年9月11日出版了《整风文献》。《整顿三风文献》《整风文献》内容都是整风必读的二十二个文件。此后，其他出版社也出版发行了不同版本的整风文献。1943年6月，解放社根据《整顿三风文献》调整、增订成《整风文献》（订正本）。

　　本书收录《整风文献》四个版本。

封面

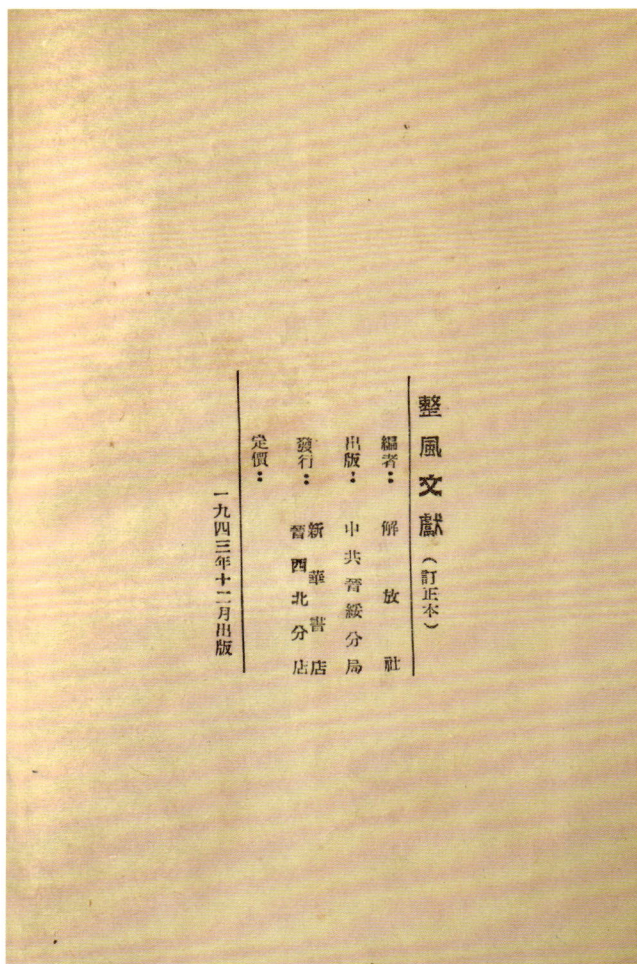

版权页

10. 整风文献（订正本）

题名：整风文献（订正本）
责任者：解放社
出版（印制）单位：华东新华书店
出版（印制）时间：1949年1月
开本（尺寸）：180mm×127mm
页数：327页
藏址：湖南红色档案馆

封面

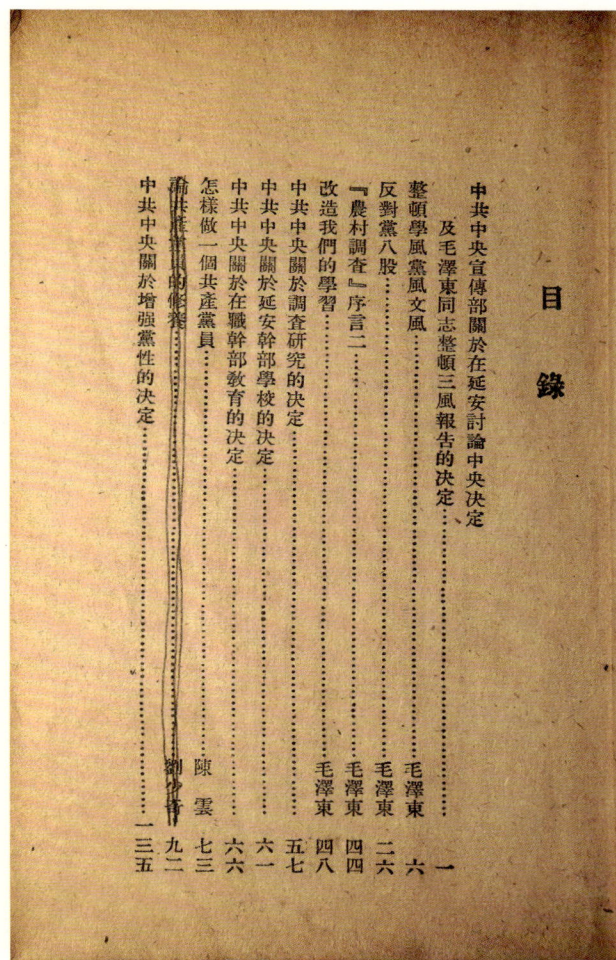

目录

11. 整风文献（订正本）

题名：整风文献（订正本）
责任者：解放社
出版（印制）单位：新华书店
出版（印制）时间：1949年4月
开本（尺寸）：175mm×125mm
页数：320页
藏址：湖南红色档案馆

封面

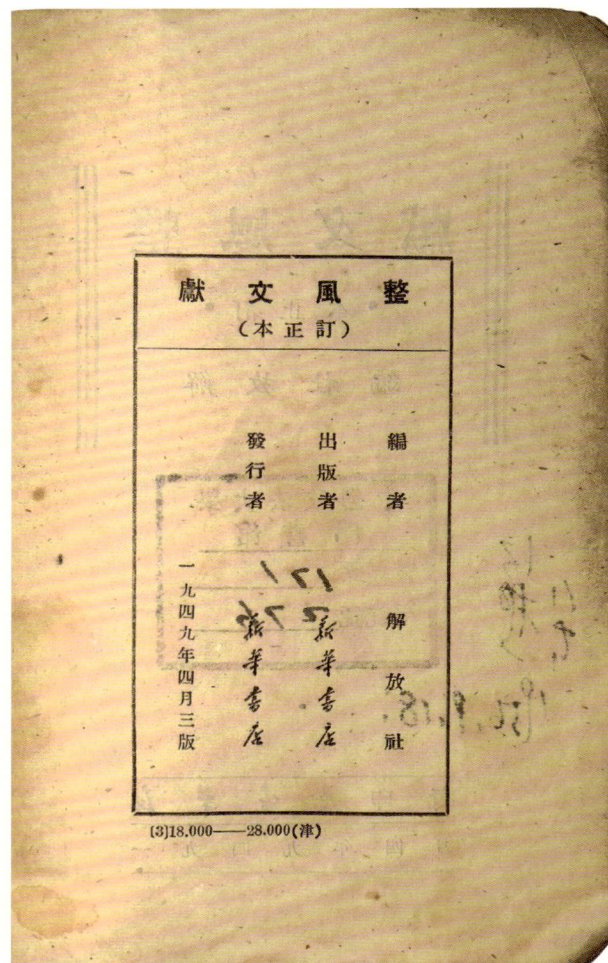

版权页

12. 整风文献（订正本）

题名：整风文献（订正本）
责任者：解放社
出版（印制）单位：新华书店
出版（印制）时间：1949年8月
开本（尺寸）：170mm×125mm
页数：320页
藏址：湖南红色档案馆

封面

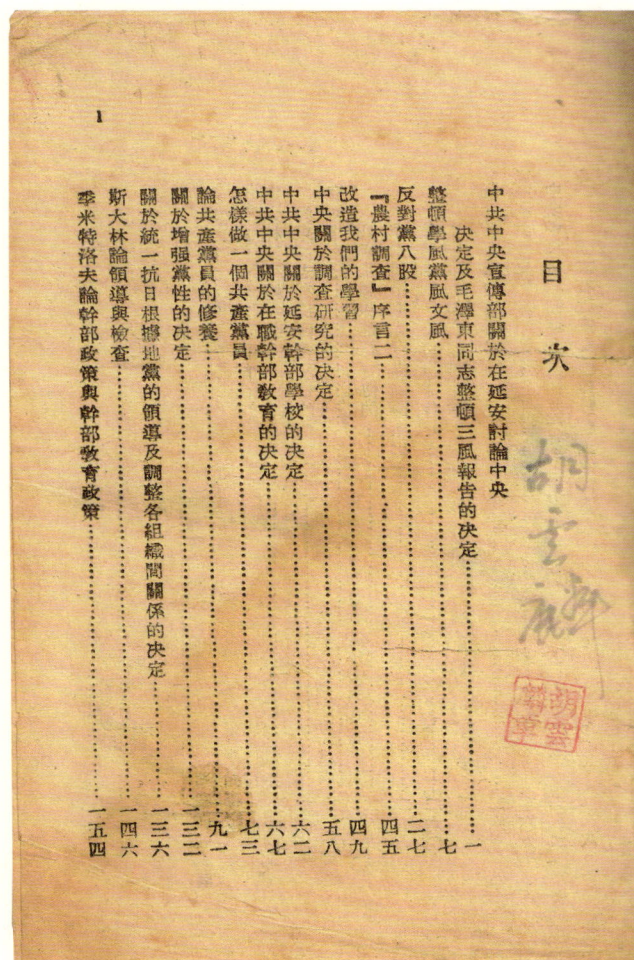

目录

13. 马克思主义与文艺

题名：马克思主义与文艺
责任者：周扬
出版（印制）单位：解放社
出版（印制）时间：1944年5月
开本（尺寸）：180mm×130mm
页数：336页
藏址：湖南红色档案馆

　　《马克思主义与文艺》是一本关于马克思主义与文学艺术问题论述的选编。选辑了马克思、恩格斯、普列汉诺夫、列宁、斯大林、高尔基、鲁迅、毛泽东有关文艺的评论和意见。按内容分为五辑：意识形态的文艺；文艺的特质；文艺与阶级；无产阶级文艺；作家、批评家。附录收有苏联共产党中央委员会的决议《关于文艺领域上的党的政策》《苏联作家同盟规约》和鲁迅《对于左翼作家联盟的意见》。由周扬撰写《序言》。本书是根据毛泽东《在延安文艺座谈会上的讲话》精神编纂的，是一部较早系统介绍马克思主义文艺基本观点的选本，对于开展中国马克思主义文艺理论的学习研究，有开创意义。此书在延安出版后，苏南抗日根据地、东北解放区等新华书店陆续出版了翻印本；国民党统治区和香港等地，也以不同的题名和方式出版过。

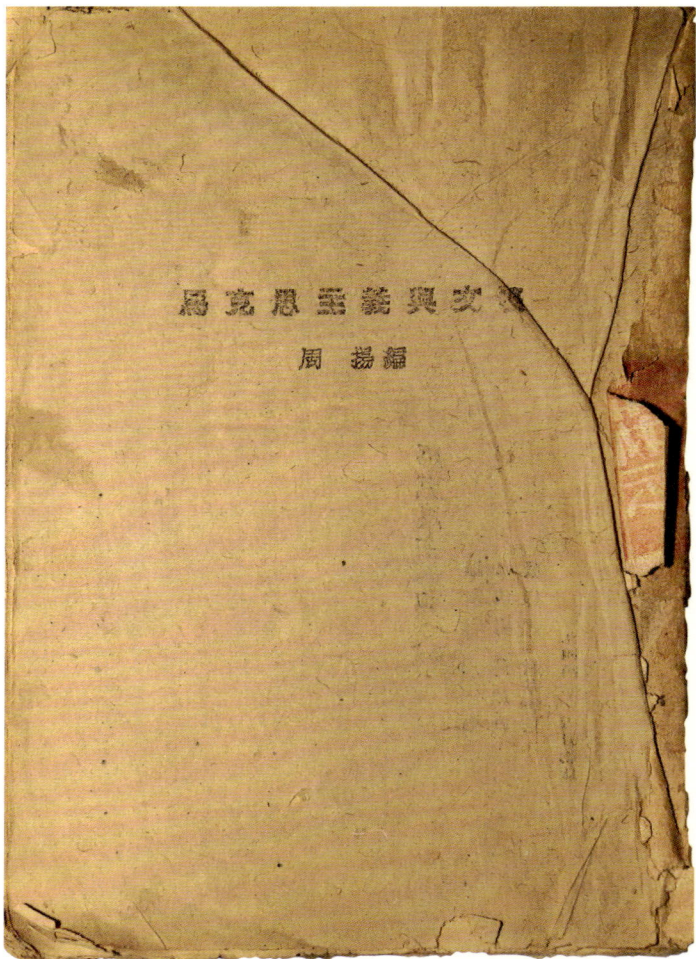

封面

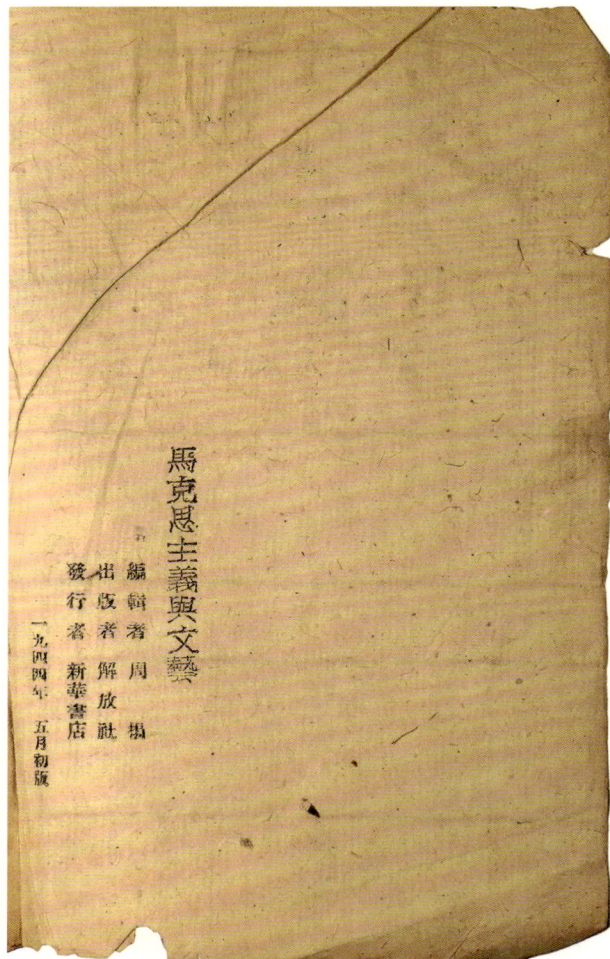

版权页

14. 三风（抗战文献）

题名：三风（抗战文献）
责任者：毛泽东等
出版（印制）单位：真理社
出版（印制）时间：1945年11月
开本（尺寸）：180mm×125mm
页数：187页
藏址：湖南红色档案馆

《三风（抗战文献）》共收录文章22篇，主要内容为中国共产党在延安开展整风运动时期发表的重要文献，其中也包括斯大林、季米特洛夫等苏联领导人的论著。

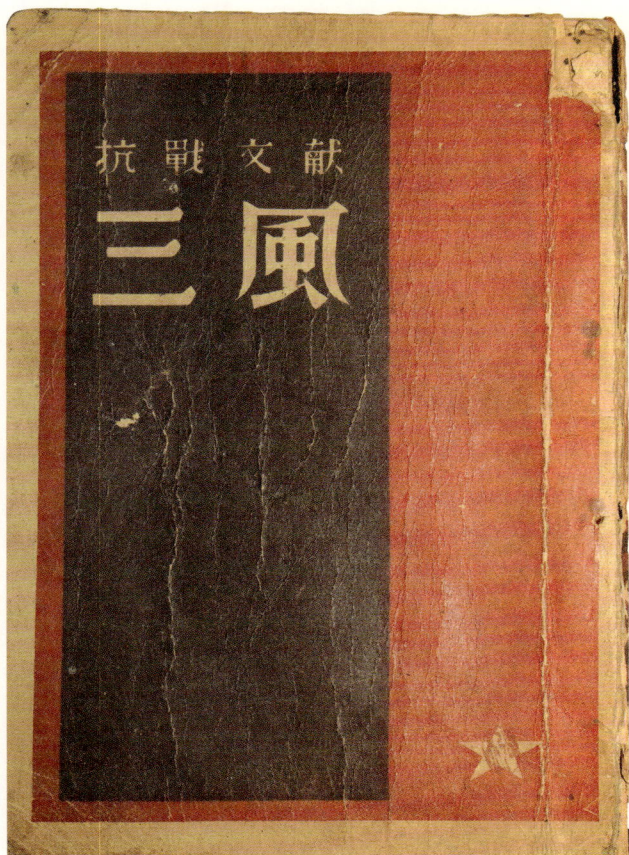

封面

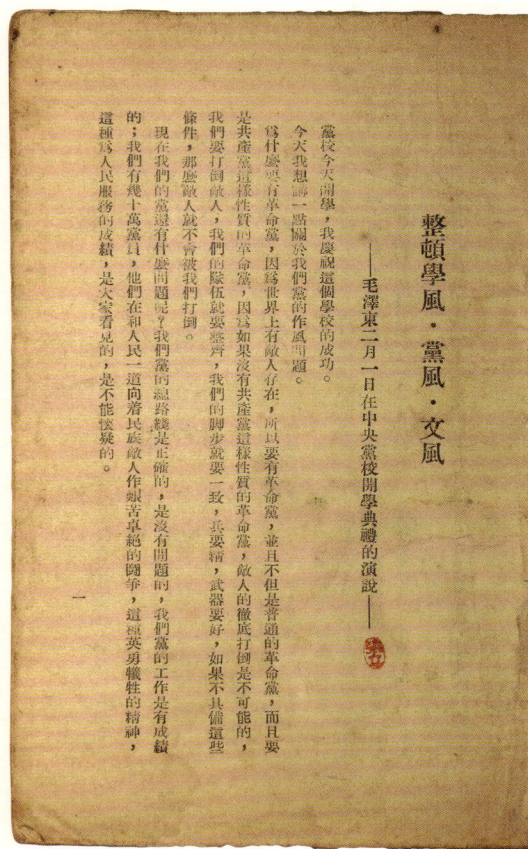

正文

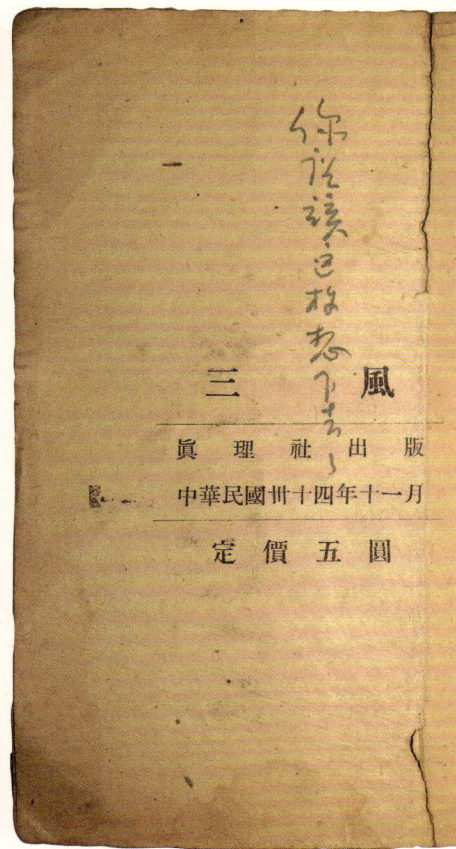

版权页

15. 党的宣传鼓动工作

题名：党的宣传鼓动工作
责任者：中共盐阜地委宣传部
出版（印制）单位：中共盐阜地委宣传部
出版（印制）时间：1945年6月1日
开本（尺寸）：195mm×145mm
页数：65页
藏址：湖南红色档案馆

《党的宣传鼓动工作》是中共盐阜地委编印的一本关于党的宣传工作的政策汇集，共收录12篇文章，汇编包括张闻天的《中宣部关于党的宣传鼓动工作提纲》、李维汉的《宣传鼓动工作笔记》等一系列重要文件，对了解我党在抗日战争期间宣传工作有重要作用。

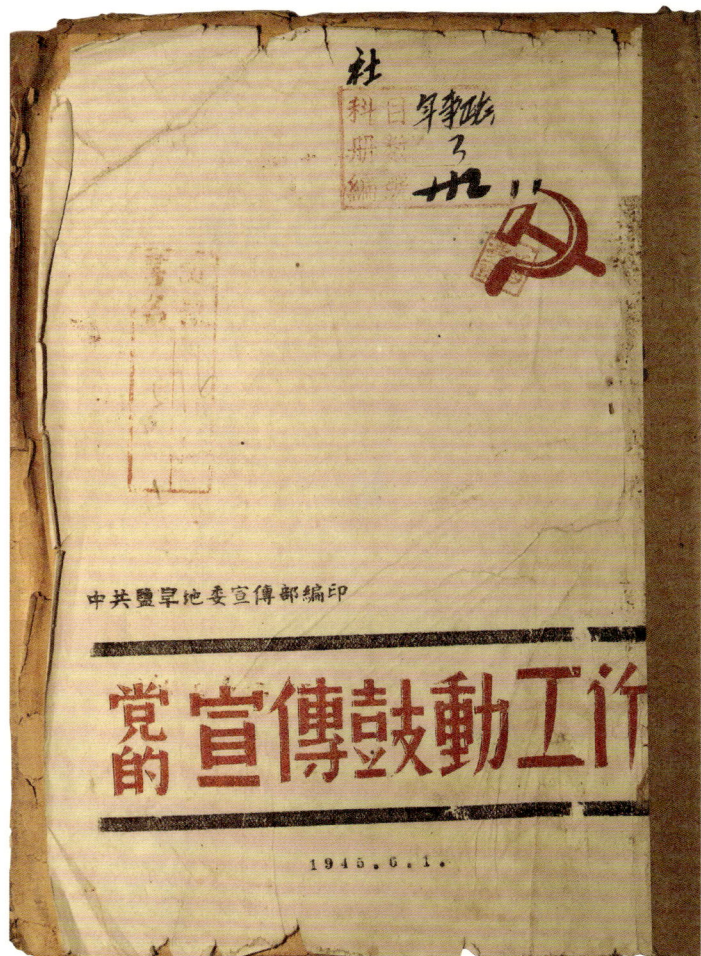

封面

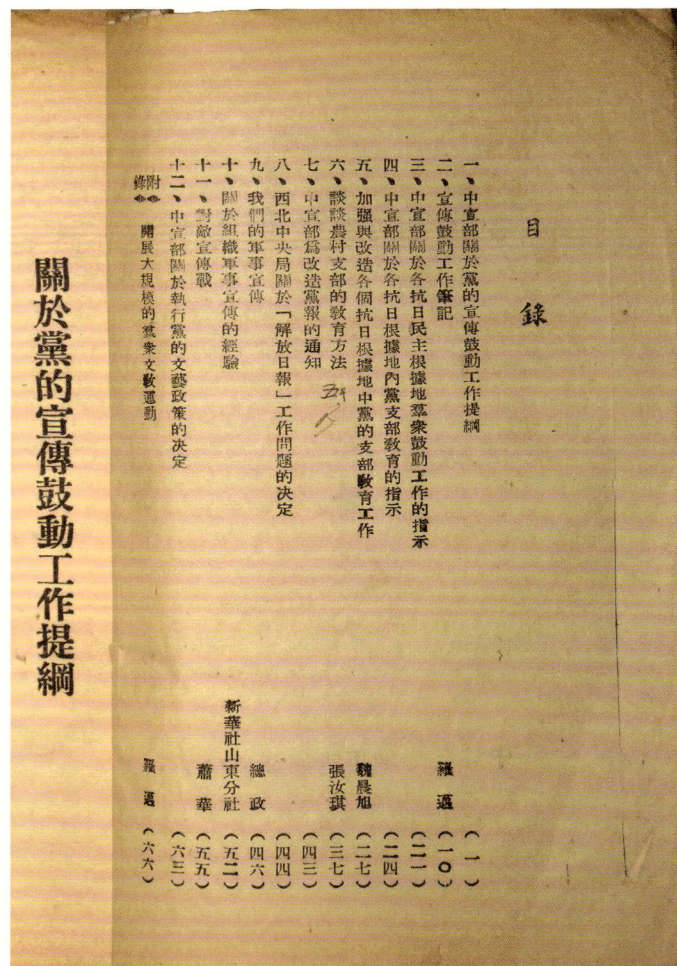

目录

16. 解决东北问题的途径

题名：解决东北问题的途径
责任者：
出版（印制）单位：胶东新华书店
出版（印制）时间：1946年4月
开本（尺寸）：185mm×125mm
页数：57页
藏址：湖南红色档案馆

全面内战爆发前，东北是国共争夺的重点，中国共产党在不同场合提出关于解决东北问题的方案。《解决东北问题的途径》一书收集了有关材料共11篇，包括《朱总司令答外国记者中共对东北问题的态度》《中共中央发言人对记者谈东北现势与前途》等，从不同角度阐述了东北问题解决方案。

封面

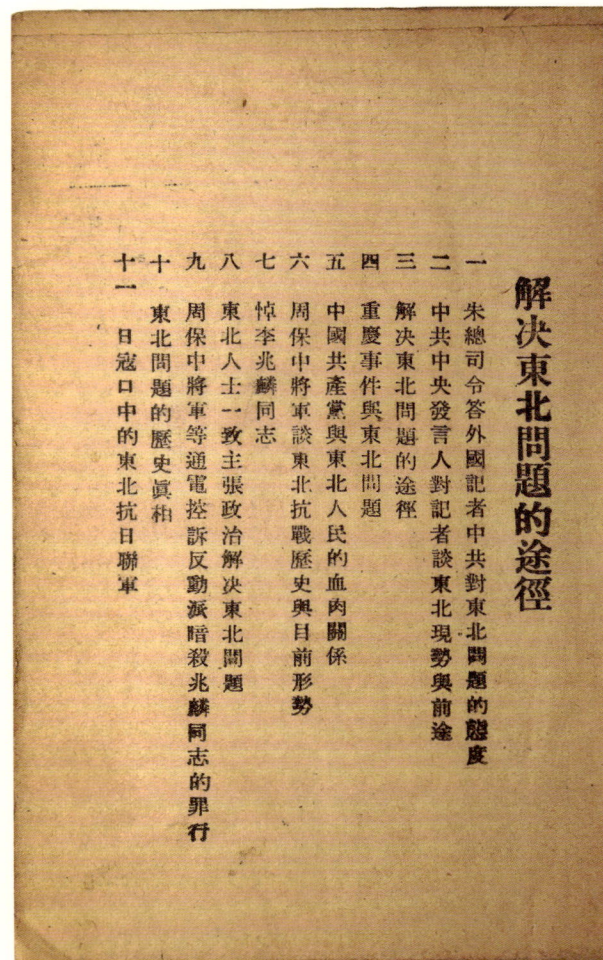

目录

17. 整军复员文献

题名：整军复员文献
责任者：历史文献社
出版（印制）单位：历史文献社
出版（印制）时间：1946年6月
开本（尺寸）：180mm×126mm
页数：55页
藏址：湖南红色档案馆

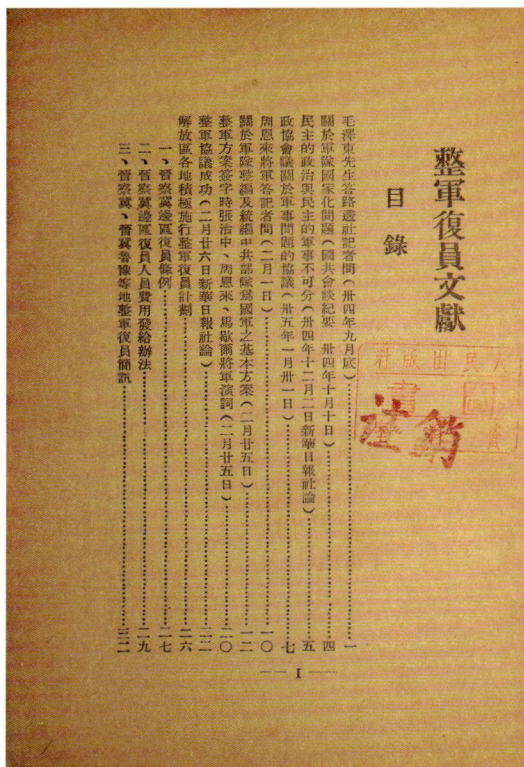

目录

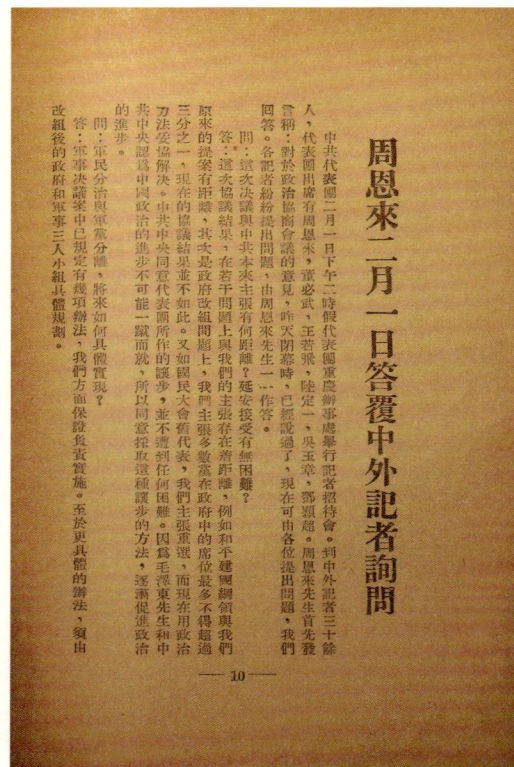

正文

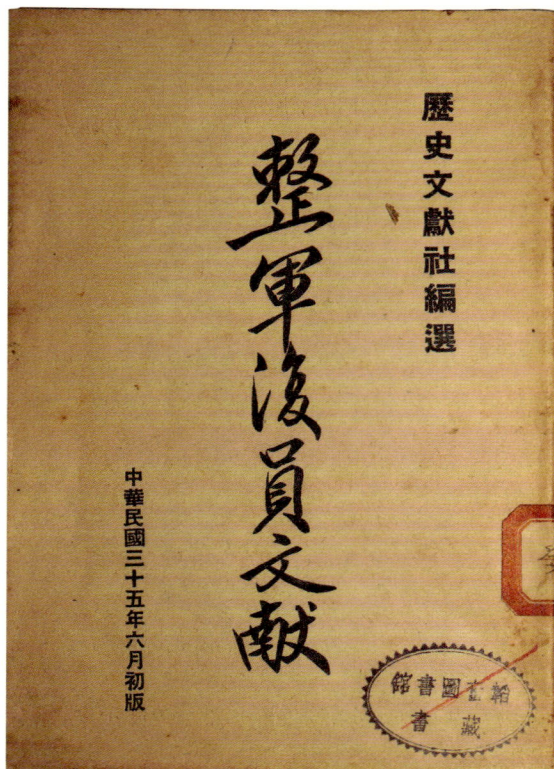

封面

《整军复员文献》是国共合作的产物。抗日战争胜利后，在国共和谈进行过程中，军队问题始终是双方争执的重点之一。国民党企图以"军队国家化"的名义，将中共军队化入自己的控制之下，中共则坚持军队的独立性。为此，双方进行了反复交涉。1946年2月，在美国特使马歇尔的调停下，国共达成整军协定，规定了双方军队整编的原则和进行的步骤。《整军复员文献》收录1945年9月底至1946年6月国共双方关于整军复员的讲话、协议、方案、报告等。

18. 战争论

题名：战争论
责任者：
出版（印制）单位：时事出版社
出版（印制）时间：1946年11月
开本（尺寸）：183mm×126mm
页数：26页
藏址：湖南省档案馆

　　《战争论》一书选取了1946年8月至11月期间，发表在《解放日报》的社论及中共与蒋介石、马歇尔之间的来往文件，包括《论战局》《为实现一月停战协定及政协决议而斗争》《全解放区人民动员起来粉碎蒋介石的进攻》等。

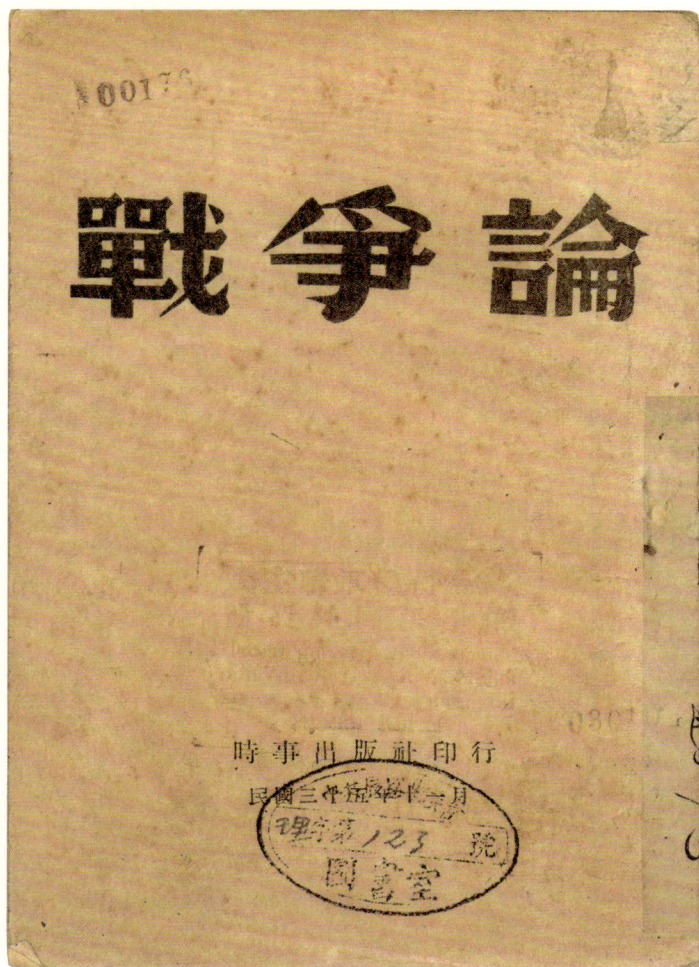

封面

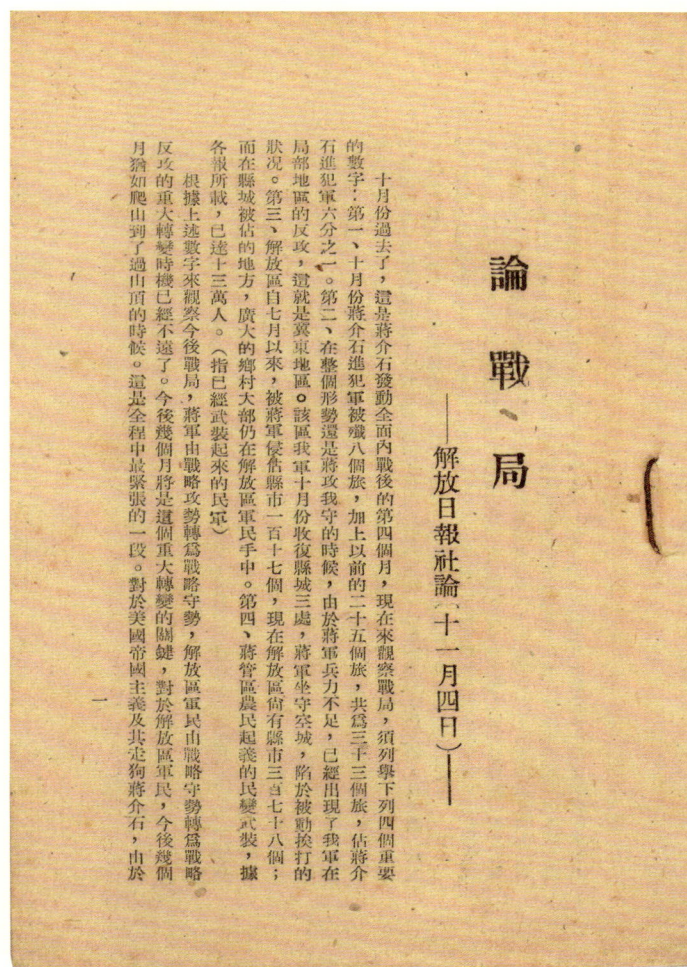

正文

19. 中国共产党与农民土地问题

题名：中国共产党与农民土地问题
责任者：中共土地会议秘书处
出版（印制）单位：中共渤海区土地会议
出版（印制）时间：1947年6月
开本（尺寸）：180mm×120mm
页数：94页
藏址：湖南省档案馆

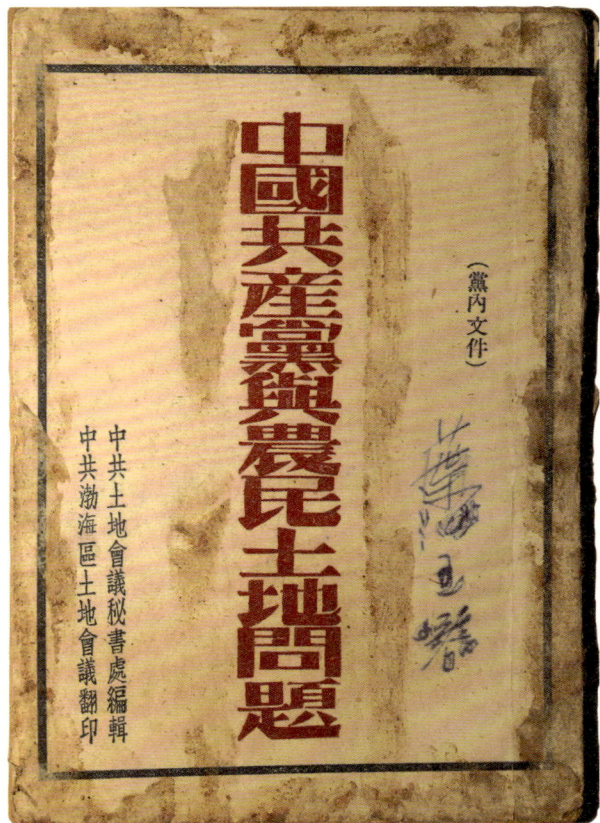

目录

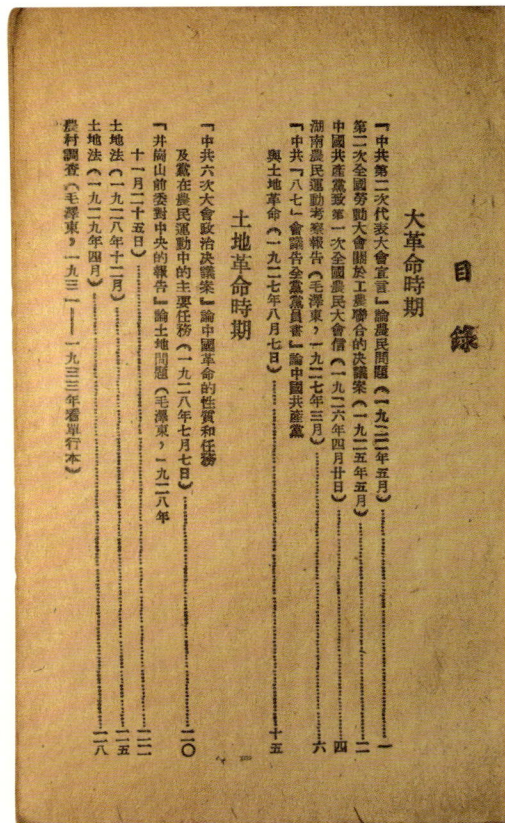

封面

    1947年7月17日至9月13日，全国土地会议在河北省平山县西柏坡村召开，参加会议的有中央工委的主要负责人刘少奇、朱德、董必武、彭真和各解放区的主要领导人李雪峰、王从吾、张稼夫、薄一波等。由于当时政治形势问题，时间较为仓促，会前未来得及准备会议报告，只印发了主要参考文件，如《马恩列斯论农民问题》《中国共产党历次关于农民土地问题》等。《中国共产党与农民土地问题》就是这次土地会议召开前由中共土地会议秘书处编辑、供会上作参考学习的资料。该书所收集的材料，包括历年党中央处理农民土地问题的事件或从其他文件中与此有关问题的摘录，全书按照发表的时间编排，收录了大革命时期、土地革命时期、抗日战争时期、自卫战争时期党的关于土地问题的各种政策与策略。其中还包括毛泽东《农村调查》中的两份土地法。

    1947年10月8日，渤海区召开了土改整党会议，又称"渤海区土地会议"，传达学习全国土地会议精神和《中国土地法大纲》，翻印了中共土地会议秘书处编辑的《中国共产党与农民土地问题》。

    本书收录的版本即为中共渤海区土地会议翻印本。

20. 目前党的政策汇编

题名：目前党的政策汇编
责任者：东北书店
出版（印制）单位：东北书店
出版（印制）时间：1948年4月
开本（尺寸）：182mm×126mm
页数：97页
藏址：湖南省档案馆

　　《目前党的政策汇编》是解放战争期间的政策汇编，包括《目前形势和我们的任务》《中共中央关于在老区半老区进行土地改革工作与整党工作的指示》《土地改革中的几个问题》等六篇文章。

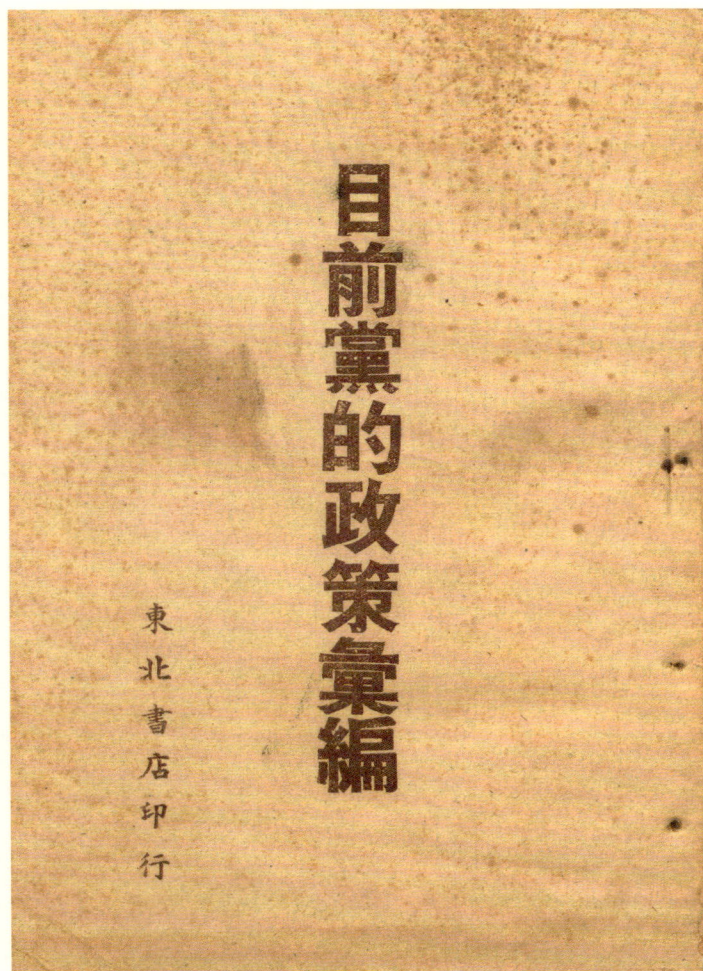

封面

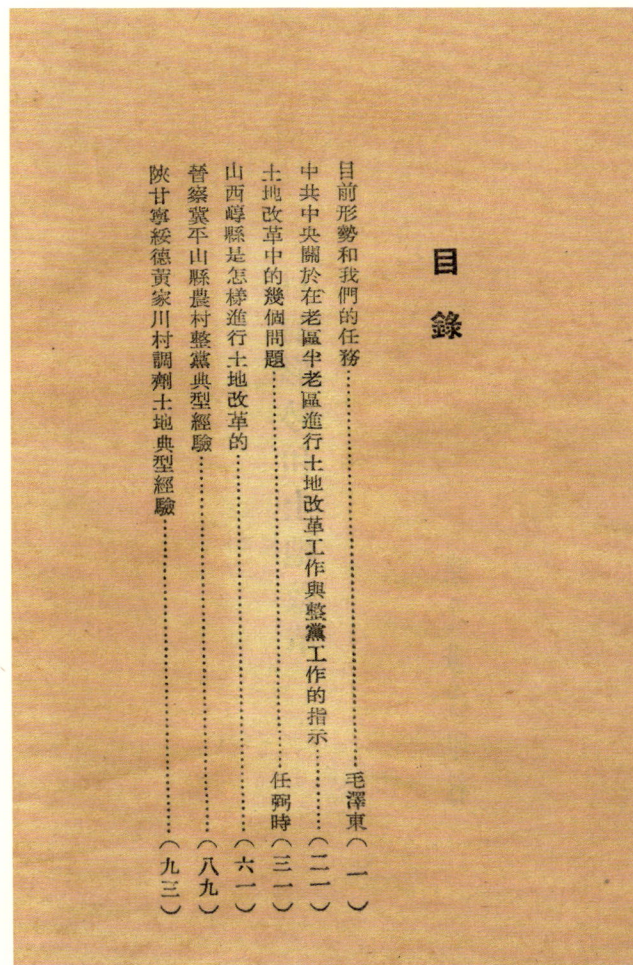

目录

21. 实行双减与调整土地

题名：实行双减与调整土地
责任者：陈光
出版（印制）单位：豫西日报社
出版（印制）时间：1948年8月
开本（尺寸）：120mm×180mm
页数：18页
藏址：邵阳市特色档案馆

　　《实行双减与调整土地》由豫西日报社1948年8月为适应当时形势而选编，主要包括五篇文章：《豫西行政公署关于颁布停止土改实行双减条例布告》《豫西行政公署实行双减调整土地条例》《停止土改实行减租减息》《把解放区农业生产提高一步》《关于农业社会主义问答》。

　　陈光（1905—1954），原名陈世椿，湖南宜章人。1926年参加农民运动，1927年加入中国共产党。1928年参加湘南暴动，后随起义军上井冈山。1934年当选为中央工农民主政府第二届中央执行委员会委员，后随红军长征。新中国成立后任广东军区副司令员兼广州市警备区司令员。

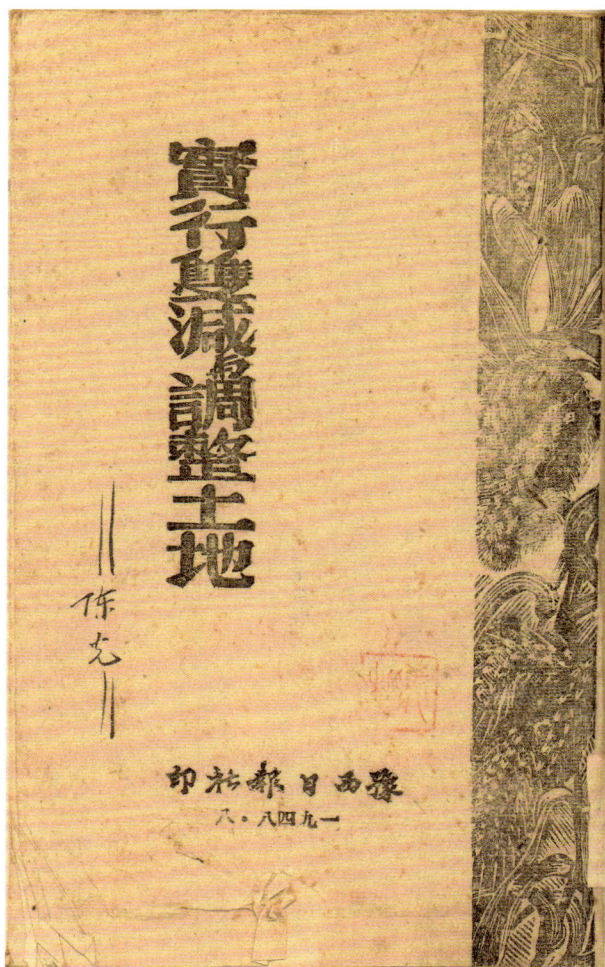

封面

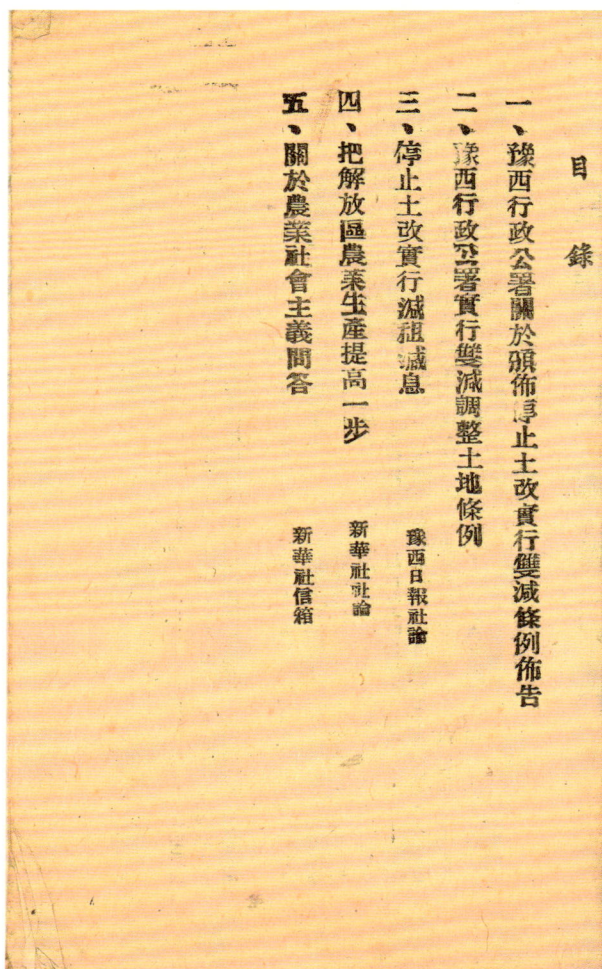

目录

22. 论职工运动

题名：论职工运动
责任者：中原新华书店
出版（印制）单位：中原新华书店
出版（印制）时间：1948年12月
开本（尺寸）：175mm×125mm
页数：86页
藏址：湖南红色档案馆

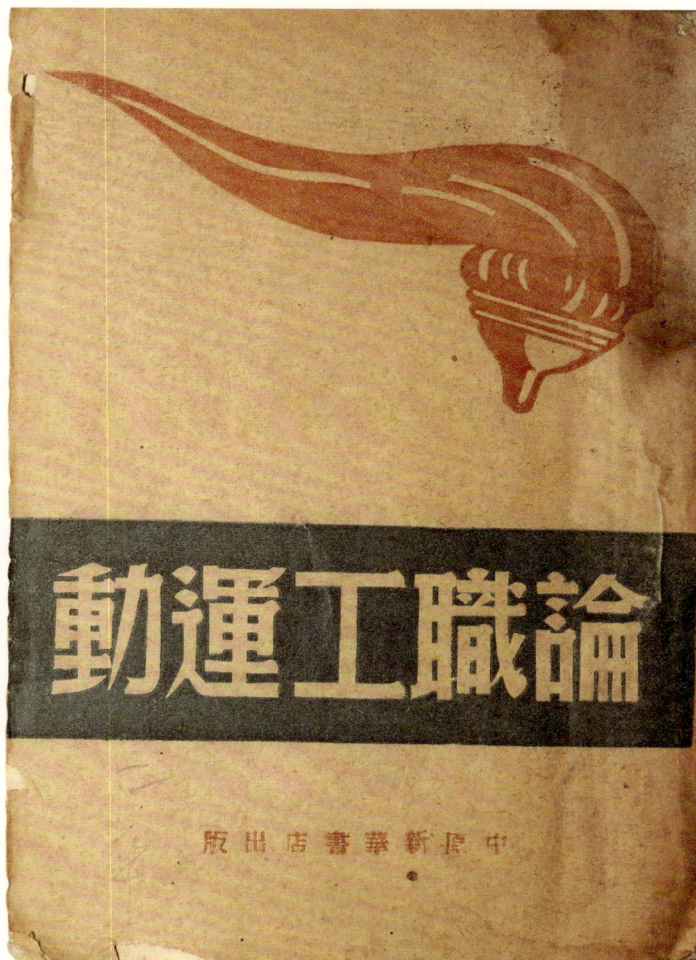

版权页

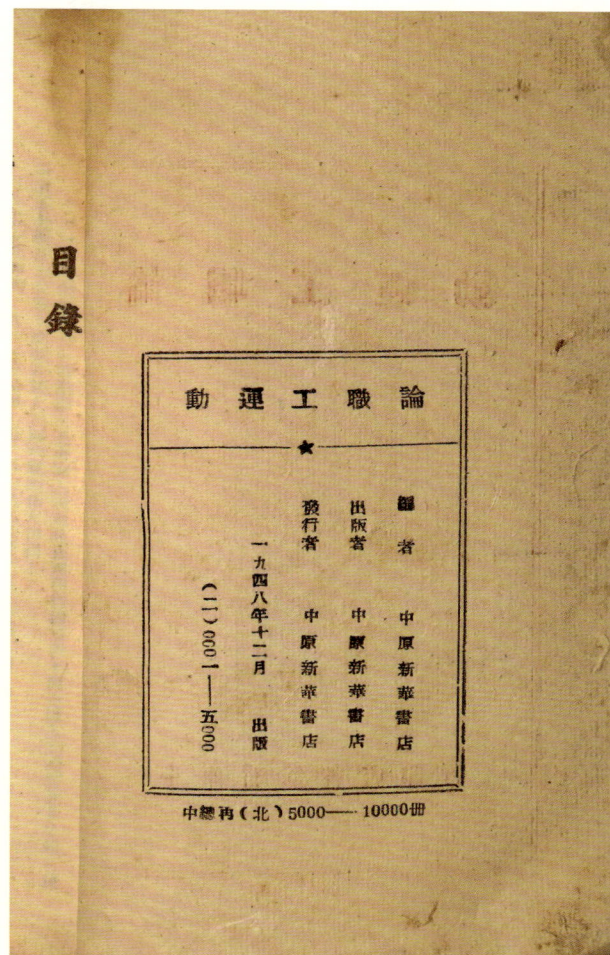

封面

　　《论职工运动》是一本关于职工运动的文献汇集，主要介绍了中国共产党发表的关于劳动和职工的方针、政策、制度以及一些重要文献，共分为八部分：中国共产党中央委员会发布纪念"五一"劳动节的口号；坚持职工运动的正确路线反对"左倾"冒险主义；正确执行劳资两利的方针，等等。

23. 政策汇编

题名：政策汇编
责任者：中共中央政策研究室
出版（印制）单位：中共中央东北局
出版（印制）时间：1949年5月5日
开本（尺寸）：190mm×130mm
页数：614页
藏址：湖南红色档案馆

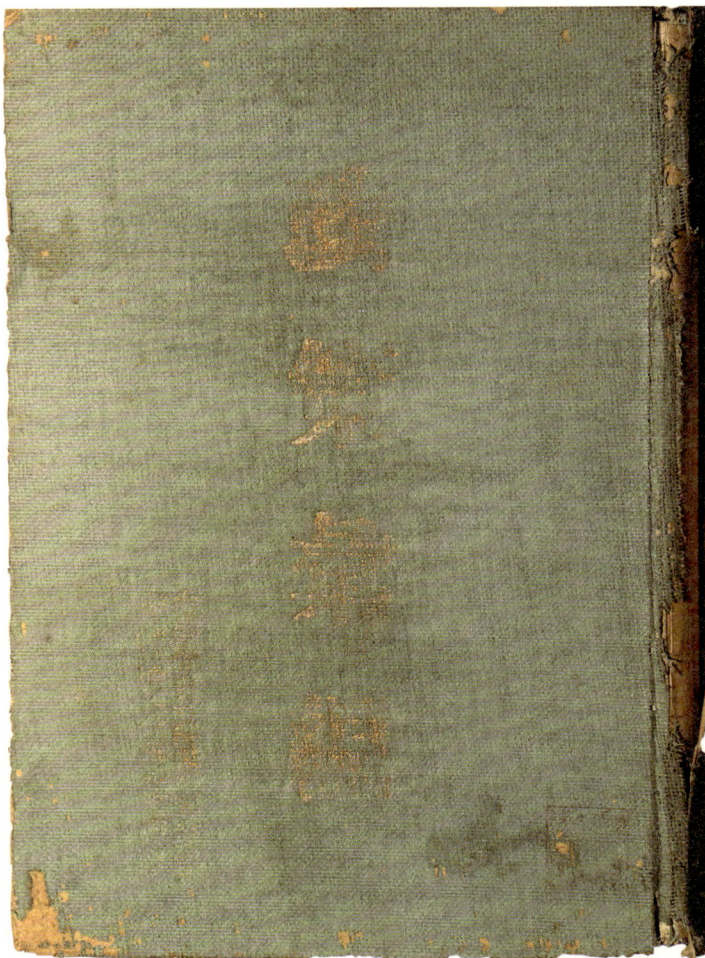

封面

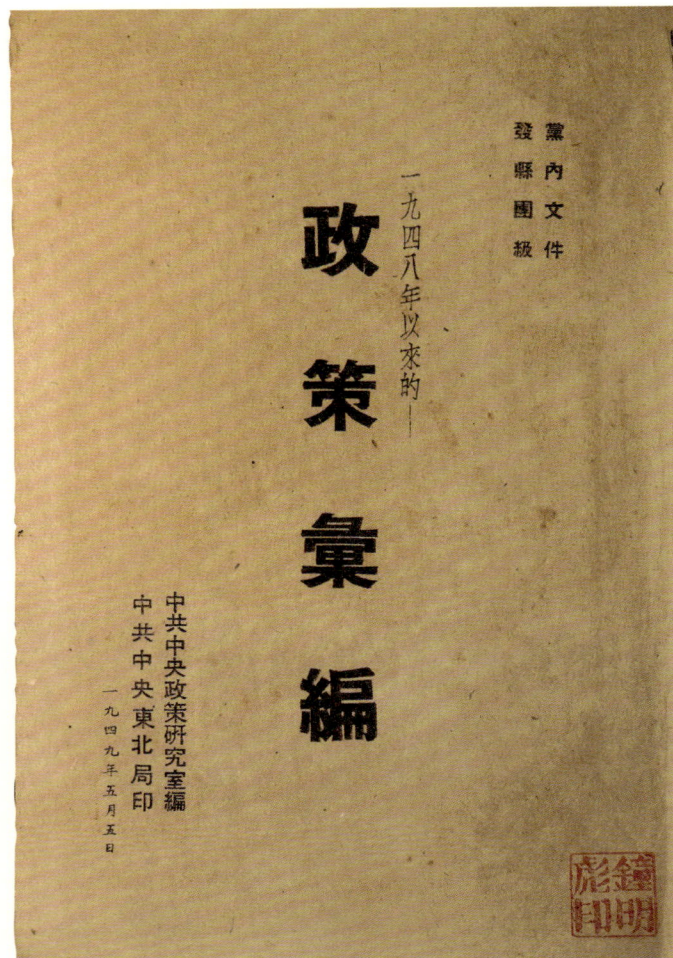

扉页

《政策汇编》由中共中央政策研究室政研室秘书长廖鲁言主持编辑，汇集了1948年以来毛主席和中央其他领导人，以及中央和各中央局的有关决定、讲话、报告、指示、通知、文章、社论、总结、简报等。书编好后，由中央下发各中央局翻印，作为城市接管工作的指南和干部培训教材，在中国共产党顺利完成由农村进入城市的历史转折中发挥了重要的作用。

本书共收录《政策汇编》三个版本。

24. 政策汇编

题名：政策汇编
责任者：中共中央政策研究室
出版（印制）单位：中共中央华北局
出版（印制）时间：1949年6月
开本（尺寸）：185mm×130mm
页数：616页
藏址：湖南红色档案馆

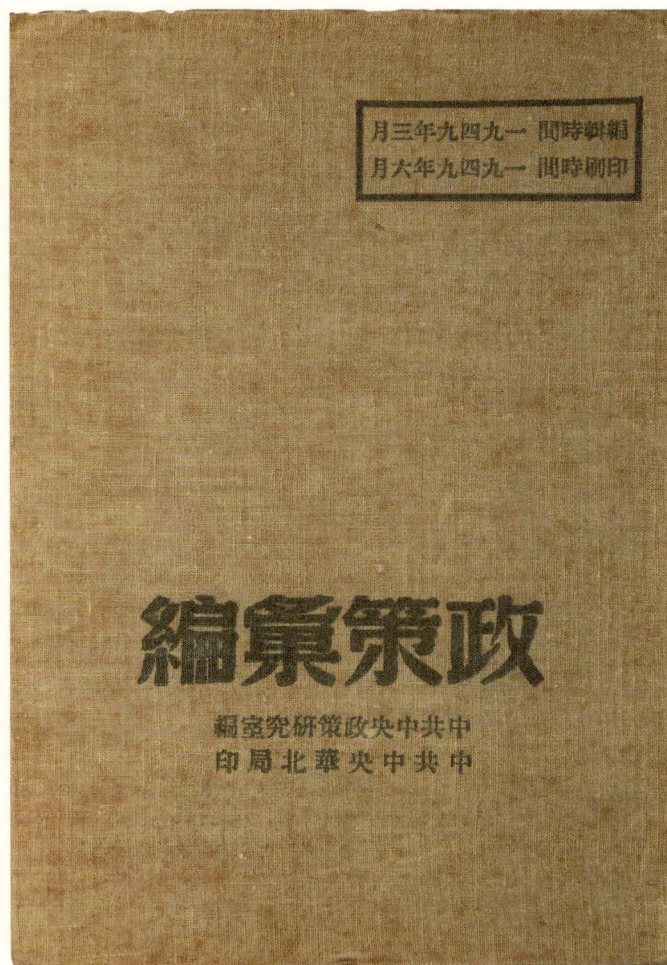

封面

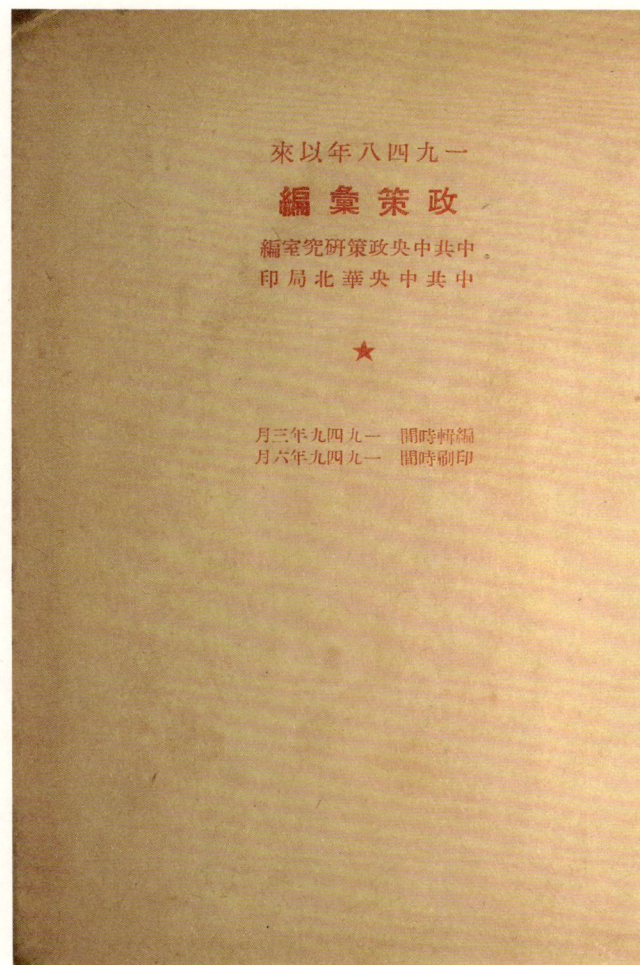

扉页

25. 政策汇编

题名：政策汇编
责任者：中共中央政策研究室
出版（印制）单位：中共中央华中局
出版（印制）时间：1949年10月
开本（尺寸）：175mm×130mm
页数：628页
藏址：株洲市档案馆

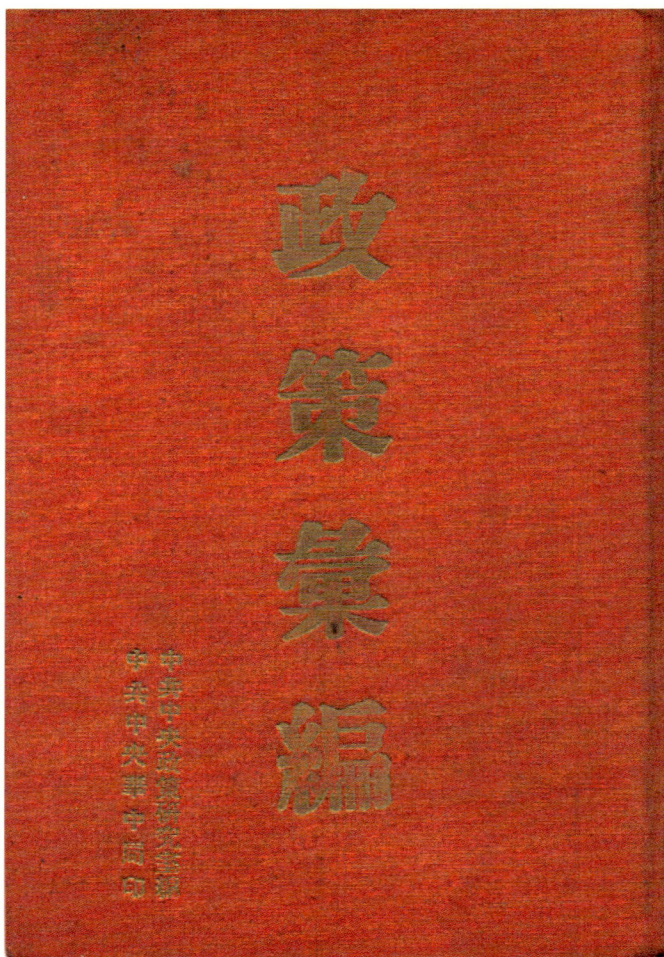

封面

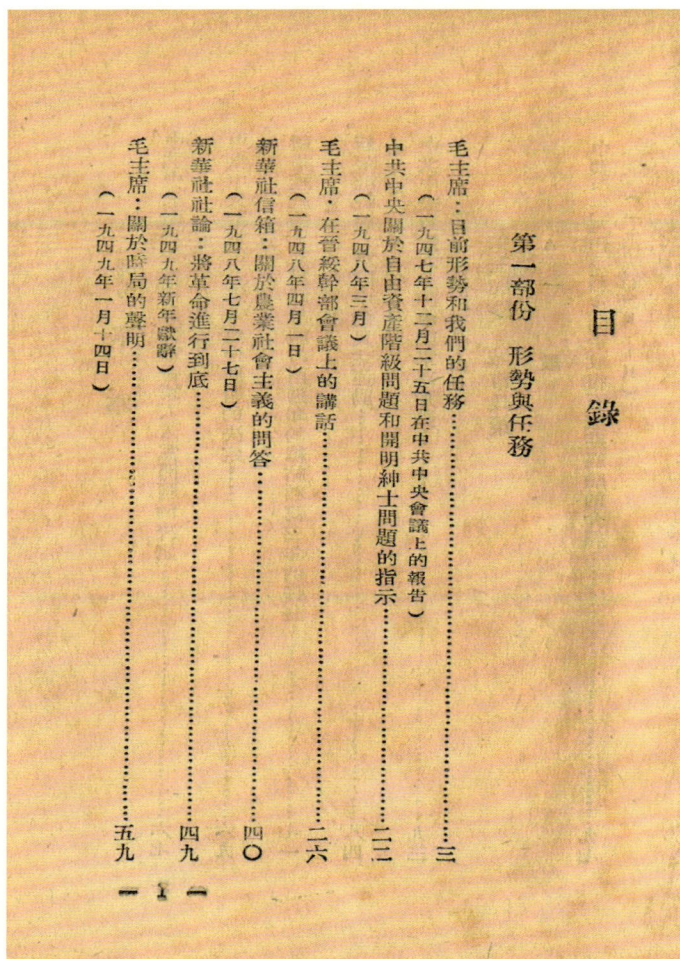

目录

26. 论妇女解放

题名：论妇女解放
责任者：全国民主妇女联合会筹备委员会
出版（印制）单位：东北书店
出版（印制）时间：1949年5月
开本（尺寸）：180mm×125mm
页数：76页
藏址：湖南红色档案馆

为把妇女运动中的实际问题提高到理论上来认识，运用正确的理论指导实际运动，"妇运丛书"编译了马克思、恩格斯、列宁、斯大林对妇女和解放运动的论著《论妇女解放》，共选录了马、恩、列、斯九篇关于妇女解放的言论，附录高尔诺夫斯基的《共产主义道德问题》，扉页分别印有马、恩、列、斯的头像。

妇运丛书：1949年中国妇女第一次全国代表大会开幕，中华全国民主妇女联合会筹备委员会为便于读者了解和研究各地妇女运动，编印了"妇运丛书"。"妇运丛书"还包括《中国解放区妇女运动文献》《中国解放区农村妇女翻身运动素描》《中国解放区农村妇女生产运动》《中国解放区妇女参战运动》《新社会的新女工》《中国解放区的南丁格尔们》等。

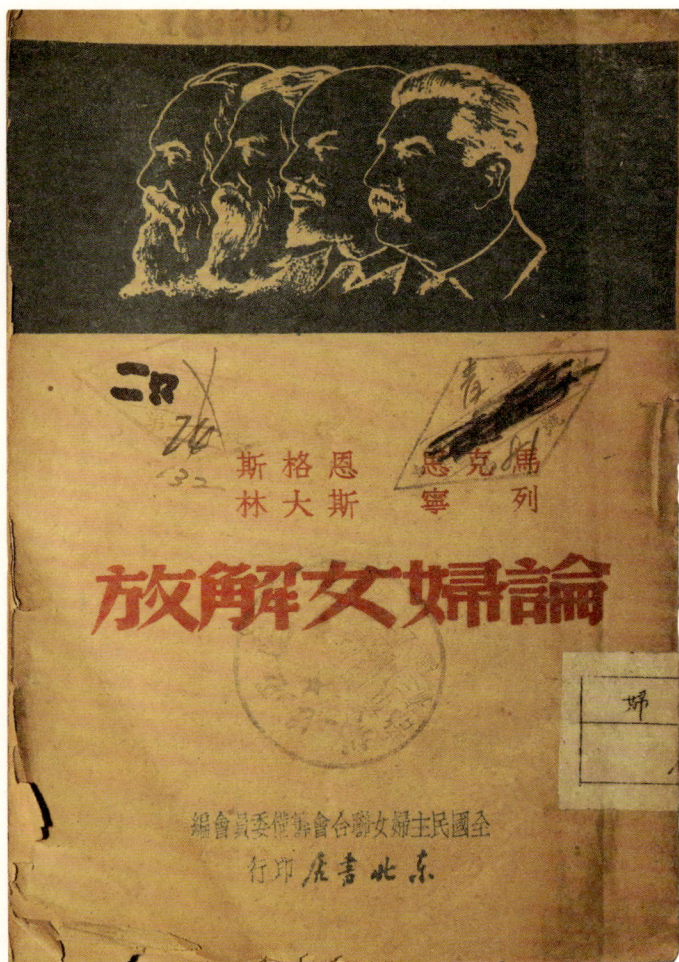

封面

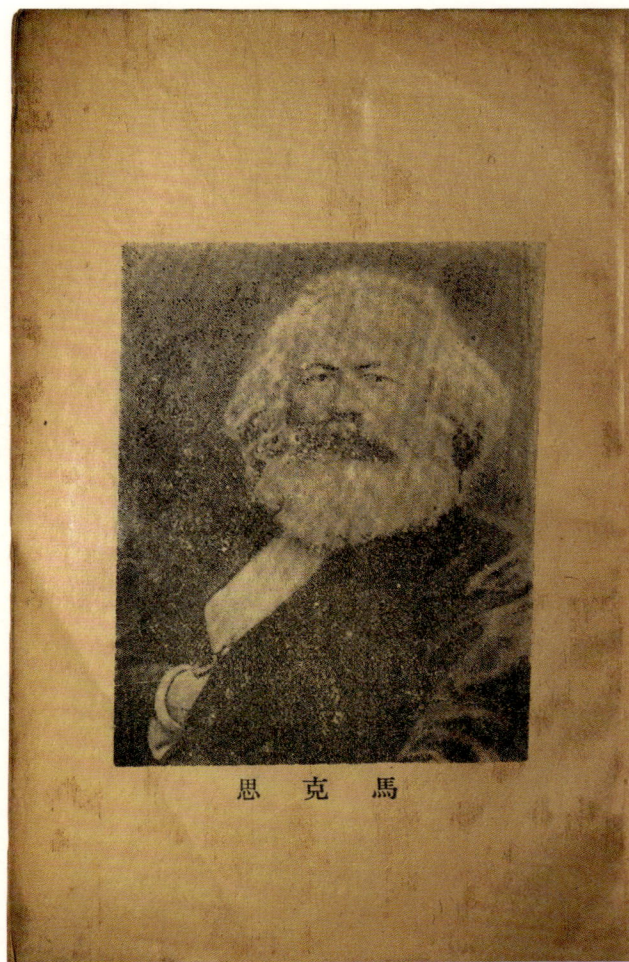

马克思像

27. 新社会的新女工

题名：新社会的新女工
责任者：全国民主妇女联合会筹备委员会
出版（印制）单位：新华书店
出版（印制）时间：1949年7月
开本（尺寸）：180mm×130mm
页数：51页
藏址：湖南红色档案馆

　　《新社会的新女工》属于《妇运丛书》中的一册，介绍了中国共产党在抗日战争及人民解放战争时期指导解放区妇女运动的方针政策。

封面

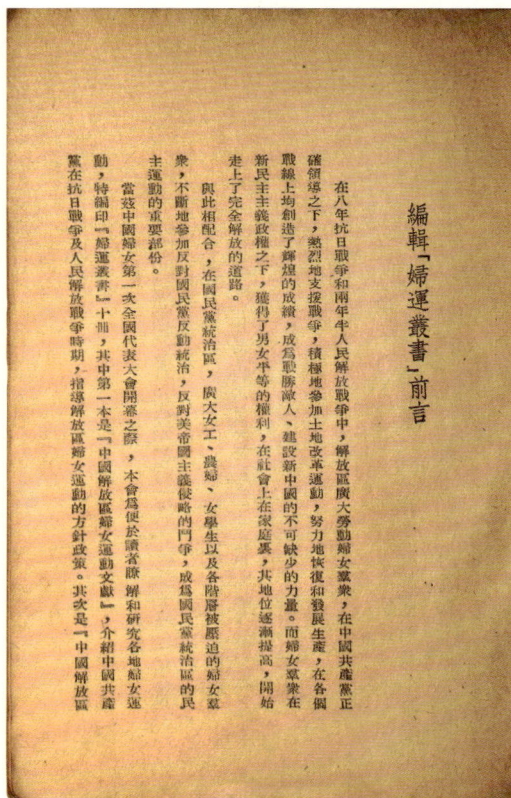
前言

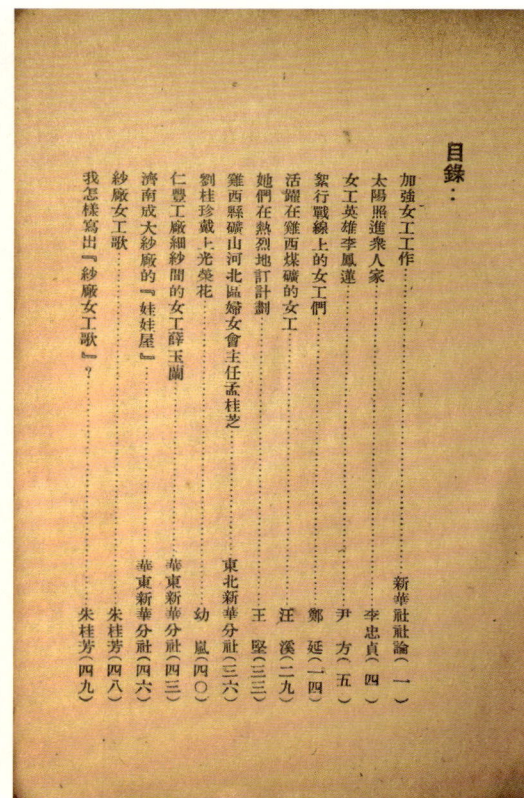
目录

28. 国民党统治区民主妇女运动

题名：国民党统治区民主妇女运动
责任者：中华全国民主妇女联合会筹备委员会
出版（印制）单位：新华书店
出版（印制）时间：1949年8月
开本（尺寸）：167mm×120mm
页数：80页
藏址：湖南红色档案馆

《国民党统治区民主妇女运动》为《妇运丛书》中的一册，介绍了抗日战争以后国民党统治区妇女群众坚持民主斗争的各种事迹。其主要篇目有《上海沪西区纱厂女工》《英勇奋斗中的国民党统治区女同学》《国民党统治区的职业妇女》《香港妇女的生活》等。

封面

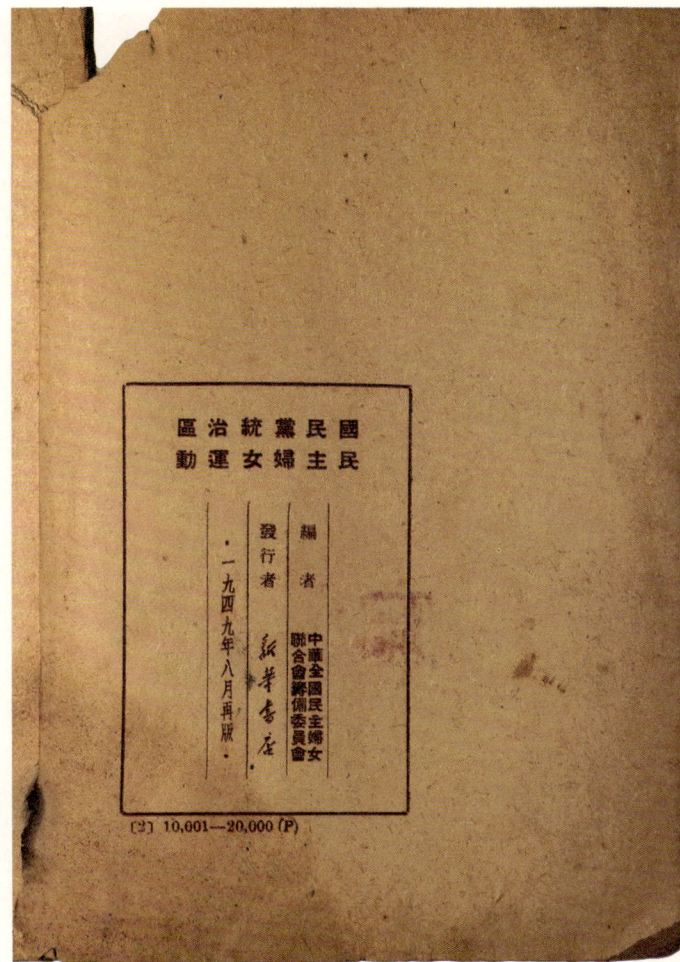

版权页

29. 论工商业政策

题名：论工商业政策
责任者：解放社
出版（印制）单位：新华书店
出版（印制）时间：1949年6月
开本（尺寸）：170mm×120mm
页数：121页
藏址：湖南红色档案馆

　　《论工商业政策》共收录1947年12月至1949年2月毛泽东、任弼时、陈云等刊发在新华社、《东北日报》上关于工商业政策的论述、决定等12篇。首篇为毛泽东1947年12月25日在《目前形势和我们的任务》中的关于工商业政策的论述。

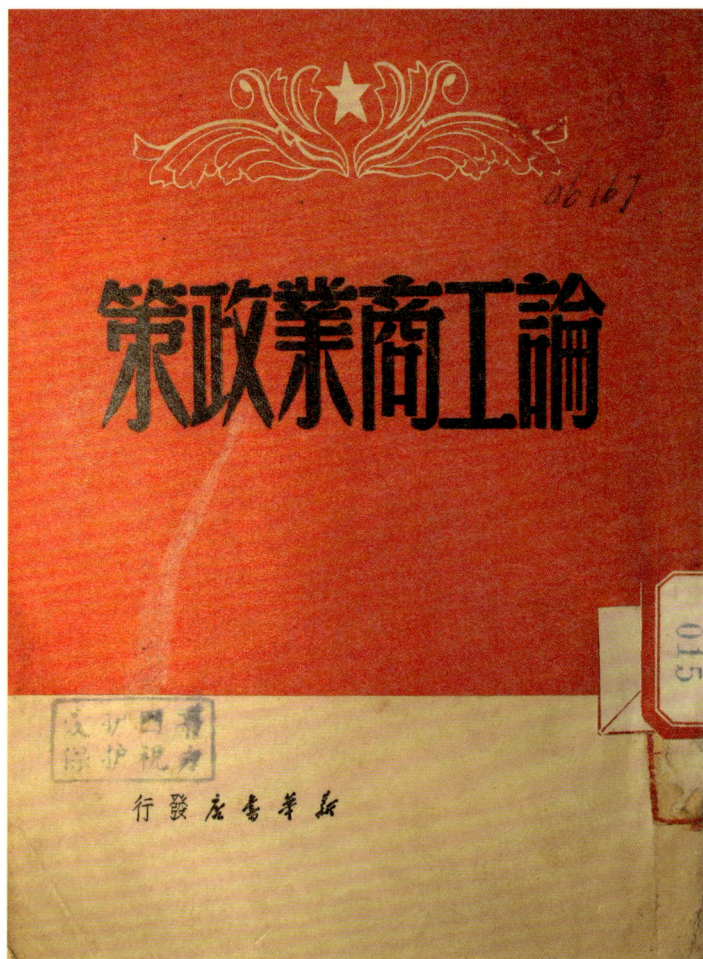

封面

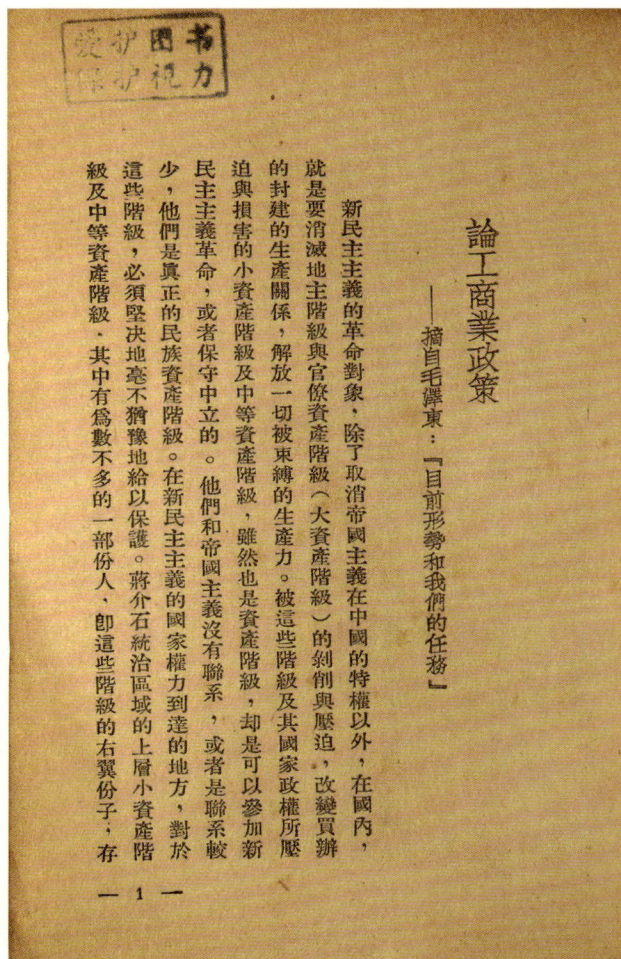

正文

30. 中共中央抗战宣言集

题名：中共中央抗战宣言集
责任者：
出版（印制）单位：苏南新华书店
出版（印制）时间：1949年7月
开本（尺寸）：171mm×125mm
页数：69页
藏址：湖南红色档案馆

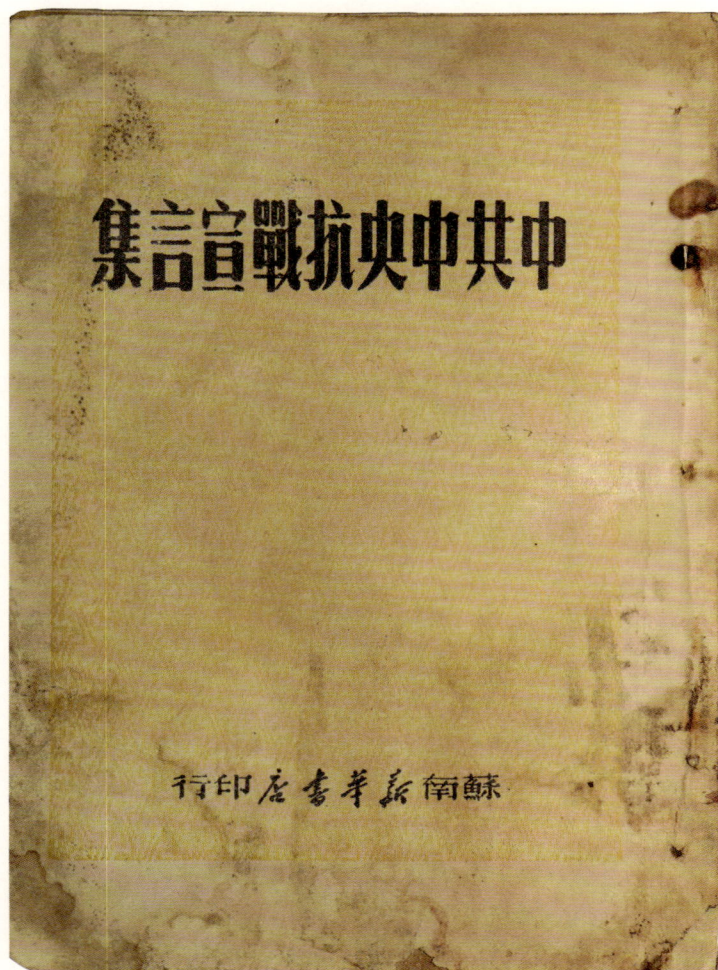

集言宣戰抗央中共中

行印店書華新南蘇

封面

目錄

中國共產黨中央委員會為抗日救國告全體同胞書（八一宣言）（一九三五年八月一日）…………（一）

中華蘇維埃政府關於緩進抗戰的通電（一九三六年十二月一日）…………（七）

中國共產黨為日軍進攻盧溝橋通電（一九三七年七月八日）…………（九）

中國共產黨決心共赴國難宣言（一九三七年九月廿二日）…………（一一）

中共中央對時局宣言（一九三七年十二月廿五日）…………（一三）

中國共產黨中央委員會為紀念抗戰二週年對時局宣言（一九三九年七月七日）…………（一六）

中國共產黨中央委員會為抗戰三週年紀念對時局第二次宣言（一九四〇年七月四日）…………（二〇）

中國共產黨中央委員會為抗戰四週年紀念對時局宣言（一九四一年七月七日）…………（二九）

中國共產黨中央委員會為抗戰五週年紀念宣言（一九四二年七月七日）…………（三四）

中國共產黨中央委員會為抗戰六週年紀念宣言（一九四三年七月七日）…………（三八）

中國共產黨中央執行委員會發佈抗戰七週年紀念口號（一九四四年七月七日）…………（四八）

— 1 —

目录

　　《中共中央抗战宣言集》共收录文章17篇，其中多为毛泽东起草的宣言，时间从1935年8月1日至1947年7月7日。这些抗战宣传言论，充分说明在抗战初期中国共产党一方面大力推动国民党对日政策实行彻底的转变，另一方面积极发挥全国抗战的核心作用，壮大抗日群众运动，争取和团结广大抗日民众力量。中国共产党站在民族立场上，率先高举抗敌御辱旗帜，坚持抗战，反对妥协投降，成为抗日民族统一战线的中坚力量。

31. 将革命进行到底

题名：将革命进行到底
责任者：解放社
出版（印制）单位：新华书店
出版（印制）时间：1949年8月
开本（尺寸）：170mm×120mm
页数：214页
藏址：湖南红色档案馆

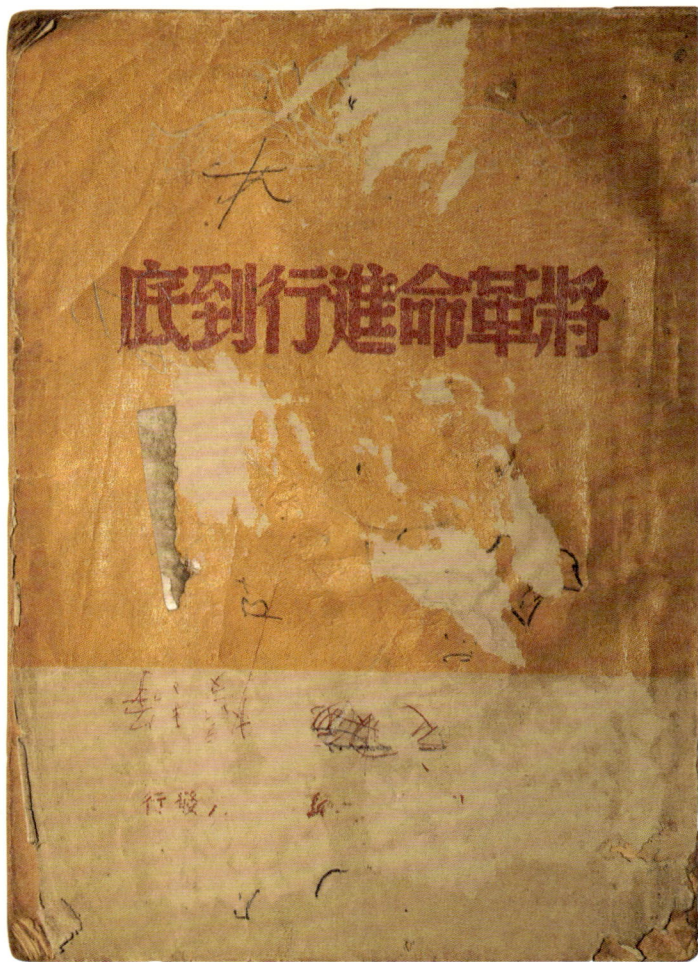

封面

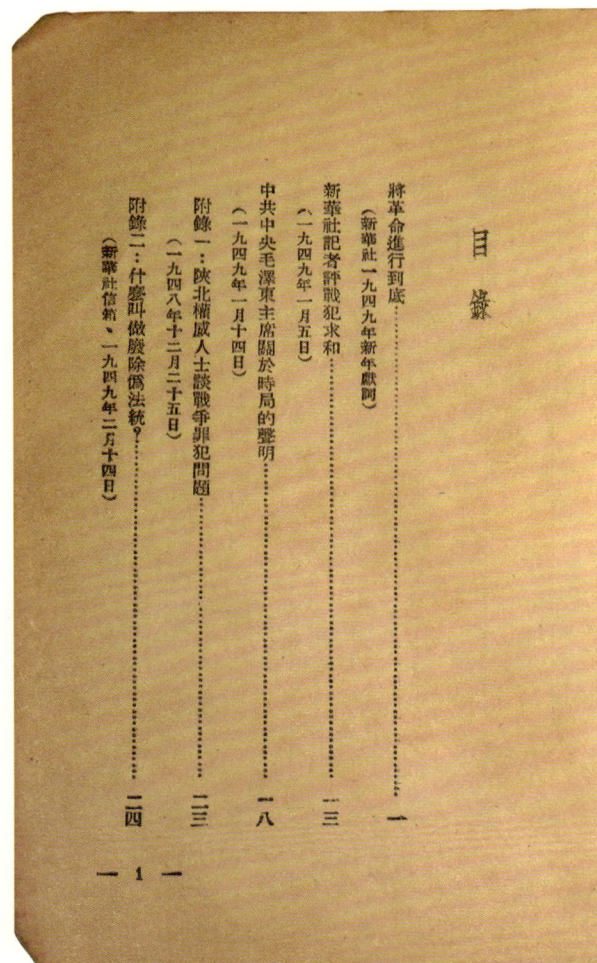

目录

《将革命进行到底》主要收集1948年1月起至1949年4月下旬人民解放军夺取南京，国民党反动统治宣告灭亡为止的一个时期内有关时局和革命形势的一些重要文件。这些文件在各地发表时，因用电报传达的关系，或多或少有些错误，收集时全都进行了校对和校正。该书开篇即为毛泽东1949年发表在新华社的新年献词《将革命进行到底》，还包括《新华社记者评战犯求和》《中共中央毛泽东主席关于时局的声明》等重要文献。

32. 全国青年团结起来在毛泽东旗帜下前进

题名：全国青年团结起来在毛泽东旗帜下前进
责任者：中国青年社
出版（印制）单位：中国青年社
出版（印制）时间：1949年9月
开本（尺寸）：175mm×125mm
页数：63页
藏址：湖南红色档案馆

　　1949年5月4日，中华全国青年第一次代表大会在北京隆重召开。出席大会的代表500多人，他们代表着全国各个地区、不同职业、不同民族、不同阶级、不同党派、不同信仰的青年及青年工作者。毛泽东为大会题词，号召"团结各界青年，参加新民主主义的建设工作"。这次大会正式宣告中华全国民主青年联合总会诞生，并选举出第一届委员会，廖承志为全国青联第一届委员会主席，会议还通过了全国青联章程。《全国青年团结起来在毛泽东旗帜下前进》一书为中华全国青年第一次代表大会上的有关文献汇集。

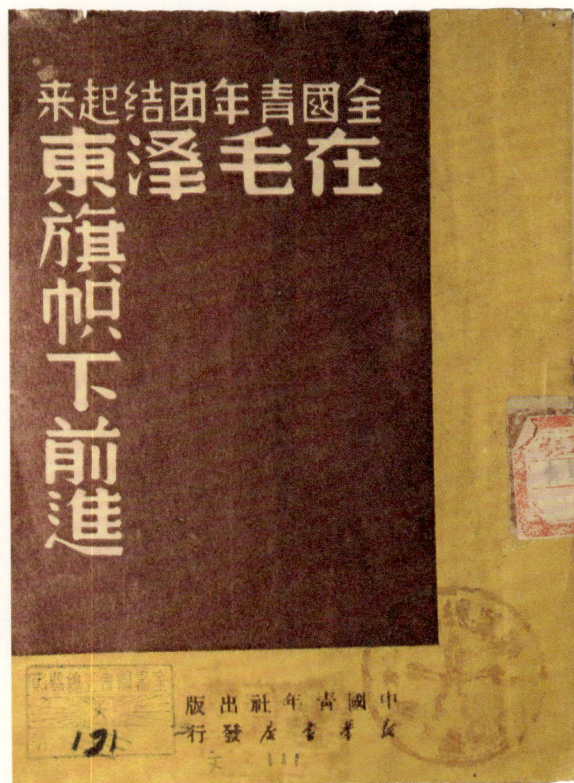

封面

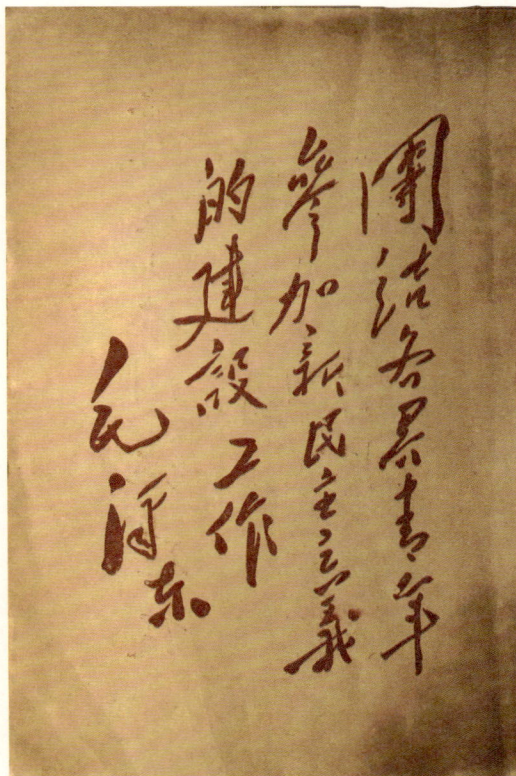

毛泽东题词

插图

33. 中国人民解放战争军事文集（第二集）

题名：中国人民解放战争军事文集（第二集）
责任者：中国人民解放军总部
出版（印制）单位：东北军区司令部印刷厂
出版（印制）时间：1949年10月
开本（尺寸）：198mm×142mm
页数：656页
藏址：湖南红色档案馆

封面

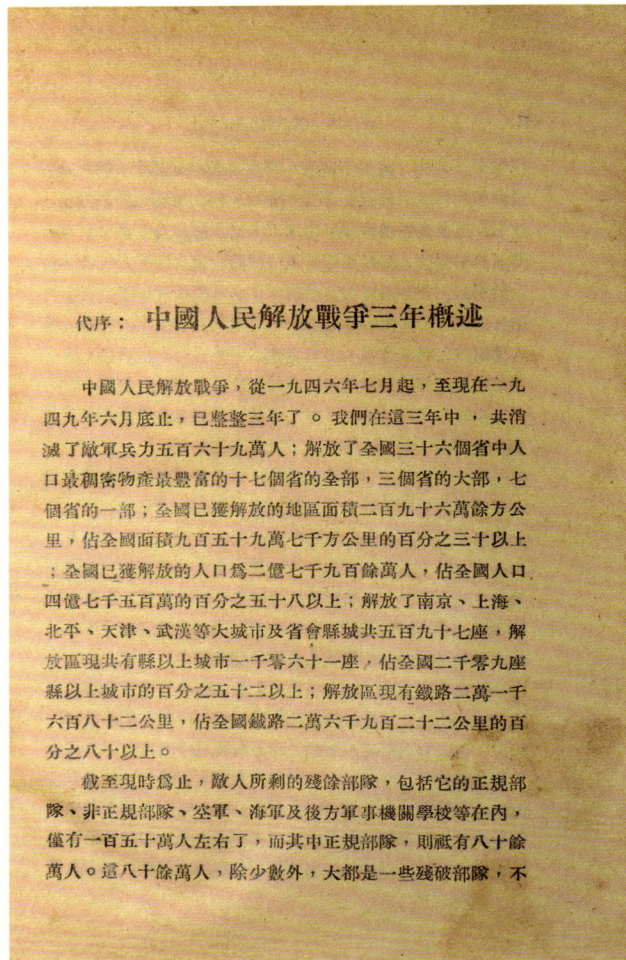

代序

《中国人民解放战争军事文集》共五集六册，其中第五集分上下两册，由中国人民解放军总部编辑，1949年7月至1950年1月陆续编印。该文集主要保存中国人民解放战争的历史文献，由新华社公布及各军区报纸登载过的重要军事论文、评论及与军事有直接关系的其他论文组成，以《中国人民解放战争三年概述》代序。《中国人民解放战争军事文集》第二集主要收录1946年7月至1947年6月间的有关军事文献。

四、红色文告

1. 中国共产党中国共产主义青年团宣言

题名：中国共产党中国共产主义青年团宣言
责任者：中国共产党中央执行委员会
　　　　中国共产主义青年团中央执行委员会
出版（印制）单位：万载县赤色总工会
出版（印制）时间：1925年7月16日
开本（尺寸）：145mm×13mm
页数：14页
藏址：湖南红色档案馆

《中国共产党中国共产主义青年团宣言——告此次为民族自由奋斗的民众》是1925年5月"五卅惨案"发生后不久，中国共产党中央执行委员会、中国共产主义青年团中央执行委员会向全国民众宣誓的中国共产党的主张和要求。《宣言》深刻分析了帝国主义和军阀内外勾结妄图分化、扑灭运动的阴谋，提出了争取中国独立与统一的十项要求，号召全国工人、农民、学生、商人奋斗到底，推翻帝国主义和军阀，建立自由统一的中国。《宣言》最早刊印于1925年7月16日出版的《向导》第121期。

封面

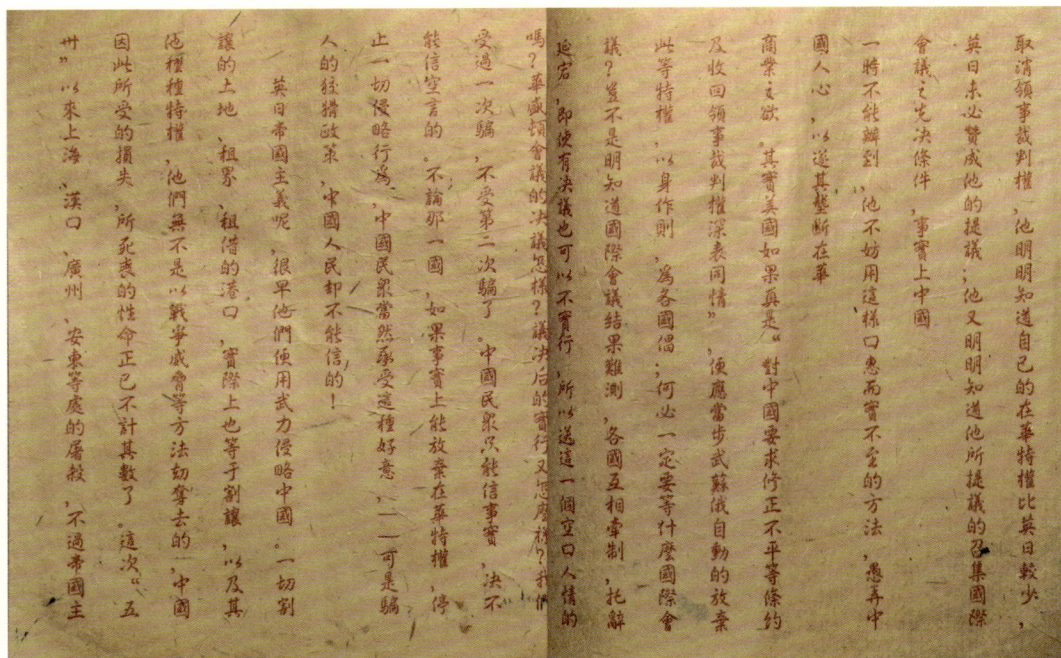

正文

2. 反帝国主义运动议决案*

题名：反帝国主义运动议决案
责任者：中华反帝大同盟总会
出版（印制）单位：中华反帝大同盟总会
出版（印制）时间：大革命时期
开本（尺寸）：155mm×145mm
页数：14页
藏址：湖南红色档案馆

　　《反帝国主义运动议决案》由中华反帝大同盟总会印发，主要阐述了帝国主义对中华民族的压迫，以及在帝国主义的压迫下产生的中国军阀割据局面，号召广大青年学生联合起来推翻帝国主义及其走狗的统治。后附《学生军组织问题议决案》。

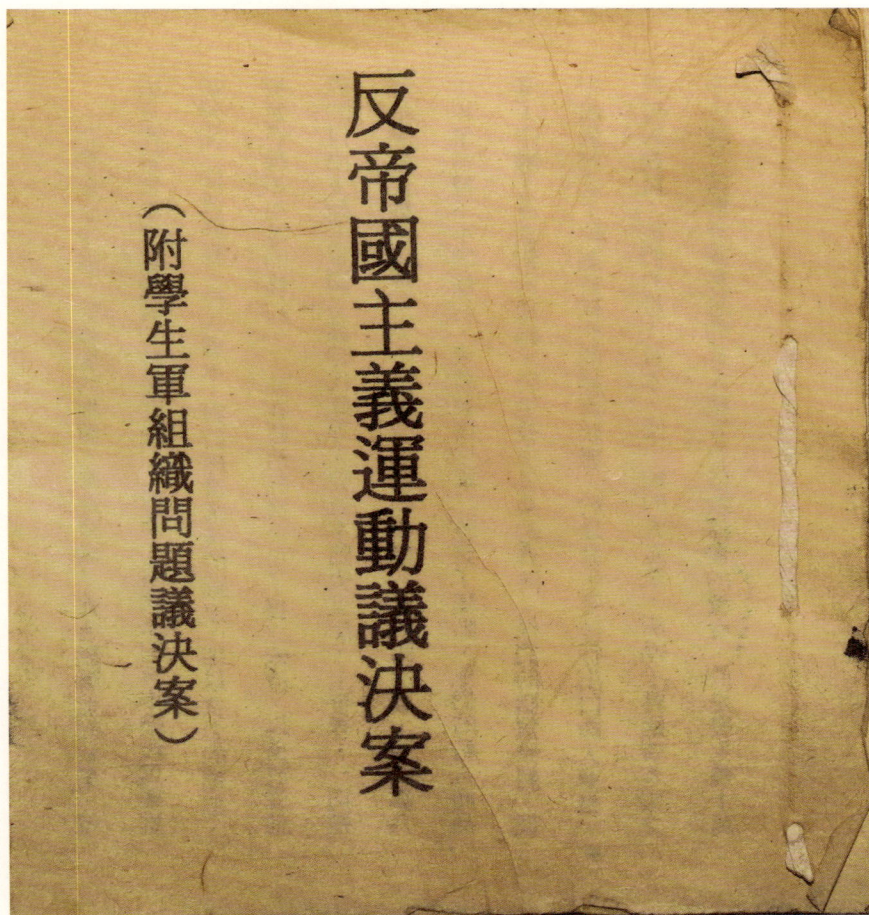

封面

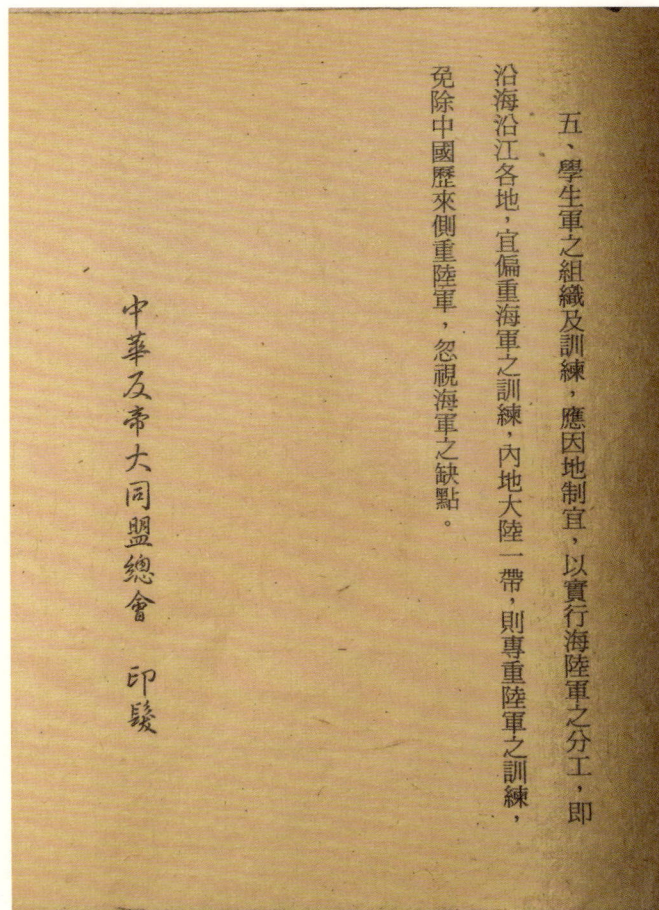

正文

3. 中国第二次全国劳动大会宣言*

题名：中国第二次全国劳动大会宣言
责任者：中国第二次全国劳动大会
出版（印制）单位：国民革命军总司令部政治部
出版（印制）时间：大革命时期
开本（尺寸）：185mm×130mm
页数：16页
藏址：湖南省档案馆

　　在中国共产党的领导下，由全国铁路总工会、中华海员工业联合总会、汉冶萍总工会和广州工人代表会共同发起的中国第二次全国劳动大会于1925年5月1日至7日在广州召开。大会发表了宣言，讨论通过了工人阶级与政治斗争、工农联盟、经济斗争、组织问题等30多个决议案。第二次全国劳动大会标志着中华全国总工会的成立。第二次全国劳动大会的召开以及《第二次全国劳动大会宣言》等决议案的实施，把中国工人运动推向了一个新阶段，对于发动工农群众，深入开展工人运动，促进以五卅运动为中心的革命高潮的到来具有积极的作用。

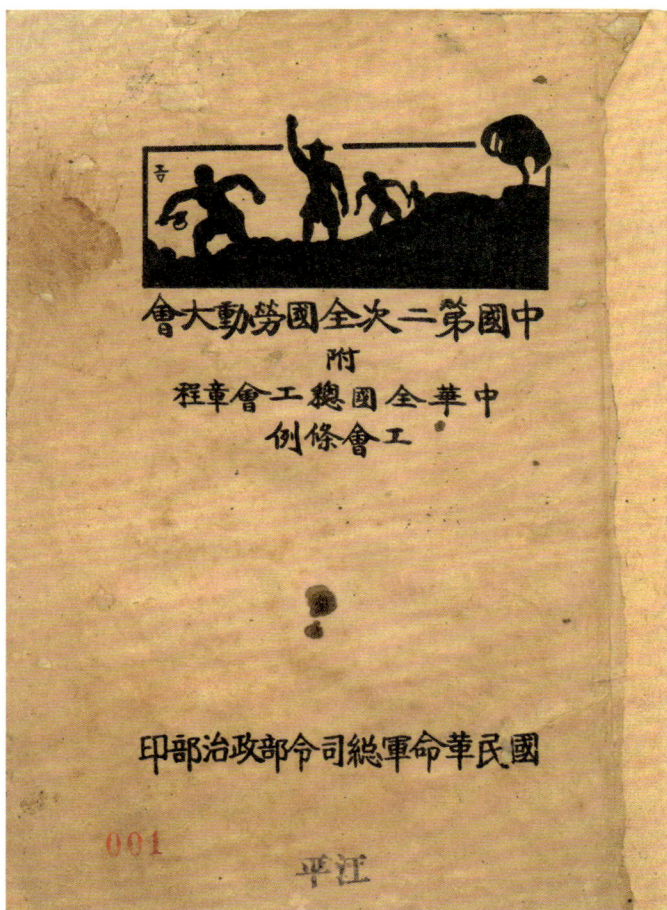

封面

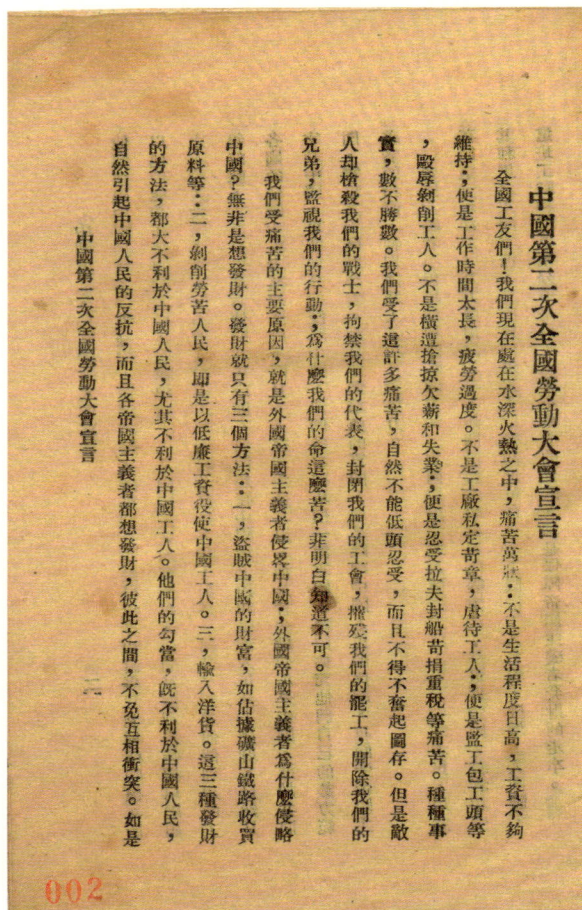

正文

4. 共产党组织根本原则

题名：共产党组织根本原则
责任者：宛希先
出版（印制）单位：中共茶陵县执行委员会
出版（印制）时间：1929年10月27日
开本（尺寸）：230mm×150mm
页数：26页
藏址：茶陵县档案馆

《共产党组织根本原则》是宛希先1929年担任中共茶陵县特别区委书记时亲自编写的一本关于党的组织建设的小册子，全文约9000字，分共产党的基本条件、支部是党的基本原则、民主集中制、铁的纪律、党是一切非党组织的领导机关等五部分内容。该书对促进中共茶陵党组织和茶陵革命斗争形势的发展，起了重要的作用。遗憾的是，宛希先在编写完后不久，便牺牲了。

宛希先（1906—1930），湖北黄梅人。中国工农红军早期重要领导人，革命先烈。1925年加入中国共产党，1926年参加国民革命军，1927年参加秋收起义。在井冈山斗争初期，曾率部两次攻克茶陵，参与建立湘赣边界第一个县级红色政权——茶陵县工农兵政府。1928年4月起，任中国工农革命军（后改称工农红军）第4军第10师党代表、中共湘赣边界特委委员、中共茶陵县委书记，参与开辟和保卫井冈山革命根据地的斗争。1930年2月24日，宛希先在江西永新县大湾牺牲，年仅24岁。

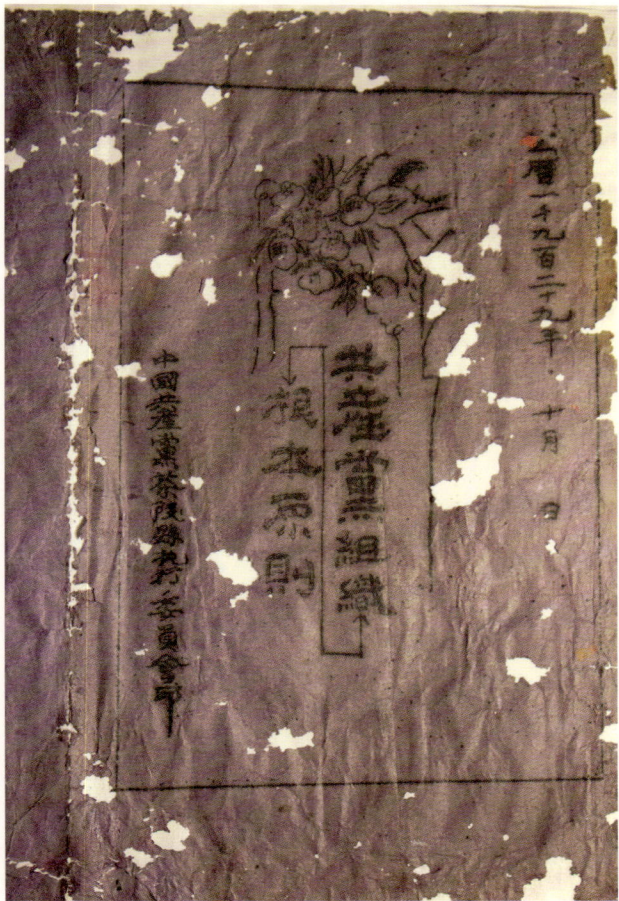

封面

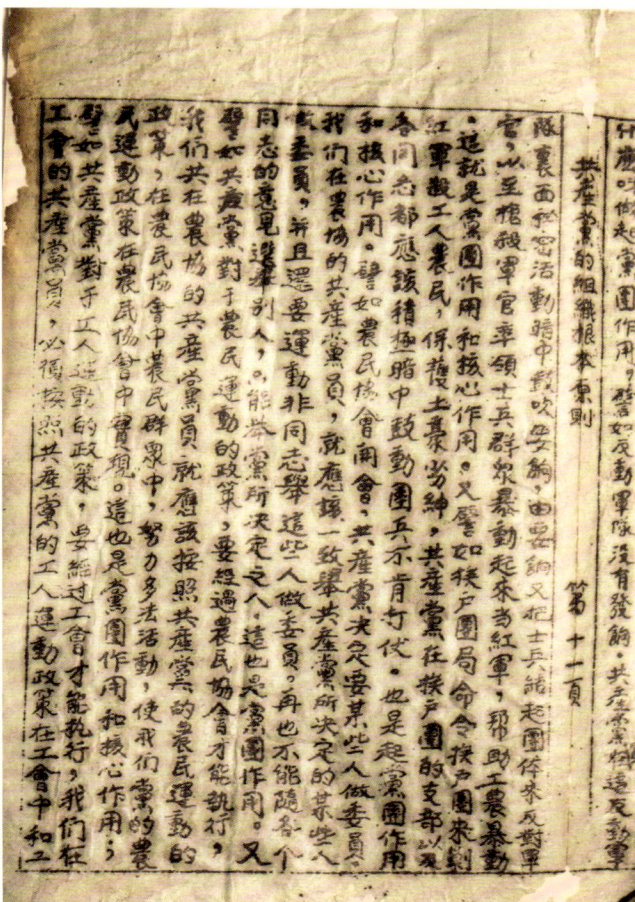

正文

5. 中华苏维埃共和国临时中央政府宣布对日战争宣言

题名：中华苏维埃共和国临时中央政府宣布对日战争宣言
责任者：毛泽东
出版（印制）单位：
出版（印制）时间：1932年4月15日
开本（尺寸）：190mm×108mm
页数：7页
藏址：湖南红色档案馆

　　"一·二八事变"后，毛泽东起草了《中华苏维埃共和国临时中央政府宣布对日战争宣言》。《宣言》揭露了日本帝国主义侵略中国的罪行，庄严宣告："中华苏维埃共和国临时中央政府特正式宣布对日战争，领导全中国工农红军和广大被压迫民众，以民族革命战争驱逐日本帝国主义出中国，反对一切帝国主义瓜分中国，以求中华民族彻底地解放和独立"。《宣言》呼吁全国工农兵及一切劳苦群众，一致起来积极地参加和进行革命战争，彻底争得中华民族真正的独立与解放。中国共产党坚决抵抗日本帝国主义侵略的态度和方针，立即赢得社会各界的赞同和支持，为推动全国已经兴起的轰轰烈烈的抗日救亡运动起到了重要作用。《宣言》最早载于1932年4月21日《红色中华》第18期。

　　《红色中华》：1931年12月11日创刊，是中国共产党在革命根据地创办的第一张中央铅印大报。其主要任务是发挥中央政府对于中华苏维埃运动的积极领导作用，最终推翻帝国主义和国民党统治。《红色中华》通常刊登中央政府重要文告和主要领导人主要讲话，使党的方针政策及时贯彻到苏区人民群众中去。《红色中华》在瑞金时期共出240期，发行量约4万份。开设了《临时中央政府文告》《临时中央政府训令》《问题与解答》《法令的解释》《苏维埃建设》《苏维埃法庭》等多种法制栏目，每个栏目都有针对性，特色鲜明。1934年10月3日因长征开始，暂时休刊。1936年1月，在陕北瓦窑堡复刊，限于物质条件，改为油印。"西安事变"后，根据中共中央决定，于1937年1月29日改名《新中华报》。

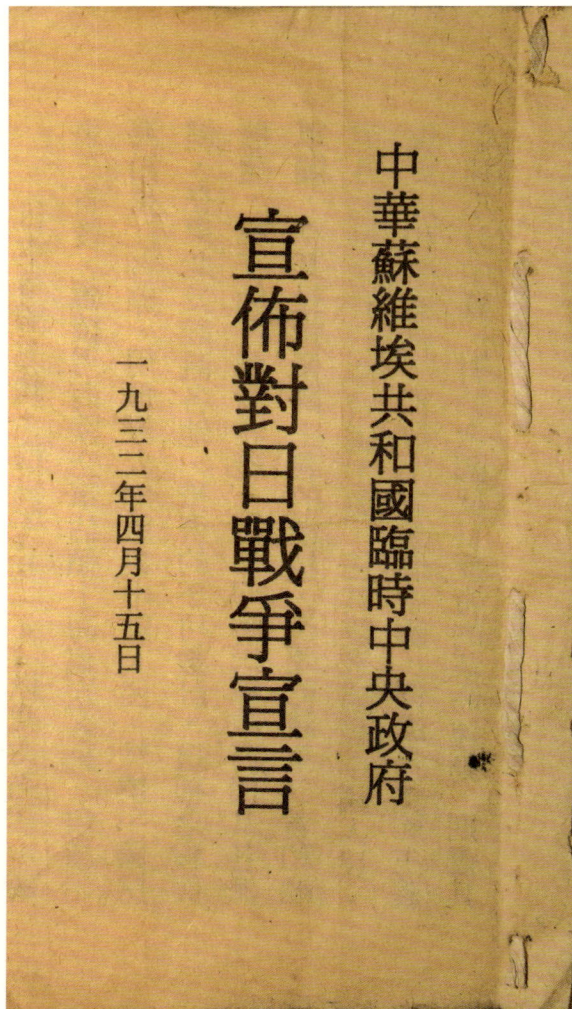

中華蘇維埃共和國臨時中央政府
宣佈對日戰爭宣言
一九三二年四月十五日

封面

6. 少共湘赣省各县三个月工作竞赛条约

题名：少共湘赣省各县三个月工作竞赛条约
责任者：少共湘赣省委
出版（印制）单位：少共茶陵县委
出版（印制）时间：1932年3月22日
开本（尺寸）：175mm×113mm
页数：16页
藏址：茶陵县档案馆

　　1932年3月3日，中共湘赣省委召开第一次执委扩大会议，通过全省三个月（4月至6月）的革命竞赛条约，展开大规模的根据地建设运动。1932年上半年，湘赣省开展有25个县、一个中心县、两个道委、一个长湘区委参加的三个月革命竞赛运动。竞赛内容有扩大红军、发展苏区、白区工作、苏维埃建设、党的建设、工会工作、反帝运动、妇女工作八项。竞赛结果，茶陵得分最多，被评为湘赣省委的模范县。《少共湘赣省各县三个月工作竞赛条约》主要介绍少共茶陵县委执行苏区团第一次代表大会及省委执委第二次扩大会决议，实行三个月工作竞赛的工作安排及分工。

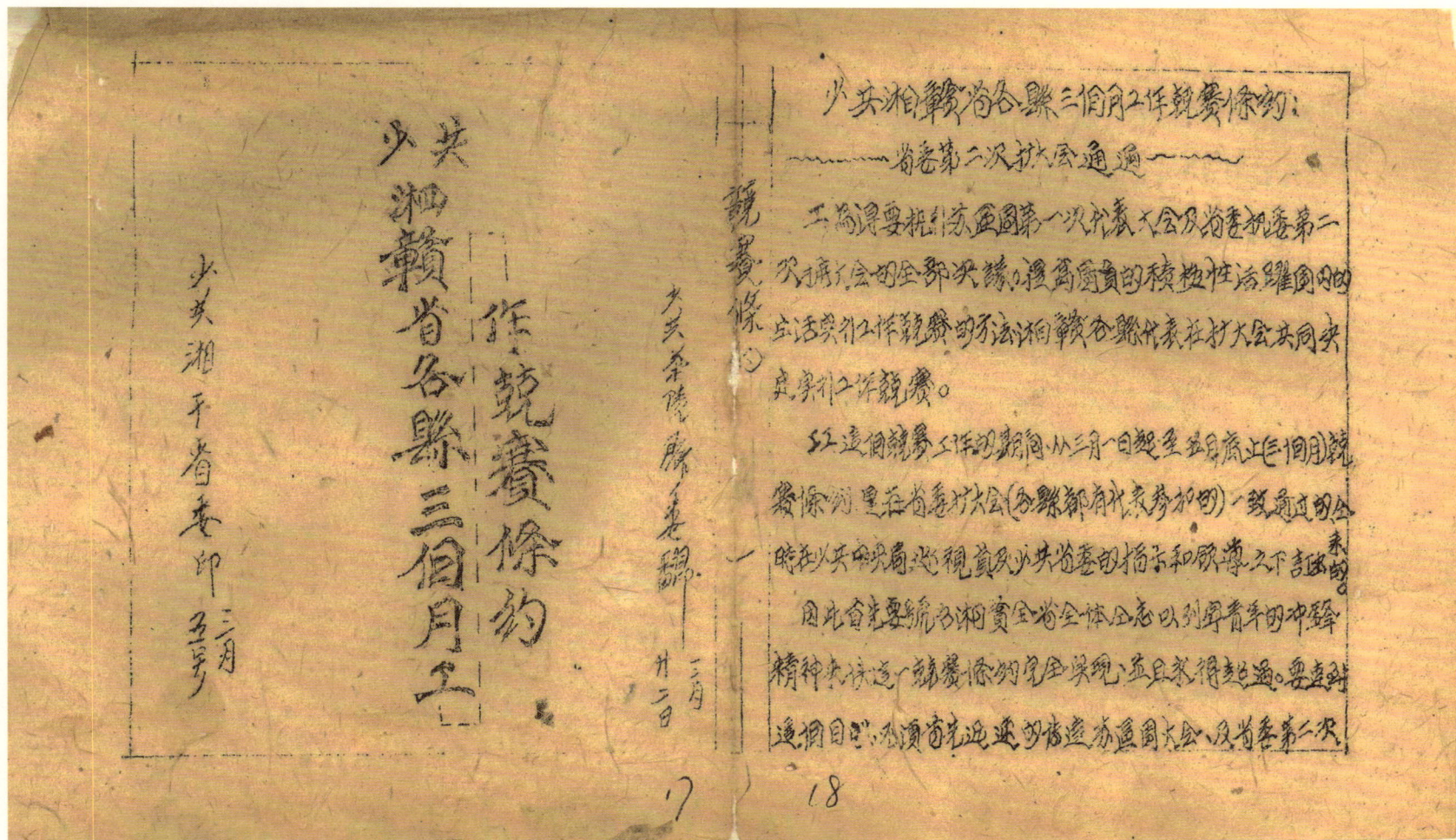

封面及正文

7. 团的建设问题决议

题名：团的建设问题决议
责任者：少共湘赣省委
出版（印制）单位：少共茶陵县委
出版（印制）时间：1932年3月21日
开本（尺寸）：143mm×117mm
页数：26页
藏址：茶陵县档案馆

　　1932年1月，苏区共青团第一次代表大会在江西瑞金召开，大会选举产生了少共苏区中央局领导机构，顾作霖任书记，张爱萍任秘书长，胡均鹤任组织部长。大会通过少共苏区中央局《团的建设问题决议》，提出"广泛发展团的组织，应成为目前团的建设工作中最主要的任务"。

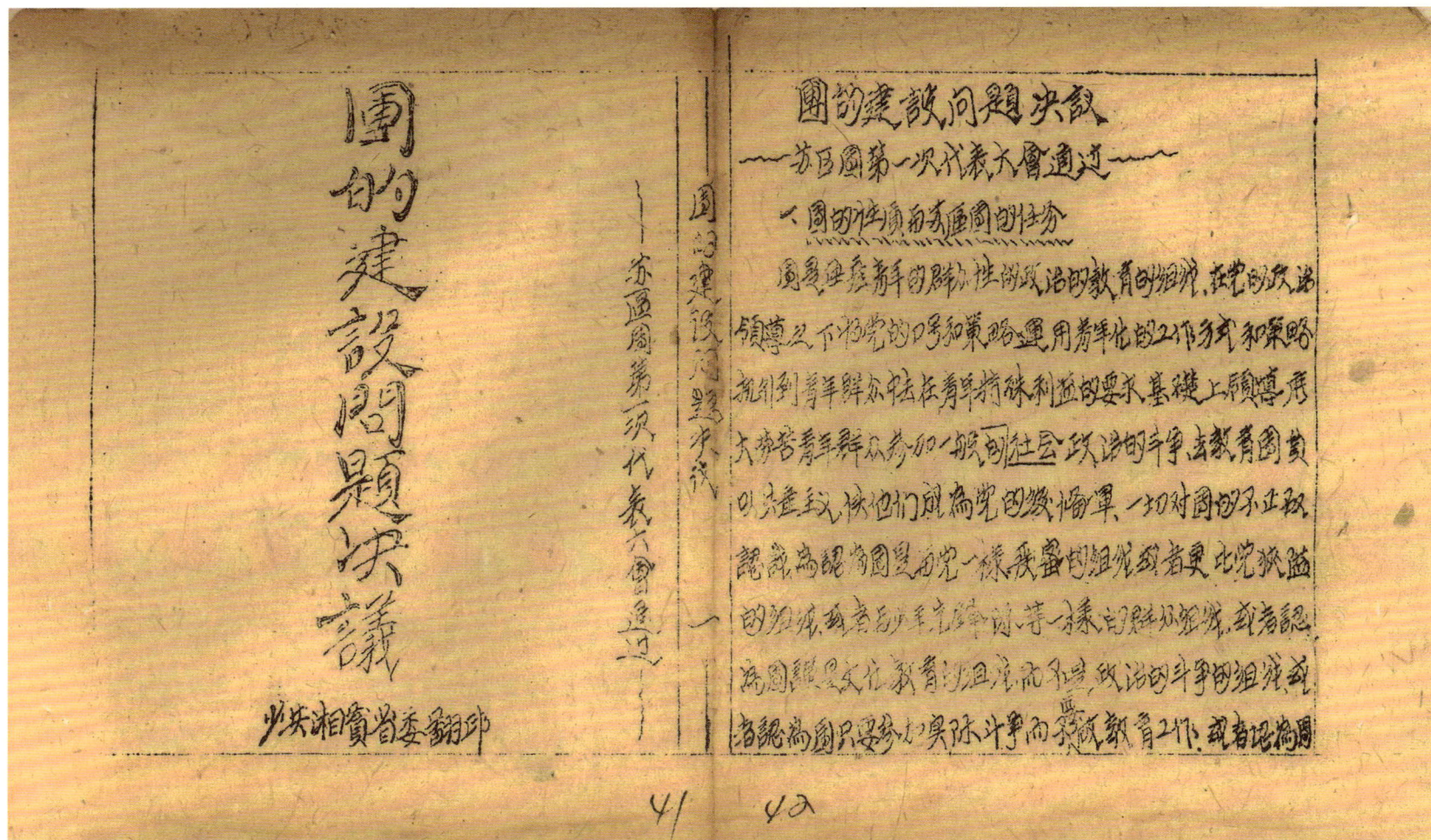

封面及正文

8. 中华苏维埃共和国地方苏维埃暂行组织法

题名：中华苏维埃共和国地方苏维埃暂行组织法
责任者：毛泽东
出版（印制）单位：
出版（印制）时间：1933年2月
开本（尺寸）：269mm×189mm
页数：56页
藏址：茶陵县档案馆

　　1927年大革命失败后，中国共产党在十几个农村革命根据地建立起工农民主政权。1931年11月7日，在江西瑞金召开了第一次全国工农兵代表大会，成立了中华苏维埃共和国。中华苏维埃共和国成立后，先后颁布了一系列重要法律法规。1931年11月，通过了《中华苏维埃共和国地方政府暂行组织条例》，1933年12月修正为《中华苏维埃共和国地方苏维埃暂行组织法（草案）》，确定设立省、县、区、乡四级地方政权。

　　本书收录的《中华苏维埃共和国地方苏维埃暂行组织法》为修正后的版本。

封面　　　　　　　　　　　　　　　　　　　正文

9. 苏维埃区域工会组织大纲

题名：苏维埃区域工会组织大纲
责任者：中华全国总工会苏区中央执行局
出版（印制）单位：茶陵县职工联合会
出版（印制）时间：1933年
开本（尺寸）：184mm×133mm
页数：16页
藏址：茶陵县档案馆

　　1932年2月，中华全国总工会苏区中央执行局在江西瑞金召开闽赣两省工人代表大会，会议通过了职工会的任务与组织问题、雇农问题、拥护与实现劳动法问题、扩大并拥护红军问题、失业与合作社运动问题以及援助上海罢工问题等八个重要决议，正式成立了闽赣两省职工联合会和雇农工会。为贯彻大会决议，全总苏区执行局深入基层指导落实大会任务，制定《苏维埃区域工会组织大纲》，进一步在苏区开展组织各业工会，维护职工权益，开办工人夜校、俱乐部和训练班，创办《苏区工人报》等工作。

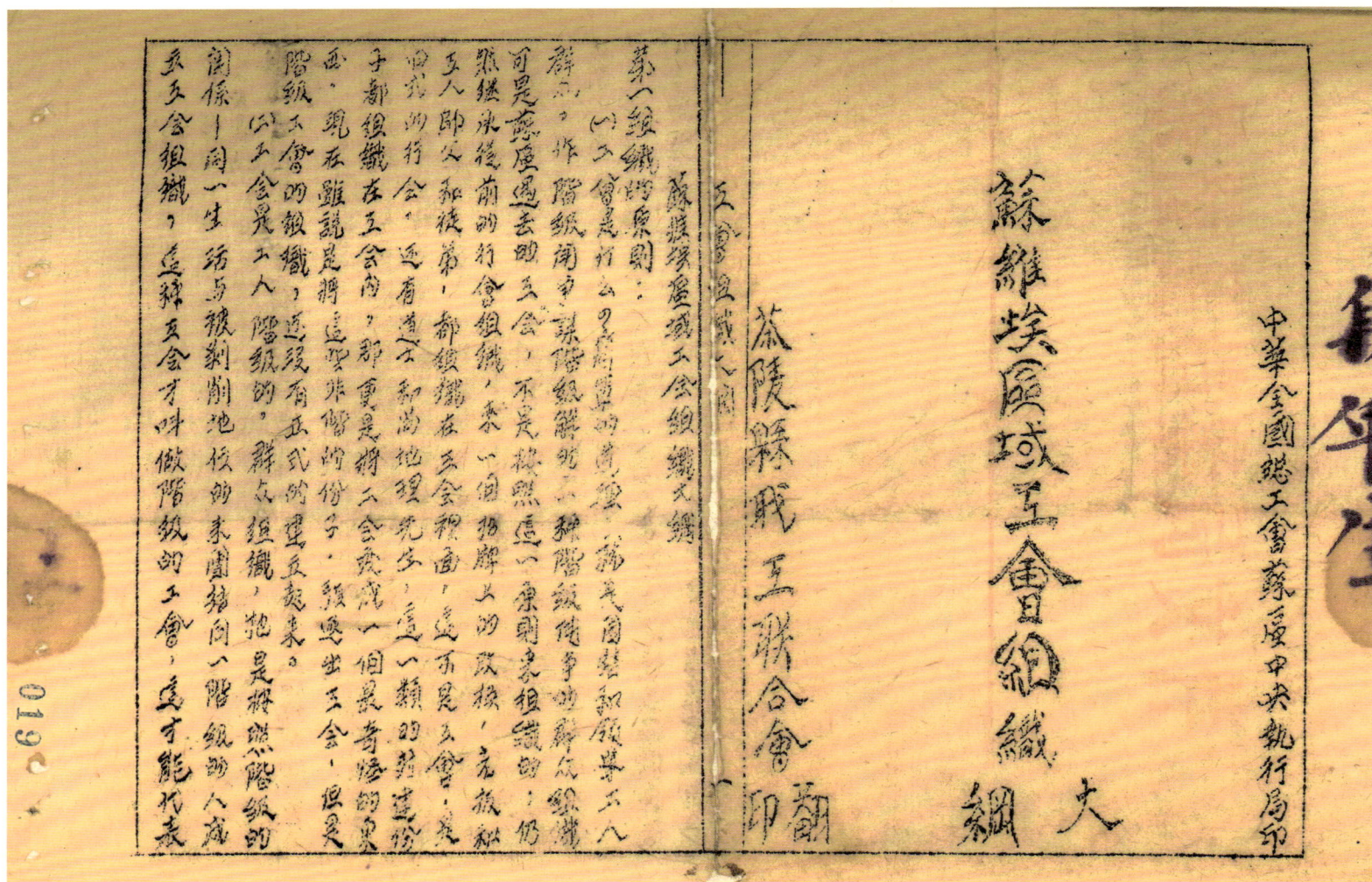

封面及正文

10. 中华苏维埃共和国中央苏维埃组织法

题名：中华苏维埃共和国中央苏维埃组织法
责任者：中华苏维埃共和国临时中央政府
出版（印制）单位：
出版（印制）时间：1934年2月17日
开本（尺寸）：204mm×112mm
页数：30页
藏址：湖南红色档案馆

　　1934年2月17日，中华苏维埃共和国临时中央政府颁布了《中华苏维埃共和国中央苏维埃组织法》，对中央政权的组织机构及职权作了详细规定，明确了全国苏维埃代表大会为中华苏维埃共和国的最高政权机关，最高法院为中央执行委员会下设的最高审判机关等，并确定政权组织须遵行民主集中制、委员会制、精简和效能等原则。《中华苏维埃共和国中央苏维埃组织法》最早刊载于1934年2月22日《红色中华》第153期。

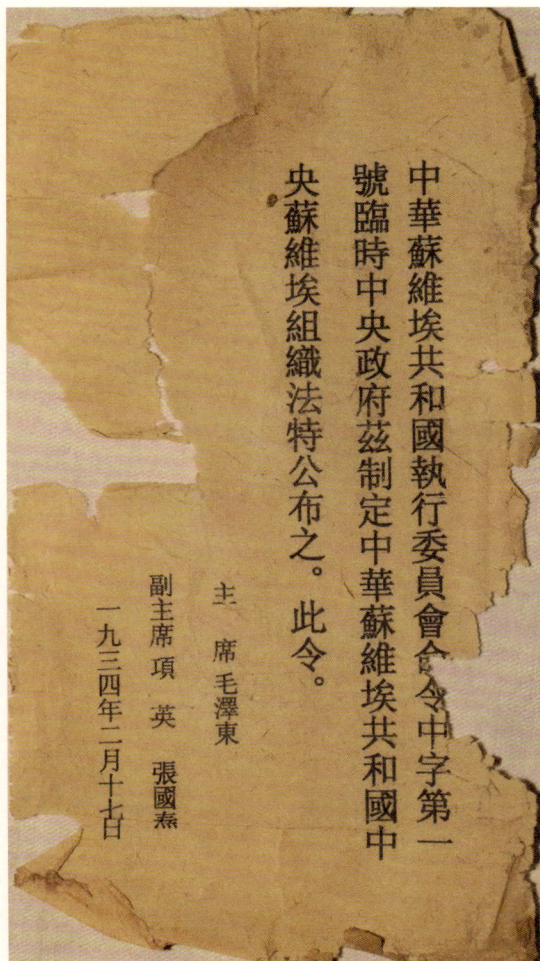

首页

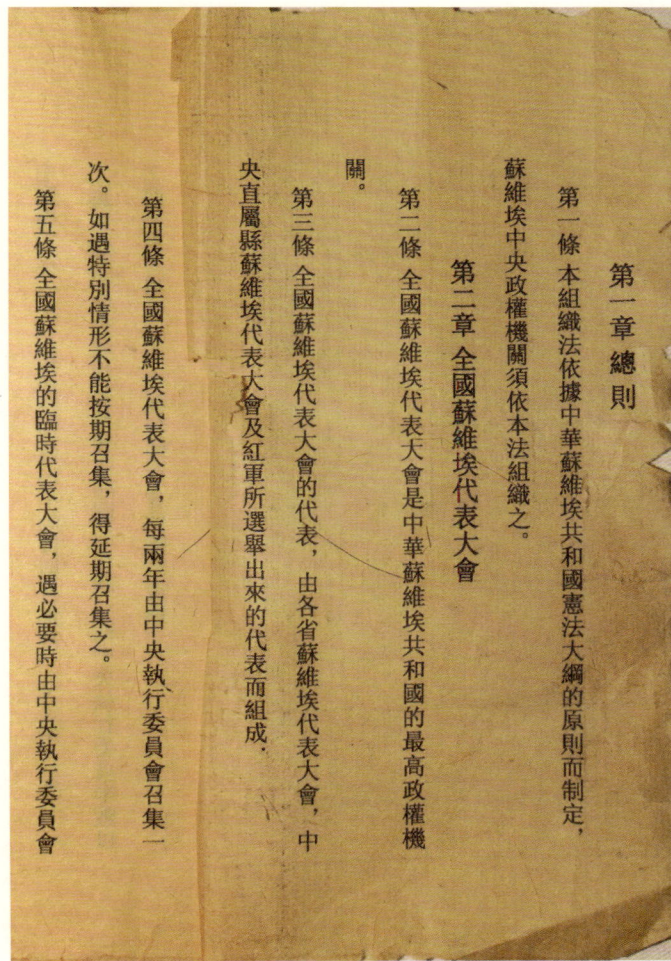

正文

11. 中央政府执行委员会审计条例

题名：中央政府执行委员会审计条例
责任者：中华苏维埃共和国执行委员会
出版（印制）单位：
出版（印制）时间：1934年2月20日
开本（尺寸）：185mm×110mm
页数：8页
藏址：湖南红色档案馆

1934年1月，中华苏维埃共和国第二次代表大会在瑞金召开，2月3日，中央执行委员会第一次会议选举阮啸仙为中央审计委员会主任，同时制定颁布了《中华苏维埃共和国中央政府执行委员会审计条例》，以法律形式确定苏区审计的基本性质、地位、任务、职权、程序、方法等，这是中央苏区第一部完整的审计法律文献。中央审计委员会根据《审计条例》先后开展对中央政府各厅、部及瑞金直属市、粤赣省苏维埃预决算的审计，以及对中央印刷厂、中央邮政总局、苏维埃国家银行等中央单位及群众团体收支情况等多项审计活动。1934年10月第五次"反围剿"失利，红军主力撤离中央革命根据地，苏区的各级审计机构先后停止工作。

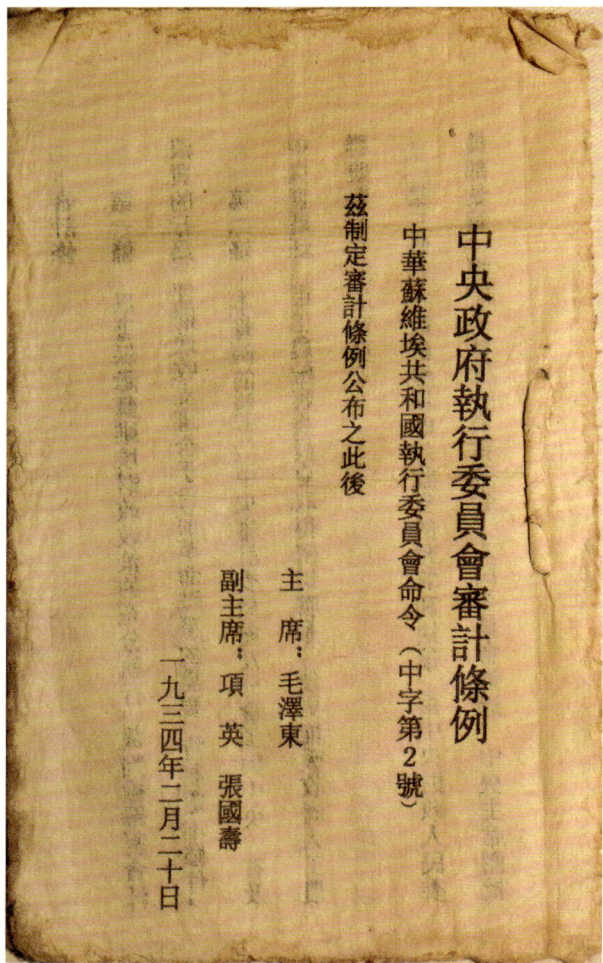

首页

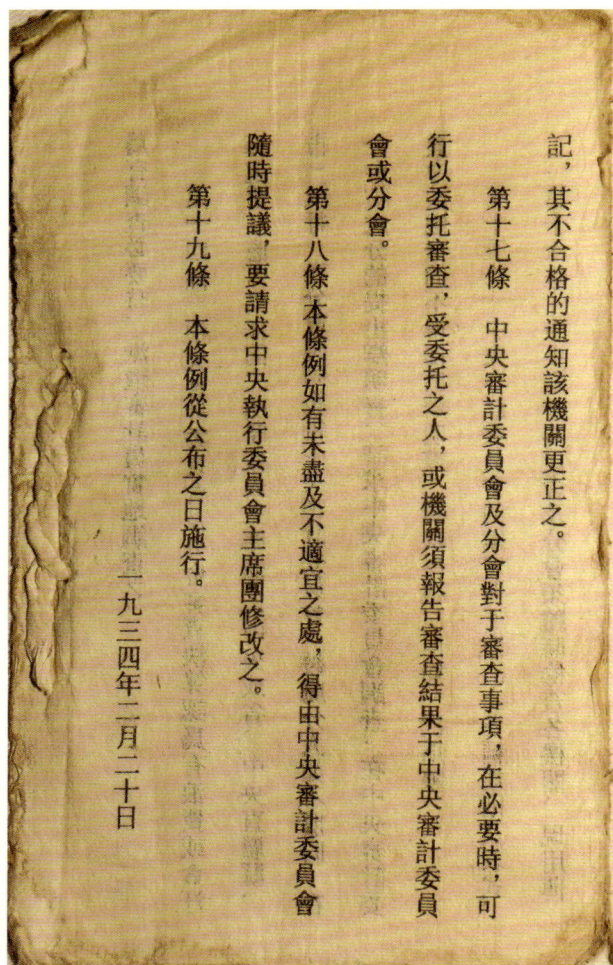

正文

12. 中国苏维埃政府、中国共产党中央为抗日救国告全体同胞书

题名：中国苏维埃政府、中国共产党中央为抗日救国告全体同胞书
责任者：中国苏维埃政府　中国共产党中央
出版（印制）单位：
出版（印制）时间：1935年8月1日
开本（尺寸）：200mm×115mm
页数：18页
藏址：湖南红色档案馆

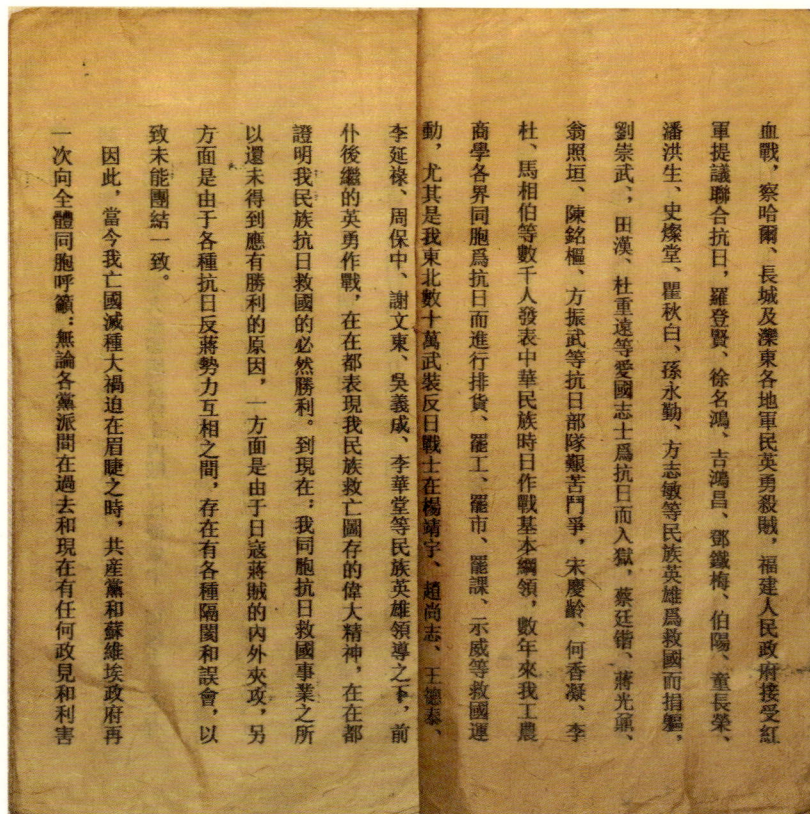

正文

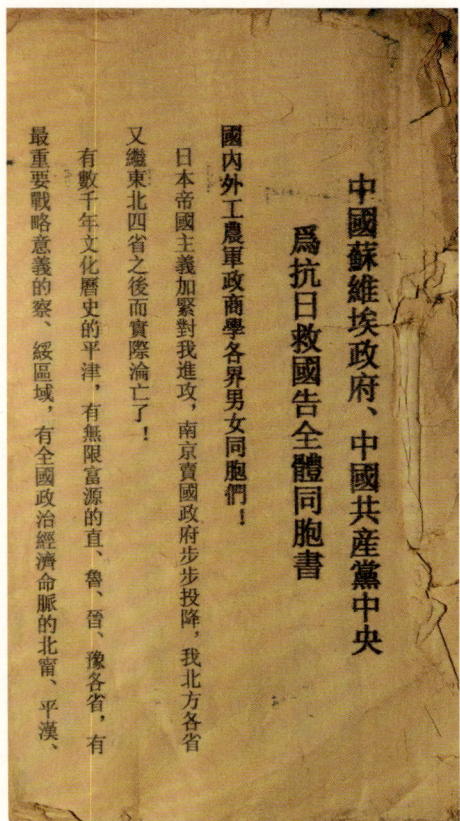

封面

　　1935年8月1日，中共驻共产国际代表团王明等人，根据共产国际第七次代表会议上有关在各国建立反法西斯统一战线的精神要求，以中华苏维埃中央政府、中共中央的名义在莫斯科发表《为抗日救国告全体同胞书》，即著名的《八一宣言》。《宣言》先后在巴黎出版的中文《救国报》和莫斯科出版的英文版《共产国际通讯》上刊登，后辗转传入国内北平、上海等地。宣言的发表，标志着中国共产党建立抗日民族统一战线的策略基本形成。它获得全国人民和各界人士的热烈支持，在国民党统治区产生了巨大政治影响，有力地鼓舞和推动了抗日救亡运动的发展。

13. 中华苏维埃人民共和国中央政府中国人民红军革命军事委员会为两广出师北上抗日宣言

题名：中华苏维埃人民共和国中央政府中国人民红军革命军事委员会
　　　为两广出师北上抗日宣言

责任者：毛泽东

出版（印制）单位：

出版（印制）时间：1936年6月12日

开本（尺寸）：195mm×110mm

页数：9页

藏址：湖南红色档案馆

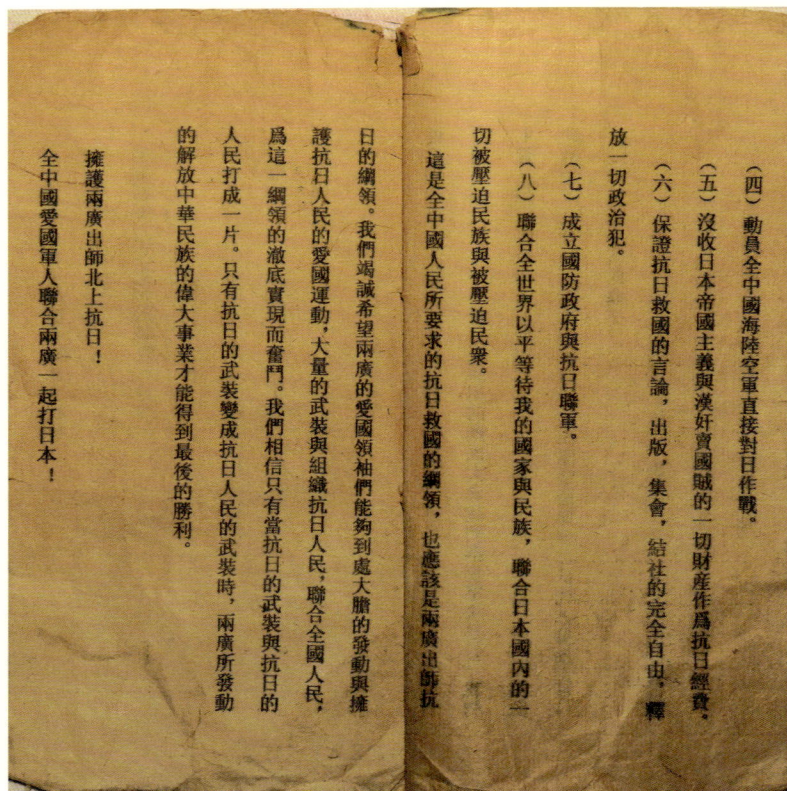

正文

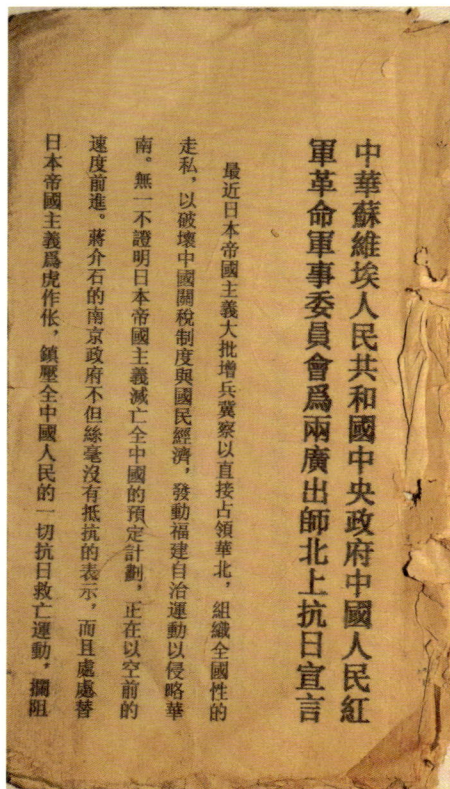

封面

1936年6月1日，国民党广东军阀陈济棠和广西军阀李宗仁、白崇禧，不满蒋介石的不抵抗政策，在中共抗日民族统一战线政策的影响下，发动了"两广事变"，将所属军队改成"抗日救国军"，打出"北上抗日"的旗帜，出兵湖南，同南京政府形成对峙之势。中共中央积极支持这一事变。6月12日，中共中央以毛泽东、朱德的名义发布了《中华苏维埃人民共和国中央政府 中国人民红军革命军事委员会为两广出师北上抗日宣言》，称赞他们高举抗日义旗、出师北上的举动，表示愿意同两广当局缔结抗日联盟共同奋斗，支持拥护两广出师北上抗日，呼吁中国爱国军人联合两广一起打日本。

14. 关于若干历史问题的决议

题名：关于若干历史问题的决议
责任者：中共中央
出版（印制）单位：
出版（印制）时间：1945年8月20日
开本（尺寸）：170mm×120mm
页数：38页
藏址：邵阳市特色档案馆

　　《关于若干历史问题的决议》是1945年4月20日在党的六届七中全会上通过的重要文件。《决议》以毛泽东1941年起草的《关于四中全会以来中央领导路线问题结论草案》为蓝本，由刘少奇、周恩来、博古、洛甫等七人参加的专门委员会负责起草和修改的。《决议》原准备提交党的七大讨论通过，为了使党的七大能集中精力讨论抗战建国方针问题，后来征得准备参加党的七大的各代表团同意，改在党的六届七中全会上讨论通过，当时属党内文件，没有公开发行。它的通过被誉为延安整风学习运动结束的标志。新中国成立后，《决议》以附录形式编入《毛泽东选集》。

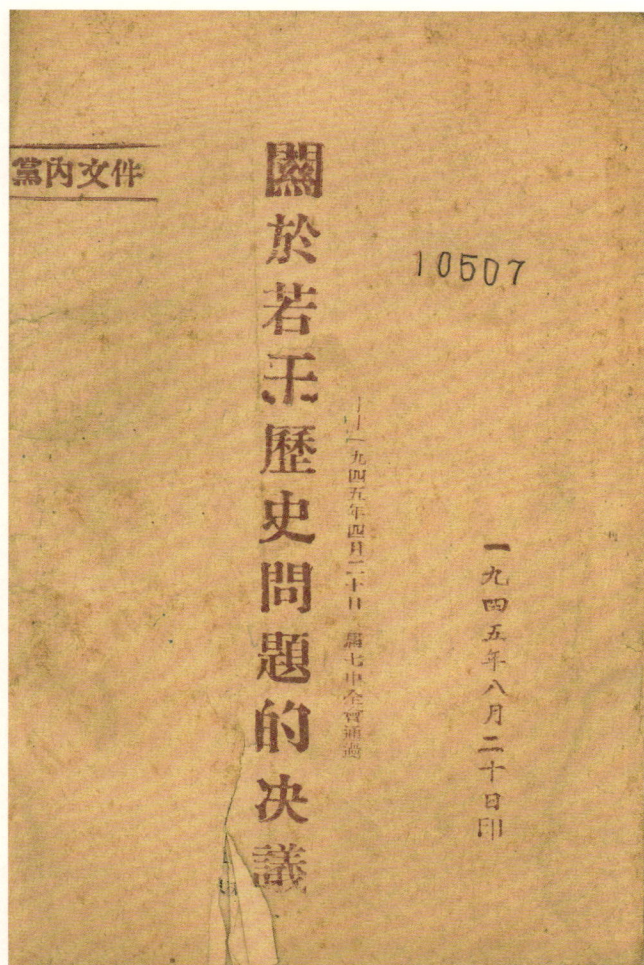

封面

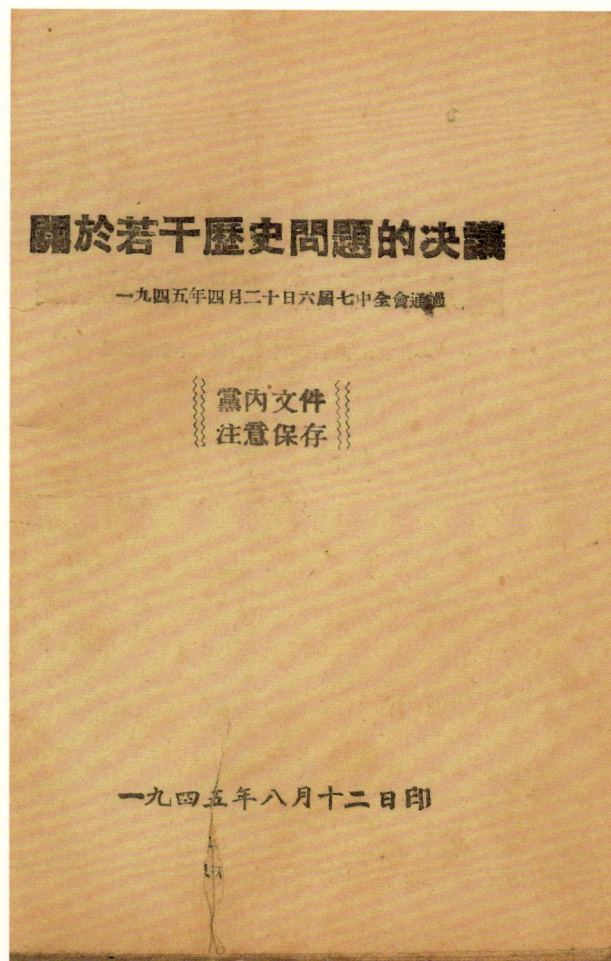

扉页

15. 中国共产党党章

题名：中国共产党党章
责任者：中国共产党第七次全国代表大会
出版（印制）单位：中国共产党晋察冀中央局
出版（印制）时间：1946年1月
开本（尺寸）：183mm×128mm
页数：28页
藏址：湖南红色档案馆

1945年4月至6月在延安召开的中国共产党第七次全国代表大会，通过了《中国共产党党章》，这是我党独立自主制定的第一部党章，共有十一章七十条。七大闭幕后，中共中央于6月26日下发了关于发表七大文件的通知，各地迅速掀起了学习贯彻七大精神的热潮，中共中央西北局、华中局、晋绥分局、山东分局先后下达学习通知。《解放日报》等党报党刊集中报道了学习党章情况，《中国共产党党章》各种版本相继出版印行。

本书共收录《中国共产党党章》两个版本。

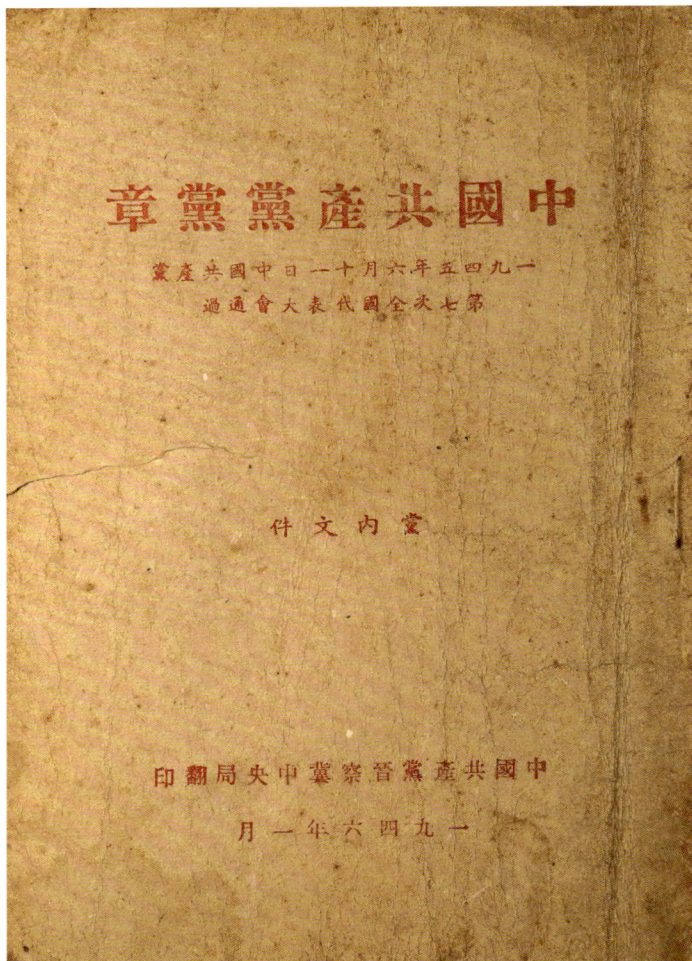

封面

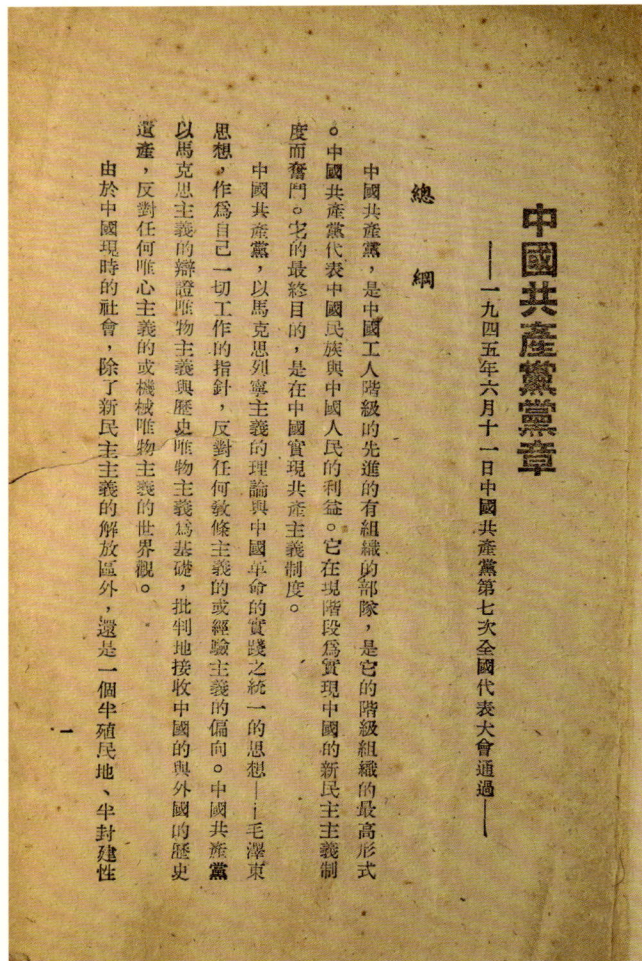

正文

16. 中国共产党党章

题名：中国共产党党章
责任者：中国共产党第七次全国代表大会
出版（印制）单位：渤海新华书店
出版（印制）时间：1947年6月
开本（尺寸）：180mm×125mm
页数：18页
藏址 ：湖南红色档案馆

封面

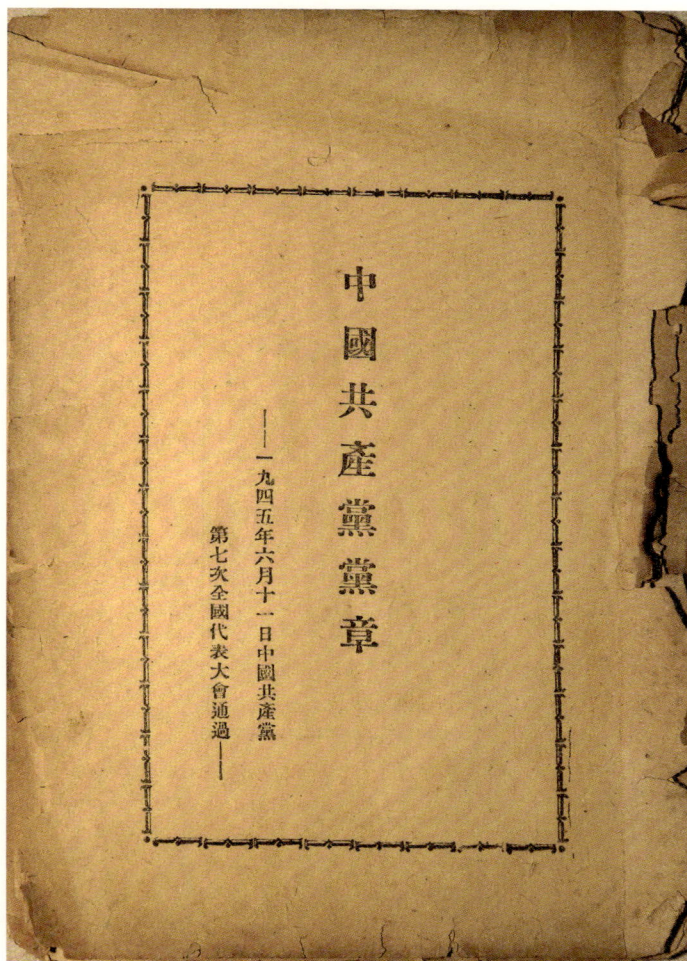

扉页

17. 中国共产党党章及关于修改党章的报告

题名：中国共产党党章及关于修改党章的报告
责任者：刘少奇
出版（印制）单位：新华书店
出版（印制）时间：1949年6月
开本（尺寸）：180mm×130mm
页数：127页
藏址：湖南红色档案馆

　　七大闭幕后，学习《中国共产党党章》和《关于修改党章的报告》在各地开展，《关于修改党章的报告》先由中央书记处于1945年12月出版。陕甘宁边区新华书店将书名改为《中国共产党党章及关于修改党章的报告》，于1945年12月出版，1948年12月再版。1950年1月经作者同意改名为《论党》，由人民出版社出版。中共晋察冀中央局、中共中央华北局等相继出版了各种学习书籍。

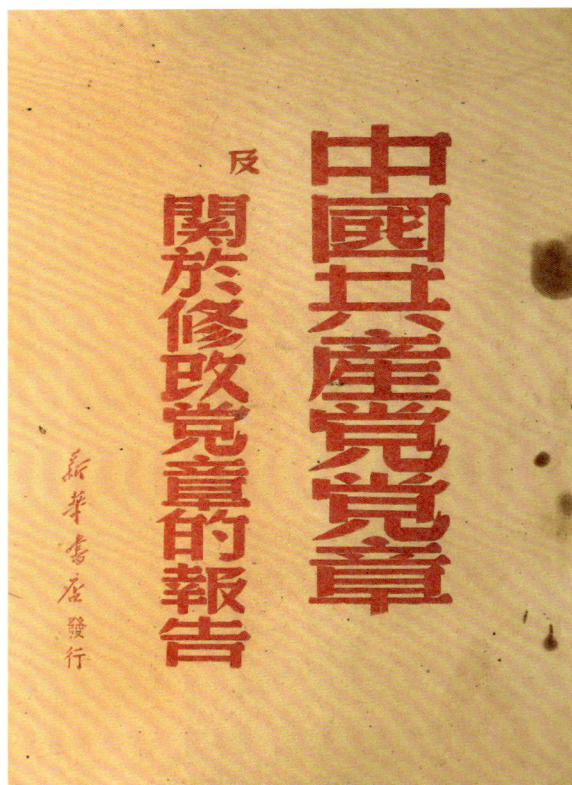

封面

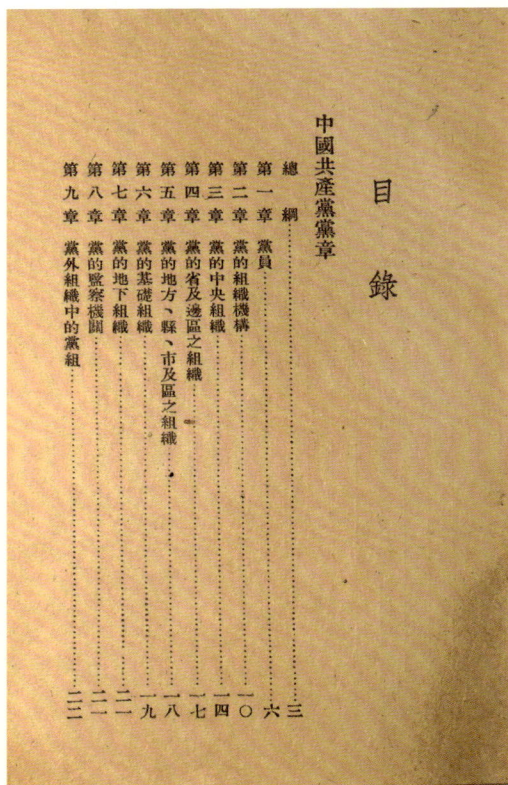

目录

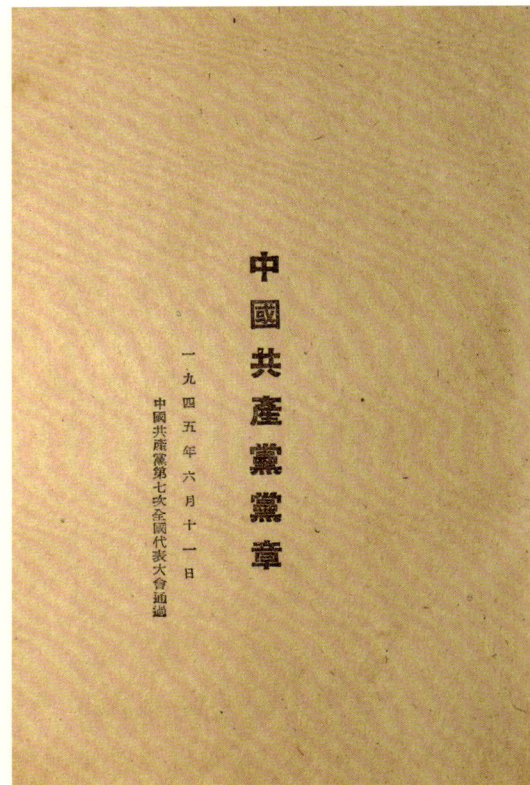

扉页

五、红色教材

1. 平民读本（第二册）

题名：平民读本（第二册）
责任者：李六如
出版（印制）单位：鸿飞印刷所
出版（印制）时间：1923年
开本（尺寸）：213mm×143mm
页数：57页
藏址：平江县档案馆

1922年10月，中共湘区委为向民众进行马克思主义启蒙教育，安排湖南平民教育促进会的李六如编写通俗读物《平民读本》。该读本共分四册，按照第一、二、三、四册由浅入深进行排列，内容包括日常生活常识、简单的社会科学文化知识和国内外时事等。

本书收录了第二册和第三册。

李六如（1887—1973），湖南平江人。1921年秋，由毛泽东、何叔衡介绍加入中国社会主义青年团，同年转为中国共产党党员，成为平江县第一个共产党员。入党后，去安源煤矿体验生活。在毛泽东的鼓励下，开始编写《平民读本》，通俗易懂地宣传革命真理和社会知识，产生很大影响。

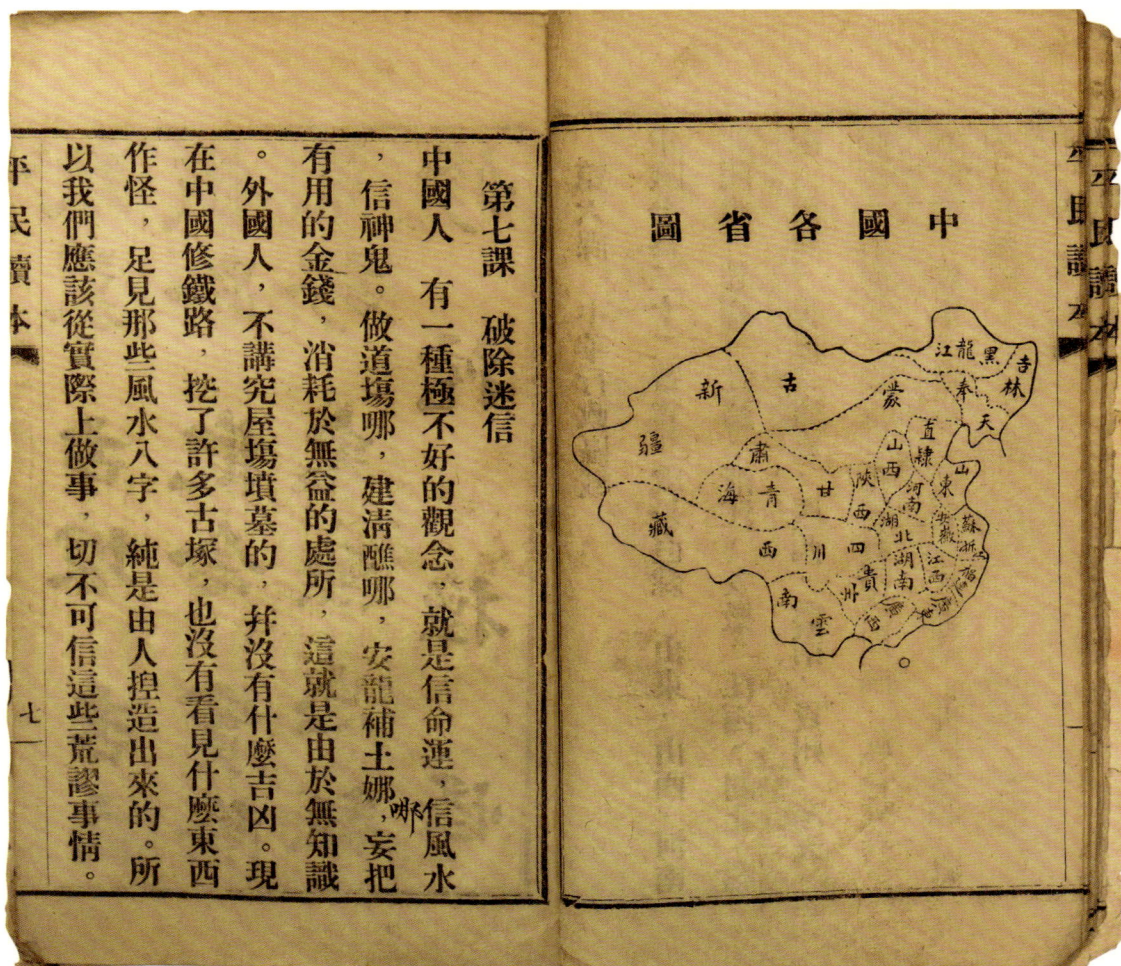

正文

2. 平民读本（第三册）

题名：平民读本（第三册）

责任者：李六如

出版（印制）单位：

出版（印制）时间：1923年

开本（尺寸）：213mm×143mm

页数：63页

藏址：平江县档案馆

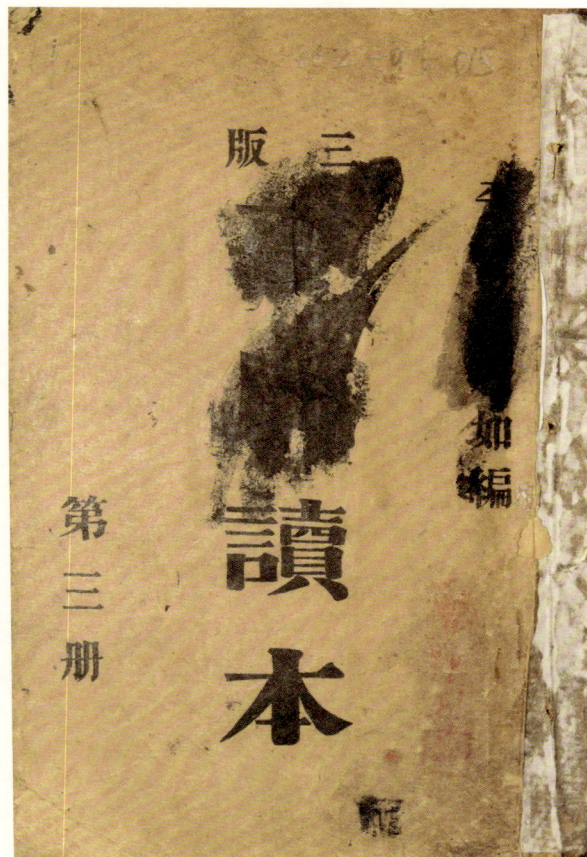

封面

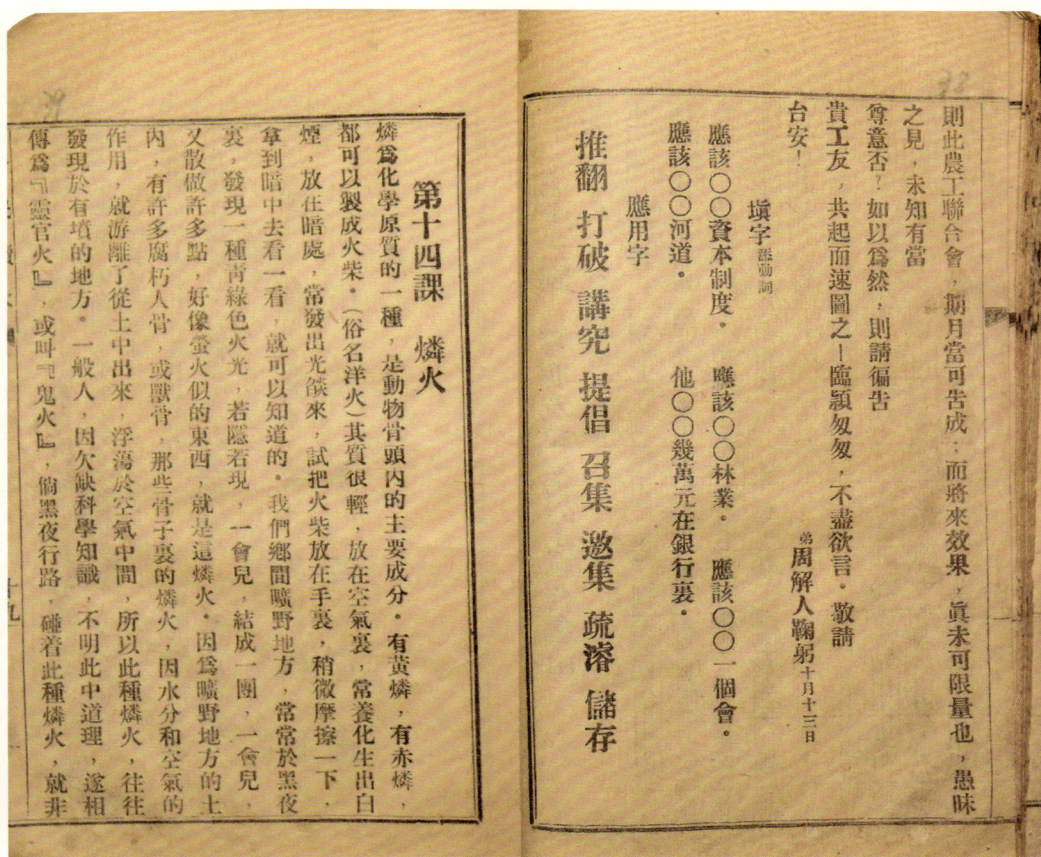

正文

3. 革命常识

题名：革命常识
责任者：袁振亚
出版（印制）单位：浏阳赤色干部学校
出版（印制）时间：1930年8月
开本（尺寸）：210mm × 136 mm
页数：29页
藏址：湖南省档案馆

《革命常识》主要内容为打倒国民党问答、打倒帝国主义问答、共产主义问答、土地革命问答、苏维埃问答，由袁振亚编写。小册子中提出的几个问题原为他在红军二、四团教导队编写，作为该部队辅助教材之用。后正式整理编写为《革命常识》，作为红军教材辅助教本，是普通士兵、群众学习革命知识的资料。

本书共收录《革命常识》两个版本。

封面

編者的話 前在 任紅軍二四團

這幾篇問答，是我從前在紅軍二四團教導隊編的。因彼時革命書報十分缺乏，在該隊擔任訓練，感覺非常困難，除每個問題編一個大綱之外，另編了幾個問答作教授上的補助。但因學生文化程度高低不等，在講堂講的有好多地方聽不懂，却拿這幾個問題去看能够一一了解，而且有點興趣的表現。同時他們畢業後帶到農村去，亦有好多工農同志歡喜讀牠，把做故事一樣的看。由此，覺得對於一切訓練材料都要力求通俗。最好用問答式，更容易使一般沒有受教育的工農同志了解，因此我就把這幾篇問題整理一番，使牠充實起來，編成一本小冊子，名為「革命常識」，作紅軍學校一種補助教本，以使學生在課外看看。但實際上這幾個問題是根本智識，每一個革命同志都應知道的。故希望讀者要作廣大的宣傳，使牠深入工農腦海中！

袁振亞
一九三〇年八月十日
於青原山

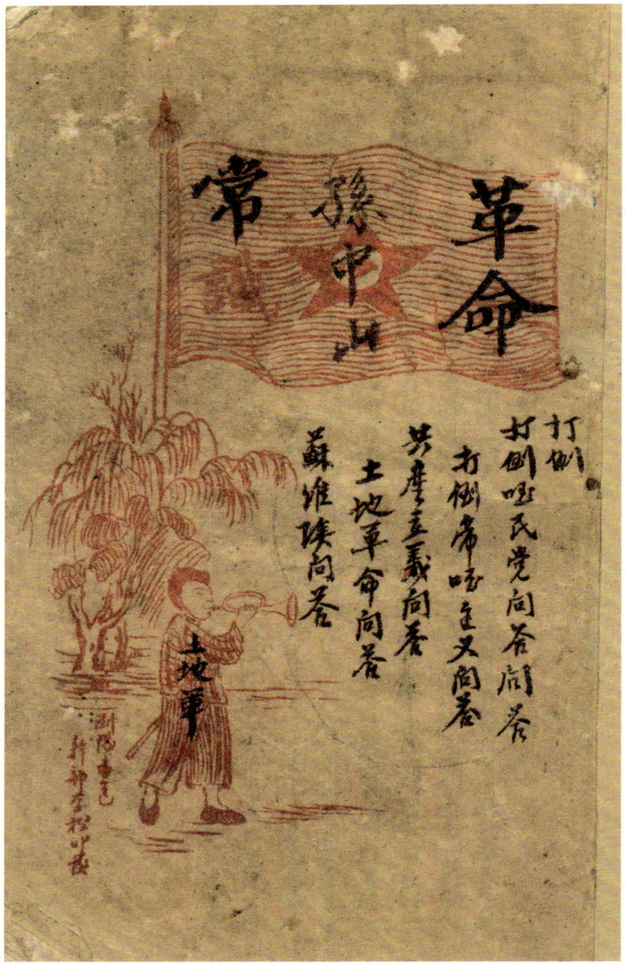

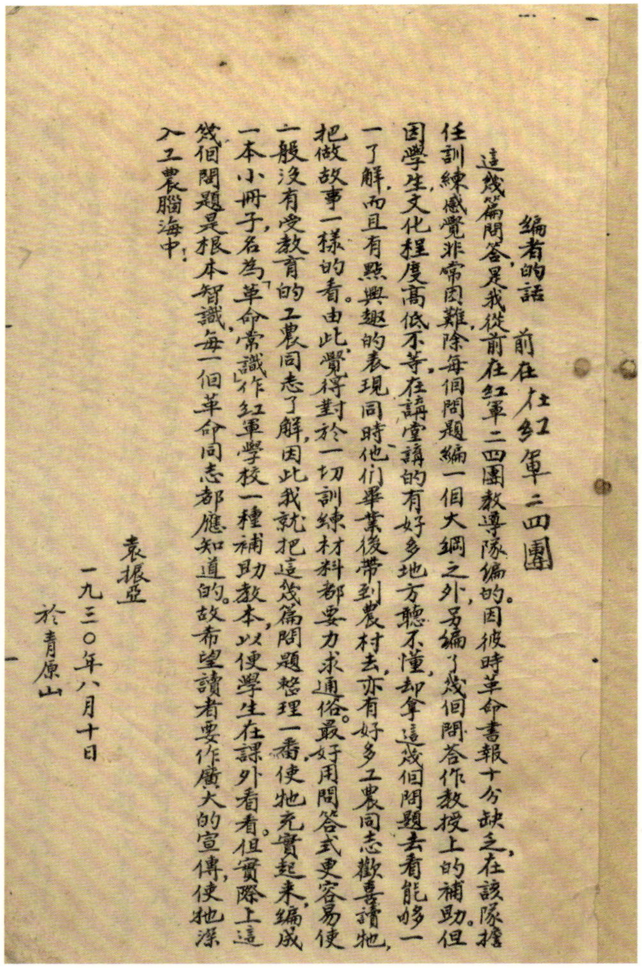

编者的话

4. 革命常识

题名：革命常识
责任者：中共茶陵县党务训练班
出版（印制）单位：中共茶陵县党务训练班
出版（印制）时间：1931年7月24日
开本（尺寸）：158mm×135mm
页数：33页
藏址：湖南省档案馆

封面

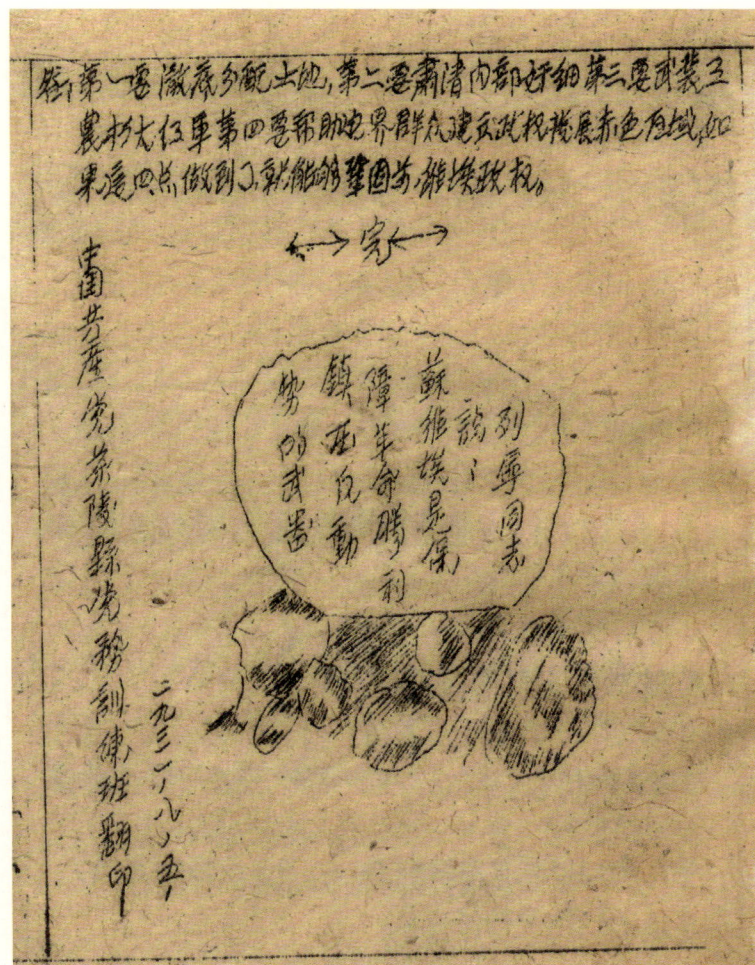

封底

5. 党务概要

题名：党务概要
责任者：中共湘北特委党校
出版（印制）单位：中共湘北特委党校
出版（印制）时间：1930年10月
开本（尺寸）：156mm×120mm
页数：52页
藏址：湖南省档案馆

1930年7月27日红三军团攻下长沙后，中共湖南省委为了加强对湘东、湘北工作的领导，于8月1日作出决定，取消湘鄂赣边特委，建立湘东特委和湘北特委。湘北特委成立后，为加强对各县工作的领导，着力发展壮大党的队伍，建立党校。《党务概要》即湘北特委党校为培训党员的教材，以组织问题及各种通告为参考资料。

封面

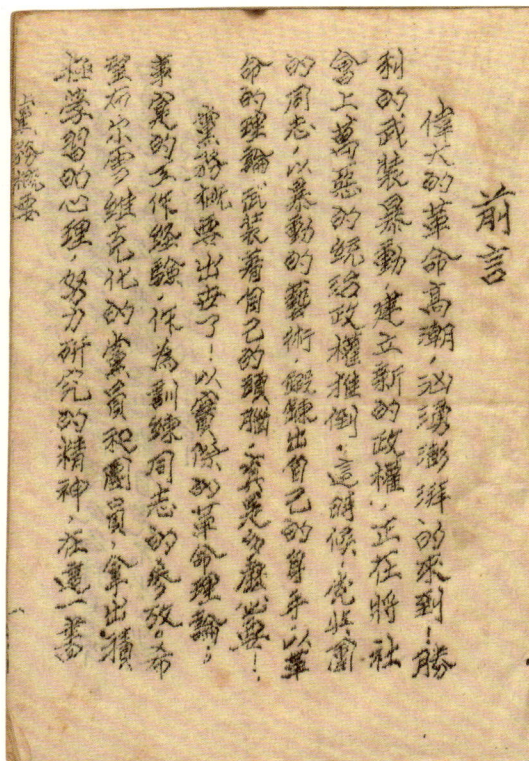

前言

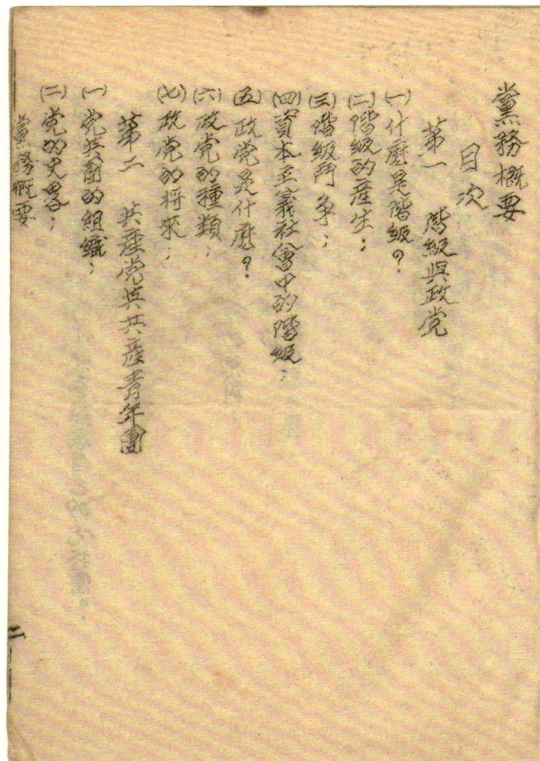

目录

6. 工农三字经

题名：工农三字经
责任者：
出版（印制）单位：
出版（印制）时间：1930年
开本（尺寸）：210mm×140mm
页数：6页
藏址：通道县档案馆

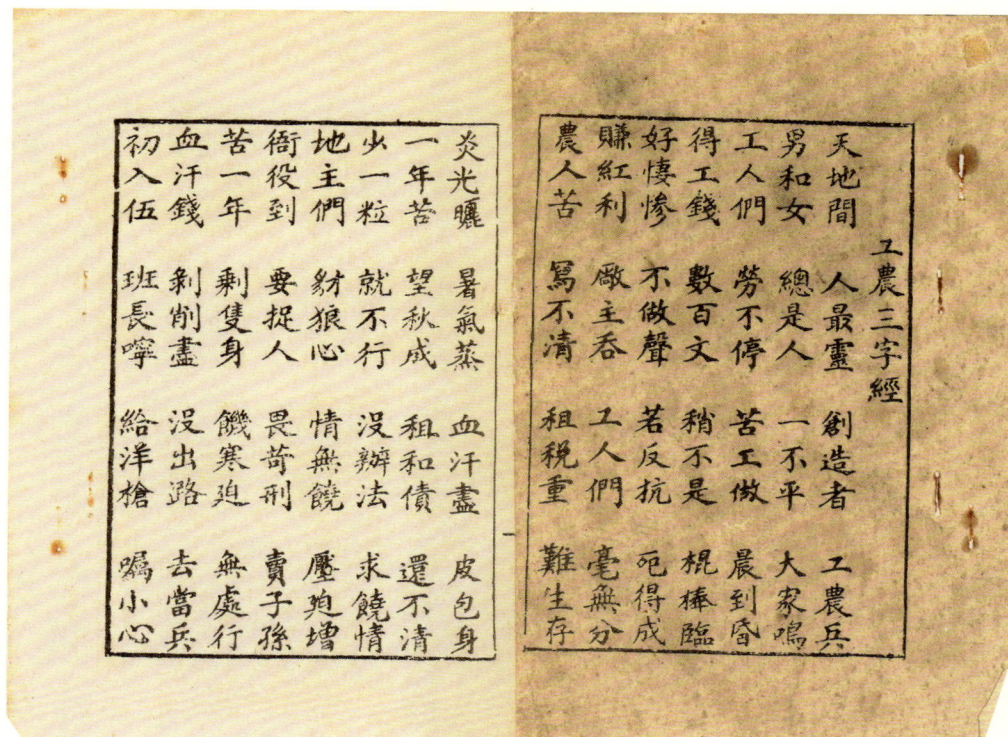

正文

《工农三字经》是土地革命战争时期中央根据地的群众文化课本，也是识字运动的政治教材。有许多版本和手抄本。

本书收录的是通道县保存的《工农三字经》，内有"工人们，劳不停，苦工做，晨到昏"，"农人苦，写不清，租税重，难生存"，"打土豪，除劣绅，毙军阀，莫容情"等宣传革命的文句。

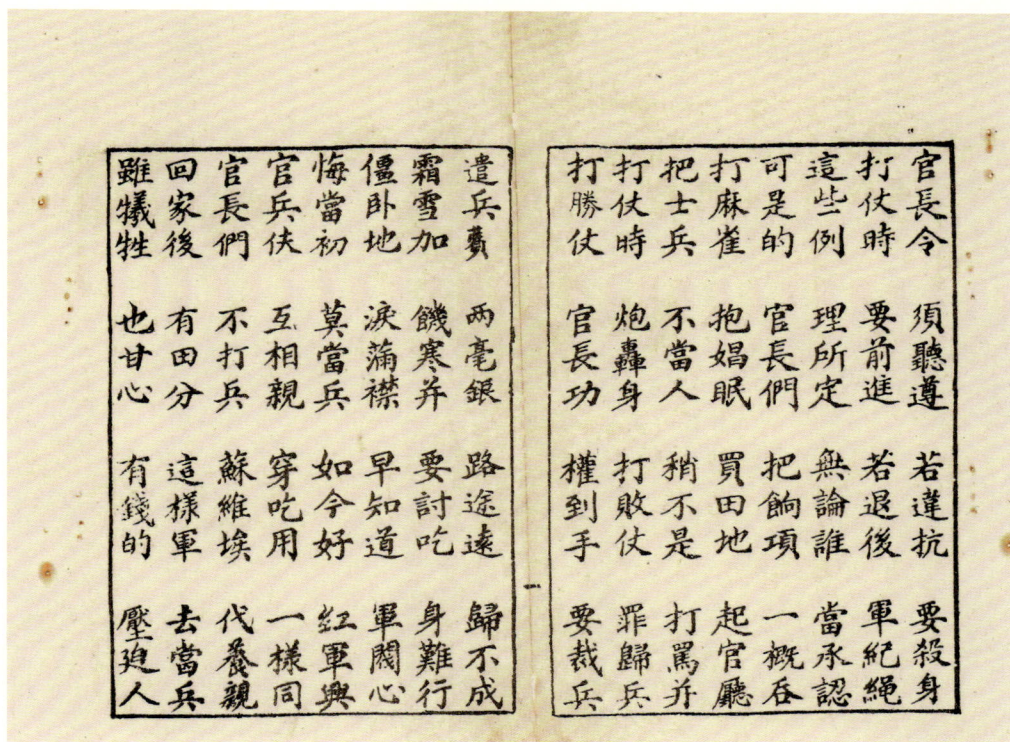

正文

7. 红孩儿读本（第一册）

题名：红孩儿读本（第一册）
责任者：湘鄂赣边境浏阳第八区苏维埃政府
出版（印制）单位：湘鄂赣边境浏阳第八区苏维埃政府
出版（印制）时间：1930年
开本（尺寸）：198mm×134mm
页数：28页
藏址：湖南省档案馆

《红孩儿读本》（第一册）为土地革命战争时期湘鄂赣边境工农兵暴动委员会红孩儿编辑委员会出版的教材。封面上注明，此为"红色初级小学校儿童读本之一　红孩儿读本第一册"，落款为"湘鄂赣边境浏阳第八区苏维埃政府"。读本中的内容大多都是仿照《三字经》《弟子规》，语言简短，通俗易懂，朗朗上口。

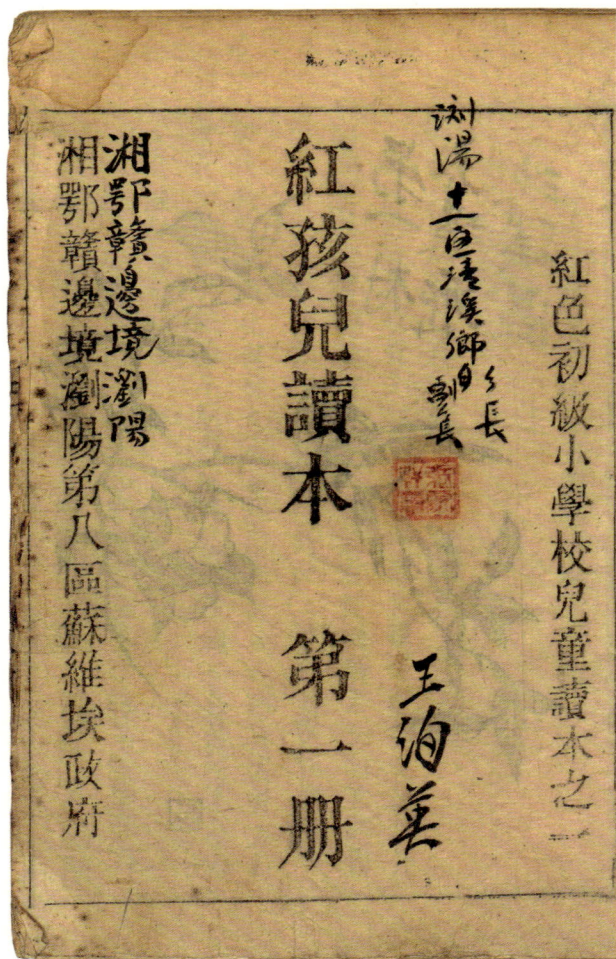

封面

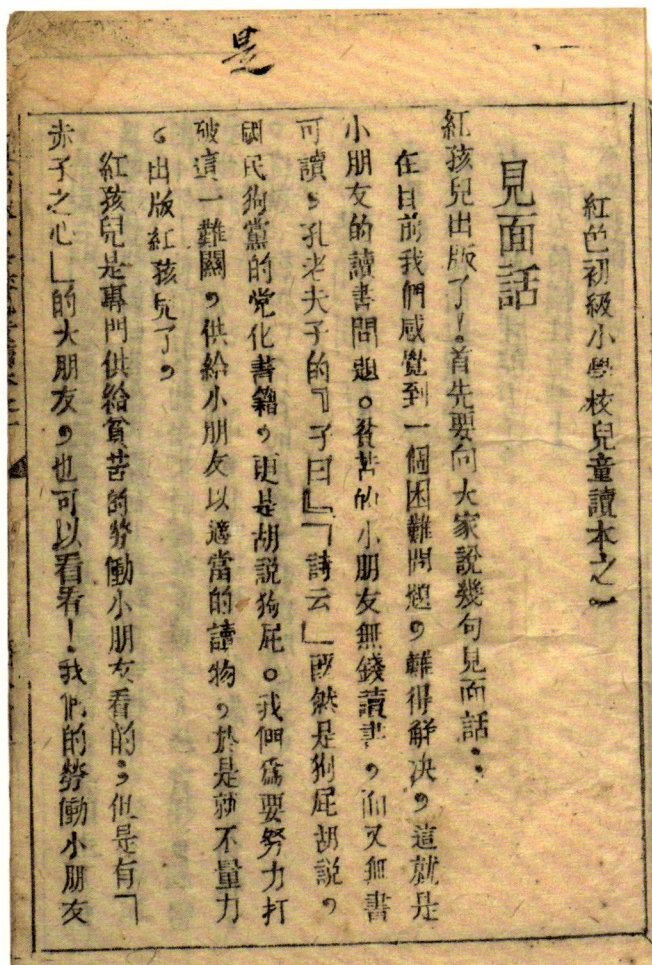

见面话

8. 识字运动

题名：识字运动
责任者：平江县苏维埃政府文化委员会
出版（印制）单位：平江县苏维埃政府文化委员会
出版（印制）时间：1931年9月12日
开本（尺寸）：185mm×128mm
页数：6页
藏址：湖南省档案馆

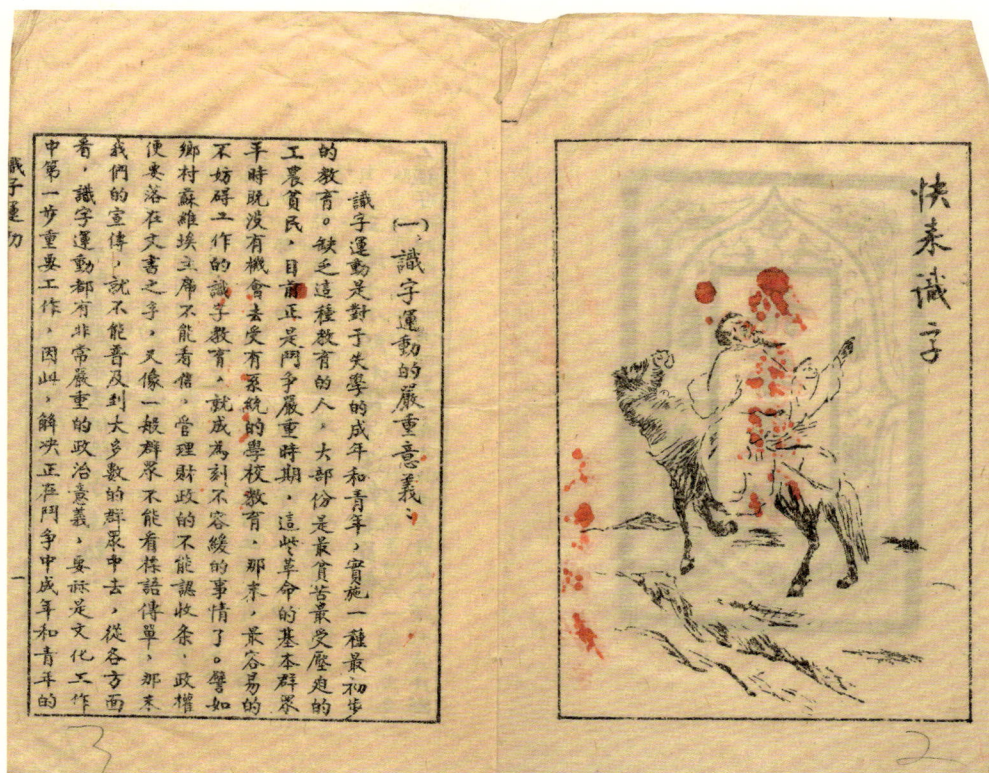

正文

封面

　　1928年7月，彭德怀、滕代远和黄公略等领导平江起义，平江县工农兵苏维埃政府建立。为提高群众的文化水平，平江各乡成立识字运动委员会，并在平江县苏维埃政府文化委员会领导下开展识字教育工作。《识字运动》即为平江县苏维埃政府文化委员会印发，主要说明如何推广识字运动，分别为：识字运动的严重意义，要动员群众去做识字运动，识字小组和识字运动委员，教材和方法，怎样去进行这一运动。

9. 反军国主义问答

题名：反军国主义问答
责任者：中共茶陵县委
出版（印制）单位：中共茶陵县委
出版（印制）时间：1932年10月10日
开本（尺寸）：165mm×120mm
页数：14页
藏址：茶陵县档案馆

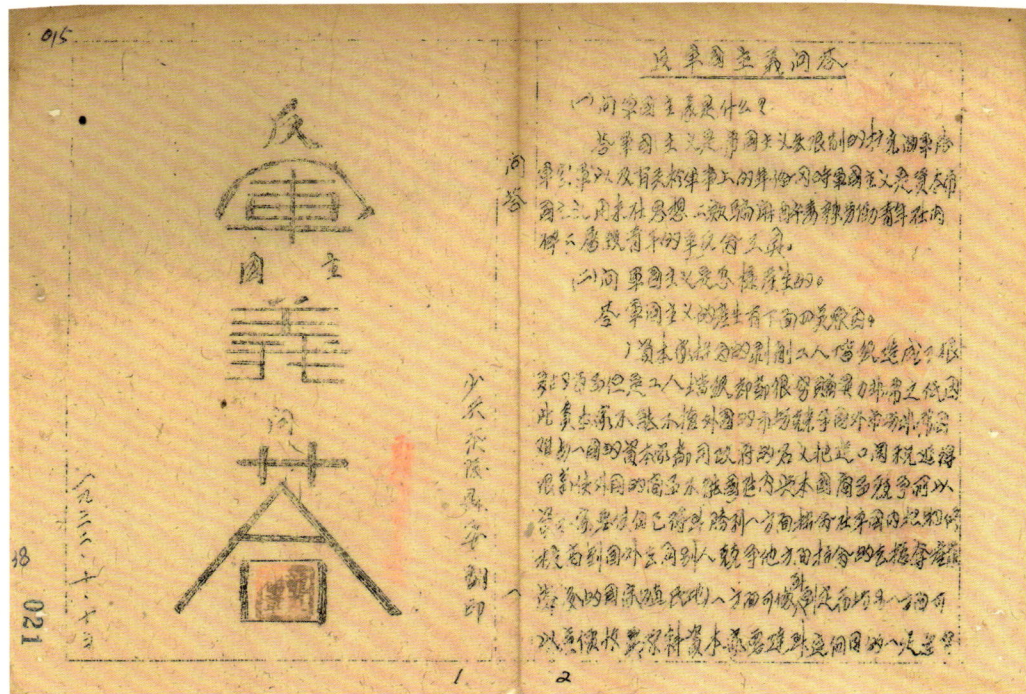

封面及正文

《反军国主义问答》以"问—答"
形式对军国主义一些基本知识进行解
答，如"军国主义是什么""军国主义
是怎样产生的""军国主义的怪诞欺骗
方法怎样"等。

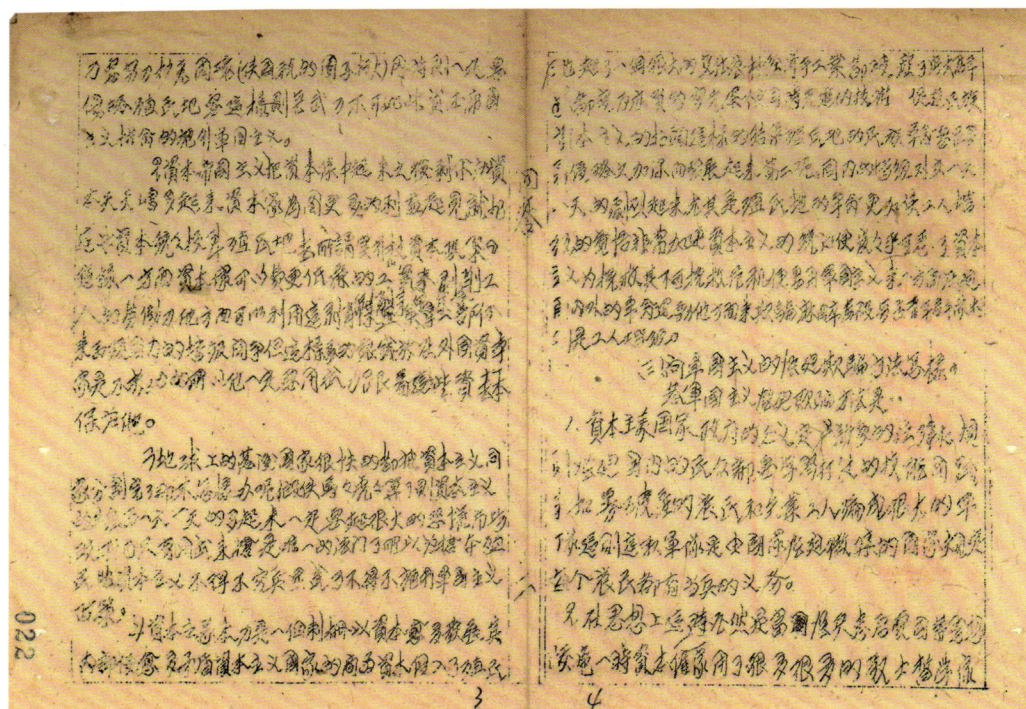

正文

10. 苏维埃政权

题名：苏维埃政权
责任者：中国工农红军总政治部
出版（印制）单位：工农红军学校
出版（印制）时间：1933年
开本（尺寸）：165mm×125mm
页数：21页
藏址：湖南省档案馆

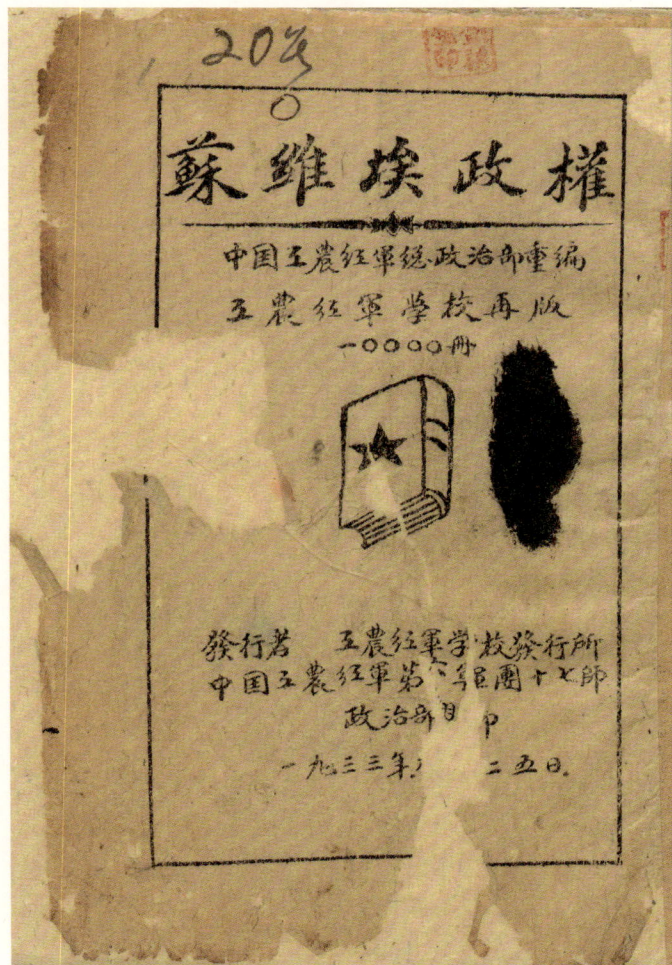

正文

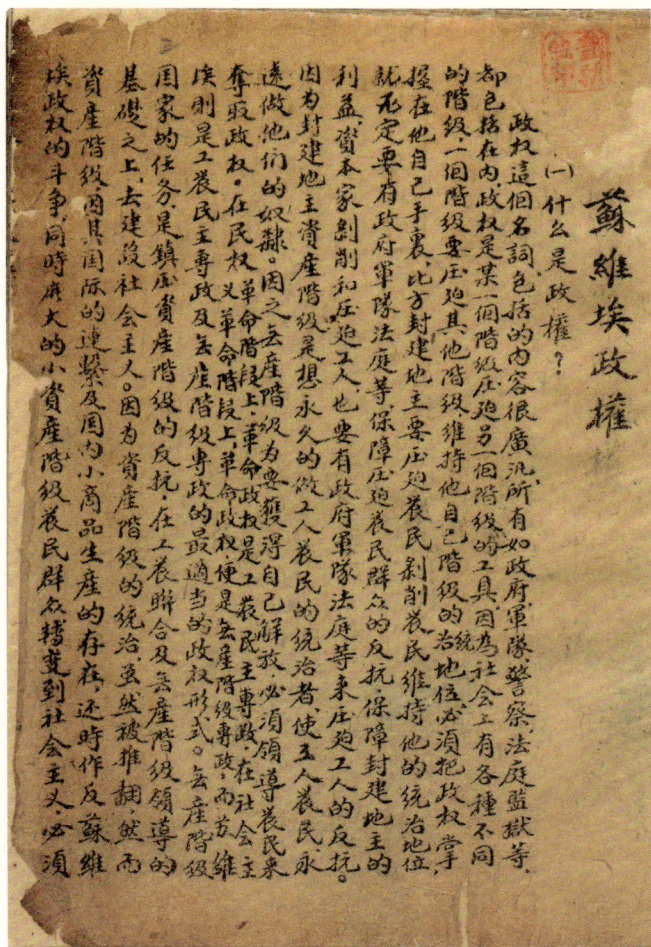

封面

《苏维埃政权》为中国工农红军总政治部编写的供各级政治部及红军学校做教育训练、宣传鼓动的参考资料。共分为九章，分别为：什么是政权，中国苏维埃政权产生的原因，苏维埃的组织与建立的过程，苏维埃政权的特征，中国苏维埃政权目前的政策，苏维埃政权与群众团体的关系，苏维埃与红军，中国苏维埃革命中的无产阶级领导问题，目前苏维埃运动发展的形势与我们的紧急任务。

11. 红军读本（第一册）

题名：红军读本（第一册）
责任者：中国工农红军总政治部
出版（印制）单位：红军卫生学校
出版（印制）时间：1934年2月
开本（尺寸）：165mm×115mm
页数：82页
藏址：通道县档案馆

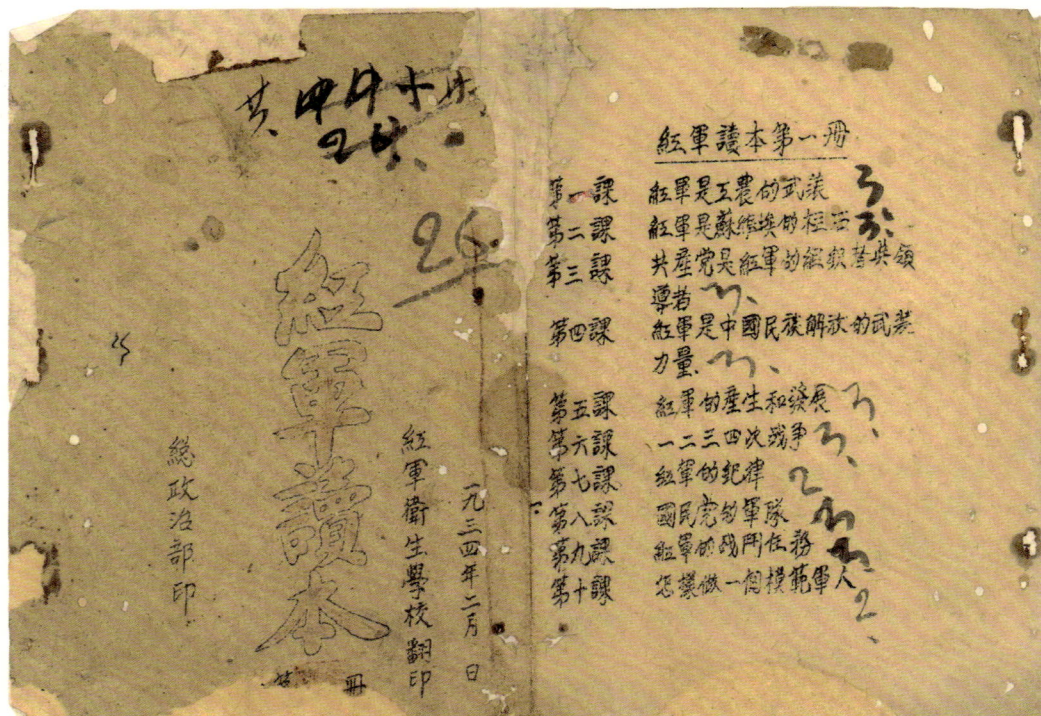

封面及目录

《红军读本》（第一册）是红军的政治教材，内容涉及政党、军队、政权等诸多问题，是了解当时苏维埃党、政、军基础知识的读物。该书共十课：红军是工农的武装，红军是苏维埃的柱石，共产党是红军的组织者与领导者，红军是中国民族解放的武装力量，红军的产生和发展，一二三四次战争，红军的纪律，国民党的军队，红军的战斗任务，怎样做一个模范军人。

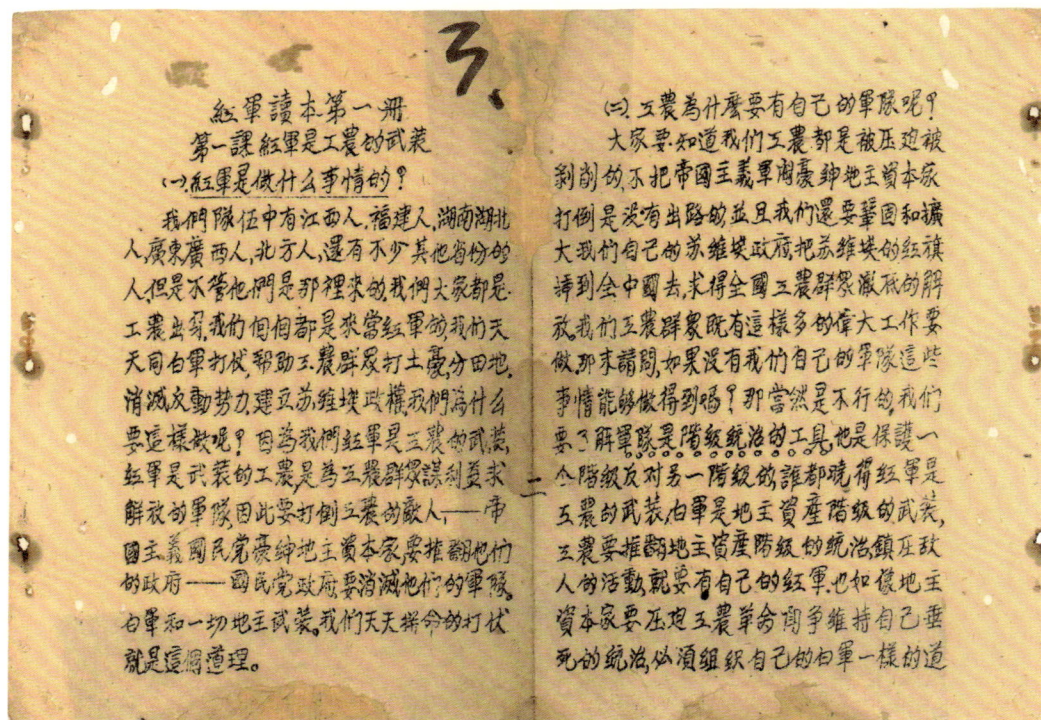

正文

12. 儿童文学（第五册）*

题名：儿童文学（第五册）
责任者：平江第四区工农兵苏维埃政府
出版（印制）单位：平江第四区工农兵苏维埃政府
出版（印制）时间：土地革命时期
开本（尺寸）：188mm×135mm
页数：96页
藏址：湖南省档案馆

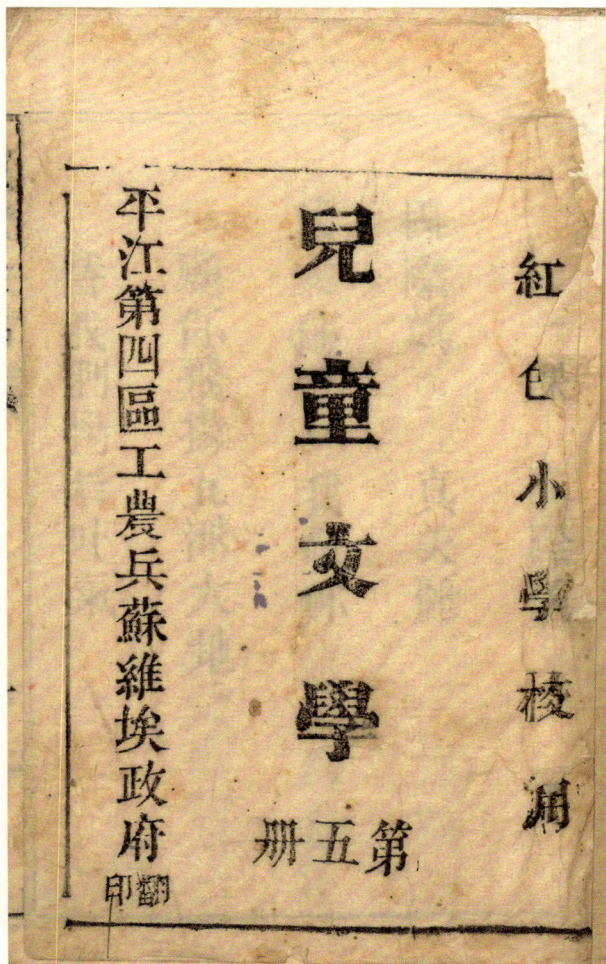

封面

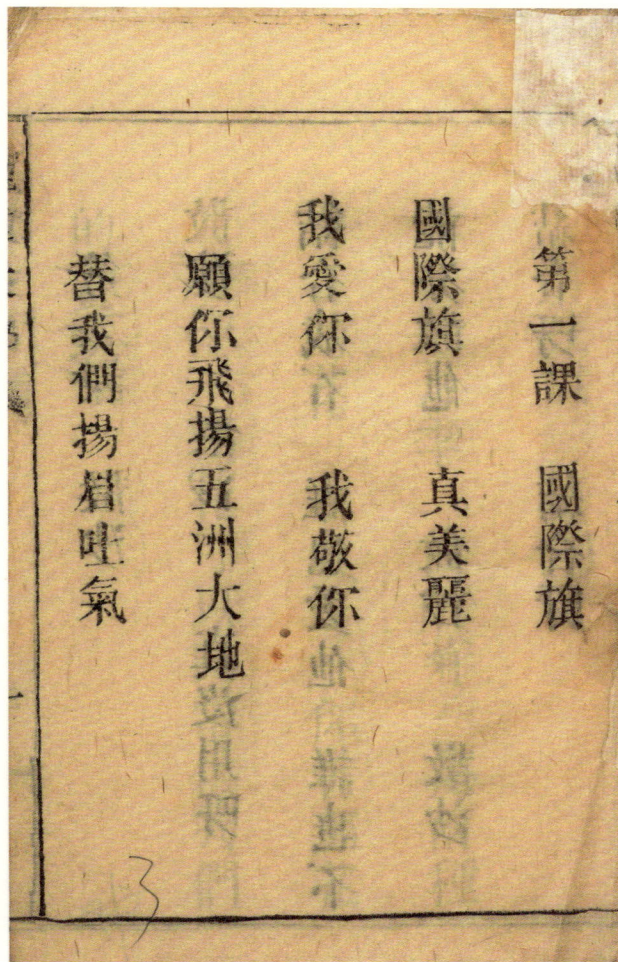

正文

平江县工农兵苏维埃政府成立后，县苏维埃主席胡筠颁发了《湖南省平江县工农苏维埃政府组织大纲（草案）》，将全县划为32个区。随后，红色学校普及革命根据地，多达300余所。《儿童文学》（第五册）为平江第四区工农兵苏维埃政府翻印，为当时苏区红色小学使用，主要宣传共产主义思想，内容通俗易懂，简单好记。

13. 政治常识*

题名：政治常识
责任者：中共平江县委员会
出版（印制）单位：中共平江县委员会
出版（印制）时间：土地革命时期
开本（尺寸）：160mm×120mm
页数：12页
藏址：湖南省档案馆

《政治常识》以"问题—结论"形式介绍了中国革命的任务、中国革命的动力、中国革命的十大要求等政治常识。

本书收录《政治常识》两个版本。

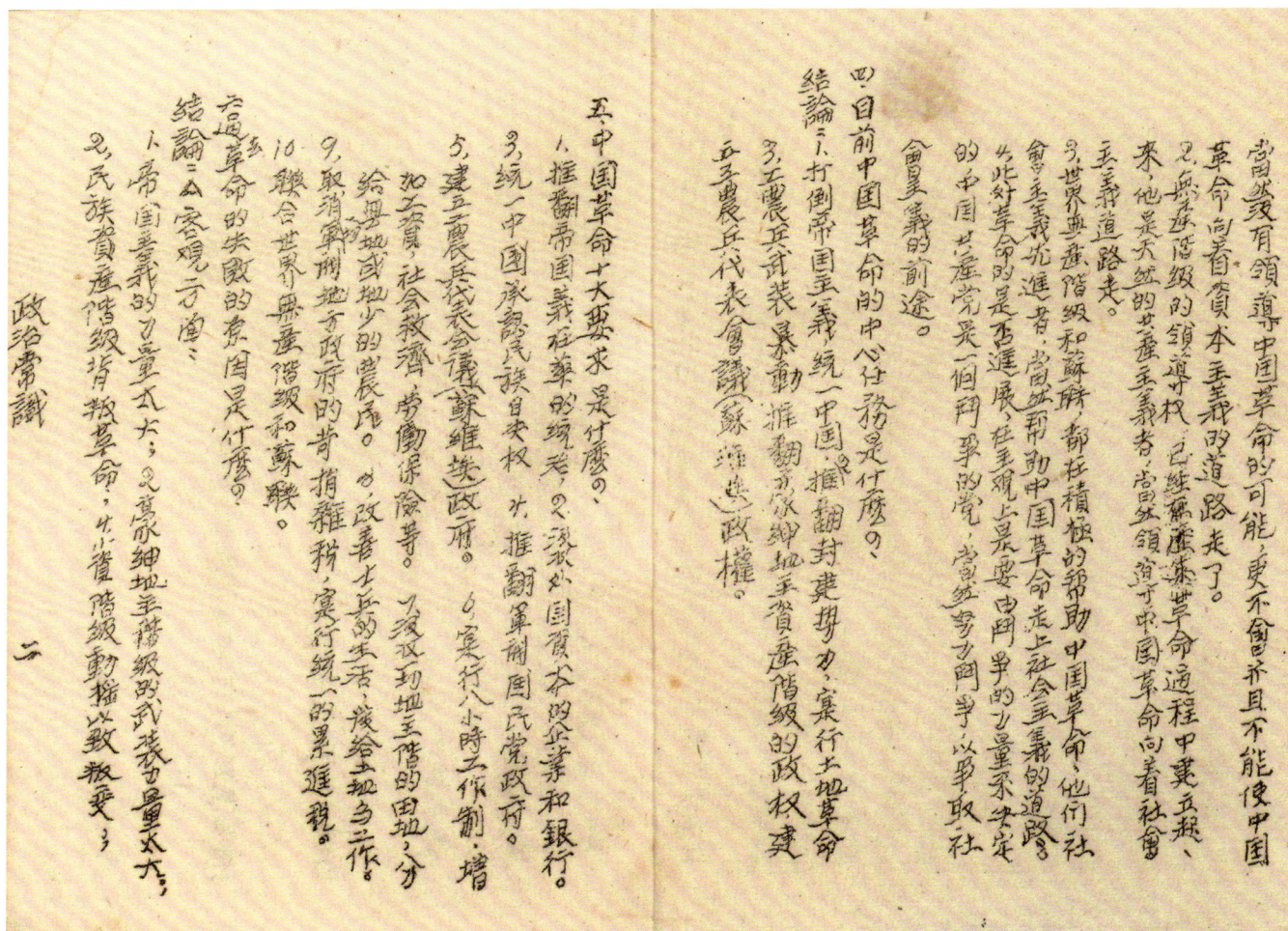

正文

14. 政治常识*

题名：政治常识

责任者：湘赣省苏文化部

出版（印制）单位：湘赣省苏文化部

出版（印制）时间：土地革命时期

开本（尺寸）：170mm×120mm

页数：25页

藏址：湖南省档案馆

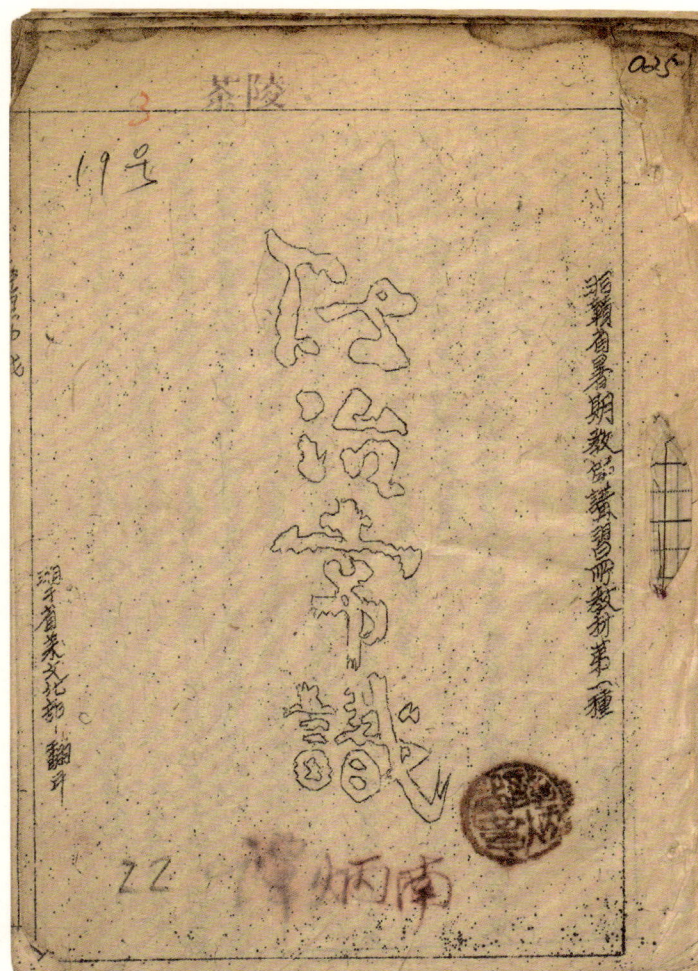

封面

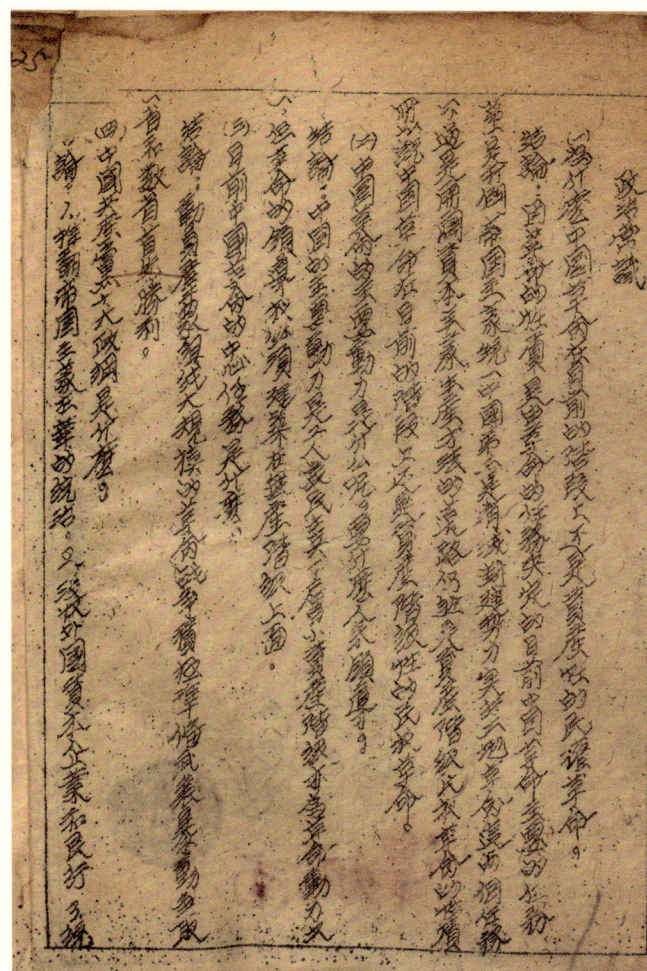

正文

15. 自然课本*

题名：自然课本
责任者：湘赣省苏文化部
出版（印制）单位：永兴县苏文化部
出版（印制）时间：土地革命时期
开本（尺寸）：178mm×122mm
页数：57页
藏址：湖南省档案馆

《自然课本》为列宁高级小学校使用的科学课本。内容主要介绍一些自然科学常识，包括衣服的原料，衣服的洗涤，时常接近的动植物，可厌的虫类，热的产生，寒暖的变化等，里面配有插图，通俗易懂。

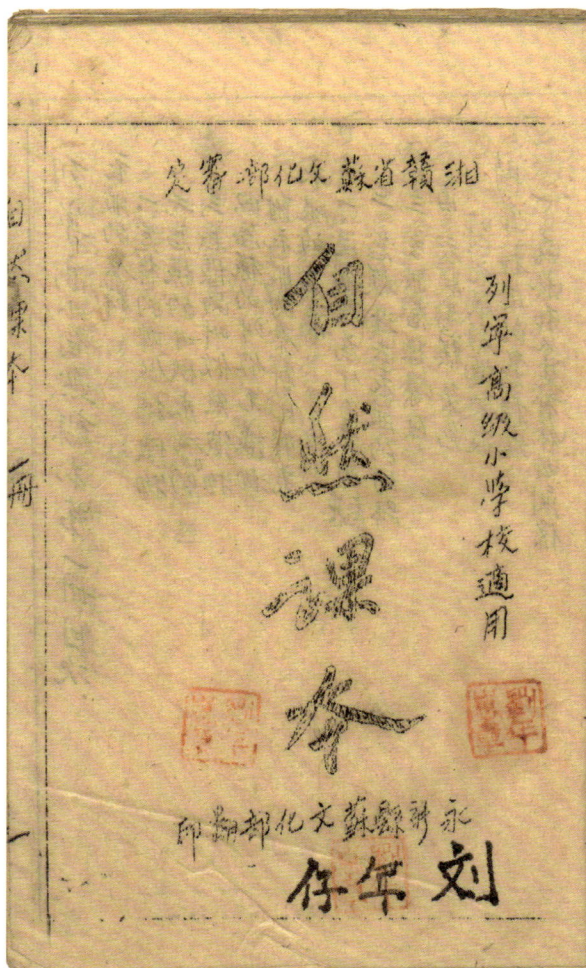

封面

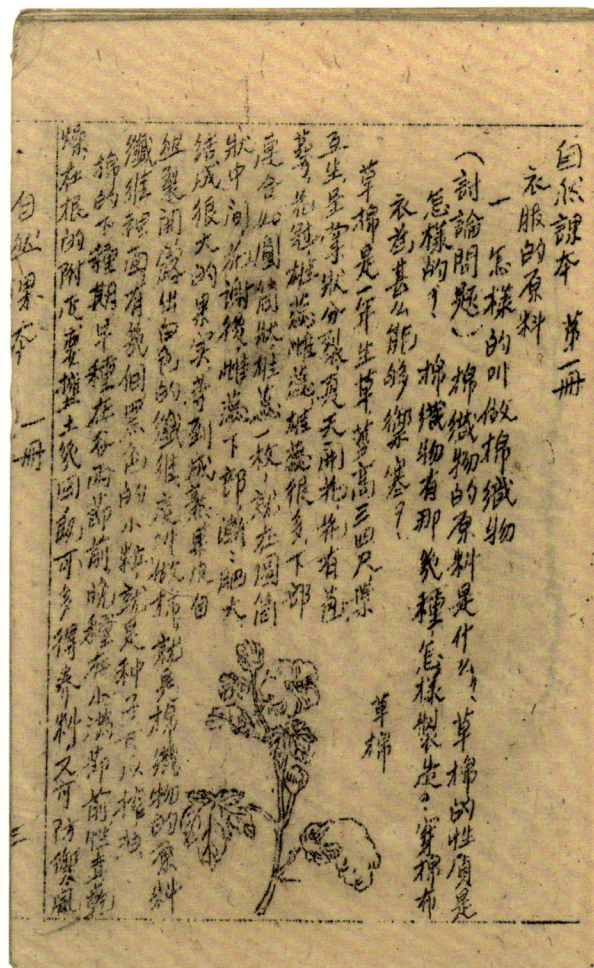

正文

16. 共产主义与共产党*

题名：共产主义与共产党
责任者：茶陵县立列宁高级小学校
出版（印制）单位：茶陵县立列宁高级小学校
出版（印制）时间：土地革命时期
开本（尺寸）：130mm×95mm
页数：21页
藏址：湖南省档案馆

《共产主义与共产党》是茶陵县立列宁高级小学校使用的教材，是一本介绍共产主义与共产党的通俗手册。

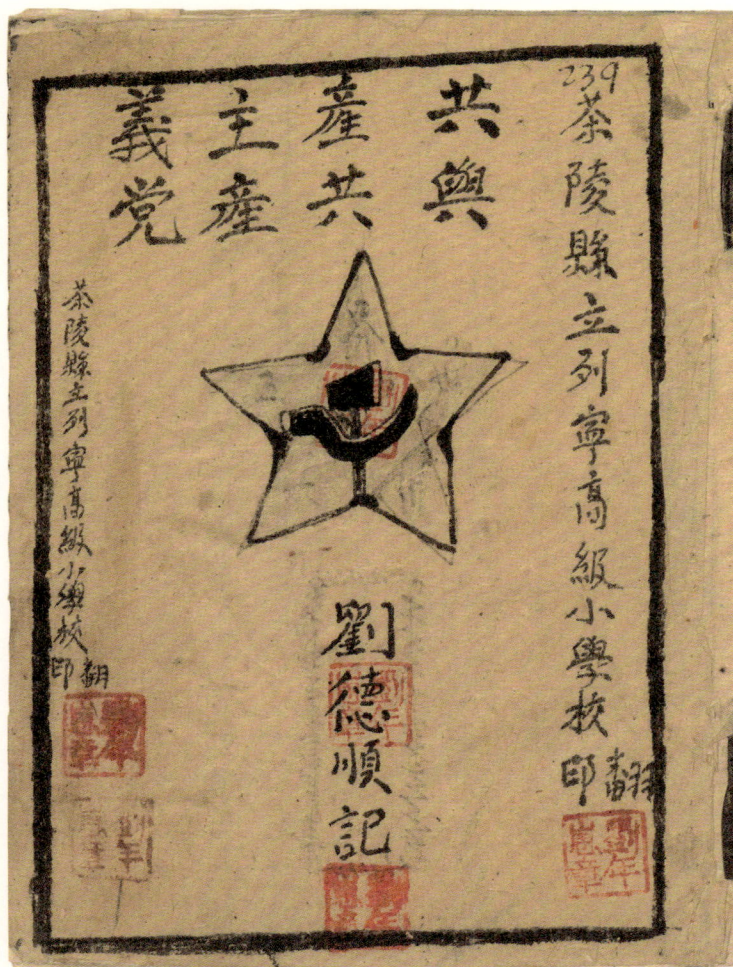

封面

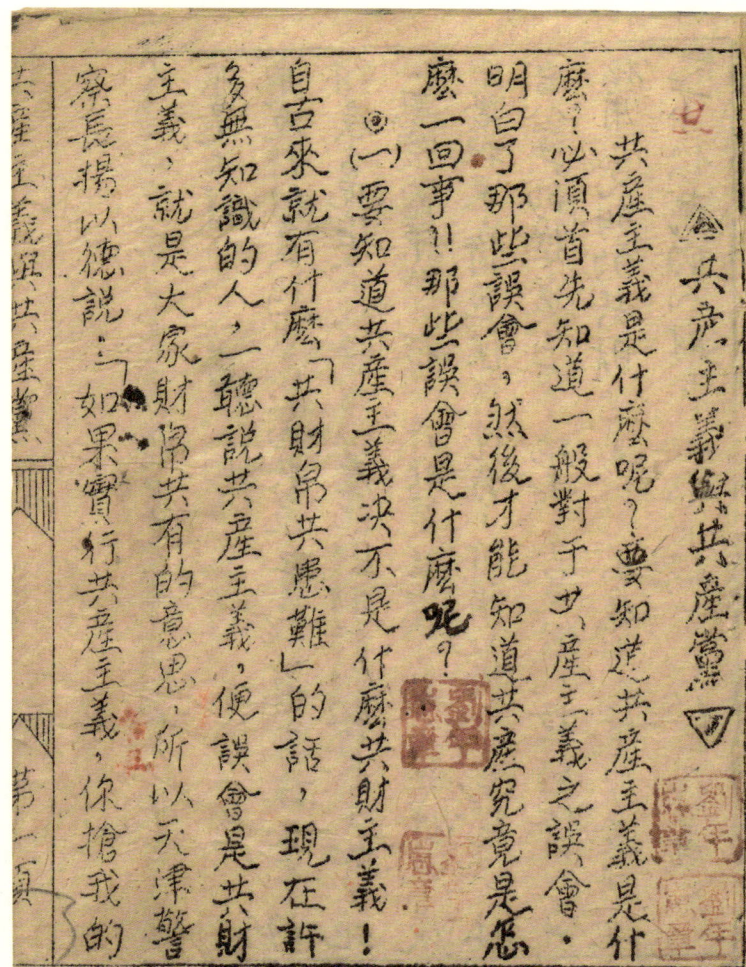

正文

17. 游击队政治工作概论（订正版）

题名：游击队政治工作概论（订正版）
责任者：彭雪枫
出版（印制）单位：读书生活出版社
出版（印制）时间：1938年3月
开本（尺寸）：182mm×132mm
页数：27页
藏址：湖南省档案馆

　　《游击队政治工作概论》最早为彭雪枫在山西大学公开演讲的演讲稿，系统地论述了政治工作的方针、任务、一般原则以及政治机关的思想组织建设等问题。

　　彭雪枫（1907—1944），河南南阳人。中国工农红军和新四军杰出指挥员、军事家，参加过第三、四、五次反围剿，二万五千里长征，抗日战争，为抗日根据地的建设作出了重要贡献。1944年在指挥河南夏邑八里庄战役中牺牲，是抗日战争中新四军牺牲的最高将领之一。

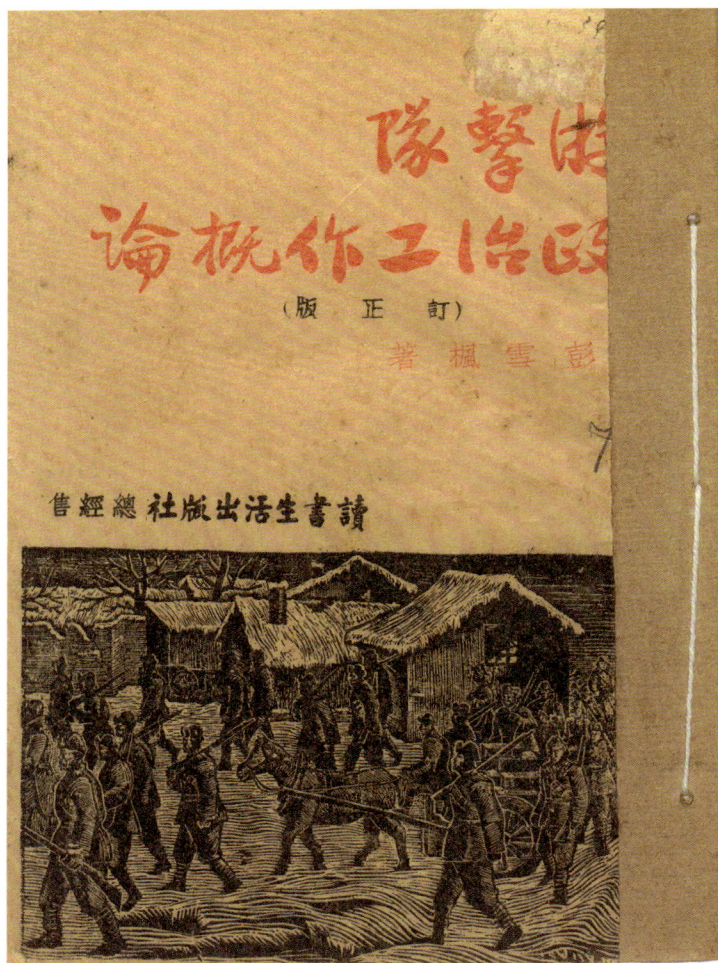

封面

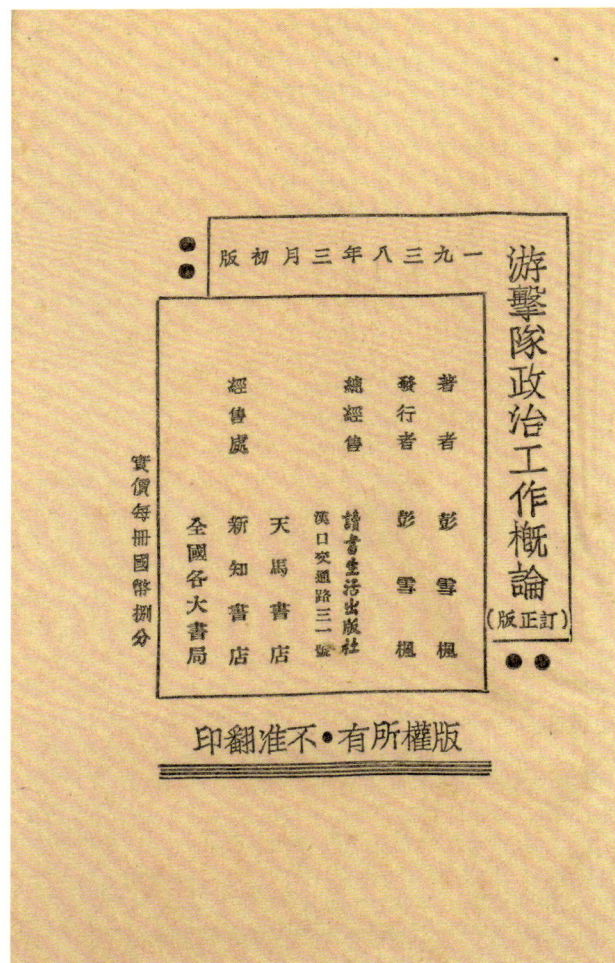

版权页

18. 抗日民族统一战线教程

题名：抗日民族统一战线教程
责任者：凯丰
出版（印制）单位：大众出版社
出版（印制）时间：1938年6月
开本（尺寸）：184mm×128mm
页数：60页
藏址：湖南省档案馆

　　《抗日民族统一战线教程》属"中国文化丛书第一种"，是凯丰编写的马列主义常识读物。1936年6月中共中央创办中国抗日红军大学，后改名"中国人民抗日军政大学"。1937年春，凯丰调任中共中央宣传部部长，为抗日军政大学的学员作形势报告并讲授马克思主义政治经济学教程，《抗日民族统一战线教程》就是其中之一。该书1938年1月出版，10万余字，对中国共产党制定抗日民族统一战线方针作了全面阐述。

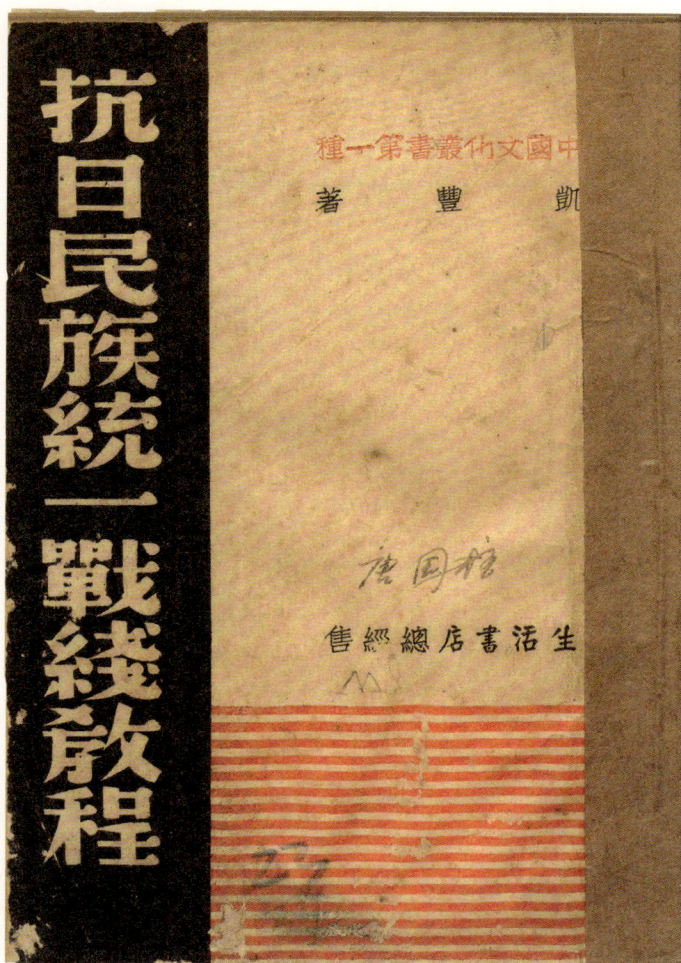

封面

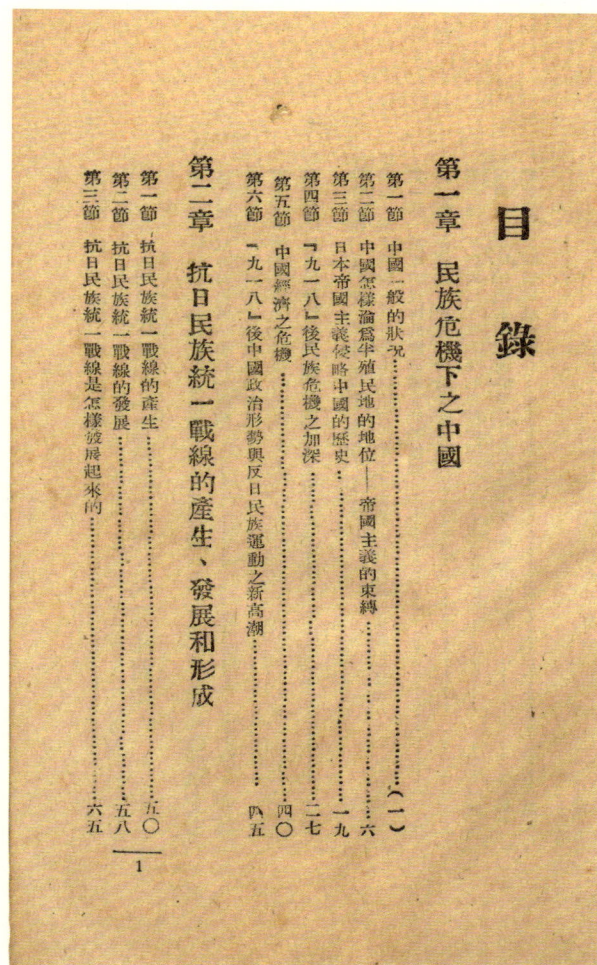

目录

19. 纪律条令（草案）

题名：纪律条令（草案）
责任者：中国人民抗日军政大学
出版（印制）单位：中国人民抗日军政大学
出版（印制）时间：1938年
开本（尺寸）：182mm×138mm
页数：28页
藏址：湖南省档案馆

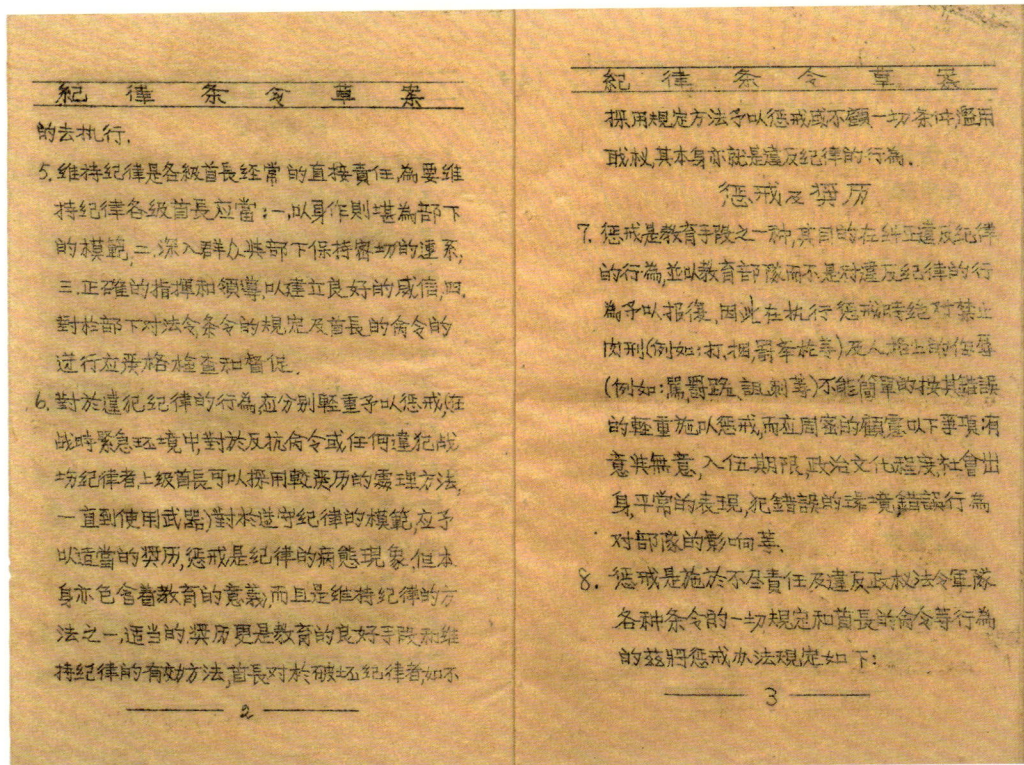

正文

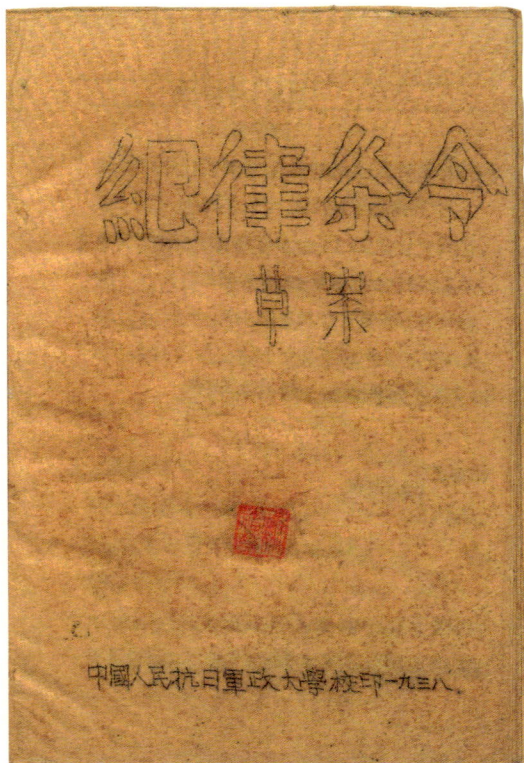

封面

　　《纪律条令（草案）》是中国人民抗日军政大学为培训干部所编印的教材，主要内容包括纪律要则、惩戒与奖厉（励）、控告等。

　　中国人民抗日军政大学，简称"抗大"，是中国共产党在延安创办的培养军事政治干部的学校。抗大从1936年创立到1945年结束的9年办学期间，总校共培训了8期干部，创办了12所分校、5所陆军中学和1所附设中学，培养了20余万优秀军政干部，为中国共产党、中国人民解放军的发展和夺取抗日战争乃至整个新民主主义革命的胜利作出了重大贡献。

20. 中级国文选（第一册）

题名：中级国文选（第一册）
责任者：
出版（印制）单位：华北新华书店
出版（印制）时间：1942年
开本（尺寸）：180mm×120mm
页数：133页
藏址：湖南红色档案馆

《中级国文选》为根据地文化课本，由华北新华书店出版，共有文章48篇，包括《毛泽东的少年时代》《孙中山的少年时代》《列宁怎样戒烟》等革命家传记，也包括《手和脑》《植物和动物的分野》等自然科学知识，后面还附录有12篇文法知识。

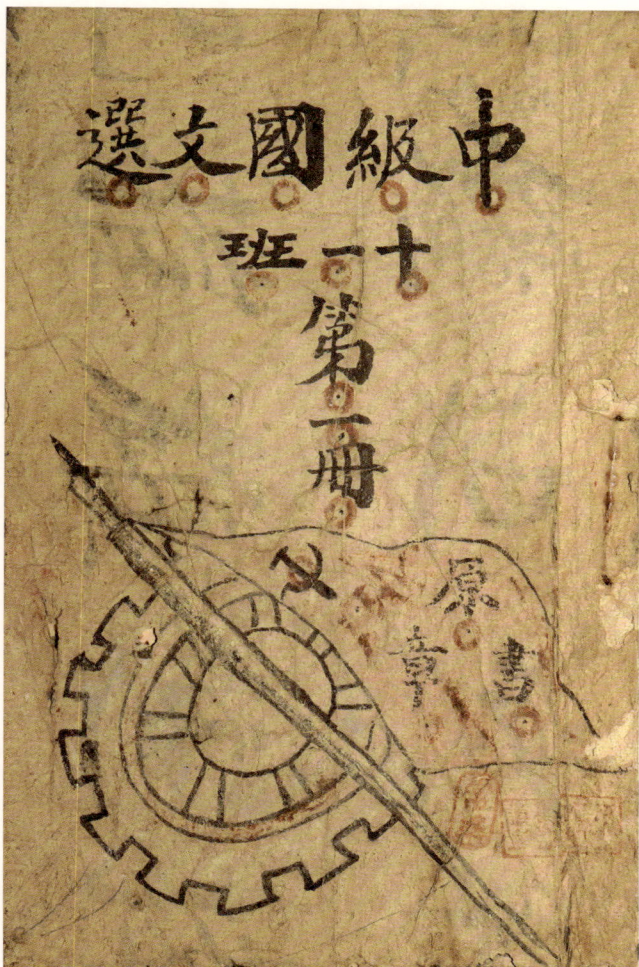

封面

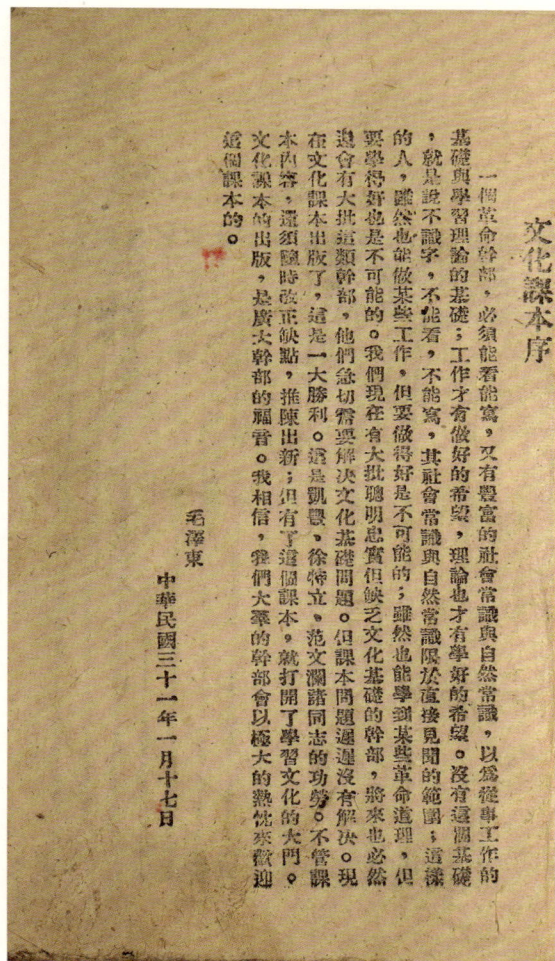

毛泽东作的序言

21. 政治经济学提纲*

题名：政治经济学提纲
责任者：抗大训练部
出版（印制）单位：抗大训练部
出版（印制）时间：抗日战争时期
开本（尺寸）：182mm×126mm
页数：91页
藏址：湖南省档案馆

《政治经济学提纲》为抗大训练部编写的教材，油印。抗大在创建之初，就把坚定正确的政治方向放在第一位，形成了一套独特的教育方法。抗大的学习不仅有马列主义基础课，还有抗日民族统一战线、民运工作、游击战术等课程。从第四期（1938年4月—12月）开始，抗大训练部增设了编辑科，开始编写出版教材。

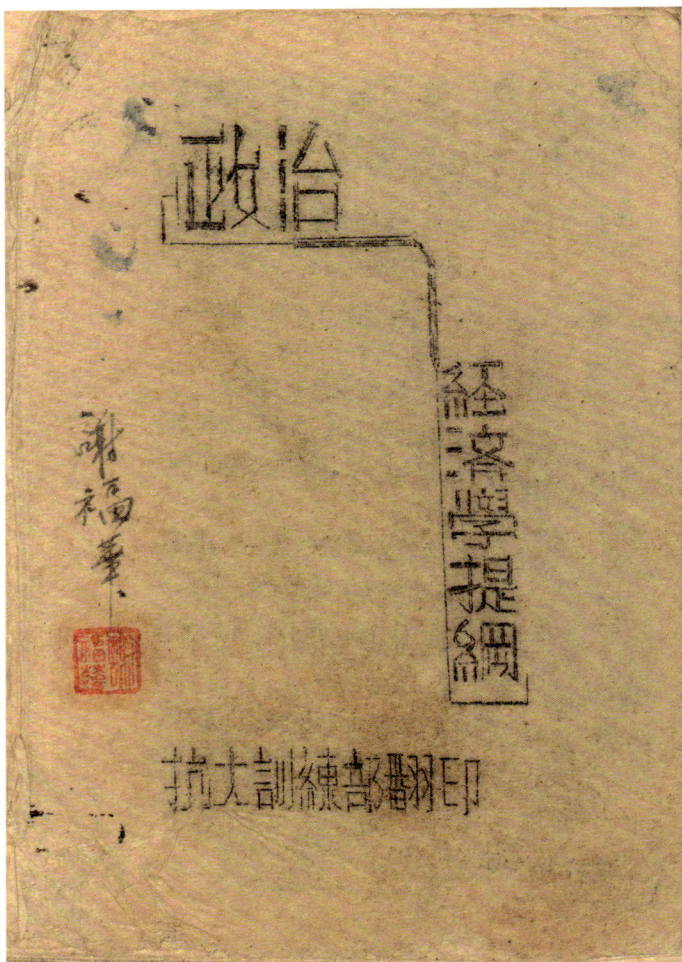

封面

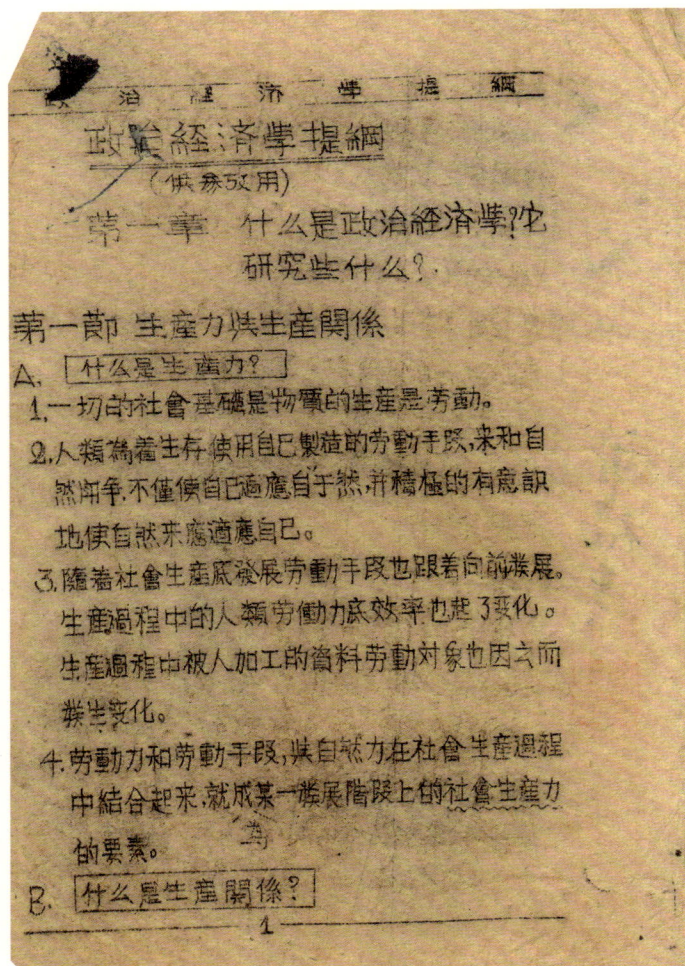

正文

22. 哲学讲授纲要*

题名：哲学讲授纲要
责任者：抗大训练部
出版（印制）单位：抗大训练部
出版（印制）时间：抗日战争时期
开本（尺寸）：182mm×126mm
页数：82页
藏址：湖南省档案馆

《哲学讲授纲要》为抗大训练部编写的教材。

封面

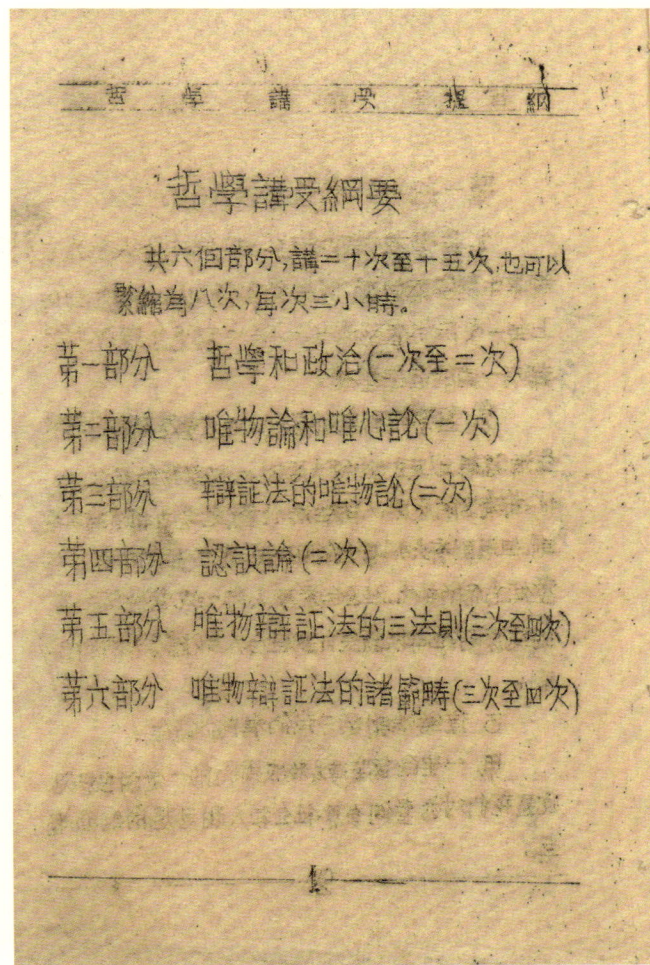

目录

23. 近代世界革命史话

题名：近代世界革命史话
责任者：陈光祖
出版（印制）单位：华中新华书店
出版（印制）时间：1946年2月
开本（尺寸）：175mm×125mm
页数：99页
藏址：湖南红色档案馆

《近代世界革命史话》是一本青年读物及中学教材，由豫皖边区政府审定，编写的主要目的是使学生了解资本主义产生后资产阶级革命的任务，无产阶级与资产阶级的利益冲突，无产阶级的生长及其斗争的加强，资本主义革命的必然胜利等知识。全书分九课，每课后附有讨论问题，以加深学生了解。

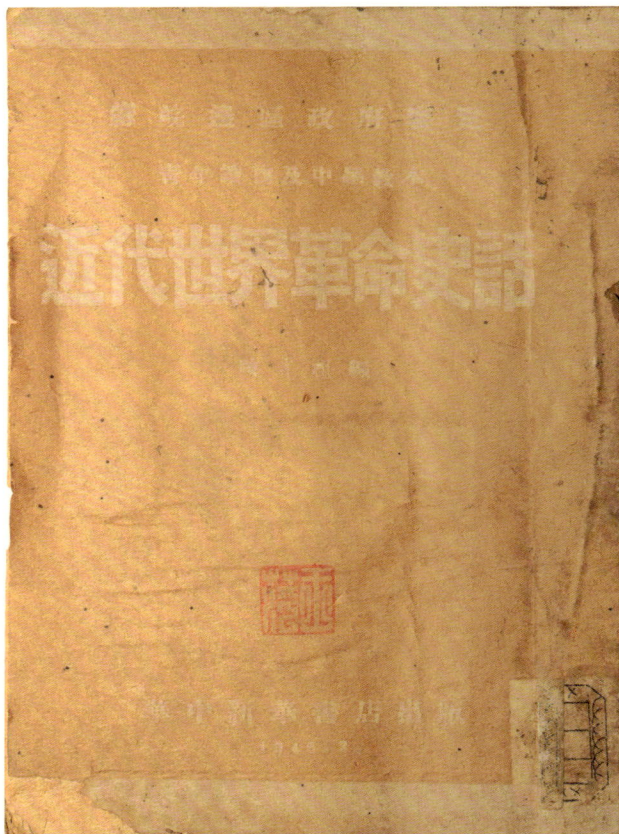

封面

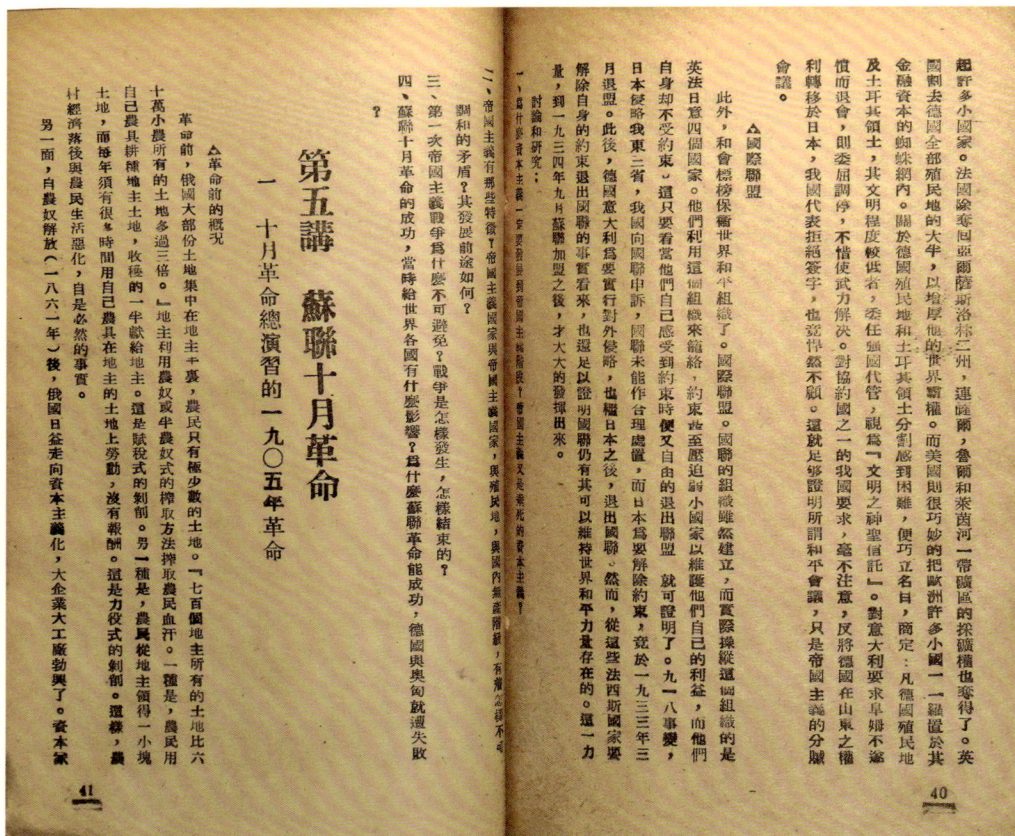

正文

24. 连队工作

题名：连队工作
责任者：八路军总政宣传部
出版（印制）单位：光明出版社
出版（印制）时间：1946年4月
开本（尺寸）：180mm×124mm
页数：71页
藏址：湖南省档案馆

《连队工作》选取七七〇团的第二连、警七团的第七连、七七〇团的第五连三个连队，介绍了前两个连队经验做法和后一个连队存在的问题，从正反两方面说明如何做好连队工作，阐述了如何改造连队工作、连队的军事管理与政治工作应有的基本观点、提高连队最有效的教育等问题。

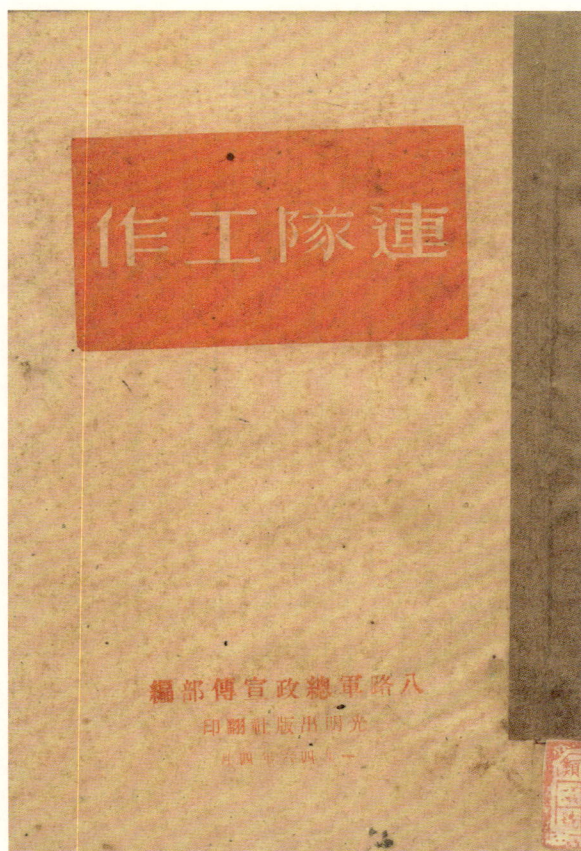

封面

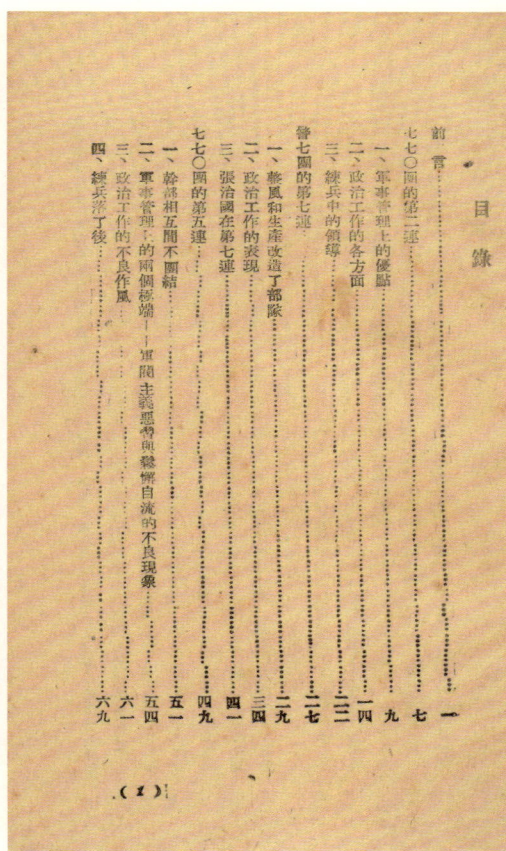

目录

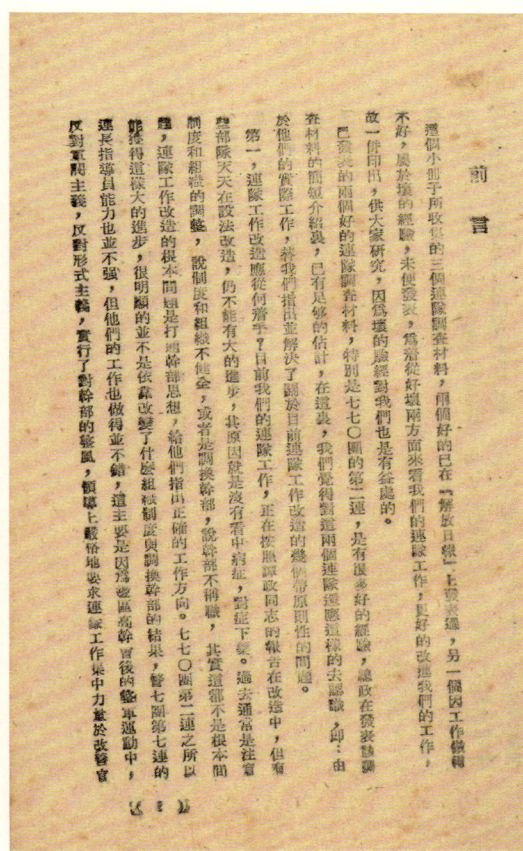

前言

25. 中国革命运动简史

题名：中国革命运动简史
责任者：
出版（印制）单位：大连中苏友好协会
出版（印制）时间：1946年5月5日
开本（尺寸）：180mm×127mm
页数：38页
藏址：湖南红色档案馆

《中国革命运动简史》为当时中学课本，全书分12课，介绍了自鸦片战争以来中国近代重要的历史事件，每课还附有讨论题。

中苏友好协会：1945年下半年，中苏友好协会在大连成立。从1945年到1950年，该机构发挥了许多关键性作用，是一个非常活跃的组织。由于中共在大连不能公开活动，中苏友好协会成为中共与广大民众保持联系的一个极为重要的沟通渠道。协会的公开任务是宣传中苏友谊和传播关于苏联的知识。它通过电影、报纸、杂志、演讲讨论、出版书籍等方式成为宣传苏联文化的主要工具，在当时特殊环境下发挥了积极作用。

封面

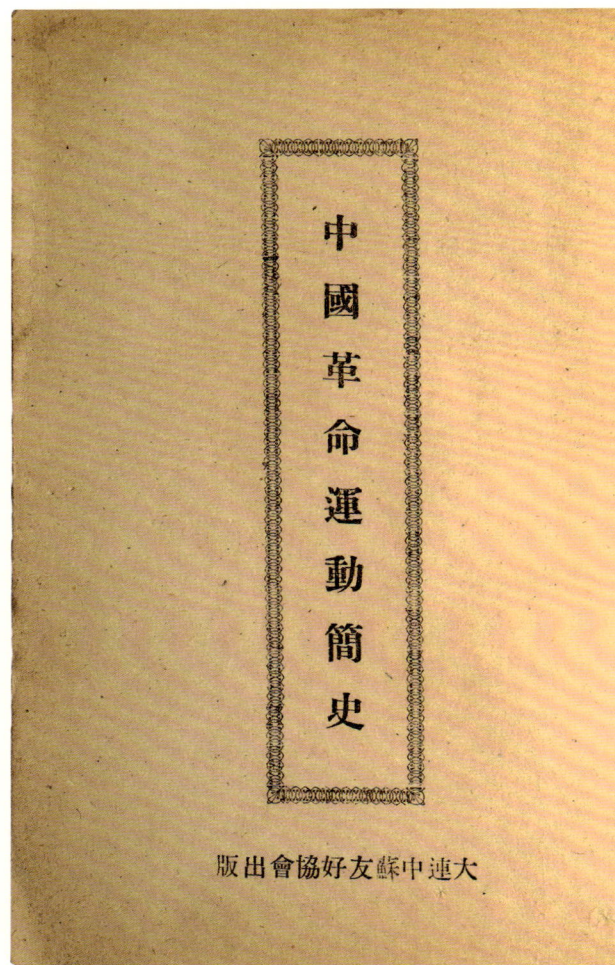

扉页

26. 国语课本（第五册）

题名：国语课本（第五册）
责任者：晋绥边区行政公署民教处
出版（印制）单位：新华书店晋绥分店
出版（印制）时间：1946年8月
开本（尺寸）：180mm×130mm
页数：50页
藏址：湖南红色档案馆

陕甘宁边区是抗日民主根据地的一面旗帜。解放战争时期为适应革命形势变化，1946年，陕甘宁解放区教育厅着手修订了一套新的小学教科书。其中国语课本形式灵活，语言活泼，把阶级斗争、劳动观点和科学知识教育渗透到课文内容中，中间还有插图，适合儿童阅读。本套教材共分八册，前四册为国语常识合编，每册40课，供初小一二年级使用；后四册系国语常识分编，每册30课，供初小三四年级使用，一学年讲授2册。

本书收录的是国语课本小学初级第五册。

封面

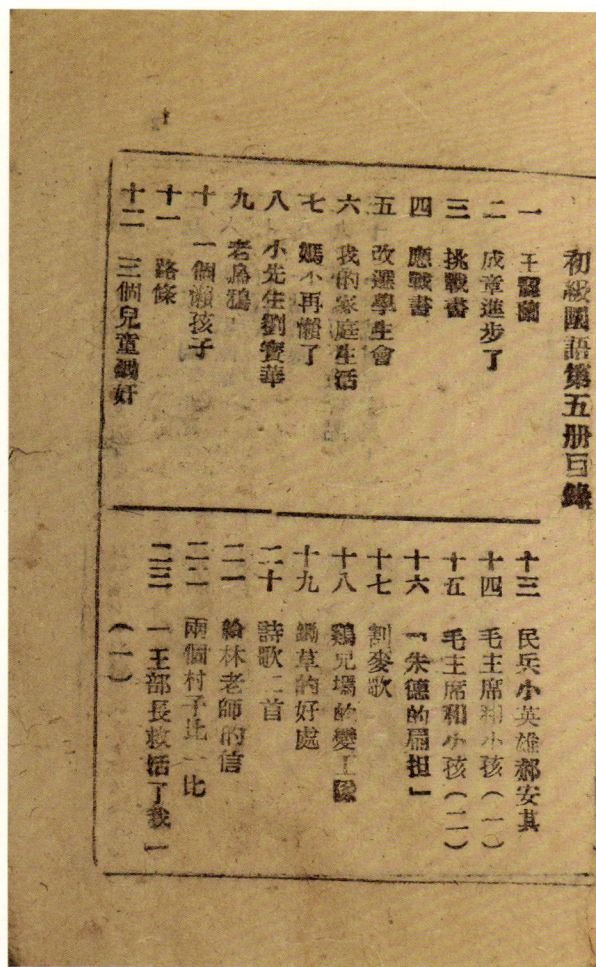

目录

27. 国语课本（第二册）*

题名：国语课本（第二册）
责任者：晋冀鲁豫边区教育厅
出版（印制）单位：太行新华书店
出版（印制）时间：解放战争时期
开本（尺寸）：176mm×123mm
页数：66页
藏址：湖南红色档案馆

解放战争时期，中国共产党建立起华北、山东、东北、西北、华东等解放区，中小学教育开始朝着正规化蓬勃发展。为适应新形势，晋冀鲁豫边区教育厅编审委员会审定了一批教科书，如《初级新课本》《国语课本（高级）》等，以适应学校教育之需。

本书收录的《国语课本》（高级）第二册，共40课。内容包括一些汉语语法知识，还选用《最后一课》《高尔基的童年》《毛泽东的少年时代》等文章，内容丰富。

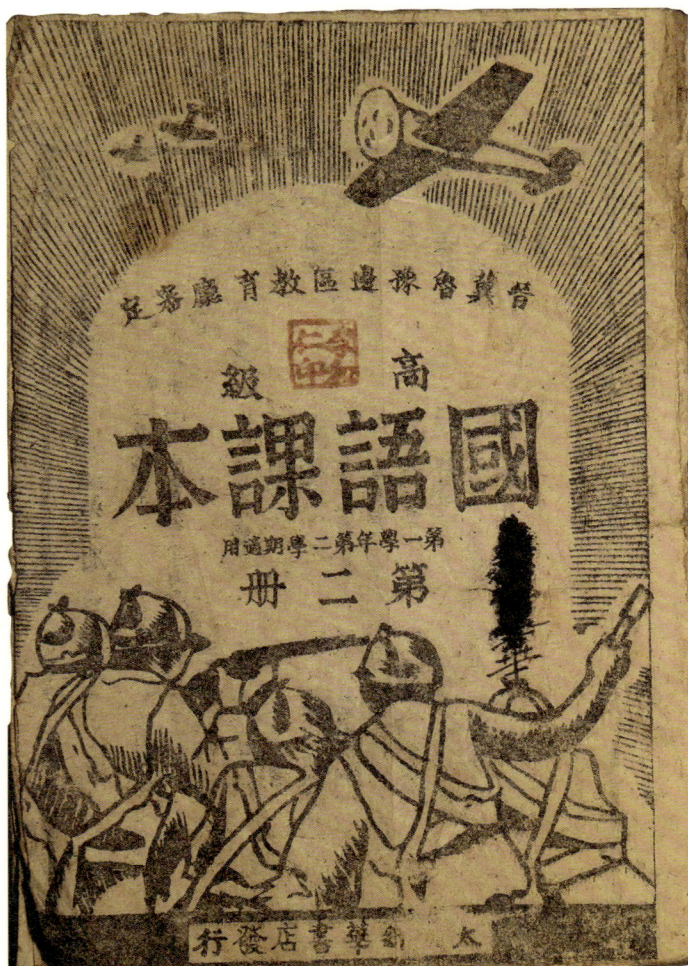

封面

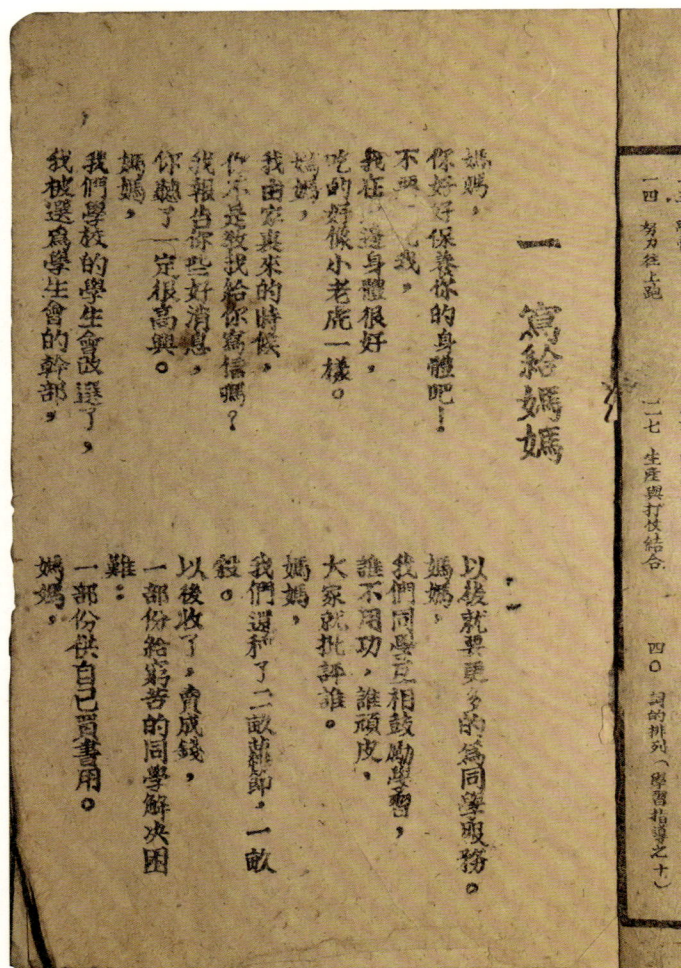

正文

28. 人民军队三字经

题名：人民军队三字经
责任者：中原军区政治部
出版（印制）单位：中原军区政治部
出版（印制）时间：1948年2月
开本（尺寸）：255mm×150mm
页数：134页
藏址：浏阳市档案馆

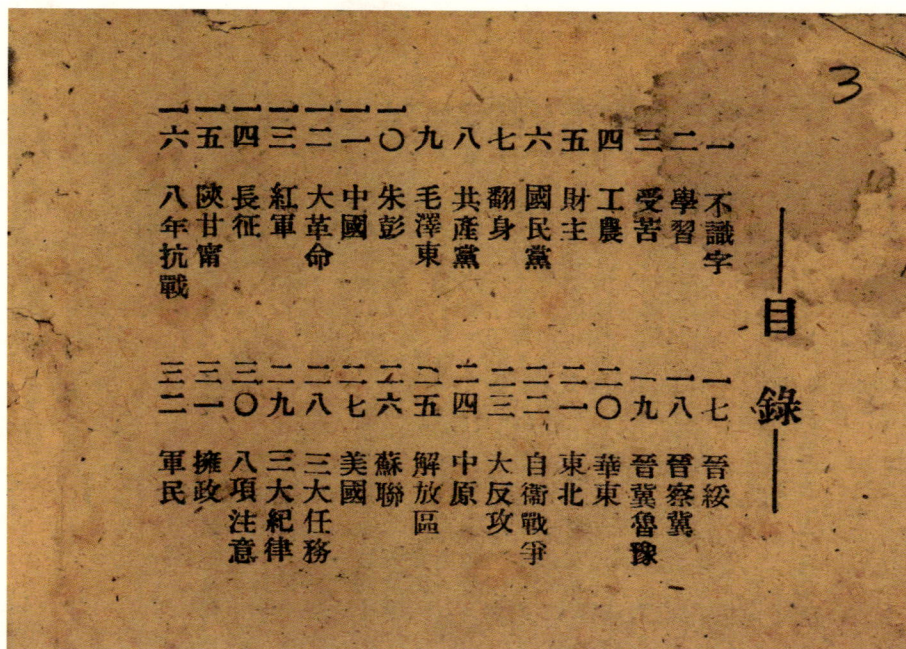

目录

　　《人民军队三字经》是新中国成立前中国人民解放军出版的教材，它以说唱本形式讲述了解放军军史，是一本集党史、军史、政治、军事、经济、文化常识于一体的解放军早期文化教材。读者为当时文化程度不高甚至文盲的人民解放军战士，该读本在部队基层的普及率相当高。后各地军区根据此版本进行了改编，形成各种版本，各版本在篇幅内容上存在一定差异。

　　本书收录的《人民军队三字经》由中原军区政治部编印。全书共分67章，包括识字、学习、学文化、学政治、练兵等内容。从大革命讲到抗日战争和解放战争，从三大纪律八项注意讲到奋勇杀敌、立功受奖，甚至还包括部队的战术打法等，内容十分丰富。以三字经的形式讲述革命历史，很有新意，中间插有漫画，通俗易懂。

插图

29. 中国抗战史讲话

题名：中国抗战史讲话
责任者：朱泽甫
出版（印制）单位：光华书店
出版（印制）时间：1948年11月
开本（尺寸）：170mm×122mm
页数：108页
藏址：湖南红色档案馆

《中国抗战史讲话》系光华书店出版的《青年学习丛书》之一，朱泽甫编写。全书按照时间顺序分为两大部分：从"九一八"到"七七"，从"七七"到"八一五"，比较了国共两党在抗战中的不同政策与表现。

朱泽甫（1909—1986），安徽桐城人，中共党员。1920年入晓庄师范学习，结业后参加陶行知的生活教育事业。朱泽甫长期从事革命文化教育工作，历任大、中、小学教师，教育局长，高教部处长等职。整理出版了《陶行知诗歌集》《陶行知年谱》，并编撰了众多书籍。

大连光华书店于1946年底成立，成立之初出版和再版了大量书刊，如《政治经济学》《青年学习丛书》及鲁迅、茅盾等人的作品，很受欢迎。

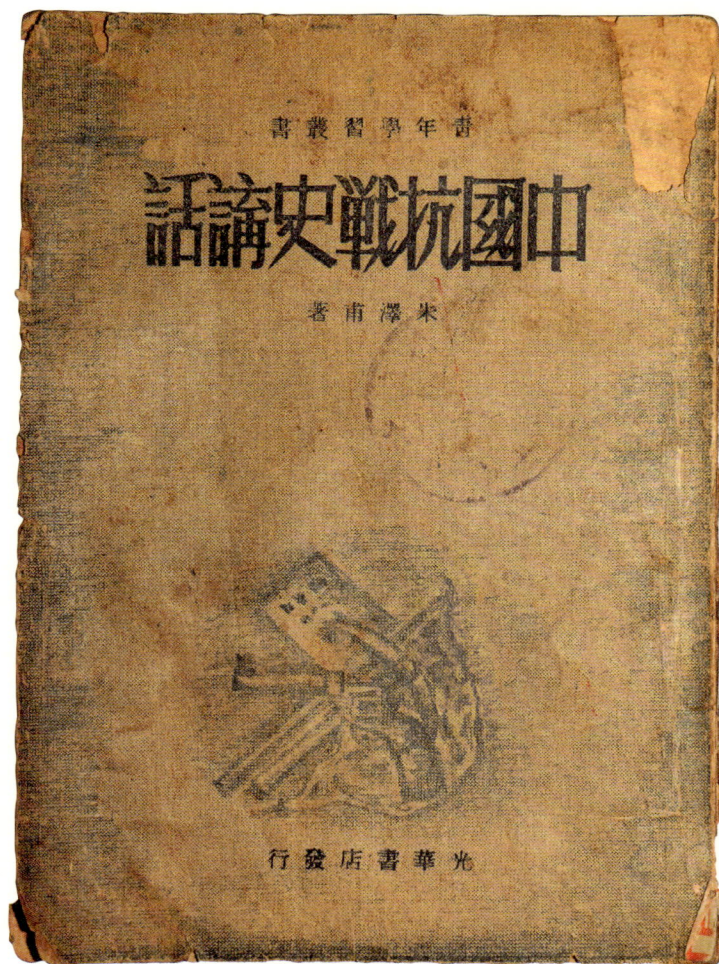

封面

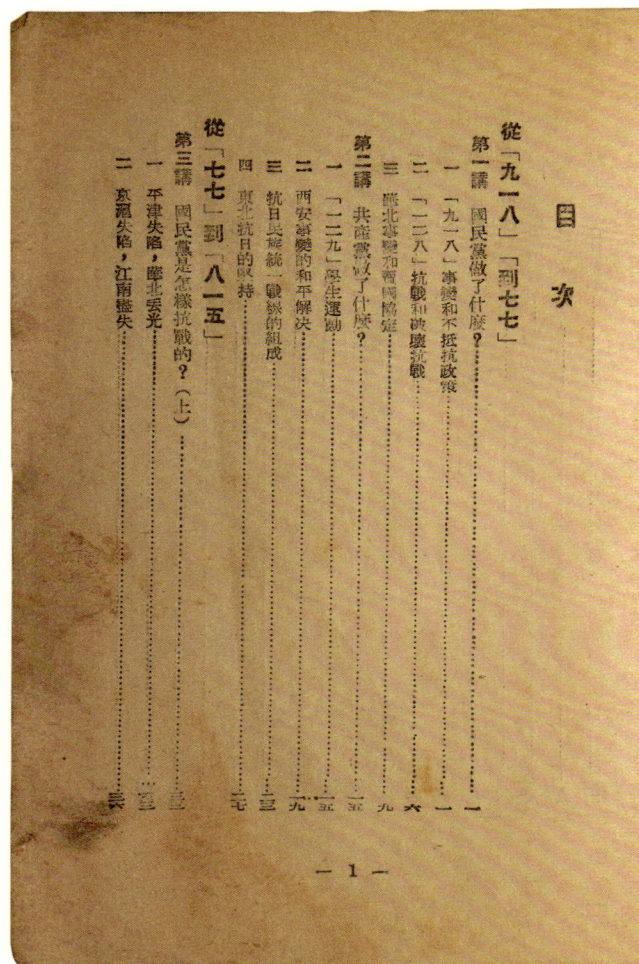

目录

30. 中国共产党党章教材

题名：中国共产党党章教材
责任者：
出版（印制）单位：东北书店
出版（印制）时间：1948年11月
开本（尺寸）：180mm×130mm
页数：72页
藏址：湖南红色档案馆

《中国共产党党章教材》一书共分六个单元，分别为：中国革命，中国共产党，党员，党员的权利与义务，党的组织机构与民主集中制，党的过去与现在，最后还有附录三篇。中共七大以后，各根据地和解放区掀起学习党章的热潮，各出版社相继出版了不同版本的中国共产党党章学习书籍，《中国共产党党章》也成为通行教材，发行量较大。七大党章在党的历史上第一次提出"毛泽东思想"，本版教材第八课"中国共产党的指导思想"中，也首先予以引用。

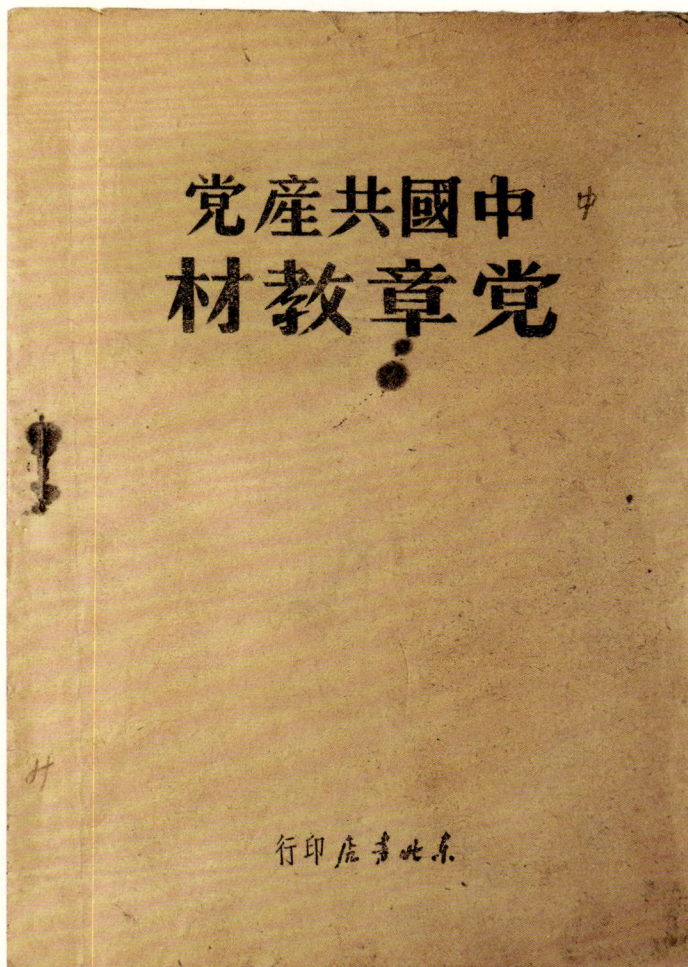

封面

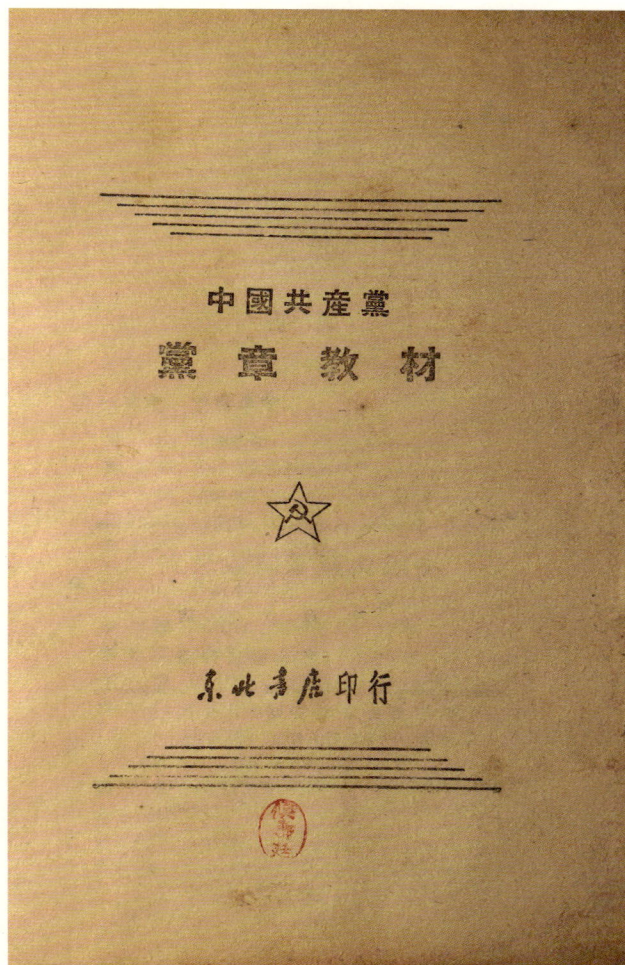

扉页

31. 干部学习参考文件

题名：干部学习参考文件
责任者：中共上海市委党校
出版（印制）单位：中共上海市委党校
出版（印制）时间：1949年7月
开本（尺寸）：180mm×128mm
页数：203页
藏址：湖南红色档案馆

　　《干部学习参考文件》是干部学习的参考资料，主要选取了毛泽东、刘少奇、任弼时等一些领导人的讲话或文章，如毛泽东的《论人民民主专政》《目前形势和我们的任务》，刘少奇的《做一个好的党员 建设一个好的党》《关于党的群众路线问题》，任弼时的《工商业政策》等，还选取了部分新华社社论及苏联文章，是培训党员干部的教材。

封面

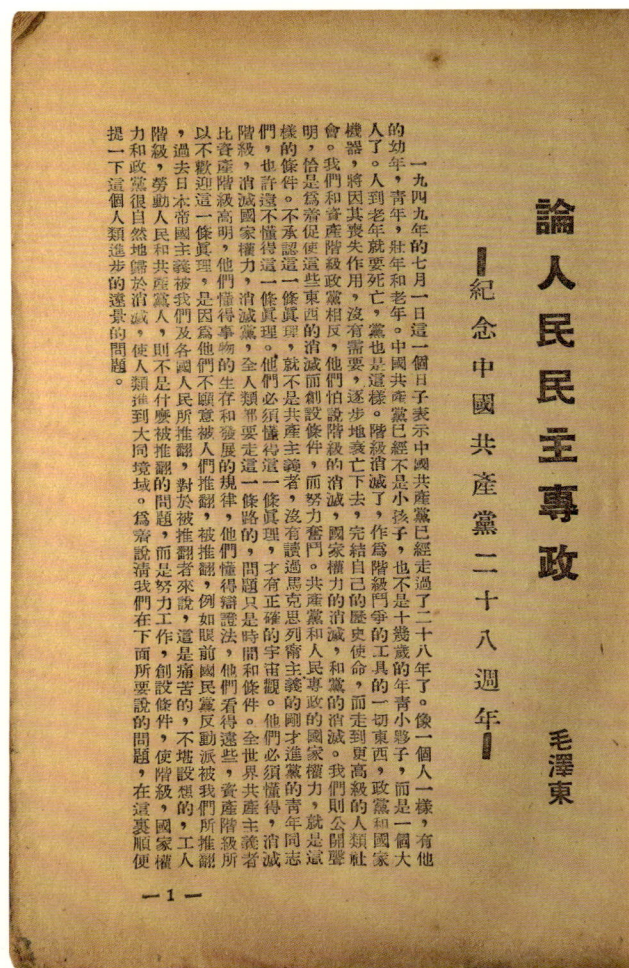

正文

32. 政治经济学

题名：政治经济学
责任者：薛暮桥
出版（印制）单位：新华书店
出版（印制）时间：1949年10月
开本（尺寸）：180mm×125mm
页数：92页
藏址：湖南红色档案馆

《政治经济学》是薛暮桥1938年至1942年在新四军教导总队训练处时编写的培训新四军干部的教材。解放后又成为中学政治课本。该书按照原始社会、封建社会、资本主义社会到社会主义社会顺序阐述了社会发展的基本规律，文笔朴实，通俗易懂。

薛暮桥（1904—2005），江苏无锡人，中国经济学界泰斗，首届中国经济学奖获得者，新中国第一代社会主义经济学家和高级经济官员之一，参与了中国两个经济体制建设。著有《中国农村经济常识》《中国社会主义经济问题研究》等。

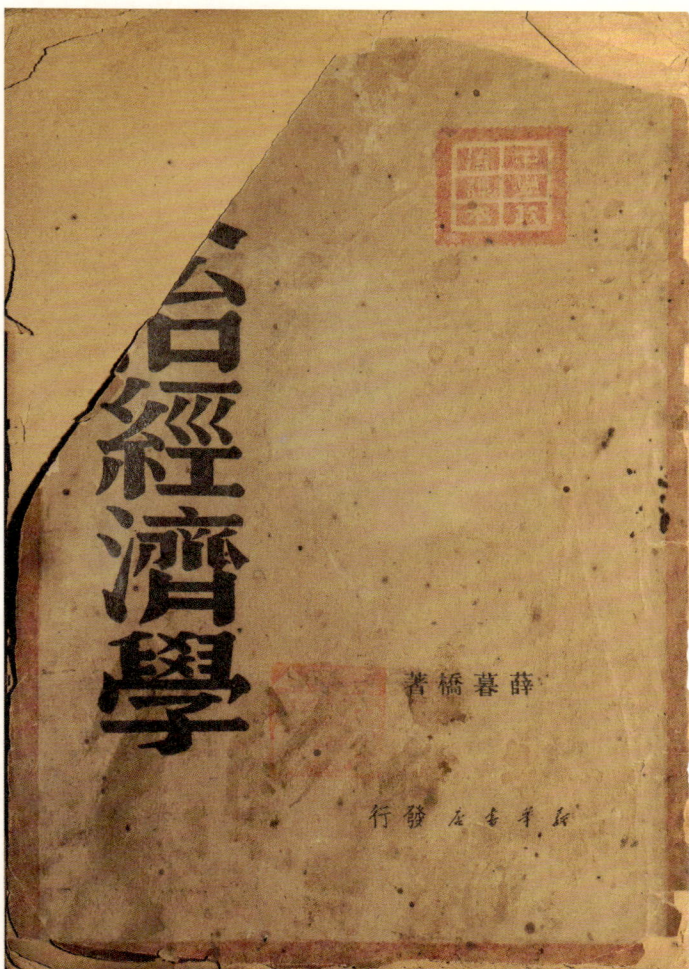

封面

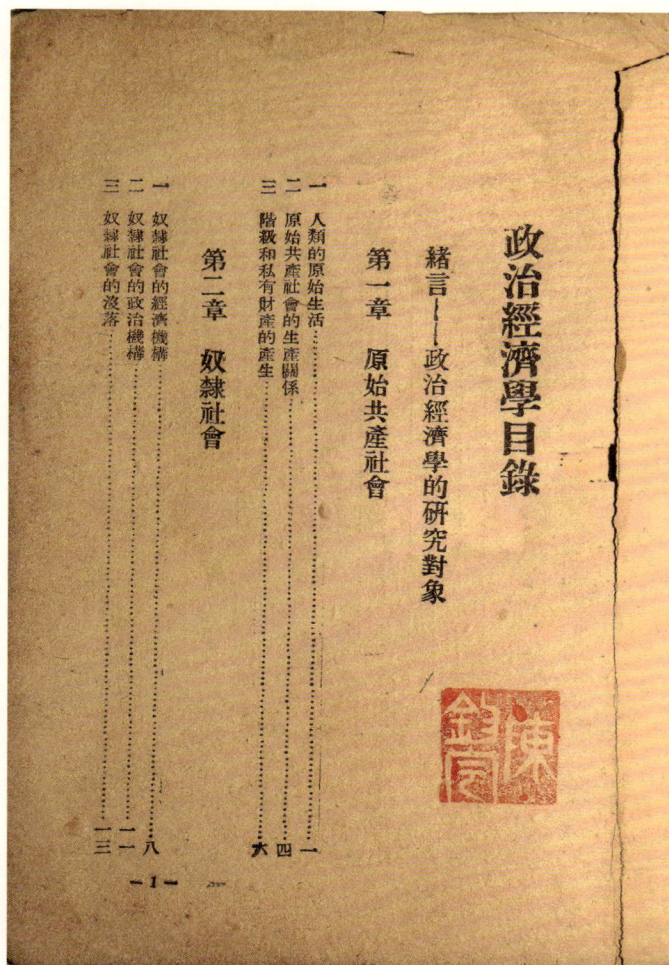

目录

六、红色期刊

1. 青年杂志（第一卷第四号）

题名：青年杂志（第一卷第四号）
责任者：青年杂志社
出版（印制）单位：群益书社
出版（印制）时间：1915年12月15日
开本（尺寸）：255mm×185mm
页数：
藏址：湖南红色档案馆

《青年杂志》于1915年9月15日由陈独秀在上海创办，群益书社发行，月刊，6期为一卷，是综合性的文化月刊。该杂志发起新文化运动，并且宣传倡导科学、民主和新文学。1916年9月1日出版第二卷第一号，改名为《新青年》。《新青年》是20世纪20年代中国具有影响力的革命杂志，在五四运动期间起到重要作用。自1915年9月15日创刊号至1926年7月终刊共出9卷54号。

本书收录了《青年杂志》第一卷第四号，1915年12月15日出刊，共刊载文章17篇，包括陈独秀的《东西民族根本思想之差异》《现代欧洲文艺史谭》等。

封面

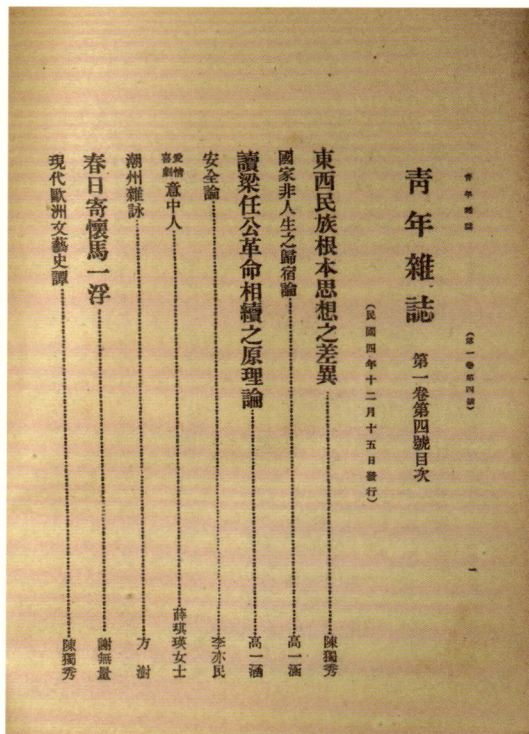

目录

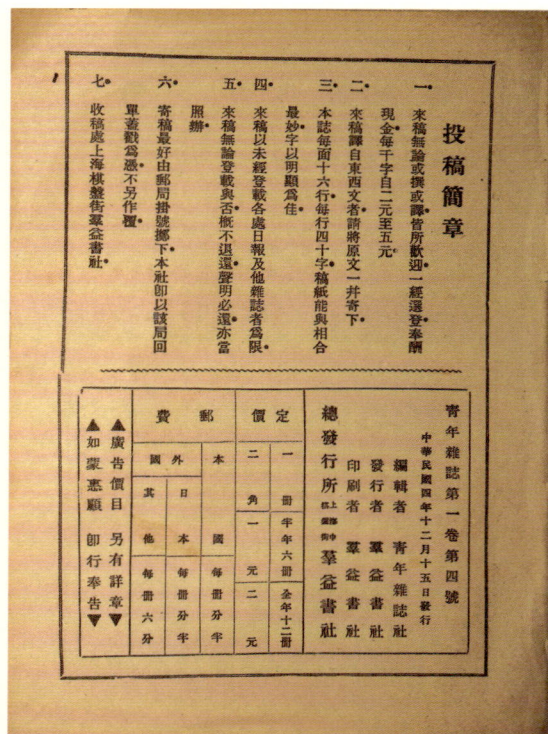

投稿简章

2. 新青年（列宁号）

题名：新青年（列宁号）
责任者：广州新青年社
出版（印制）单位：广州新青年社
出版（印制）时间：1925年4月22日
开本（尺寸）：250mm×170mm
页数：147页
藏址：湖南省档案馆

《新青年》出版第九卷后休刊，一直到1923年续刊，并改为季刊。复刊后的《新青年》主要宣传马克思主义，介绍国际共产主义运动经验，并注意运用马克思主义基本原理分析中国革命的实际问题，使其成为中国无产阶级革命的指南。列宁逝世一周年时，《新青年》杂志出版"列宁号"专刊，瞿秋白、陈独秀等人专门撰文介绍列宁及其学说，为中国人民学习理解世界无产阶级运动和俄国的社会主义革命和建设情况提供了丰富的材料。

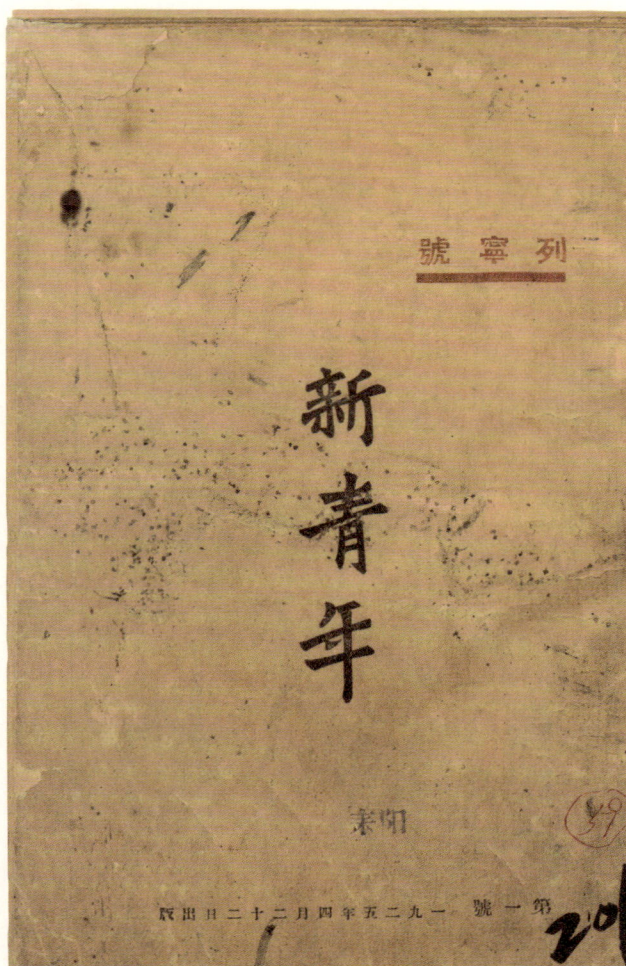

封面

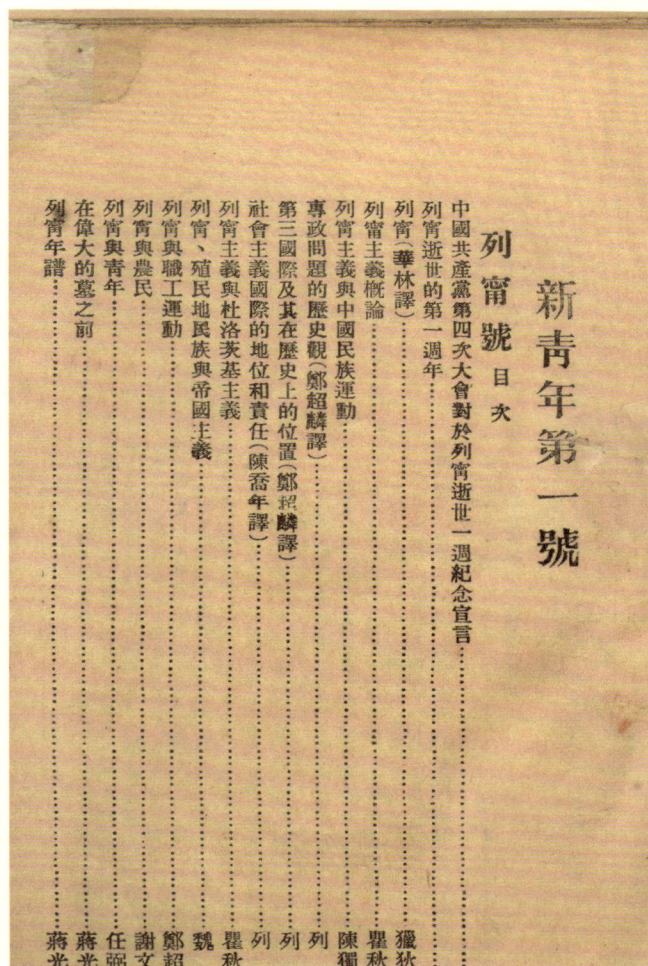

目录

3. 新青年（第三号）

题名：新青年（第三号）

责任者：新青年社

出版（印制）单位：新青年社

出版（印制）时间：1926年

开本（尺寸）：250mm×170mm

页数：116页

藏址：湖南省档案馆

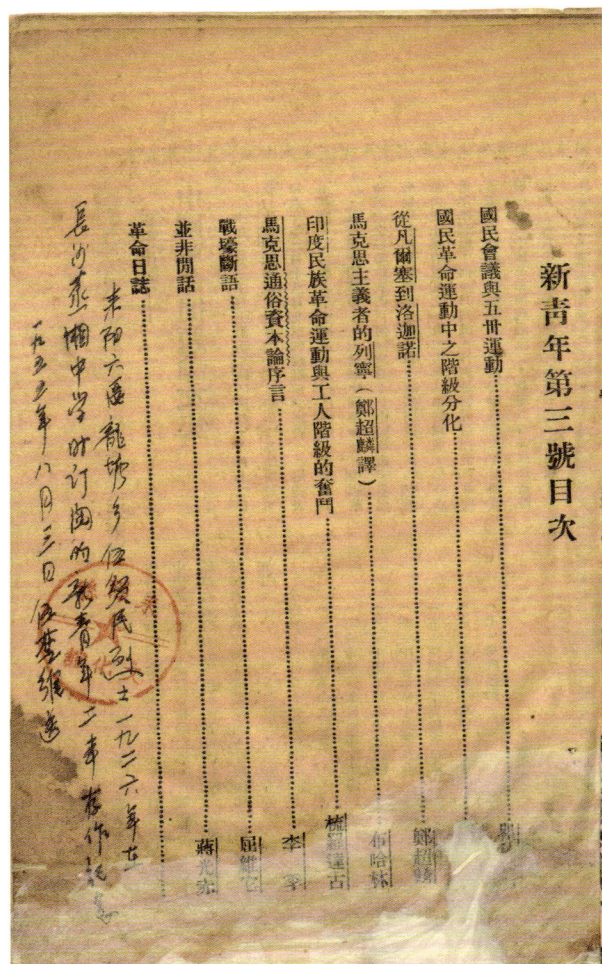

目录

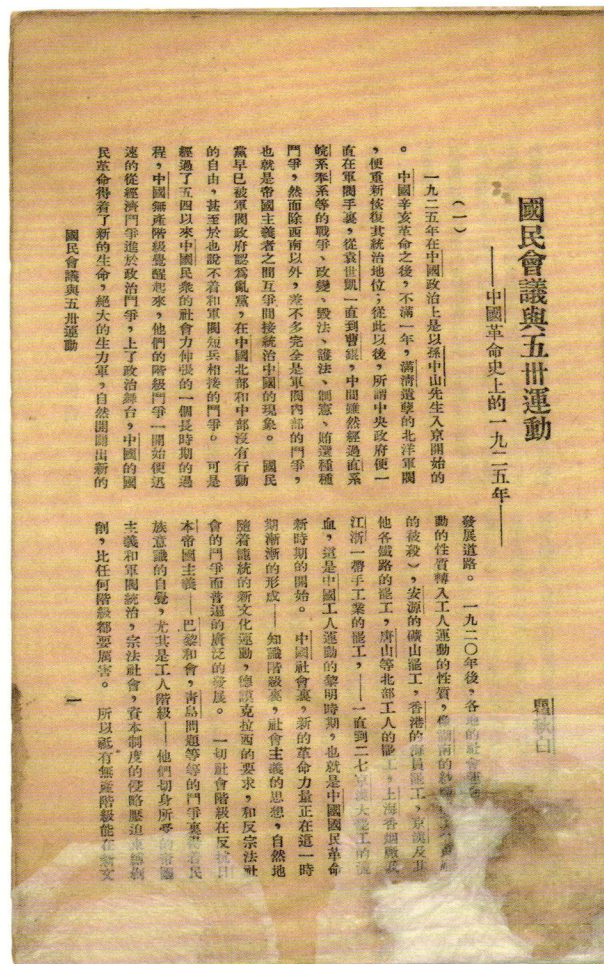

正文

4. 湖南青年（第七期）

题名：湖南青年（第七期）
责任者：湖南青年旬刊社
出版（印制）单位：湖南青年旬刊社
出版（印制）时间：1926年12月10日
开本（尺寸）：190mm×131mm
页数：16页
藏址：湖南省档案馆

《湖南青年》由共产主义青年团湖南省委在长沙创办，旬刊。该刊以指示革命的理论和策略、提高青年的政治兴味、讨论青年的本身问题为主旨。

本书收录《湖南青年》（第七期），1926年12月10日出版，主要文章有《中国共产主义青年团湖南区执行委员会致工农代表大会的信》《中国共产主义青年团湖南区执行委员会为湖南人民公葬黄庞黄汪四烈士宣言》等。

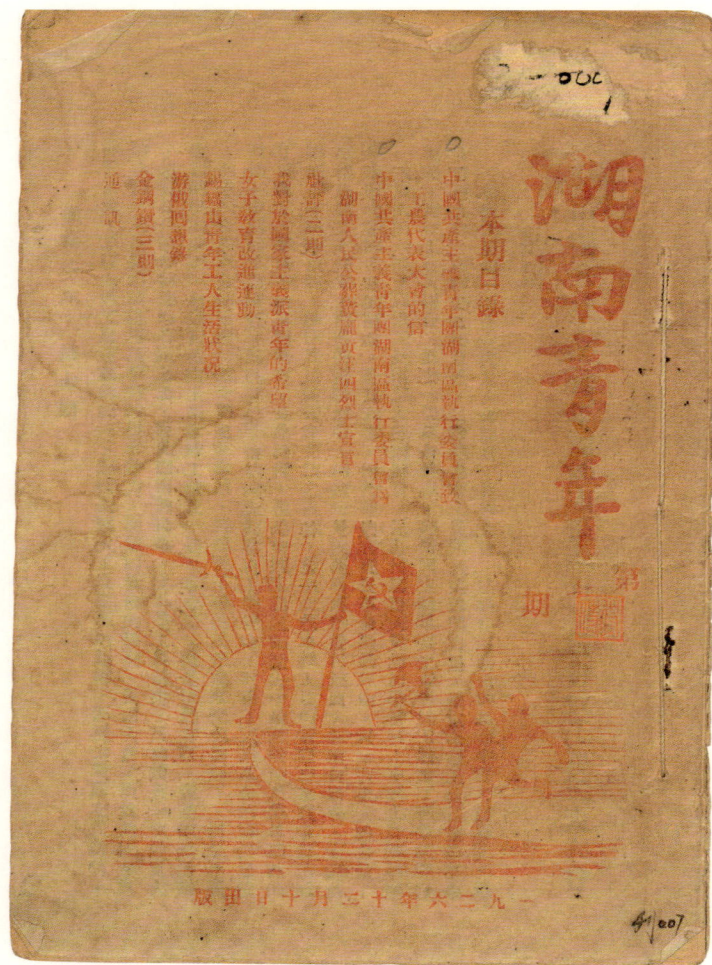

封面

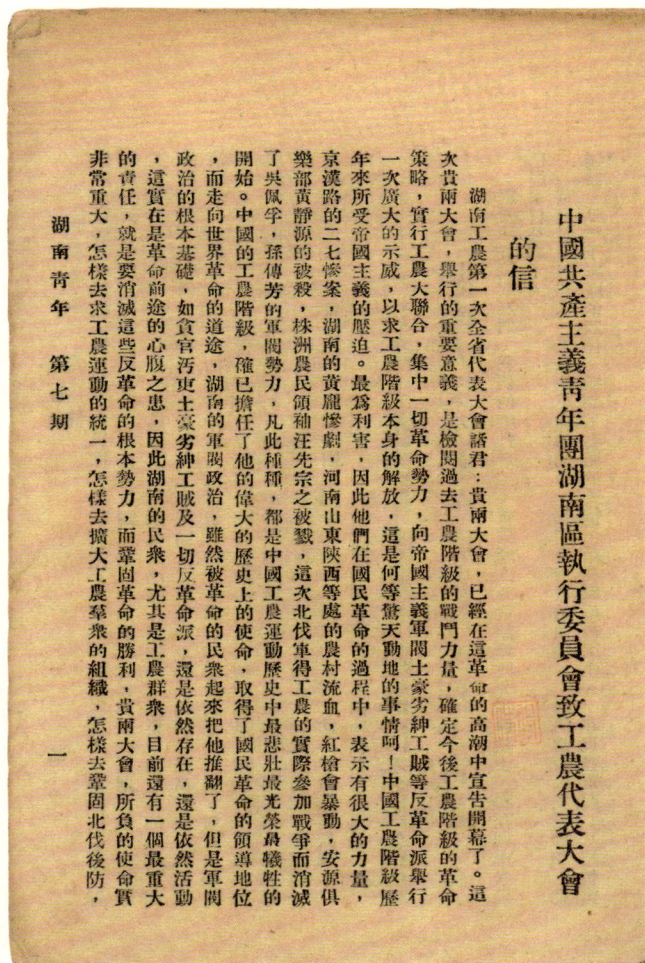

正文

5. 农民运动（第二十四期）

题名：农民运动（第二十四期）
责任者：中国国民党中央执行委员会农民部
出版（印制）单位：中国国民党中央执行委员会农民部
出版（印制）时间：1927年5月1日
开本（尺寸）：184mm×125mm
页数：30页
藏址：湖南省档案馆

《农民运动》是大革命时期中国国民党中央执行委员会农民部所创办的指导农民运动的通俗刊物。1926年8月1日在广州创刊，周刊。初由中国共产党人和国民党左派共同编辑。主要刊载有关农民运动的政论文章和国民党中央农民部、省农民协会的宣传材料。曾广泛报道湖南、湖北、江西、广东、广西、山东、河南等省农民运动的情况和经验。目前所知最后一期是1927年6月出版的第29期。

本书收录《农民运动》第24期，登载的主要文章有《中央农民部为"五一"节告农民书》《苏俄解决土地问题的方法》等。

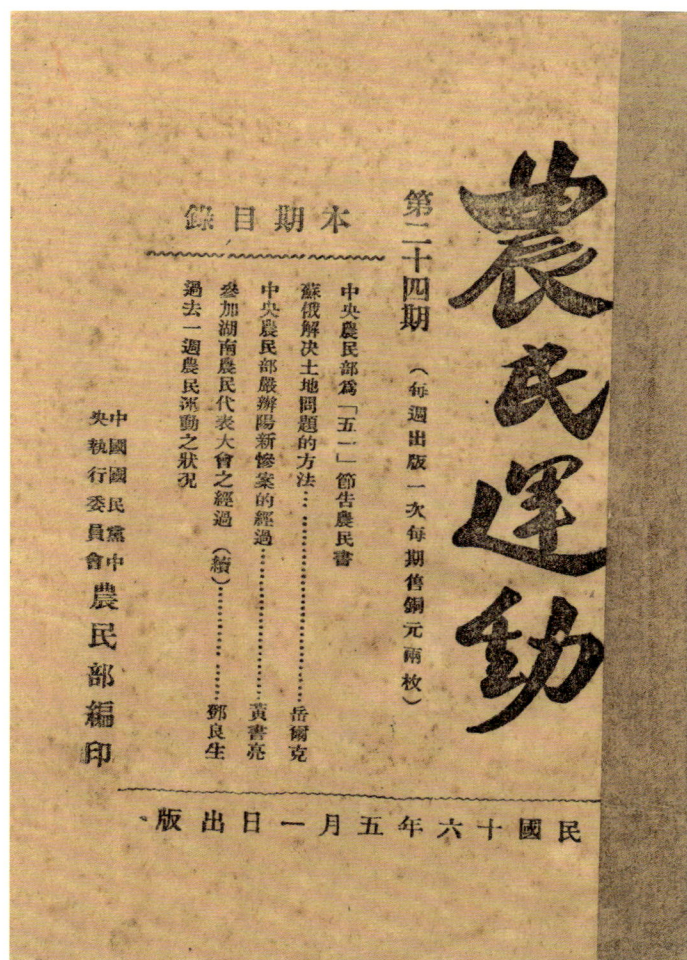

封面

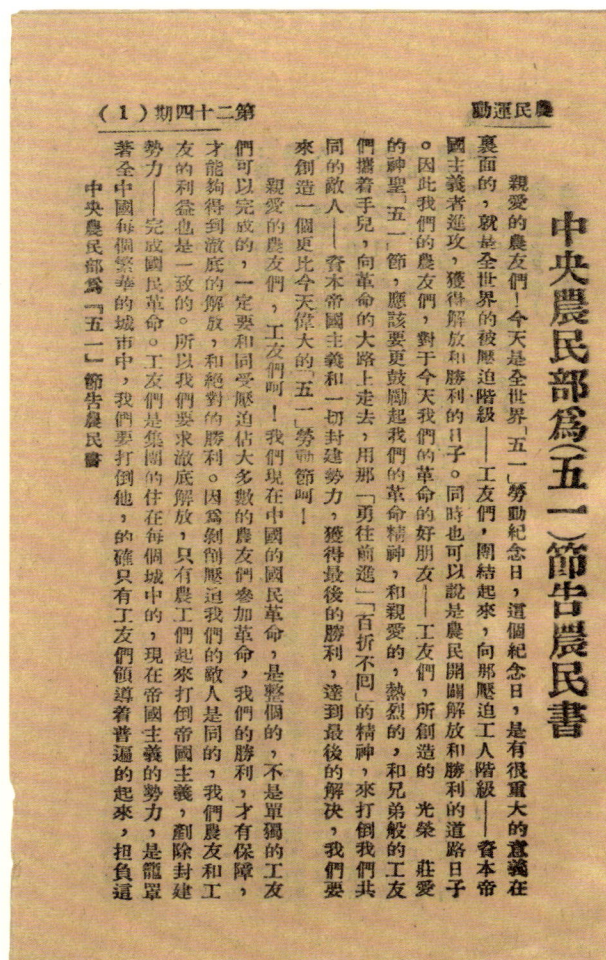

正文

6. 新中华（第一卷第十一期）

题名：新中华（第一卷第十一期）
责任者：新中华杂志社
出版（印制）单位：上海中华书局
出版（印制）时间：1933年6月10日
开本（尺寸）：260mm×190mm
页数：90页
藏址：湖南红色档案馆

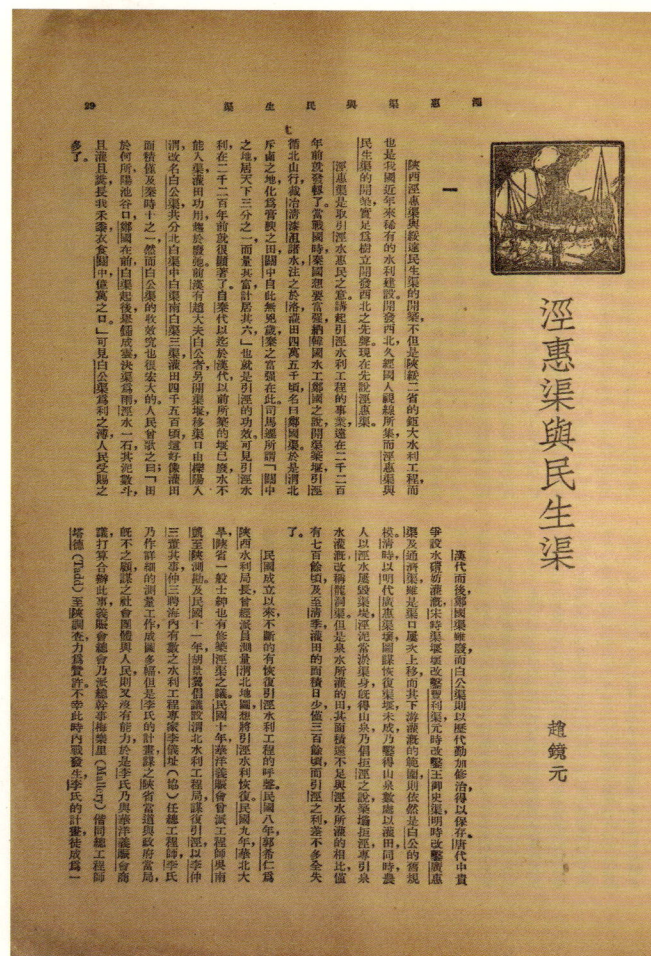

正文

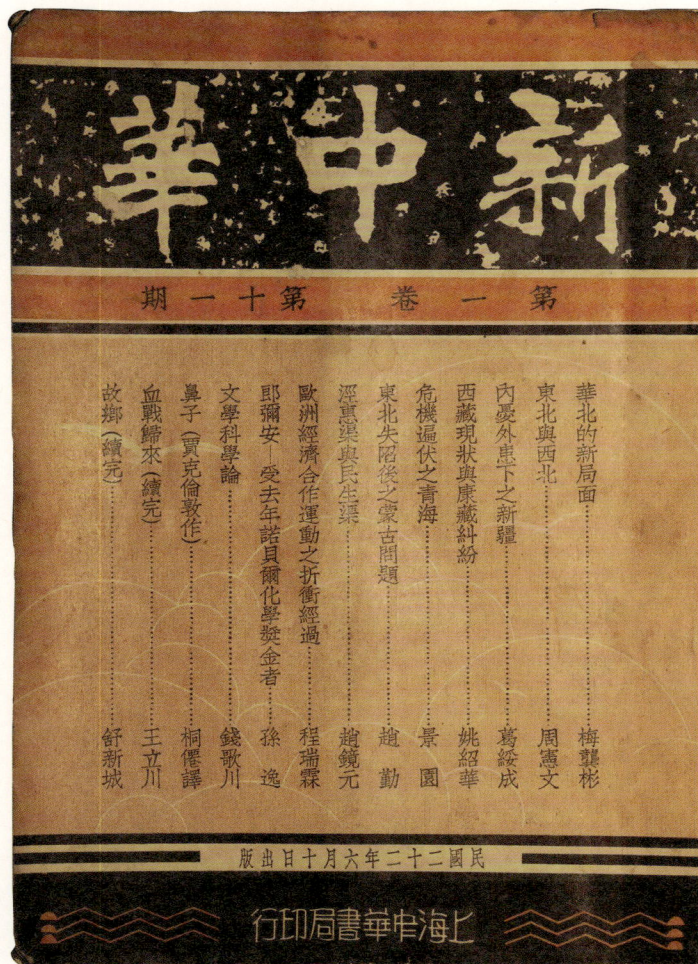

封面

《新中华》创刊于1933年1月10日，半月刊，由上海中华书局编辑出版。它是以时事政治为主的综合性刊物，其发刊词强调："本志定名为《新中华》，冀其对于'现代的中国'有所贡献，故敢揭橥'灌输时代知识、发扬民族精神'之两义，以为主旨。"该刊由周宪文、钱歌川、倪文宙等编辑，作者均为社会名流。

本书收录了《新中华》（第一卷第十一期），1933年6月10日出刊，共90页，刊载有梅龚彬、舒新城等人撰写的文章。

7. 新学识（第二卷第一期）

题名：新学识（第二卷第一期）
责任者：徐步
出版（印制）单位：生活书店
出版（印制）时间：1937年8月5日
开本（尺寸）：262mm×190mm
页数：62页
藏址：湖南红色档案馆

封面

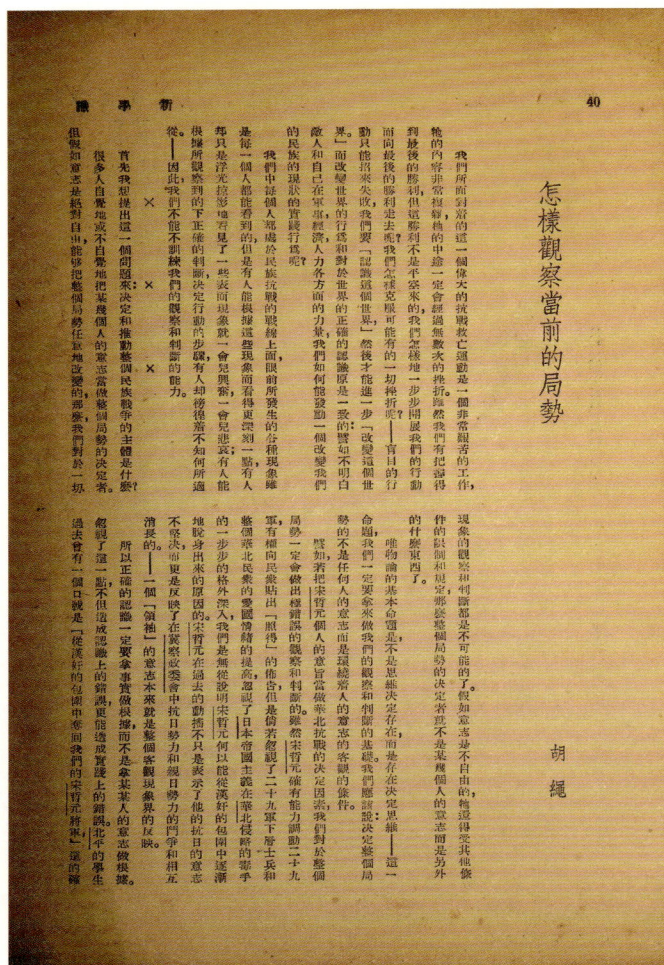

正文

　　《新学识》是国统区发行的进步刊物，内容包括时事政治、哲学、经济、历史、文艺、社会生活等。刊物署名编辑为徐步，发行人何家麟，由生活书店总经销。"八一三"事变后，《新学识》杂志移到武汉继续出版，徐步为编辑兼发行人，仍由生活书店总经售。1938年武汉沦陷前，徐步去了延安，《新学识》停刊。

　　本书收录了《新学识》第二卷第一期，刊载了唐弢、聂绀弩、徐懋庸、沈钧儒等人的文章。

8. 抵抗（第十八号）

题名：抵抗（第十八号）
责任者：邹韬奋
出版（印制）单位：抵抗三日刊社
出版（印制）时间：1937年10月16日
开本（尺寸）：260mm×185mm
页数：12页
藏址：湖南省档案馆

　　《抵抗》由邹韬奋于1937年8月在上海创办，原名《抗战》，由于租界当局无理干涉，后改为《抵抗》。该刊系统报道和分析国内外形势，反映群众的抗日要求。1937年11月上海沦陷，《抵抗》恢复原名《抗战》，之后移到武汉出版。1938年7月，该刊与沈钧儒主编的《全民周刊》合并，改名为《全民抗战》，在汉口出版，由邹韬奋主编。1941年2月，《全民抗战》被当局查封，

　　本书收录了《抵抗》第十八、二十四号，第十八号撰稿者有金仲华、邹韬奋、潘汉年、胡绳、李公朴、沈钧儒等，第二十四号撰稿者有金仲华、邹韬奋、宋庆龄等。

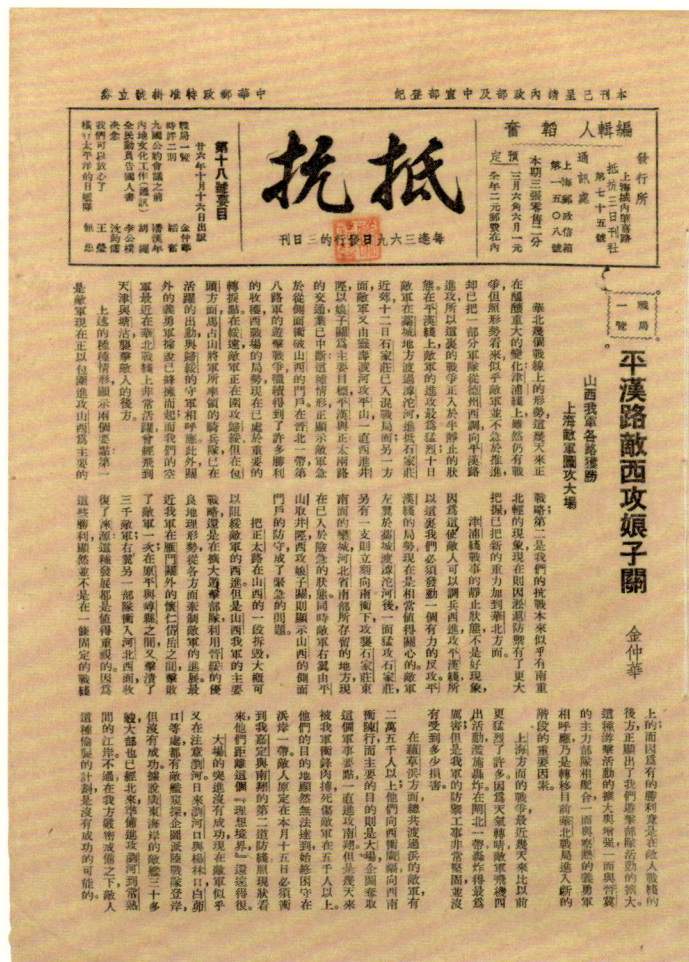

刊头

正文

9. 抵抗（第二十四号）

题名：抵抗（第二十四号）
责任者：邹韬奋
出版（印制）单位：抵抗三日刊社
出版（印制）时间：1937年11月6日
开本（尺寸）：260mm×185mm
页数：12页
藏址：湖南省档案馆

刊头

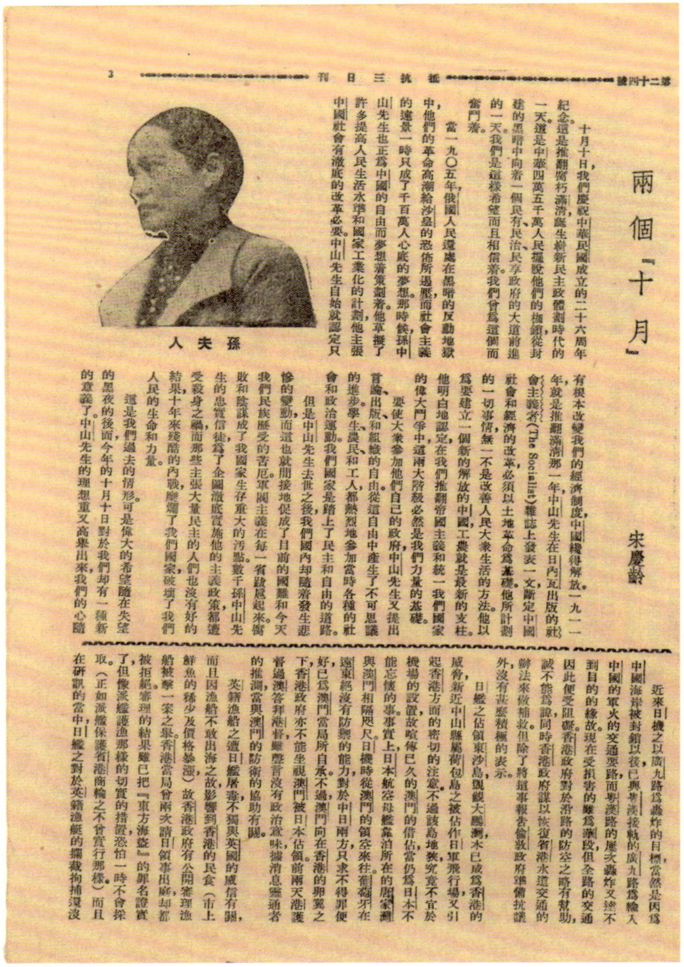

正文

10. 解放（第一卷第二十三期）

题名：解放（第一卷第二十三期）

责任者：解放周刊社

出版（印制）单位：新华书店

出版（印制）时间：1937年11月13日

开本（尺寸）：265mm×192mm

页数：20页

藏址：湖南省档案馆

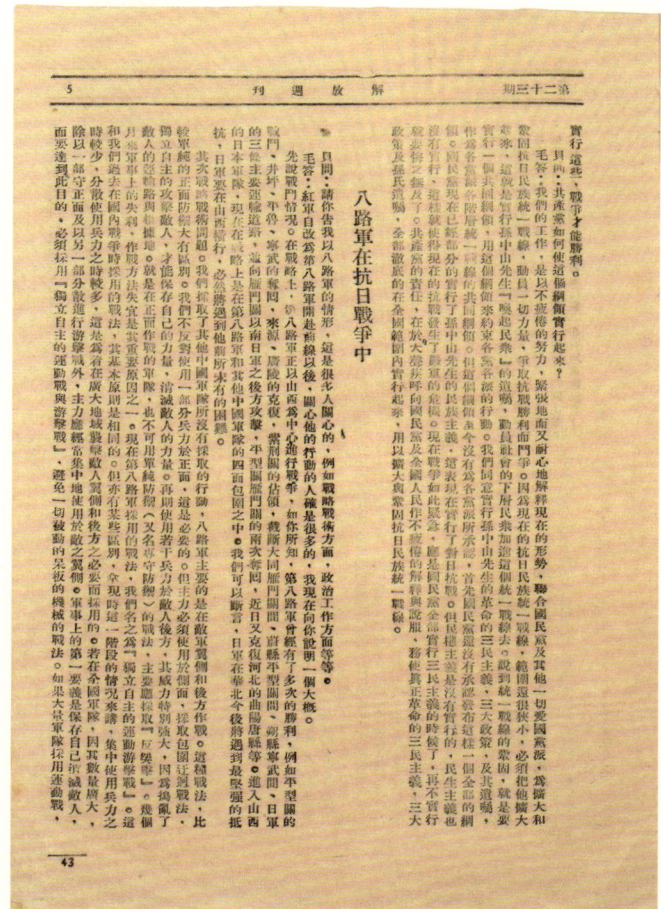

刊头

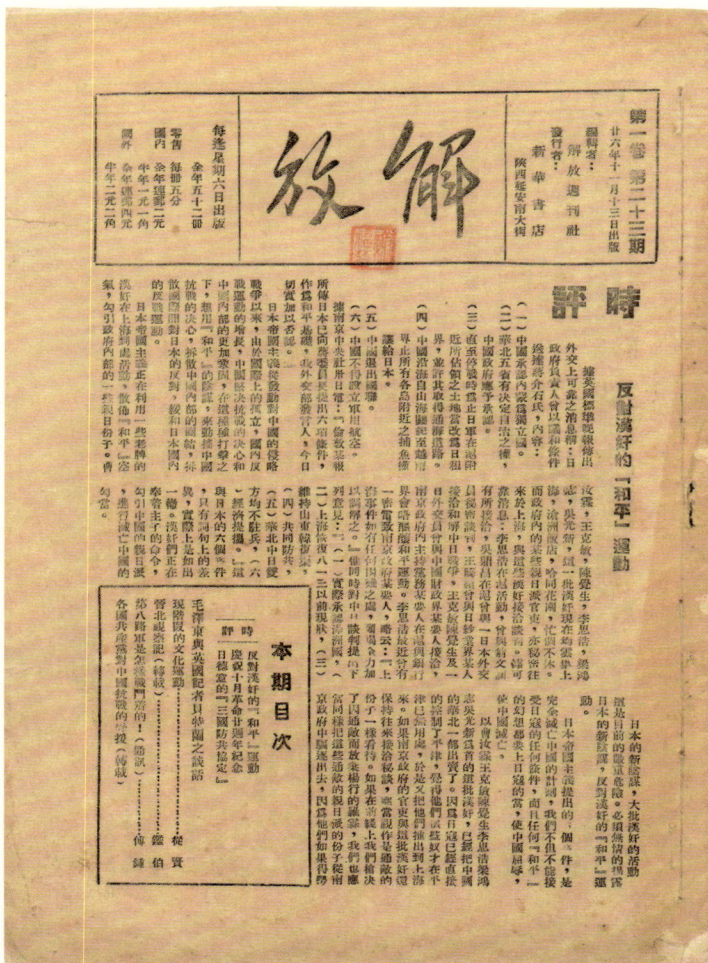

正文

　　《解放》周刊是在延安创办的中共中央政治理论刊物，1937年4月24日创刊，由解放周刊社负责编辑，中央印刷厂印刷，新华书局（第21期起改为新华书店）对外发行。后因无法保证按周出版，从1938年1月第28期起改为半月刊，去掉"周刊"二字改称《解放》，解放周刊社随之改称解放社。1941年8月31日终刊，共出版134期。《解放》周刊先后开辟有时评（时事短评）、论著、翻译、通讯、文艺（创作）、学习指导、理论增刊、党内教育、学术研究等主要栏目，刊登有各类文献、新闻通讯、经验介绍和署名文章等1100余篇。

　　本书收录了《解放》第一卷第二十三期，刊登的主要文章有《毛泽东与英国记者贝特兰之谈话》《现阶段的文化运动》《晋北视察记》等。

11. 文摘（战时旬刊）

题名：文摘（战时旬刊）
责任者：复旦大学文摘社
出版（印制）单位：上海黎明书局
出版（印制）时间：1938年1月8日
开本（尺寸）：265mm×190mm
页数：40页
藏址：湖南红色档案馆

《文摘》由复旦大学教授孙寒冰于1937年1月1日创办，七七事变抗战全面爆发时，更名为《文摘（战时旬刊）》。该刊收集翻译了大量中外发表的有关抗战及反法西斯阵营的前线报道与战势分析文章。国共两党领导人及宋庆龄、马相伯、赛珍珠等人的抗战檄文皆刊发于此。同时此刊首度连载斯诺笔录的《毛泽东自传》。

本书收录《文摘（战时旬刊）》第八号，刊登了史汀生、茅盾、巴金、夏衍、竺可桢等人的文章。

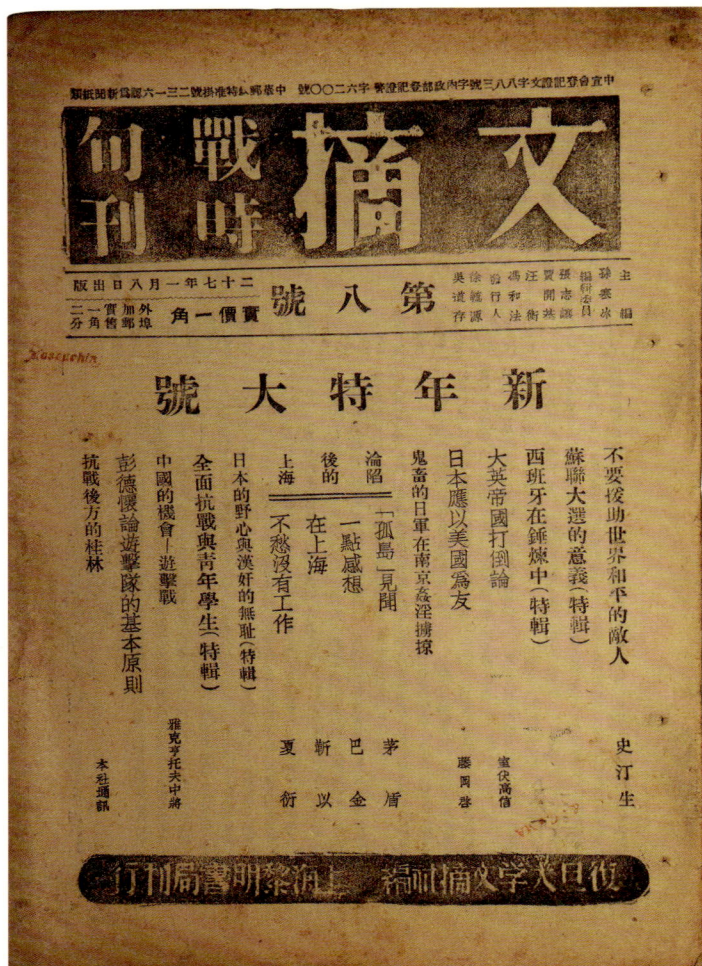

封面

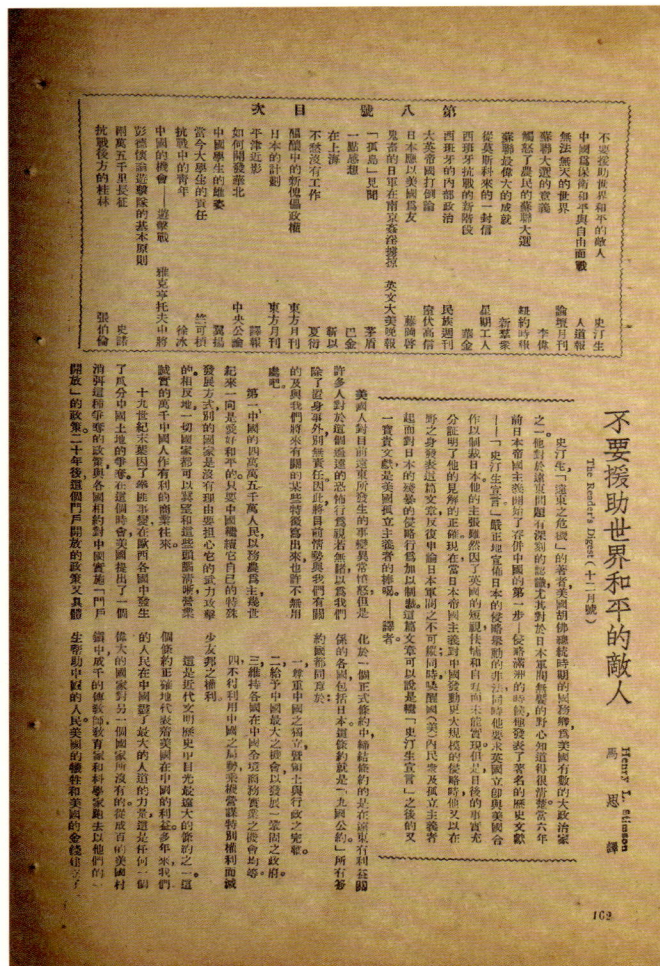

目录及正文

12. 文艺阵地（第三卷第四号）

题名：文艺阵地（第三卷第四号）
责任者：茅盾
出版（印制）单位：生活书店
出版（印制）时间：1939年
开本（尺寸）：255mm×182mm
页数：32页
藏址：湖南红色档案馆

《文艺阵地》是由茅盾主编的现代文学期刊，1938年4月16日创刊于广州，初为半月刊，由生活书店出版发行。该刊的办刊主旨是："拥护抗战到底，巩固抗战的统一战线！"抗日期间，几经转移。1942年11月出至第7卷第4期被迫停刊。后又以《文阵新辑》名义续出。刊物历时6年，共出63期。《文艺阵地》始终表现出鲜明的进步倾向，广泛地团结了抗战中进步的文艺力量。

本书收录了《文艺阵地》第三卷第四号，1939年6月1日出刊，刊载了艾青、艾芜等人的作品。

封面

插画

13. 全民抗战（第131期）

题名：全民抗战（第131期）
责任者：全民抗战社
出版（印制）单位：全民抗战社
出版（印制）时间：1940年8月3日
开本（尺寸）：255mm×183mm
页数：15页
藏址：湖南省档案馆

封面

正文

　　《全民抗战》是抗战时期在国统区出版的进步报刊。1938年7月7日在武汉创刊。由沈钧儒主编的《全民周刊》和邹韬奋主编的《抗战》三日刊合并出版，初仍为三日刊。以邹韬奋、沈钧儒、艾寒松、张仲实、胡绳、柳湜六人组成编委会，邹韬奋任主编，柳湜任副主编。设有社论、时事解说等栏目，采用小报形式，时事性、政论性较强。1939年3月5日，该刊增办"战地版"五日刊。5月13日，自第70号起改为周刊。该刊在全国各大中城市都有经售点，最高发行量达30万份，成为当时国统区影响较广的刊物。它号召"全民动员，抗战到底"，呼吁国共合作，共同实现抗战建国纲领，强烈要求实施新闻出版自由。1941年1月"皖南事变"发生，邹韬奋为此而写的社论被国民党检查官扣留。1941年2月22日，该刊出至第157期后被国民党当局查封。

　　本书收录《全民抗战》第131、132两期。

14. 全民抗战（第132期）

题名：全民抗战（第132期）

责任者：全民抗战社

出版（印制）单位：全民抗战社

出版（印制）时间：1940年8月10日

开本（尺寸）：255mm×183mm

页数：15页

藏址：湖南省档案馆

封面

15. 边区政报（第二十三期）

题名：边区政报（第二十三期）
责任者：晋冀鲁豫边区政府
出版（印制）单位：晋冀鲁豫边区政府石印厂
出版（印制）时间：1943年6月16日
开本（尺寸）：200mm×120mm
页数：27页
藏址：湖南红色档案馆

  《边区政报》是晋冀鲁豫边区政府编辑出版的政务刊物，1941年11月15日创刊，半月刊，主要通报边区财政、经济、教育等项工作的情况，目的是交流经验，配合指导中心工作。内容涉及重要的方针、计划、条例、政令等，刊物设有特载、参军动态等栏目。首页上印有"晋冀鲁豫边区政府编"，以及"某某期目次""对敌秘密勿得遗失"字样。由于战争条件险恶，印刷《边区政报》的石印厂设在辽县（后改名左权县）大林交村。

  本书收录《边区政报》有第二十三、二十四、二十五、二十八、三十、三十七、三十八、四十共八期。

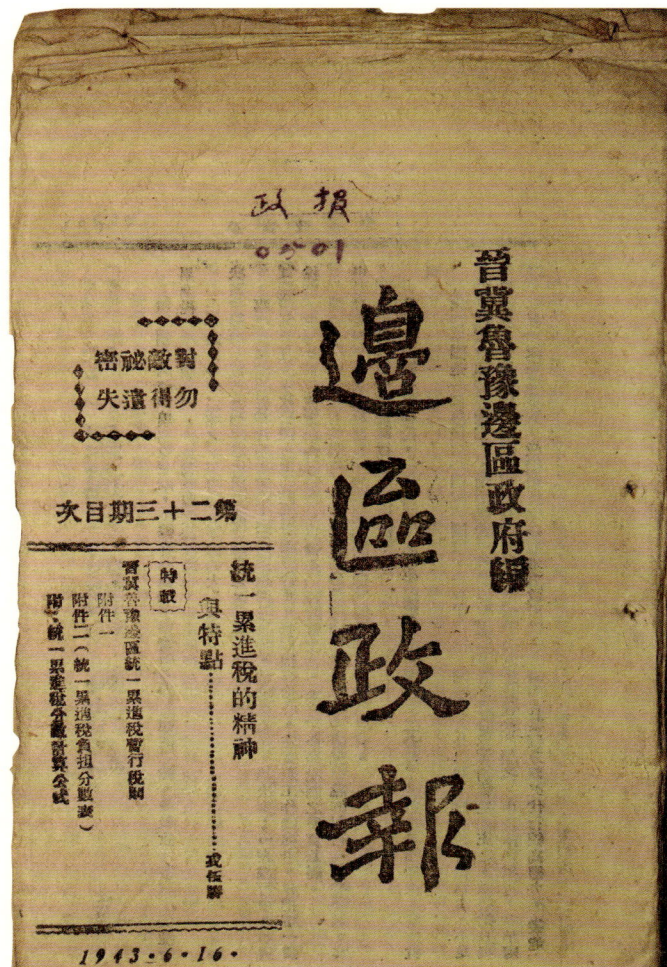

封面

16. 边区政报（第二十四期）

题名：边区政报（第二十四期）
责任者：晋冀鲁豫边区政府
出版（印制）单位：晋冀鲁豫边区政府石印厂
出版（印制）时间：1943年7月1日
开本（尺寸）：175mm×115mm
页数：34页
藏址：湖南红色档案馆

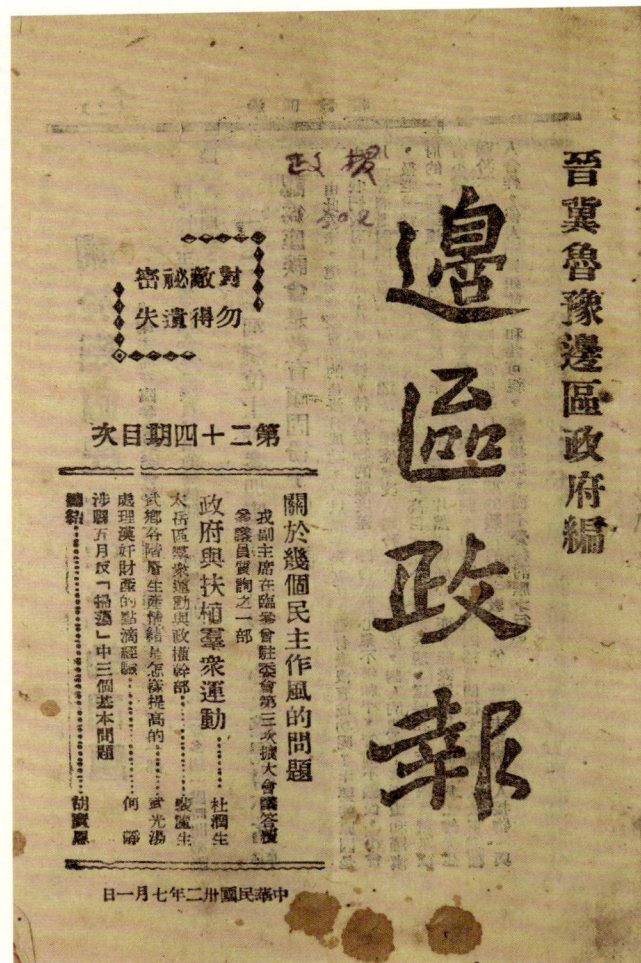

封面

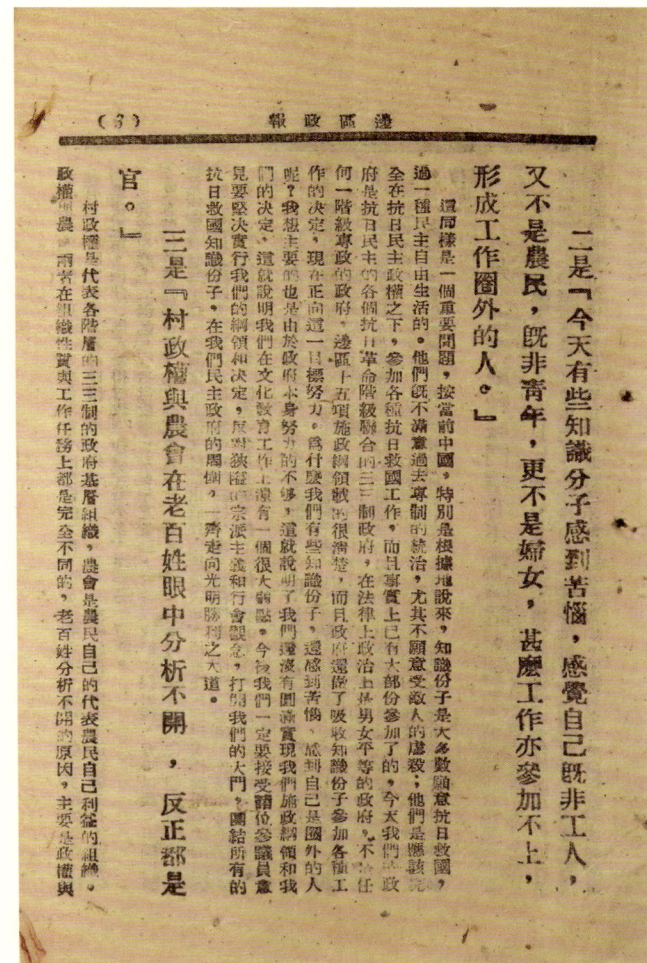

正文

17. 边区政报（第二十五期）

题名：边区政报（第二十五期）
责任者：晋冀鲁豫边区政府
出版（印制）单位：晋冀鲁豫边区政府石印厂
出版（印制）时间：1943年7月15日
开本（尺寸）：175mm×120mm
页数：28页
藏址：湖南红色档案馆

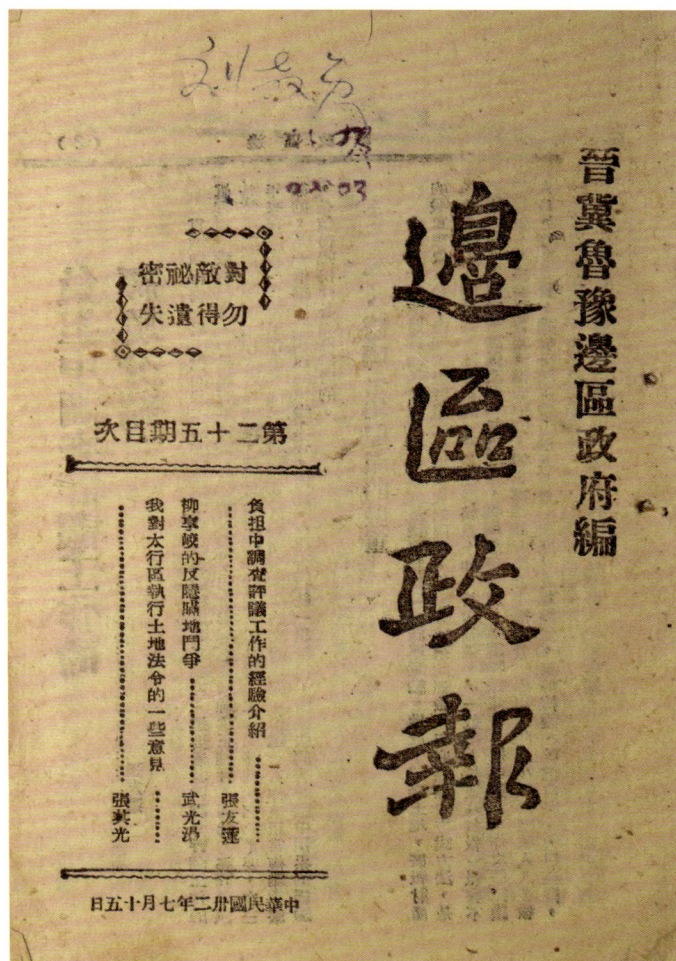

封面

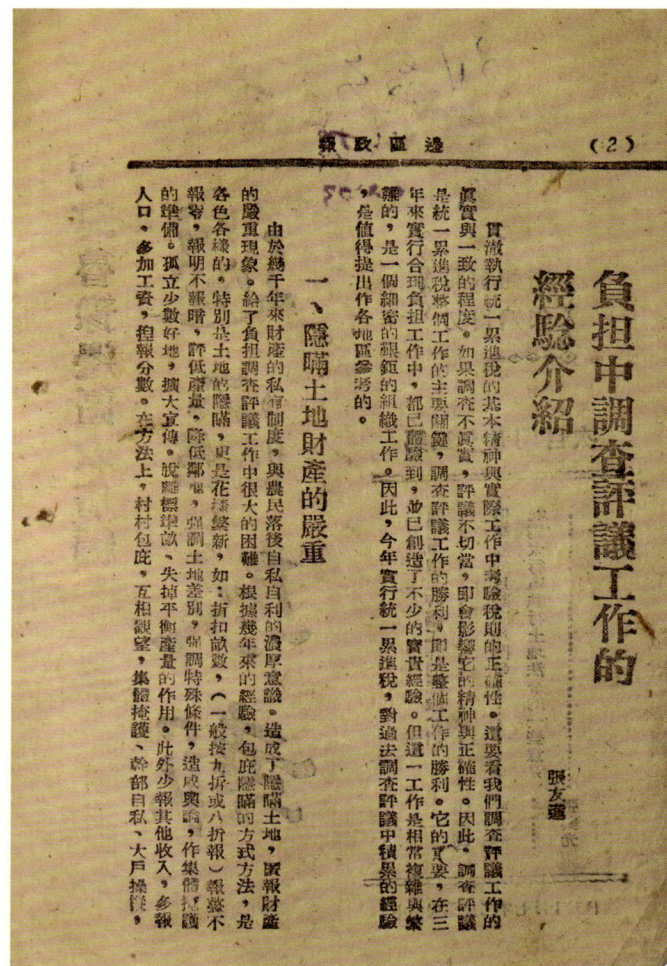

正文

18. 边区政报（第二十八期）

题名：边区政报（第二十八期）
责任者：晋冀鲁豫边区政府
出版（印制）单位：晋冀鲁豫边区政府石印厂
出版（印制）时间：1943年9月16日
开本（尺寸）：200mm×135mm
页数：46页
藏址：湖南红色档案馆

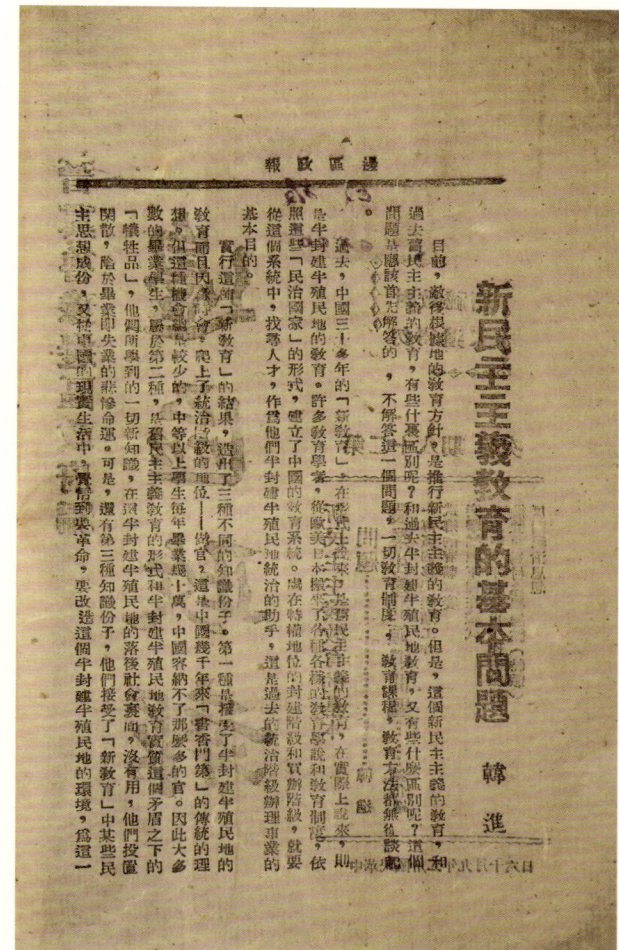

正文

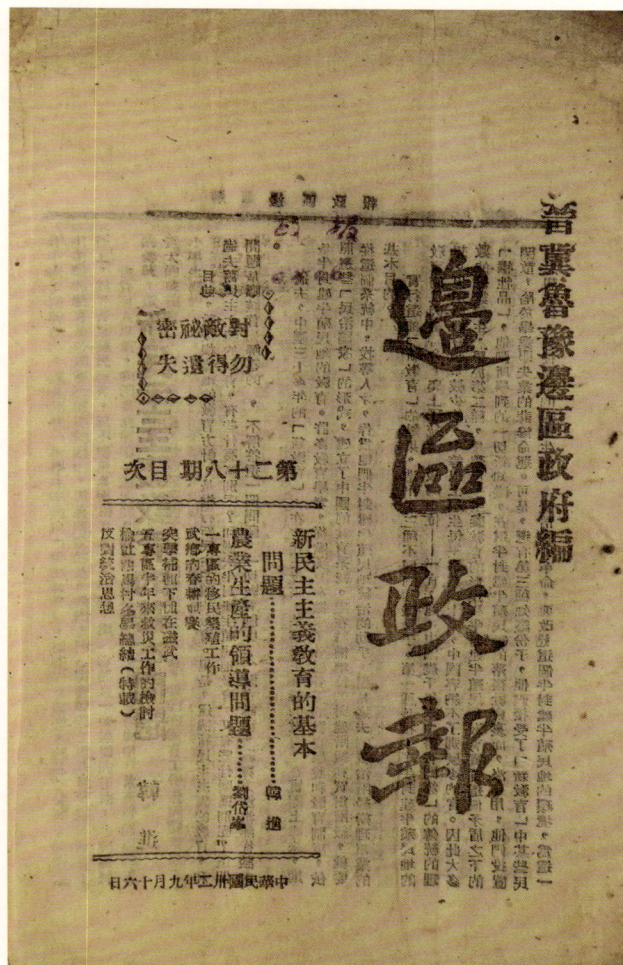

封面

19. 边区政报（第三十期）

题名：边区政报（第三十期）
责任者：晋冀鲁豫边区政府
出版（印制）单位：晋冀鲁豫边区政府石印厂
出版（印制）时间：1943年10月16日
开本（尺寸）：178mm×115mm
页数：33页
藏址：湖南红色档案馆

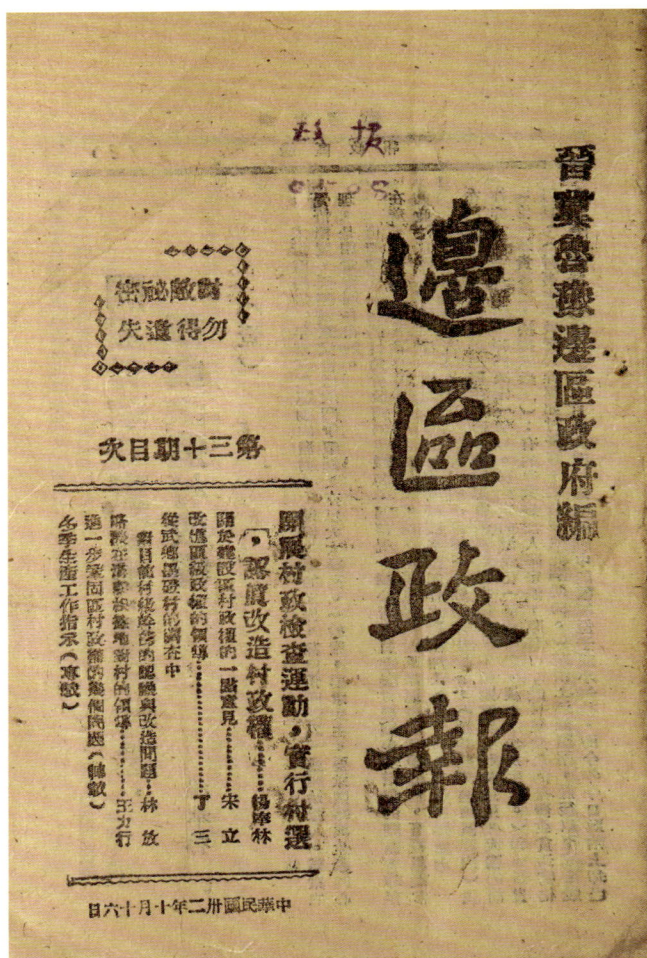

封面

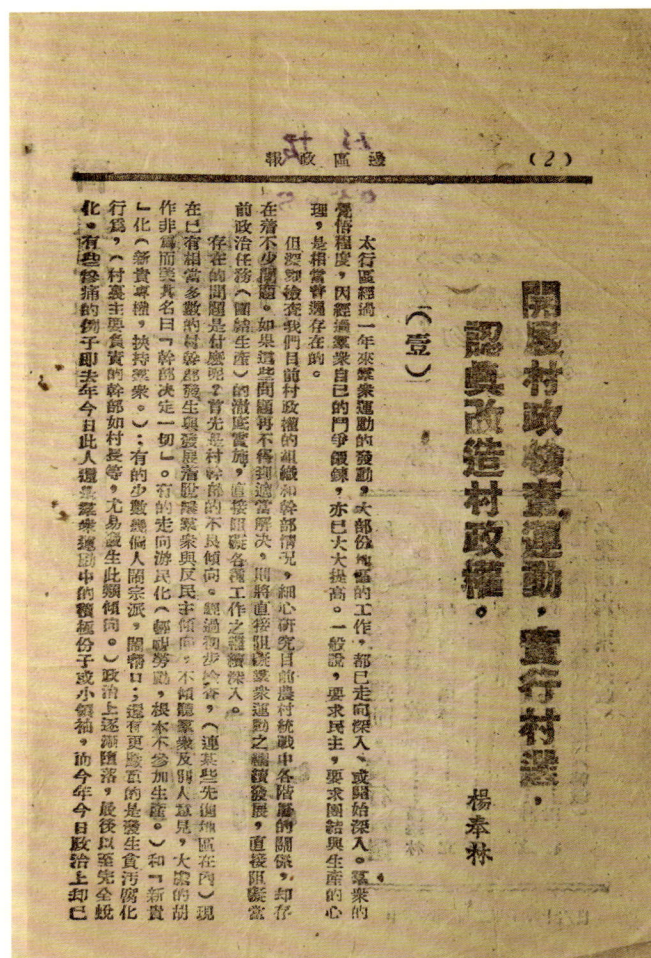

正文

20. 边区政报（第三十七期）

题名：边区政报（第三十七期）
责任者：晋冀鲁豫边区政府
出版（印制）单位：晋冀鲁豫边区政府石印厂
出版（印制）时间：1944年2月1日
开本（尺寸）：175mm×115mm
页数：32页
藏址：湖南红色档案馆

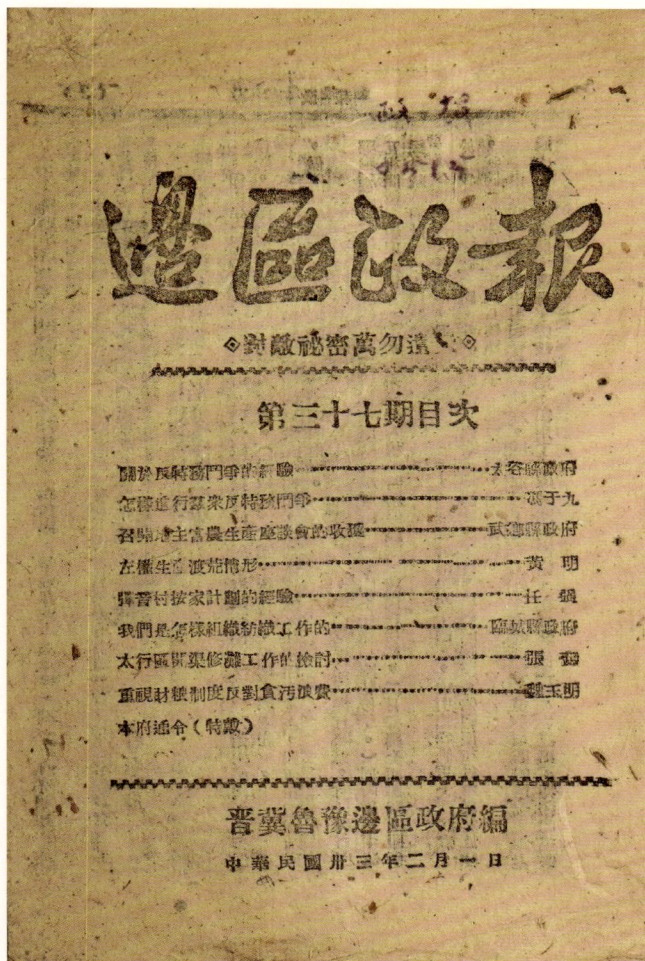

封面

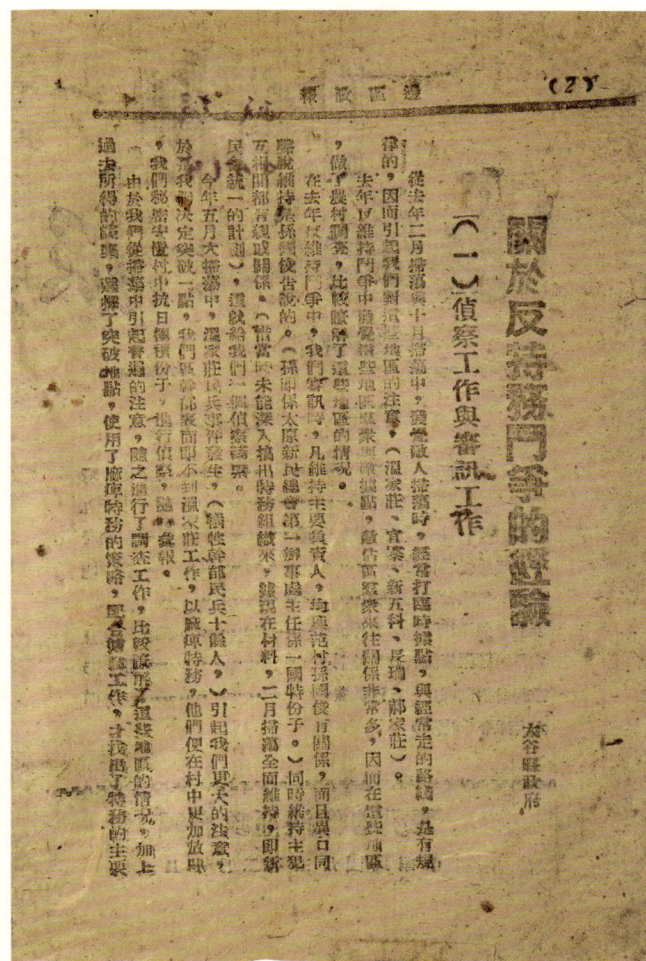

正文

21. 边区政报（第三十八期）

题名：边区政报（第三十八期）
责任者：晋冀鲁豫边区政府
出版（印制）单位：晋冀鲁豫边区政府石印厂印刷
出版（印制）时间：1944年2月16日
开本（尺寸）：170mm×120mm
页数：33页
藏址：湖南红色档案馆

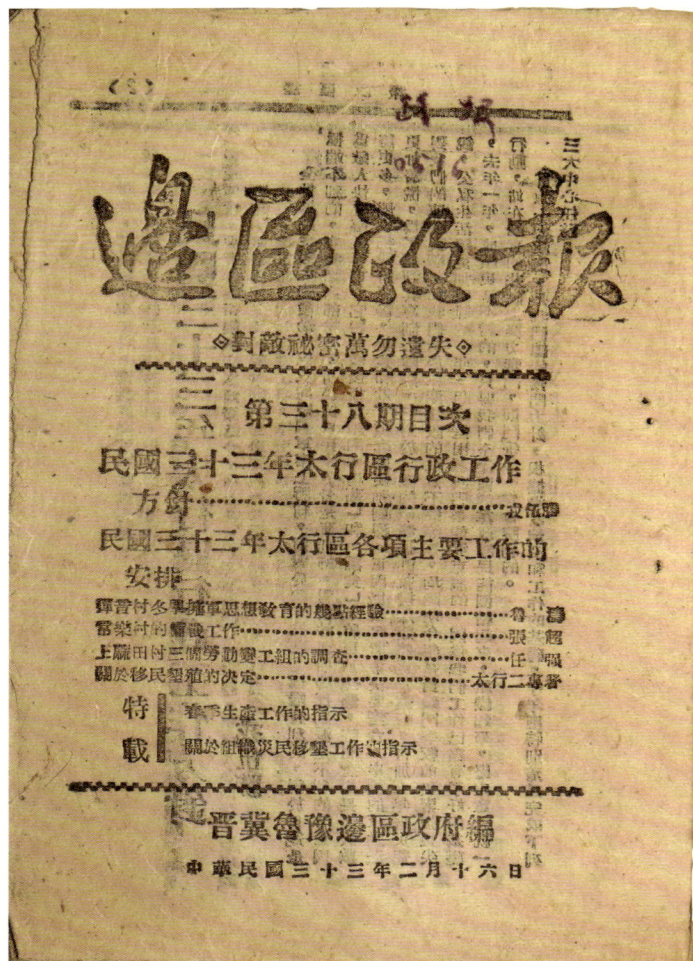

封面

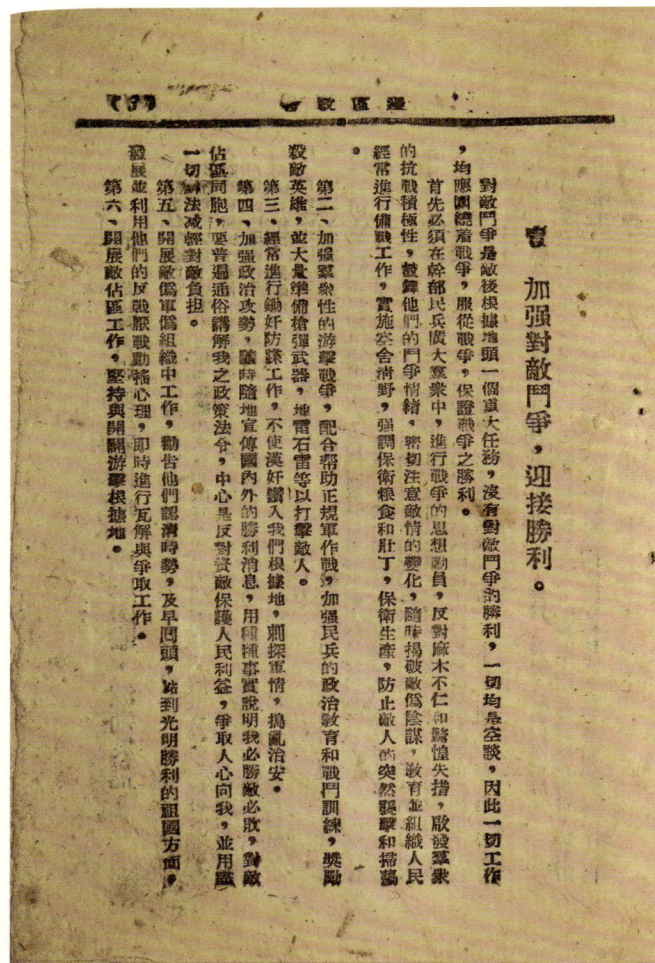

正文

22. 边区政报（第四十期）

题名：边区政报（第四十期）
责任者：晋冀鲁豫边区政府
出版（印制）单位：晋冀鲁豫边区政府石印厂
出版（印制）时间：1944年3月16日
开本（尺寸）：175mm×120mm
页数：38页
藏址：湖南红色档案馆

封面

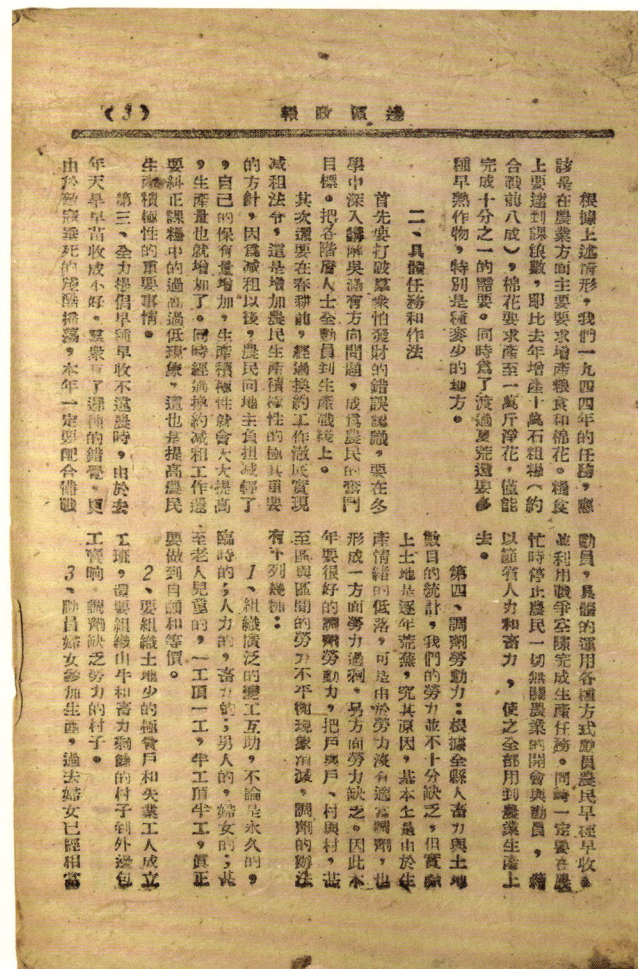

正文

23. 民主的晋察冀

题名：民主的晋察冀
责任者：晋察冀军区政治部
出版（印制）单位：晋察冀画报社
出版（印制）时间：1946年5月
开本（尺寸）：260mm×190mm
页数：72页
藏址：湖南红色档案馆

　　《民主的晋察冀》所刊用的资料均选自《晋察冀画报》，摄影者为沙飞、石少华等早期军旅摄影家，内分专题《普遍的、无拘束的民主选举》《为人民服务·为人民兴利除弊》《在民主生活中发展向上》三部分，介绍晋察冀的政权建设、军政经济文教事业的发展和人民生活的改善等内容，照片共101幅，其中不乏摄影名作。属《晋察冀画报丛刊》之三，《丛刊》选辑八年抗战时期晋察冀军区新闻摄影报道中的佳作，是中国抗日民主根据地的历史见证和时代缩影。

　　《晋察冀画报》是中国共产党领导的抗日根据地第一份以刊登照片为主的综合性画报。1942年5月2日晋察冀画报社正式宣布成立，由晋察冀军区政治部主办。主任(社长)沙飞，副主任罗光达，政治指导员赵烈。该画刊以战争新闻照片为主，兼登通讯、漫画和文艺作品。

封面

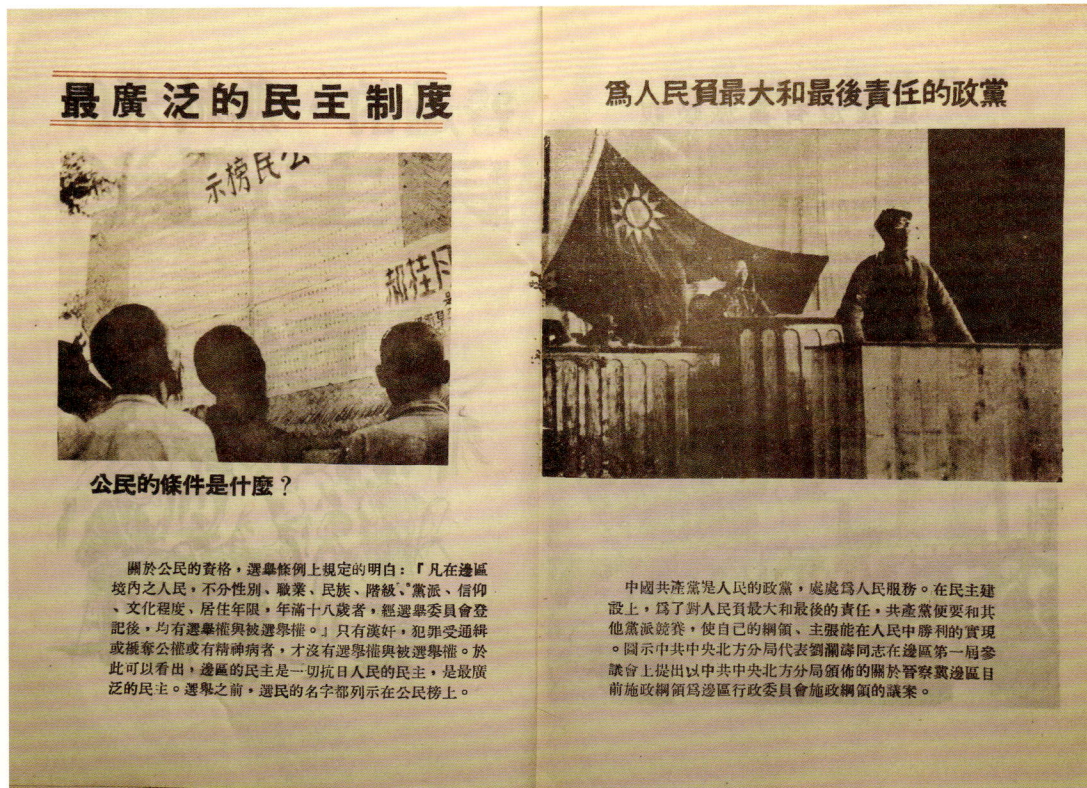

正文

24. 论纸老虎

题名：论纸老虎
责任者：
出版（印制）单位：
出版（印制）时间：1947年5月30日
开本（尺寸）：180mm×125mm
页数：52页
藏址：湖南红色档案馆

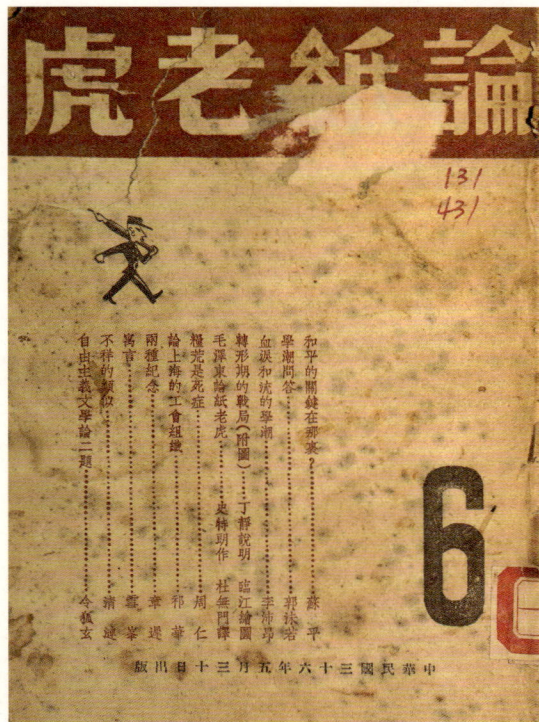

封面

　　《论纸老虎》是《文萃》杂志的伪装版本。《文萃》是第三次国内革命战争时期中国共产党领导的在国民党统治区出版发行的时事政治性刊物，原由中共中央南方局领导。1945年10月9日在上海创刊，周刊。黎澍、陈子涛先后任主编。初期为文摘性刊物，主要选载重庆、成都、昆明等地报刊上的进步文章，也发表少量特约稿件。该刊以转载《解放日报》（延安）和重庆《新华日报》文章为主要内容。1946年5月起，逐渐改变文摘刊物的性质，自行组稿。作者有郭沫若、茅盾、田汉、马叙伦、宦乡、邓初民、胡绳等。辟有"中外文萃""时事周评""新闻集萃""文萃信箱"等栏目，并刊登木刻和漫画，揭露国民党发动内战、镇压民主运动的行径，反映群众呼声，宣传中国共产党的政策主张。1947年初，中共代表团被迫离沪后，刊物转为秘密出版。自第二卷第二十三期起，由原16开本改为32开本的《文萃丛刊》，封面每期变换，以《论喝倒彩》《台湾真相》《新畜生颂》《人权之歌》《论纸老虎》《五月的随想》《烽火东北》等名称加以伪装。在第十辑《假凤虚凰》即将出版之际，被国民党特务查封。

　　本书收录的《论纸老虎》为《文萃丛刊》第六辑，刊登有郭沫若支持和声援"五二〇学潮"的文章、斯特朗著的《毛泽东论纸老虎》等。

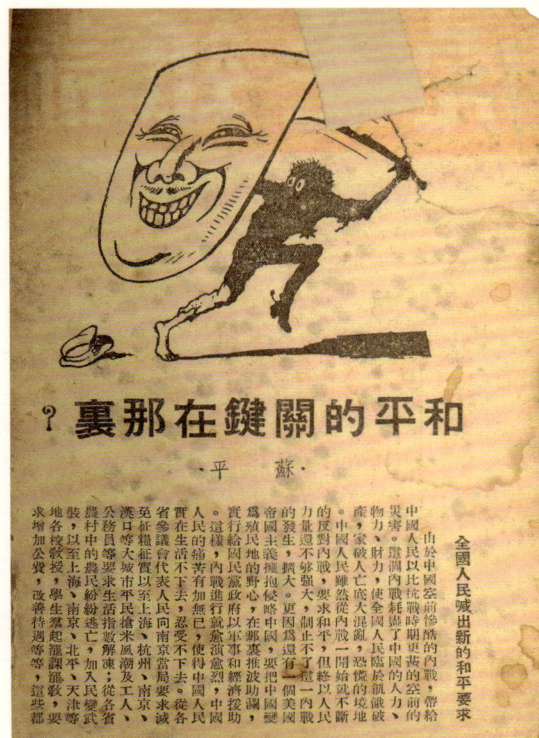

正文

25. 斗争（第一期）

题名：斗争（第一期）
责任者：中共华东中央局
出版（印制）单位：中共华东中央局
出版（印制）时间：1947年7月20日
开本（尺寸）：120mm×180mm
页数：137页
藏址：邵阳市特色档案馆

    《斗争》杂志由中共华东中央局创办，作为华东局对内指导工作、教育干部、交流经验的刊物。华东局在刊物第一期封二的《通知》中，要求"各级党委、党组，及党员干部，对《斗争》所载各文，应认真研究，组织讨论，并把《斗争》上所提倡、表扬的精神贯彻到工作中去；对于《斗争》上指出的缺点，则应进行自我检讨，有则改之，无则加勉，以减少工作中的错误"。这也是《斗争》办刊的方针和指导思想。《斗争》所载文章的内容主要有三类，即：中共中央、中共华东中央局和分局、各区党委等的指示、决议，中共中央、各中央局、野战军领导人的文章，各地经验总结、工作建议等。1947年7月出版第一期，两年多共出版了18期。

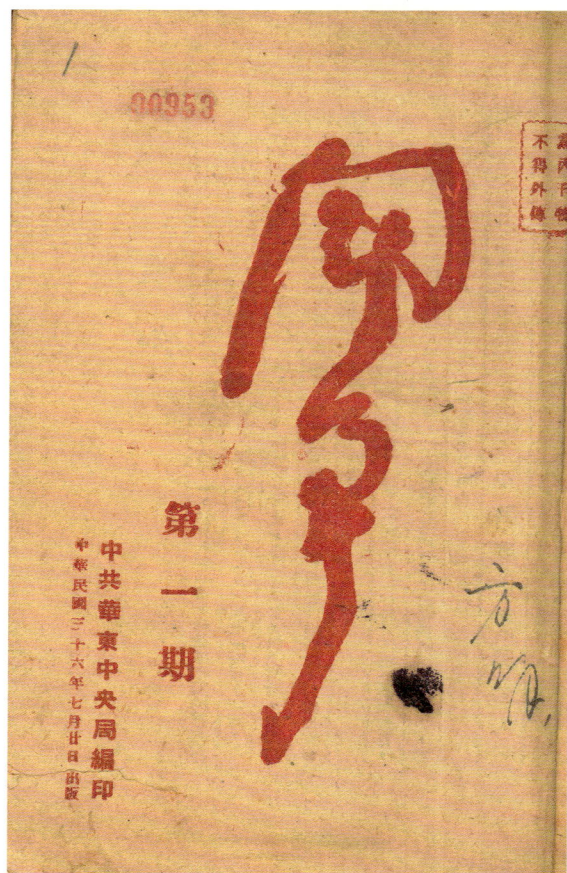

封面

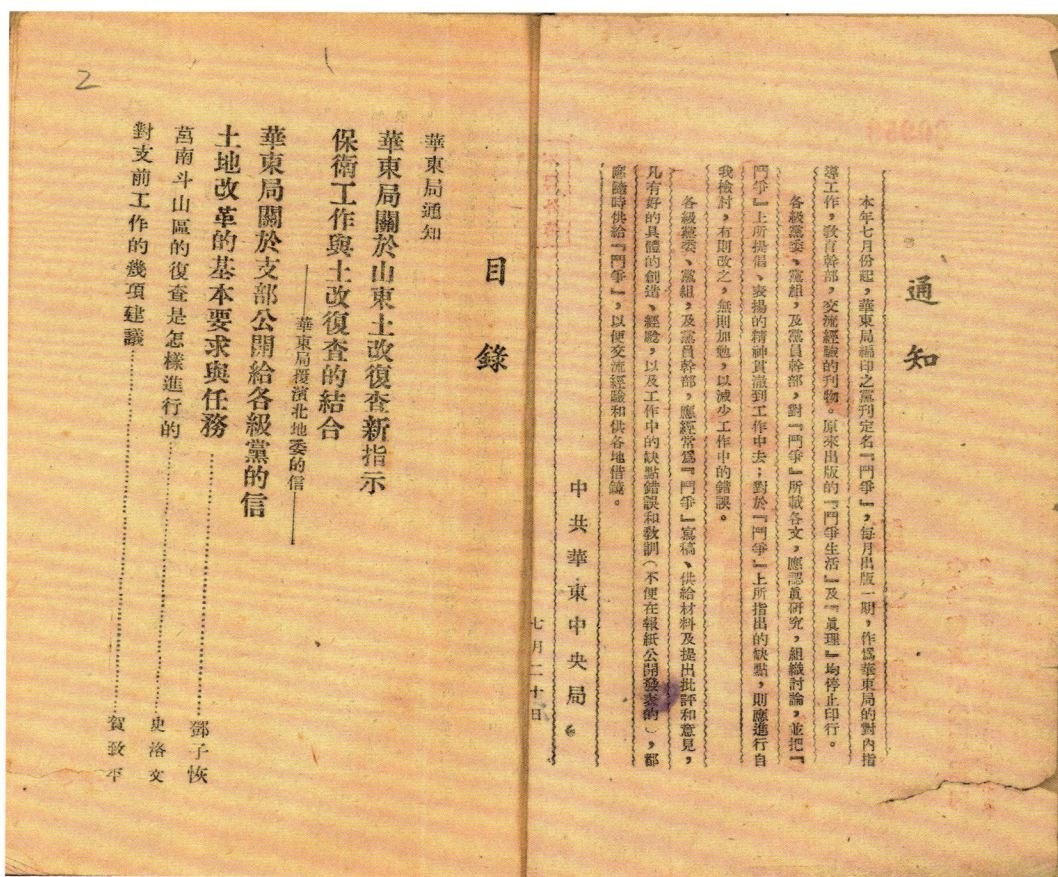

目录及正文

26. 人民西北（第一卷第一期）

题名：人民西北（第一卷第一期）
责任者：人民西北杂志社
出版（印制）单位：西北新华书店
出版（印制）时间：1949年8月15日
开本（尺寸）：245mm×175mm
页数：34页
藏址：湖南红色档案馆

　　《人民西北》为文摘类期刊，1949年8月15日创刊。该杂志内容丰富，主要刊登党的领导人的重要文章，党的政策与方针，评论文章等，作者多为重要领导及知名人士。第一期刊登有毛泽东的《论人民民主专政》，第三期刊登有《习仲勋同志在欢迎西北干部大队大会上的讲话》等。

　　本书共收录《人民西北》第一卷第一期、第二期、第三期。

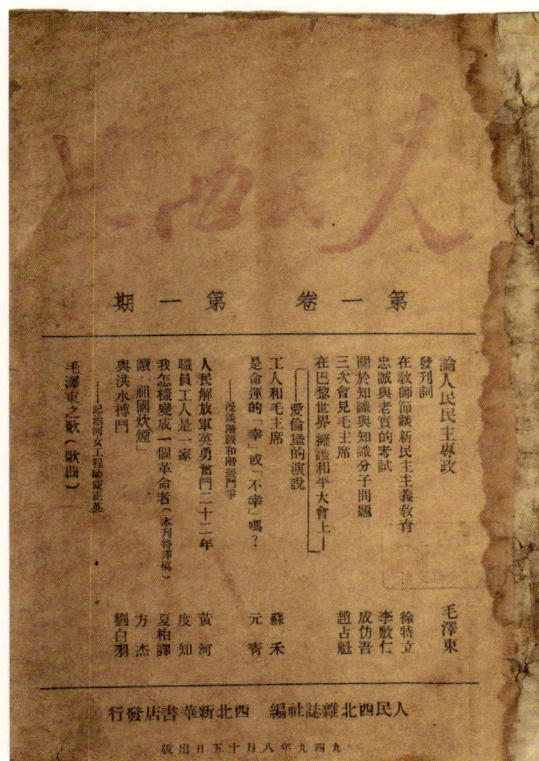

封面

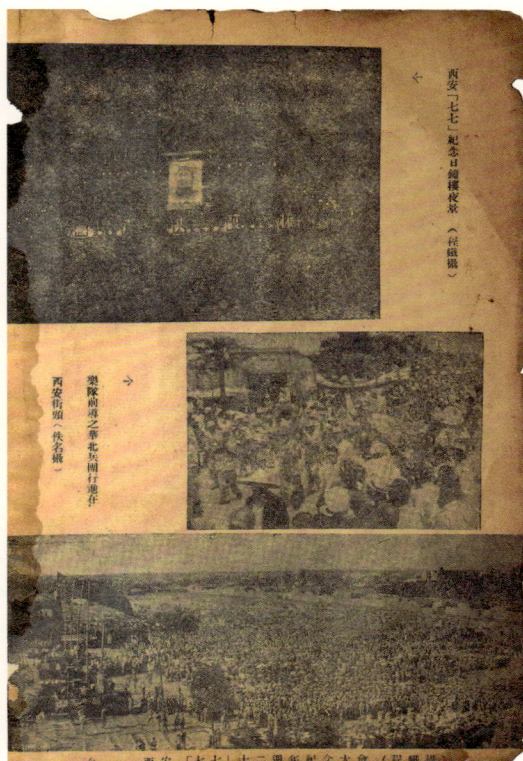

封二

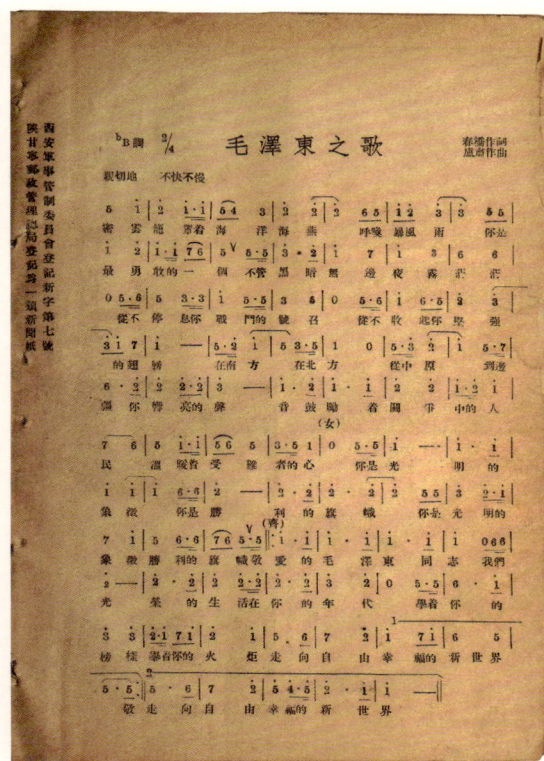

封底

27. 人民西北（第一卷第二期）

题名：人民西北（第一卷第二期）
责任者：人民西北杂志社
出版（印制）单位：西北新华书店
出版（印制）时间：1949年9月10日
开本（尺寸）：245mm×175mm
页数：44页
藏址：湖南红色档案馆

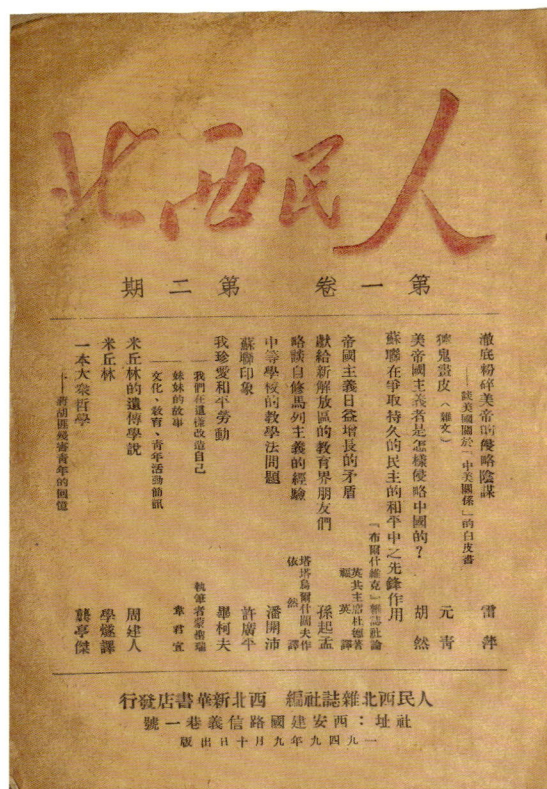

封面

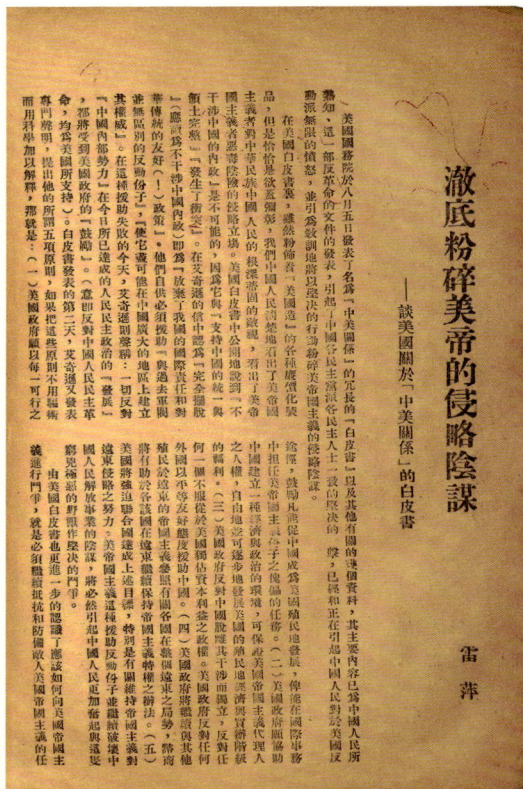

正文

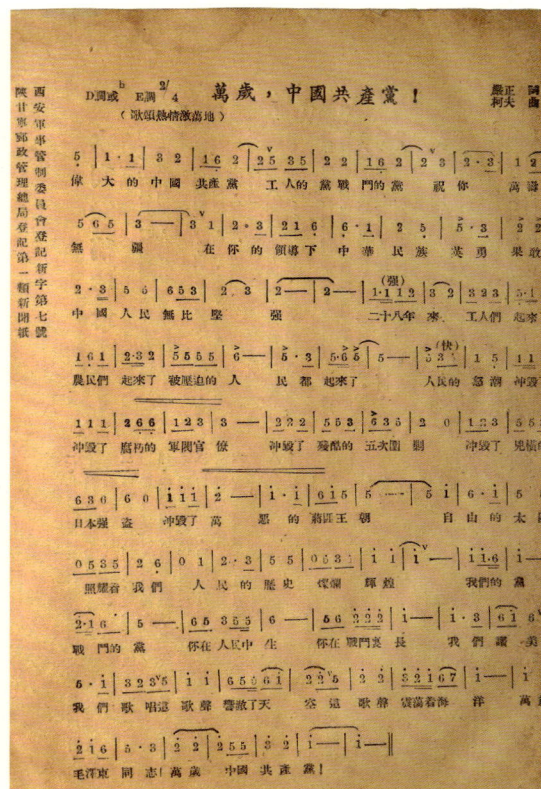

封底

28. 人民西北（第一卷第三期）

题名：人民西北（第一卷第三期）
责任者：　人民西北杂志社
出版（印制）单位：西北新华书店
出版（印制）时间：1949年10月1日
开本（尺寸）：245mm×175mm
页数：46页
藏址：湖南红色档案馆

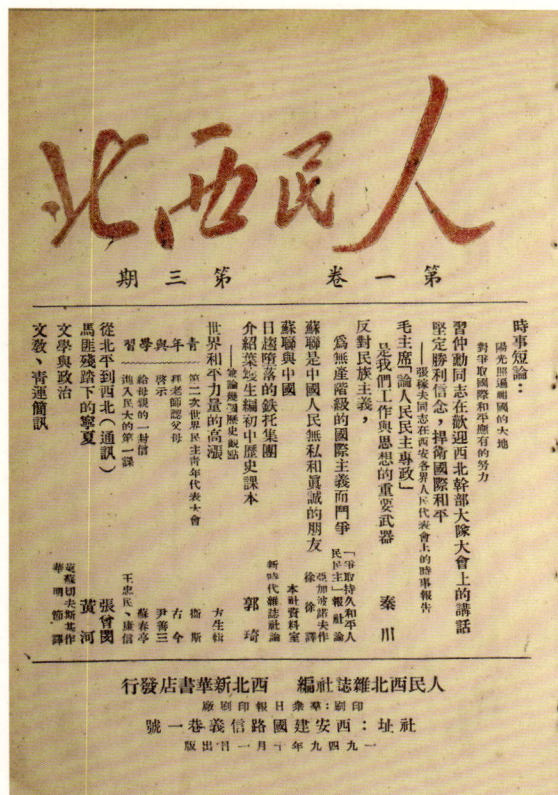

封面

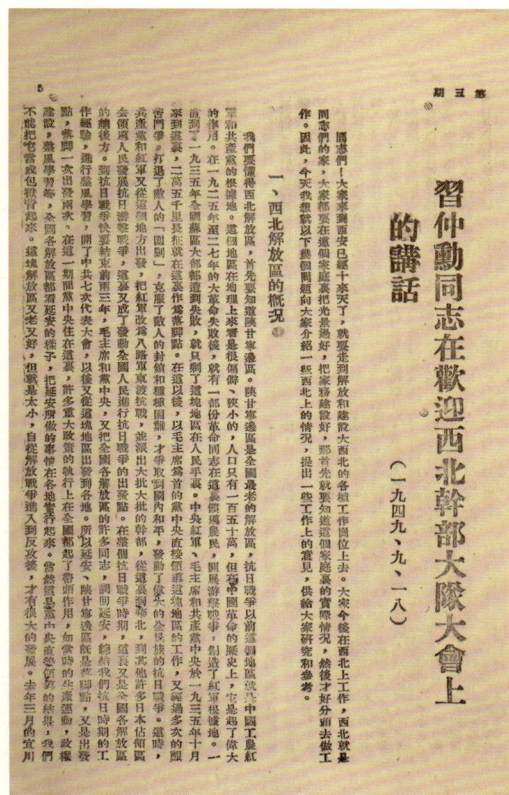

正文

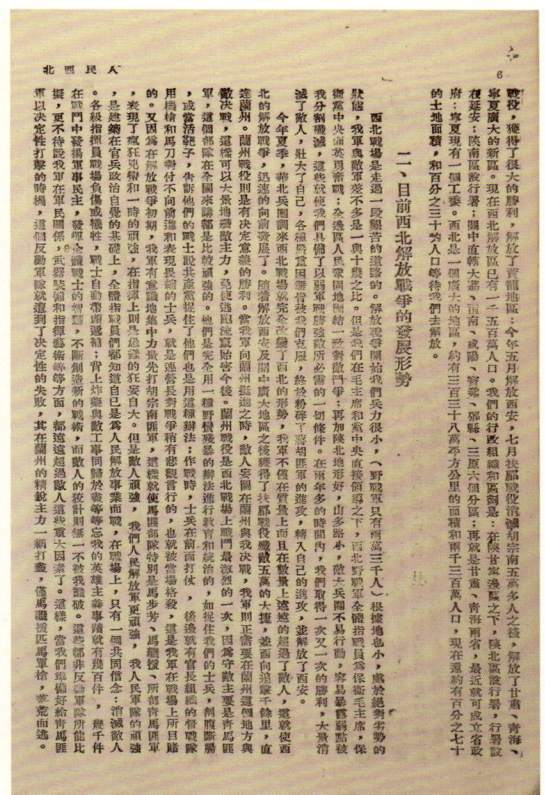

正文

七、红色文艺

1. 列宁传

题名：列宁传
责任者：山川均（日本）著　张亮译
出版（印制）单位：列宁纪念社
出版（印制）时间：1927年4月3日
开本（尺寸）：135mm×185mm
页数：72页
藏址：茶陵县档案馆

《列宁传》原著成书于俄国十月革命以后，由张亮（张西曼）翻译成中文。1921年9月1日人民出版社成立以后，中国共产党开始有组织、有计划地翻译马克思主义经典著作，并在《新青年》第九卷第五号上登载了《人民出版社通告》，列出了计划出版的马克思主义著作49种，包括《列宁全书》14种，张亮译的《列宁传》即属于其中一种。1922年人民出版社完成出版《列宁全书》5种，《列宁传》属列宁全书第四种，主要介绍了列宁从出生到他的学生时代生活，以及十月革命的历程和他的思想成果。

山川均(1880—1958)，日本早期的社会主义者，日本社会主义运动史上重要人物。俄国十月革命以后，曾积极介绍和传播过马克思主义，参与日本共产党的创建活动。

张西曼，笔名张亮，中国早期马克思主义的传播者，《俄国共产党党纲》最早的中文本翻译者。

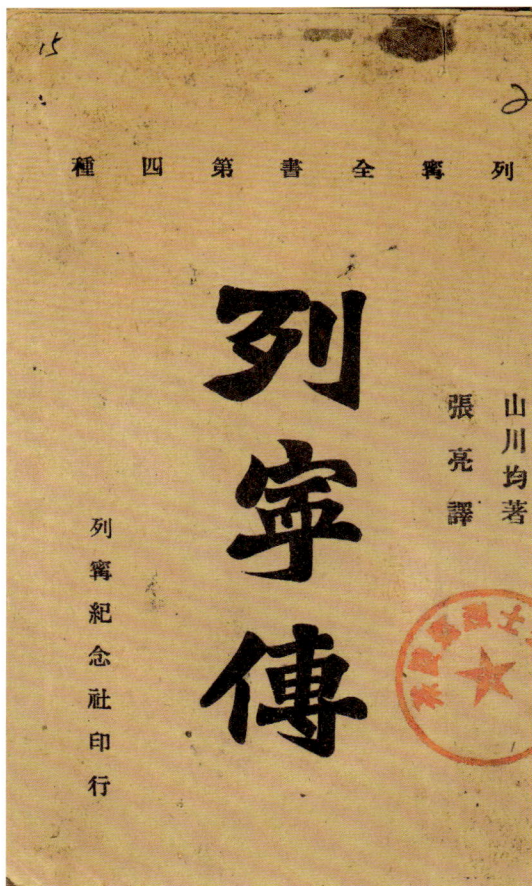

封面

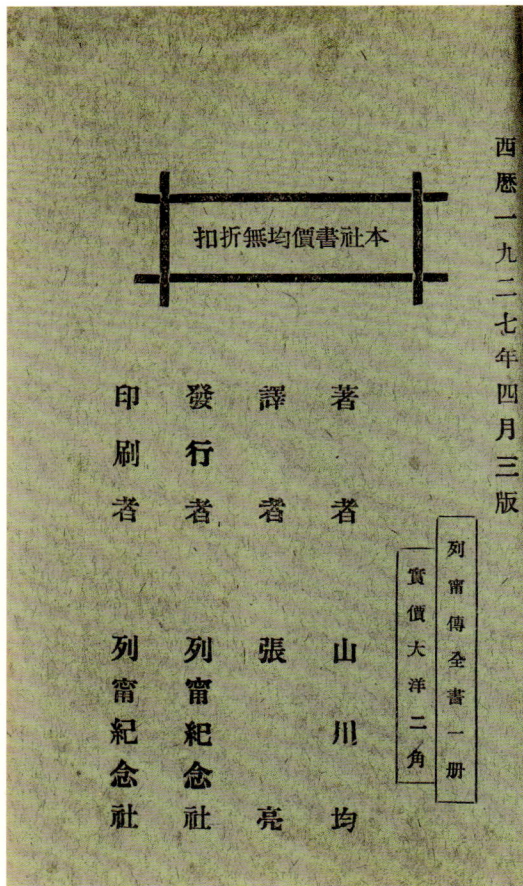

版权页

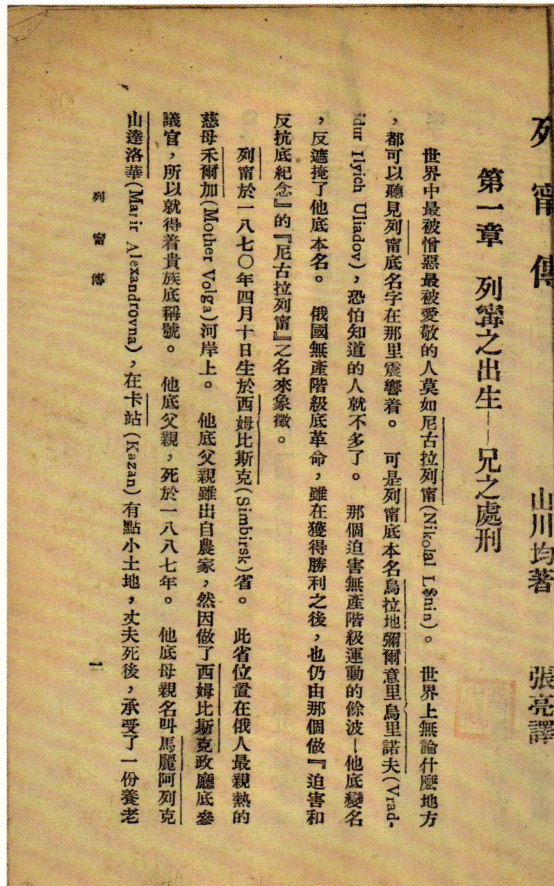

正文

2. 列宁的故事

题名：列宁的故事
责任者：考瑠瑙夫（苏）著　愚卿译
出版（印制）单位：新华书店
出版（印制）时间：1949年5月
开本（尺寸）：172mm×128mm
页数：91页
藏址：湖南红色档案馆

《列宁的故事》共收录关于列宁的28个故事，如《列宁讲话的力量》《星期六义务劳动日》《五月》《被捕》等，介绍了列宁的为人、生活。这些故事结构简短，内容集中，浅显易懂，从中可以学习革命领袖的伟大精神和高尚品质。

考瑠瑙夫（科诺诺夫）：苏联拉脱维亚作家，其主要作品有《列宁的故事》（故事集）和《忠诚的心》（中篇小说）。他从小丧父，十月革命胜利后，投身到共产主义的伟大事业。他搜集并研究列宁的生平事迹材料，到处走访列宁的战友和认识列宁的人，将他们讲的故事记录下来。他一生写了30多个列宁的故事，都是真实可信的，每一篇无不鲜明地表现出革命导师列宁的智慧、坚毅、勇敢、勤劳、谦逊、朴实以及对工人阶级的忠诚。

封面

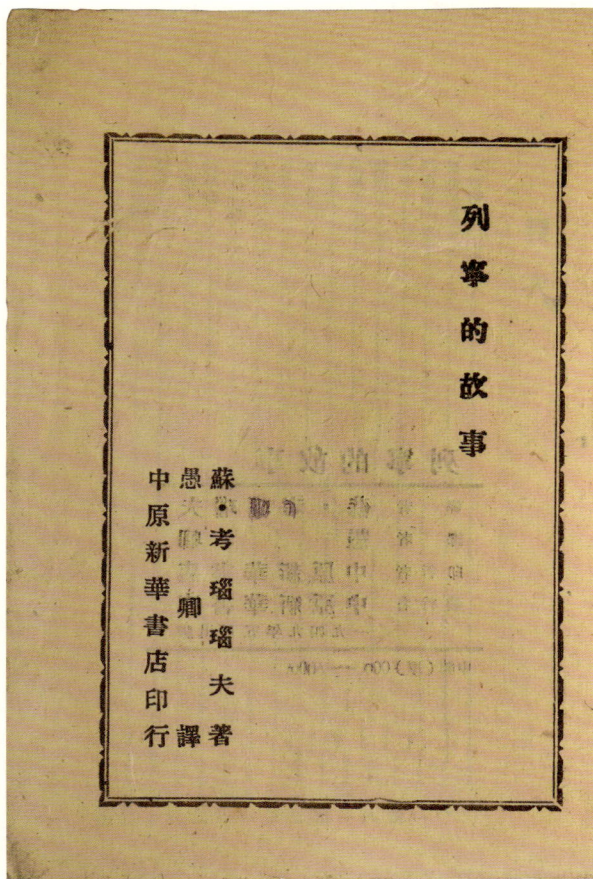

版权页

3. 伟大而质朴的人物

题名：伟大而质朴的人物
责任者：刘去病
出版（印制）单位：山东新华书店
出版（印制）时间：1949年10月
开本（尺寸）：177mm×127mm
页数：65页
藏址：湖南红色档案馆

《伟大而质朴的人物》主要选编了《回忆在反法西斯战争中斯大林战略指导的特点》《在克里姆林宫》《伟大而质朴的人物》《他使劳动者成为最光荣的人》等九篇文章，介绍了斯大林的生活作风和工作态度，其中《伟大而质朴的人物》一文在二十世纪五十年代被选入我国中学语文课本。

封面

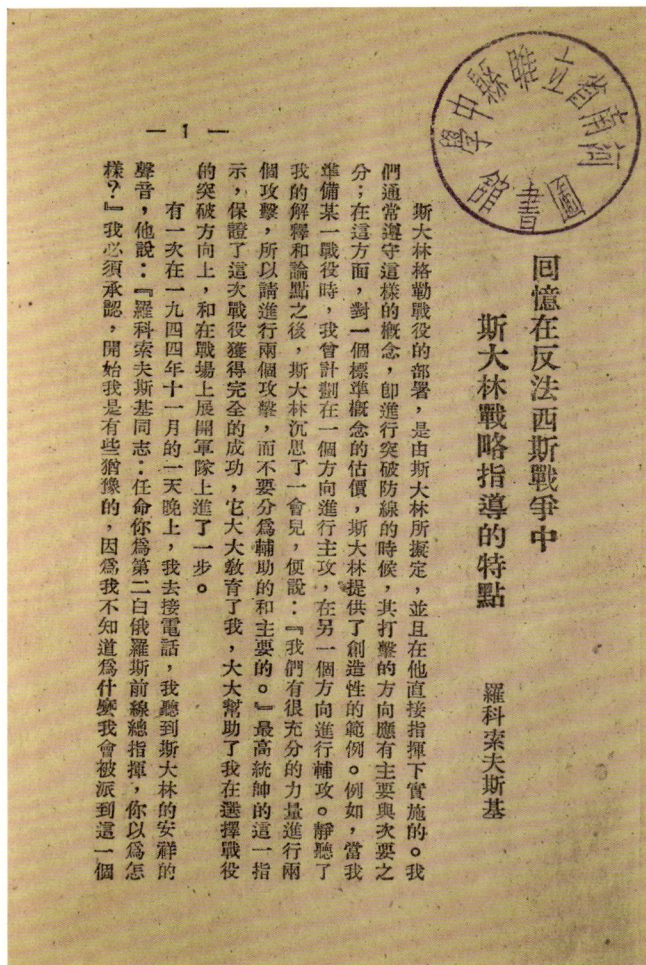

正文

4. 毛泽东印象记

题名：毛泽东印象记
责任者：A·斯诺著　厉力编译
出版（印制）单位：大众出版社
出版（印制）时间：1937年11月5日
开本（尺寸）：185mm×128mm
页数：59页
藏址：湖南省档案馆

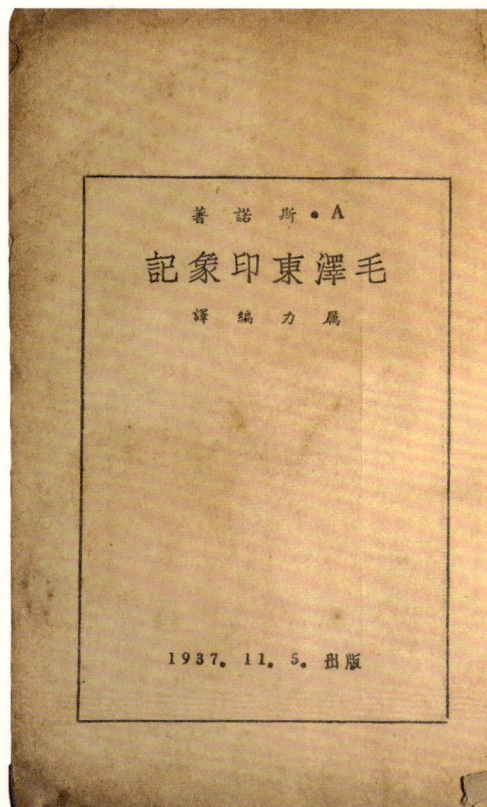

封面

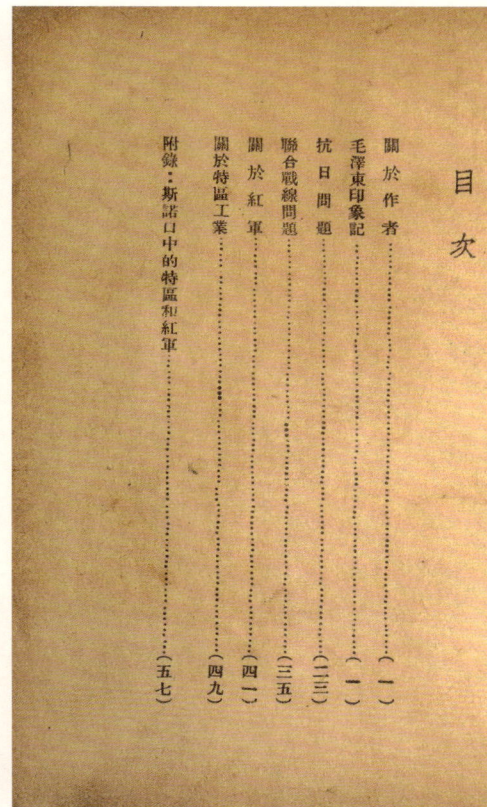

扉页

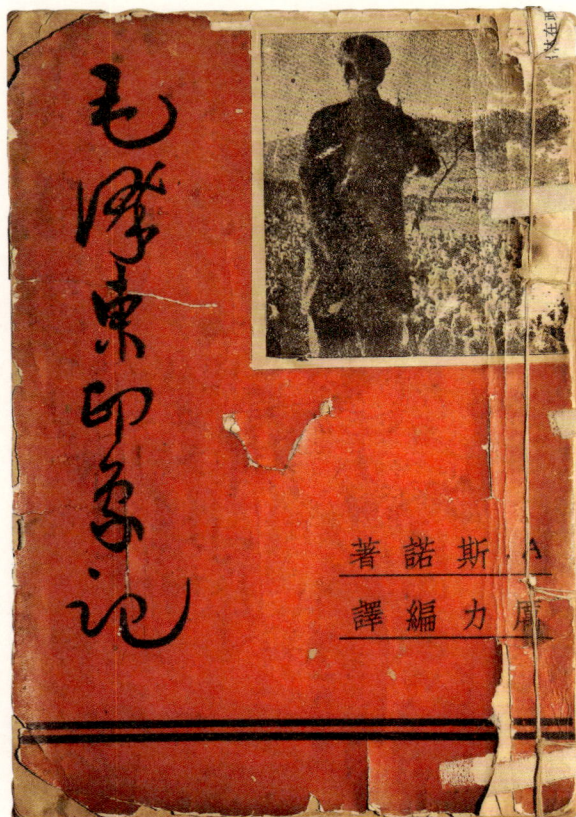

目录

《毛泽东印象记》为美国记者斯诺所著，厉力编译。内容分为关于作者、毛泽东印象记、抗日问题、联合战线问题、关于红军、关于特区工业共六章，并附录《斯诺口中的特区和红军》，是较早描写毛泽东个人的作品之一。

埃德加·斯诺（1905—1972），美国著名记者，1928年来华，曾任欧美几家报社驻华记者、通讯员。1933年4月到1935年6月，斯诺同时兼任北平燕京大学新闻系讲师。1936年6月斯诺访问陕甘宁边区，写了大量通讯报道，成为第一个采访红区的西方记者。抗日战争爆发后，又任《每日先驱报》和美国《星期六晚邮报》驻华战地记者。1942年离开中国，去中亚和苏联前线采访。

5. 毛泽东自传

题名：毛泽东自传
责任者：史诺笔录　天明译
出版（印制）单位：文孚出版社
出版（印制）时间：1949年5月30日
开本（尺寸）：180mm×130mm
页数：30页
藏址：湖南省档案馆

　　《毛泽东自传》是毛泽东口述并亲自修改的生平事迹的忠实记录，是研究中国革命史的极其珍贵的文献。它由美国记者埃德加·斯诺1936年10月在陕北保安笔录，最早于1937年7月至10月以连载形式发表于美国ASIA（亚细亚）月刊，中文最早由天明（汪衡）翻译，以连载形式于1937年8月至11月发表于上海《文摘》（后改名《文摘（战时旬刊）》）杂志，1937年11月1日由上海黎明书局出版了单行本。全书以第一人称，讲述毛泽东特殊的经历和磨难。

封面

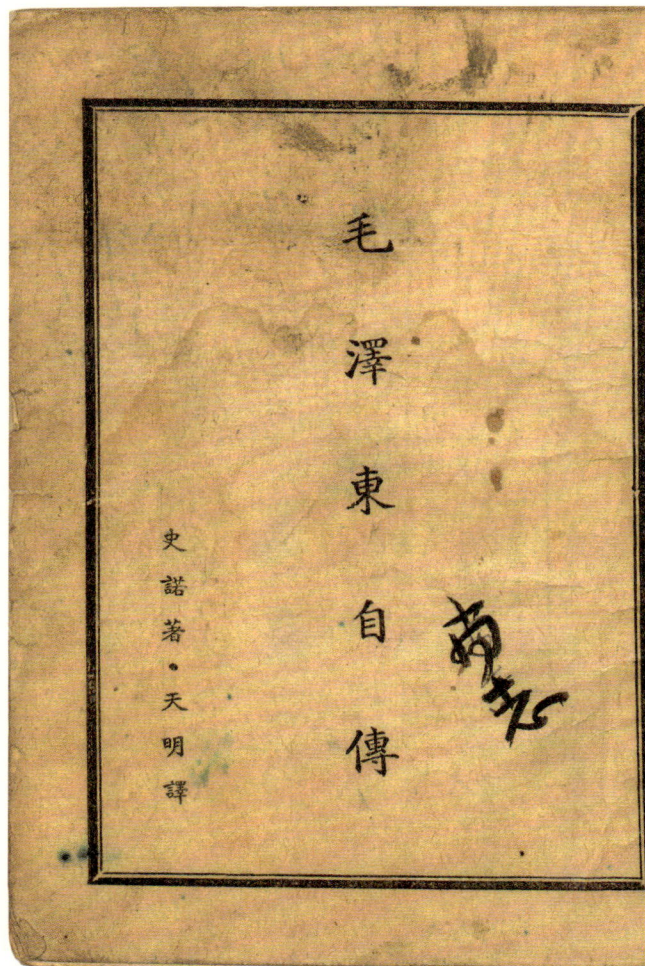

扉页

6. 毛泽东同志儿童时代、青年时代与初期革命活动

题名：毛泽东同志儿童时代、青年时代与初期革命活动
责任者：萧三
出版（印制）单位：中原新华书店
出版（印制）时间：1949年6月
开本（尺寸）：177mm×125mm
页数：71页
藏址：湖南红色档案馆

《毛泽东同志儿童时代、青年时代与初期革命活动》一书是萧三所著的《毛泽东同志传略》《毛泽东同志的儿童时代》《毛泽东同志的青年时代》《毛泽东同志的初期革命活动》四篇文章的合集。这四篇文章中，最早发表的是《毛泽东同志的初期革命活动》，刊登在1944年7月1日和2日的《解放日报》上。1946年张家口出版的《北方文艺》月刊第一号上，发表了萧三写的《毛泽东同志传略》。而《毛泽东同志的儿童时代》《毛泽东同志的青年时代》发表在1946年至1947年华北解放区出版的《时代青年》。以上这些文章，曾由当时各解放区印成单行本或汇集成小册子，广为流传。

萧三（1896—1983），原名萧子暲，湖南湘乡人。早年入湖南省立第一师范学校学习，曾与毛泽东同学，为新民学会会员。1920年赴法国勤工俭学。1922年秋加入中国共产党。1923年赴莫斯科东方大学学习。1924年回国，任中共湖南省委委员，是中共内部较早研究毛泽东生平的专家。

封面

7. 毛泽东同志的青少年时代

题名：毛泽东同志的青少年时代
责任者：萧三
出版（印制）单位：新华书店
出版（印制）时间：1949年8月
开本（尺寸）：170mm×120mm
页数：109页
藏址：湖南红色档案馆

　　《毛泽东同志的青少年时代》是新华书店1949年8月将萧三的《毛泽东同志的儿童时代》《毛泽东同志的青年时代》两篇合为一篇，进行修订后以《毛泽东同志的青少年时代》为名出版，全书分五章，按照时间顺序进行叙述。此书出版后，影响很大，很快被译成日、德、英、印地、捷克等文字出版。

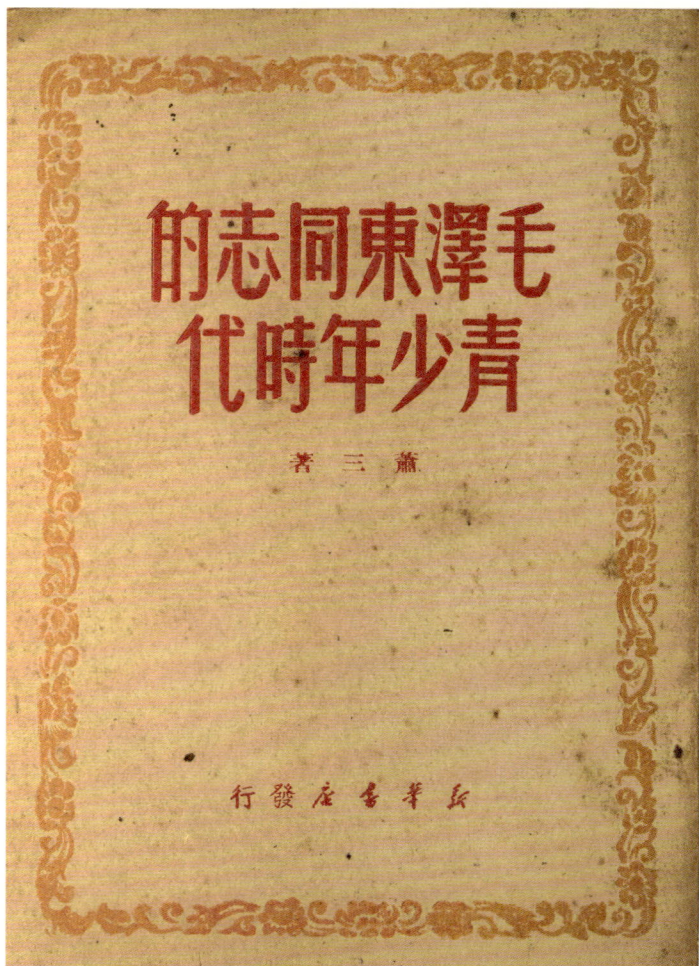

封面

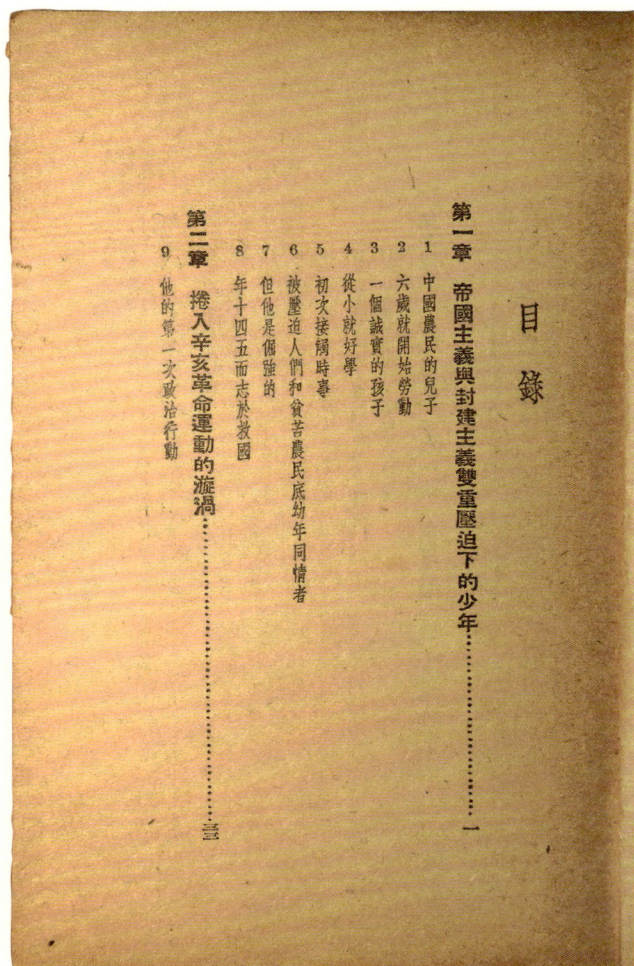

目录

8. 中国作家与鲁迅

题名：中国作家与鲁迅
责任者：茅盾　景宋　巴金等
出版（印制）单位：学习出版社
出版（印制）时间：1942年9月
开本（尺寸）：178mm×125mm
页数：182页
藏址：湖南红色档案馆

《中国作家与鲁迅》一书收集了茅盾、巴金、郭沫若等25位作家、学者对文坛巨匠鲁迅先生去世后的怀念之作，如茅盾的《写在悲痛中》、巴金的《一点不能忘却的记忆》、郭沫若的《坠落了一颗巨星》、王统照的《噩耗》等，深切表达了人们对鲁迅逝世的悲痛与怀念之情。末尾附录《鲁迅先生传略》，扉页有著名木刻画家刘建庵的鲁迅木刻画一张。

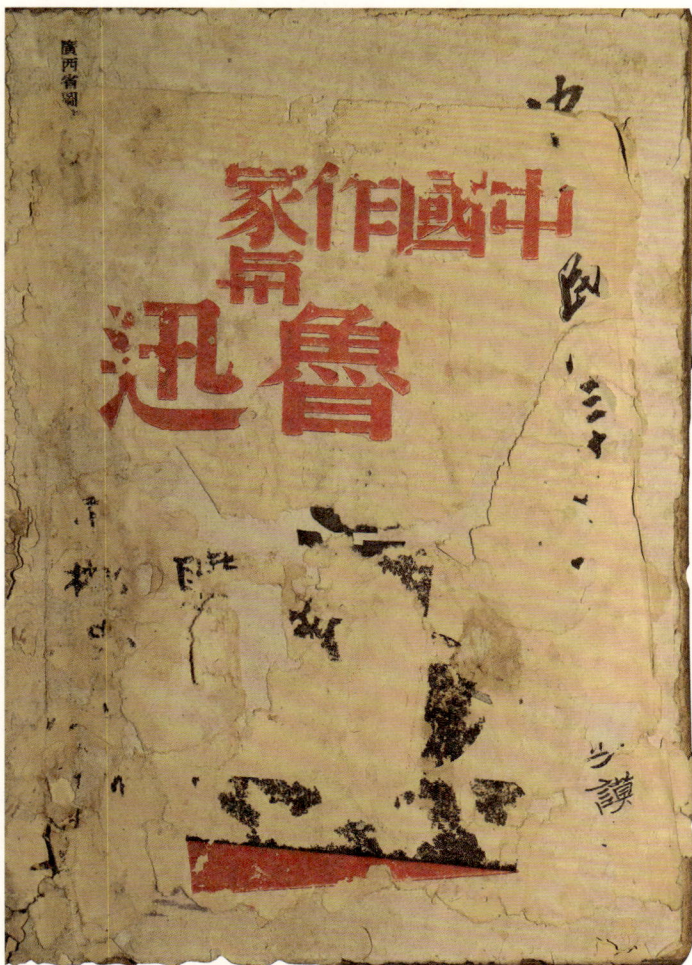

封面

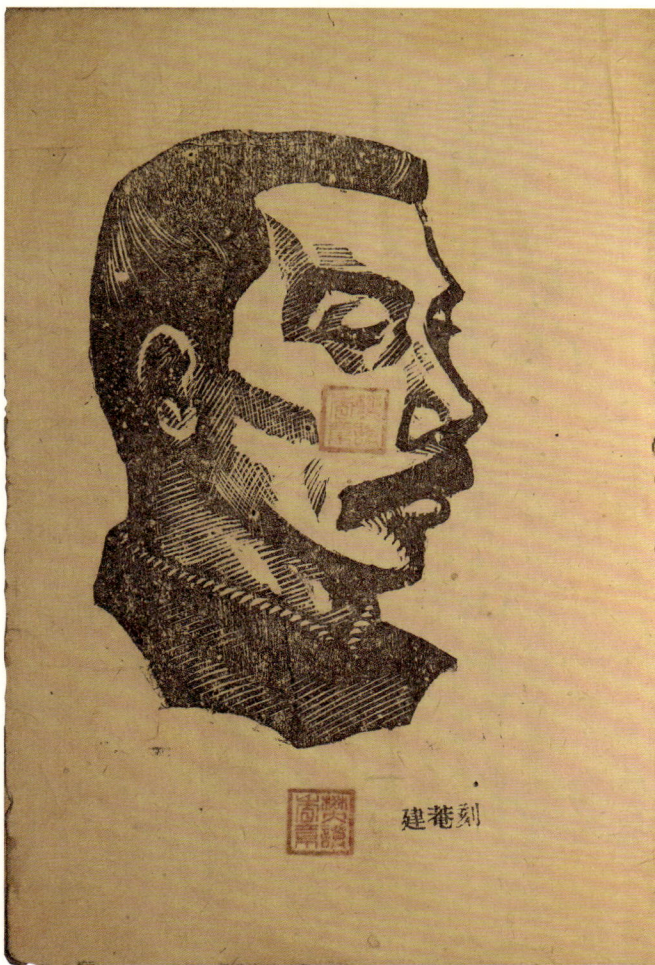

插图

9. 边区生产互助一等英雄张喜贵

题名：边区生产互助一等英雄张喜贵
责任者：马代民
出版（印制）单位：新华书店
出版（印制）时间：1945年1月
开本（尺寸）：135mm×95mm
页数：46页
藏址：湖南红色档案馆

1944年11月21日至12月7日，在山西黎城县南委泉村召开了太行区第一届杀敌英雄和劳动英雄大会，又称太行首届群英会。邓小平、滕代远、李雪峰、张际春、李达、戎伍胜、申伯纯等党政领导和300多名英雄模范出席了大会。大会选出一等和二等杀敌英雄31名、劳动英雄39名，通过了《太行区第一届杀敌英雄大会宣言》《太行区第一届劳动英雄大会》宣言。会后，他们的英雄事迹被广泛宣传，并被编成小册子，由新华书店陆续出版，定价在3至5元。

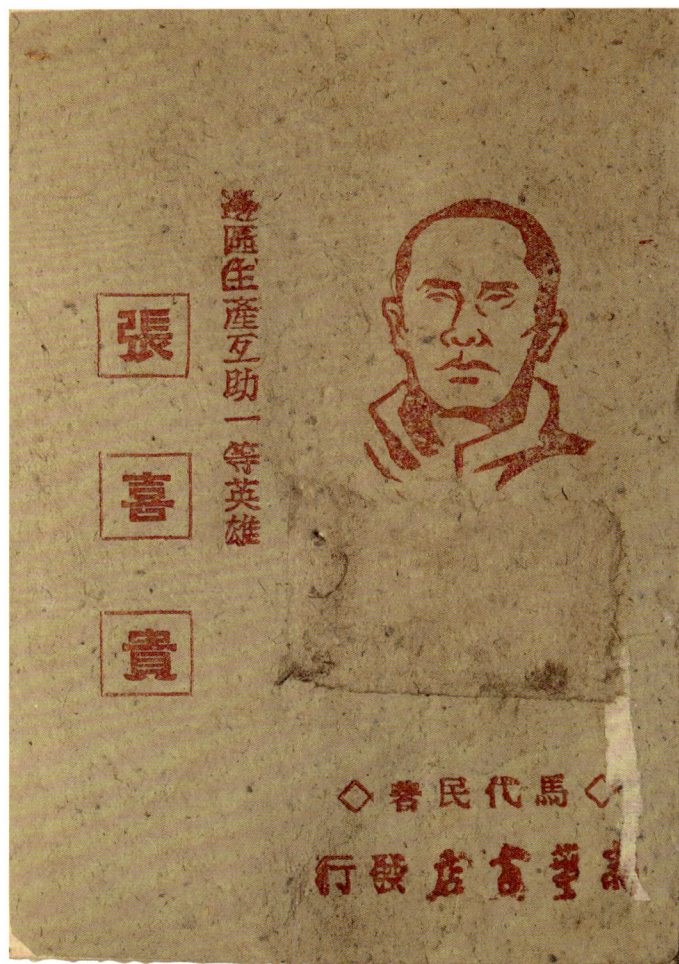

封面

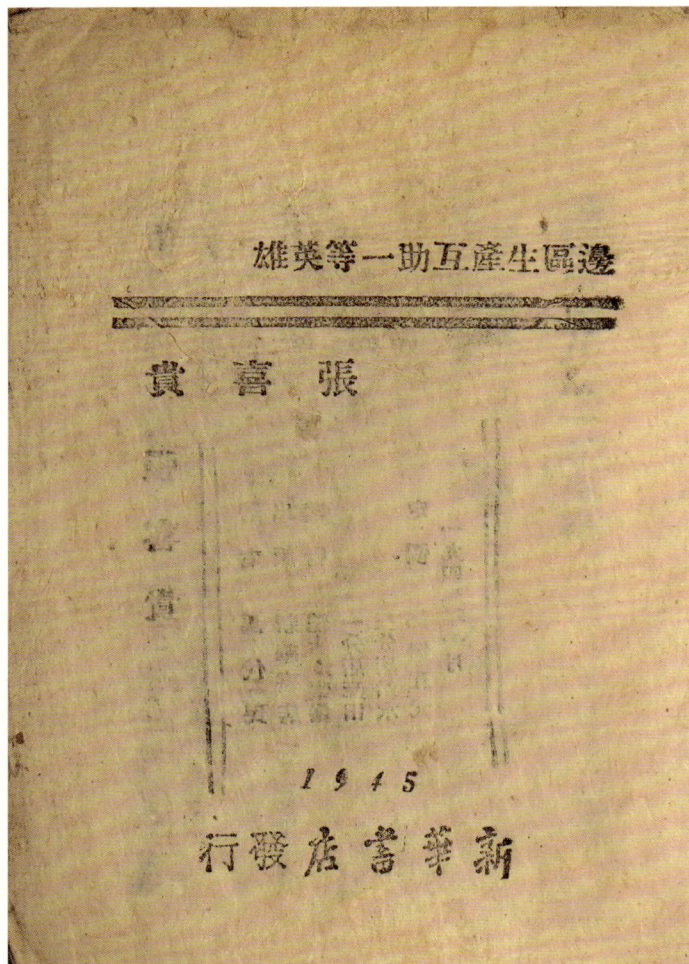

扉页

10. 边区生产互助一等英雄郝二蛮

题名：边区生产互助一等英雄郝二蛮
责任者：赵正晶
出版（印制）单位：新华书店
出版（印制）时间：1945年1月
开本（尺寸）：130mm×105mm
页数：14页
藏址：湖南红色档案馆

赵正晶，山西榆社人。1938年参加八路军，同年加入中国共产党。曾任《新华日报》太行版编委、编辑部副部长。

封面

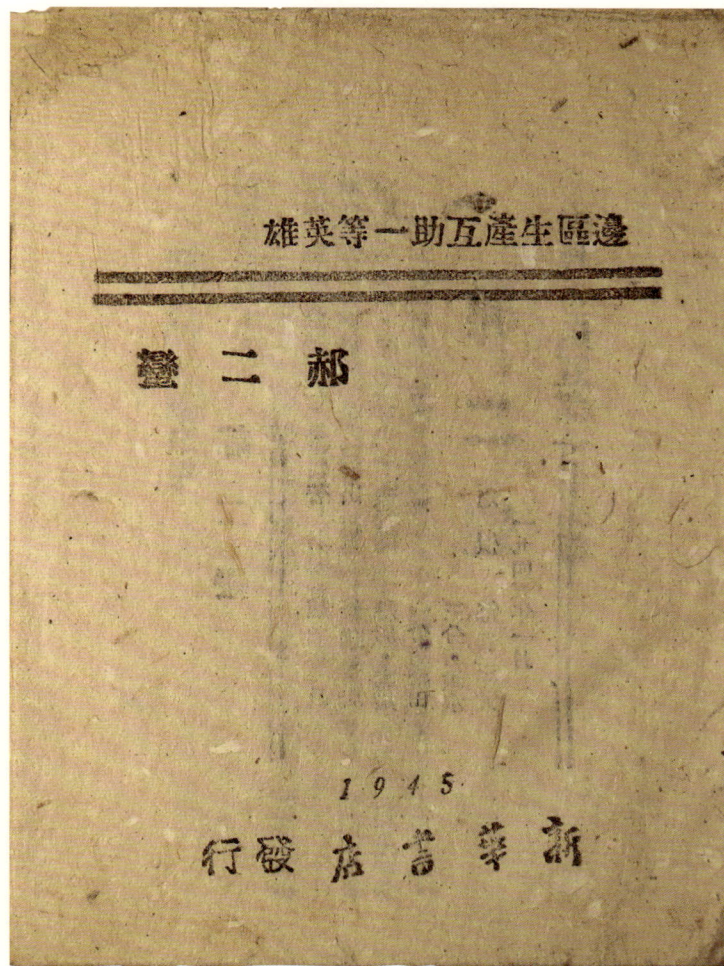

扉页

11. 边区腹地民兵一等英雄陈炳昌

题名：边区腹地民兵一等英雄陈炳昌

责任者：葛岗

出版（印制）单位：新华书店

出版（印制）时间：1945年1月

开本（尺寸）：148mm×103mm

页数：14页

藏址：湖南红色档案馆

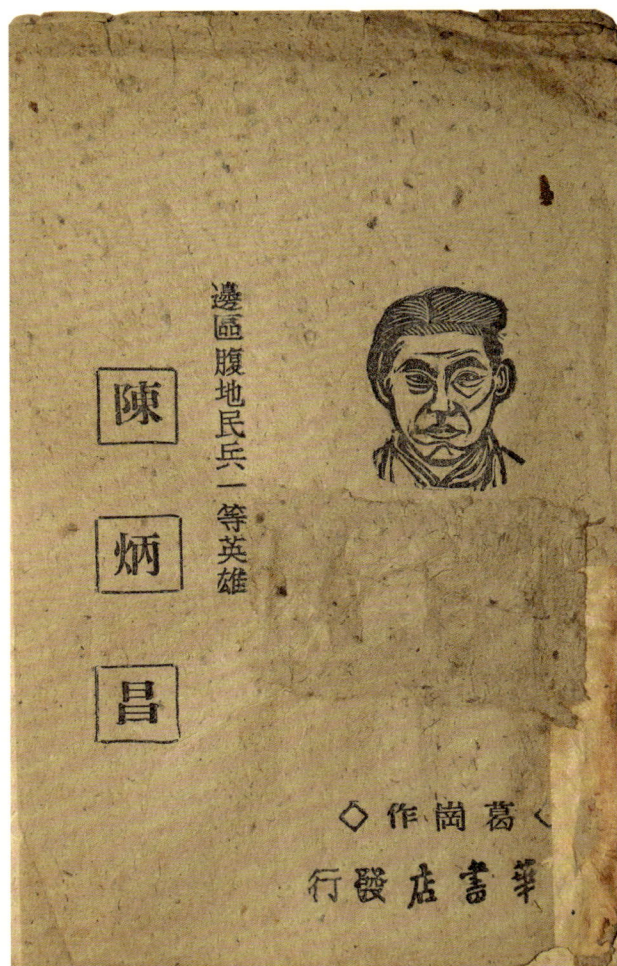

封面

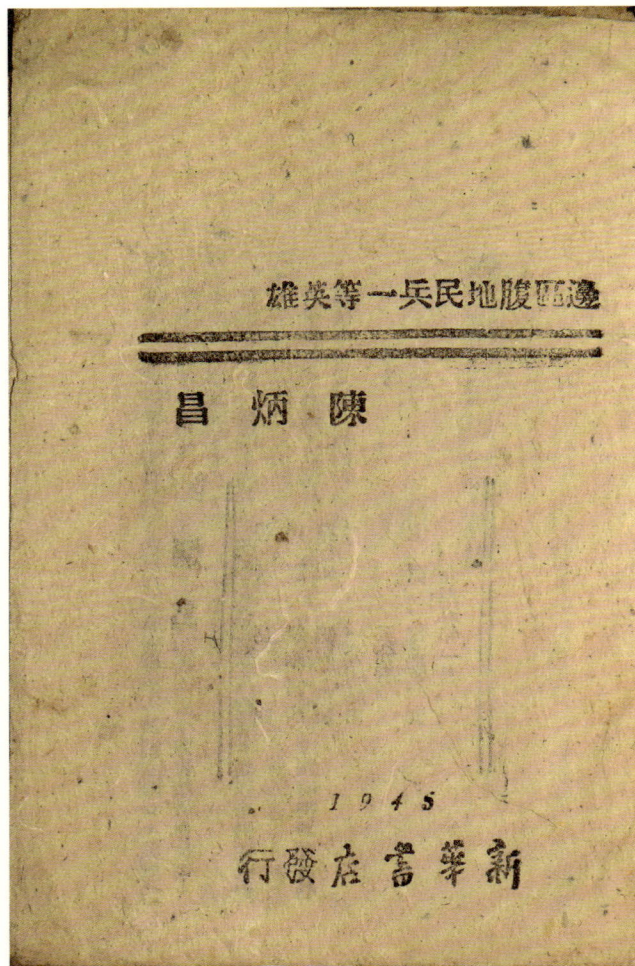

扉页

12. 边区机关部队一等劳动英雄郭瑾

题名：边区机关部队一等劳动英雄郭瑾
责任者：
出版（印制）单位：新华书店
出版（印制）时间：1945年1月
开本（尺寸）：140mm×100mm
页数：28页
藏址：湖南红色档案馆

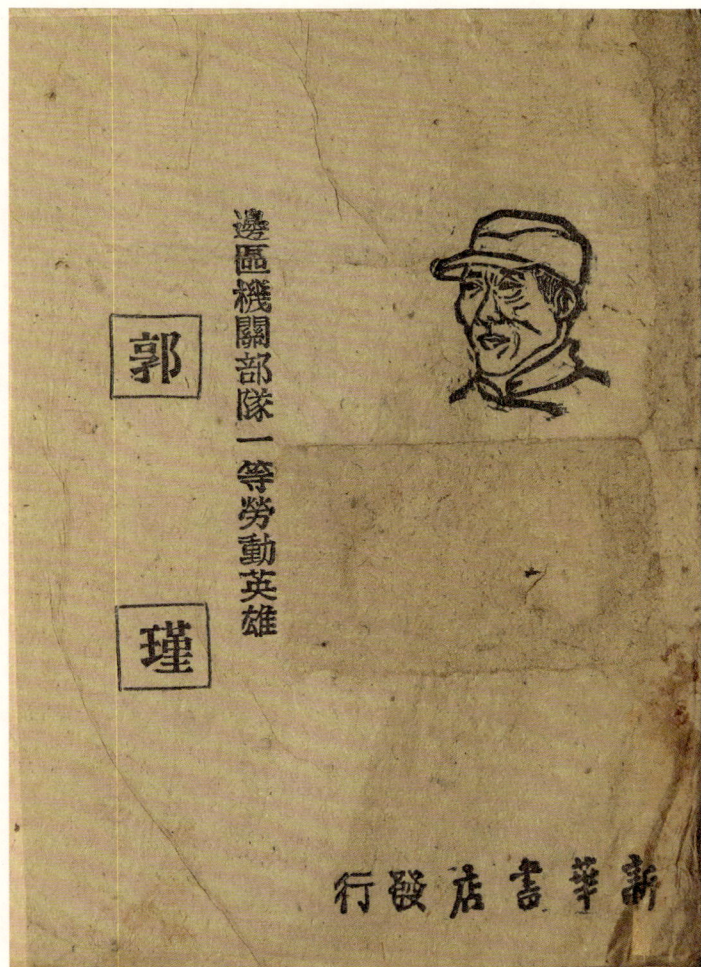

封面

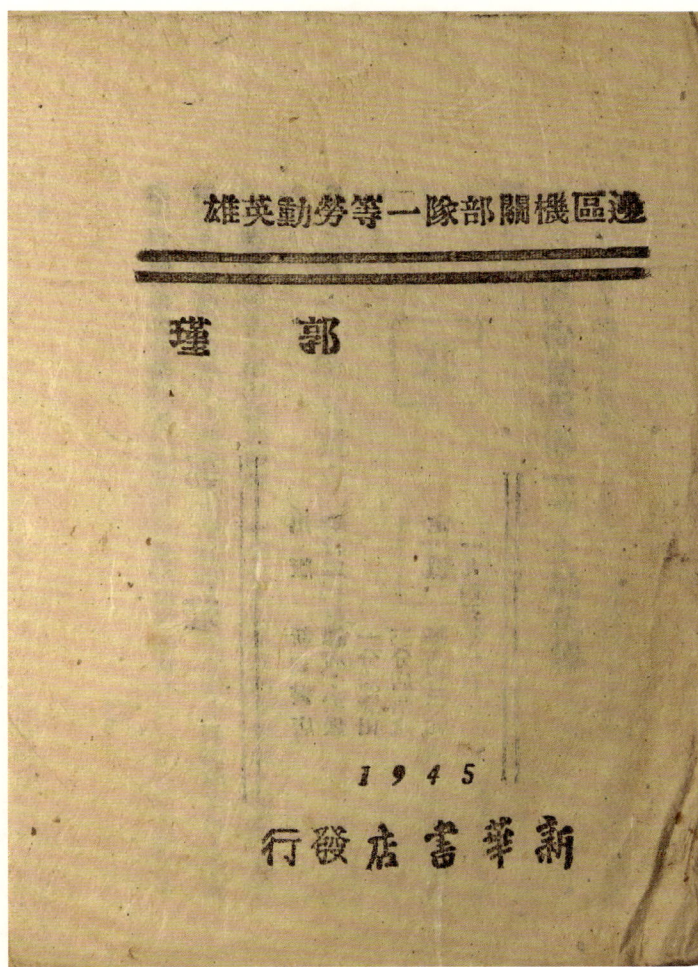

扉页

13. 边区炮兵一等英雄胡胜才

题名：边区炮兵一等英雄胡胜才
责任者：钱抵千
出版（印制）单位：新华书店
出版（印制）时间：1945年1月
开本（尺寸）：135mm×100mm
页数：22页
藏址：湖南红色档案馆

　　钱抵千(1919—1989)，江苏太仓人。1938年入陕北公学学习，同年参加八路军，并加入中国共产党。曾任陕北公学分校支队指导员，抗大总校政治部宣传科干事，中原野战军旅宣传科科长、纵队宣传部部长，参加过渡江、广西等战役。

封面

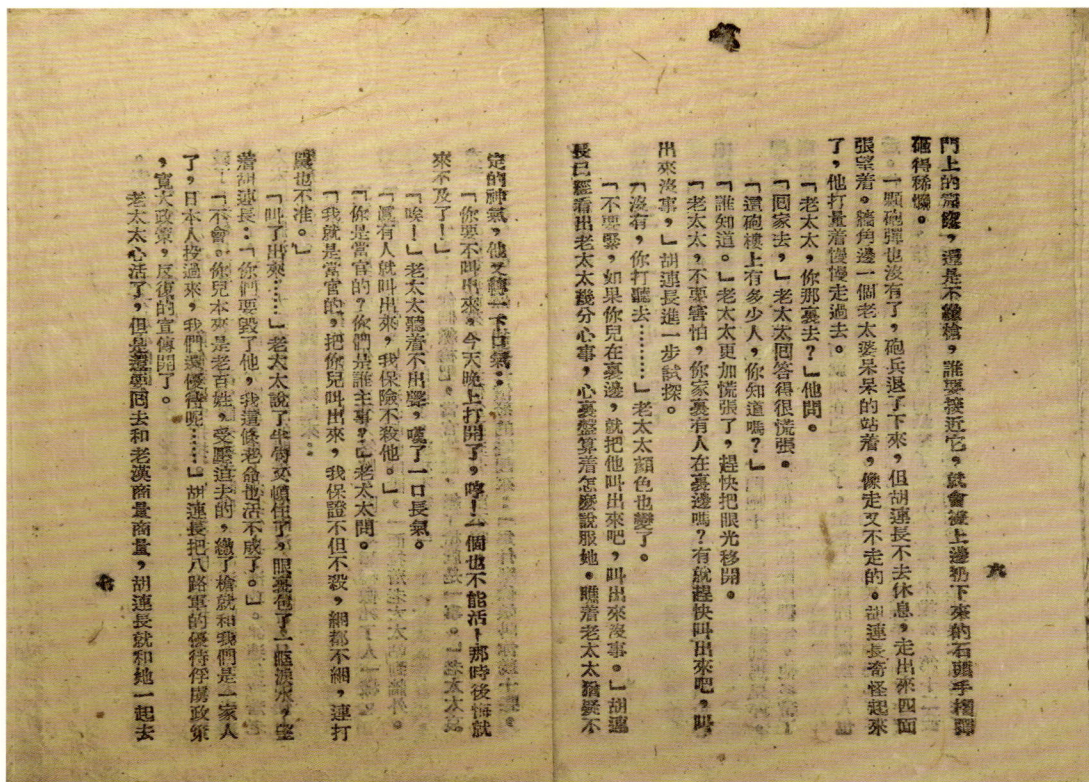

正文

14. 边区一等合作英雄老王典

题名：边区一等合作英雄老王典
责任者：张荣安
出版（印制）单位：新华书店
出版（印制）时间：1945年1月
开本（尺寸）：135mm×95mm
页数：24页
藏址：湖南红色档案馆

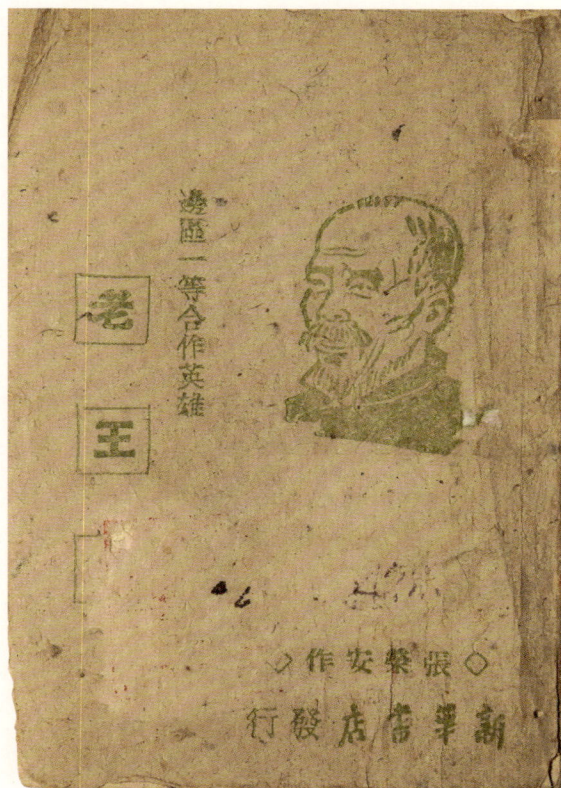

封面

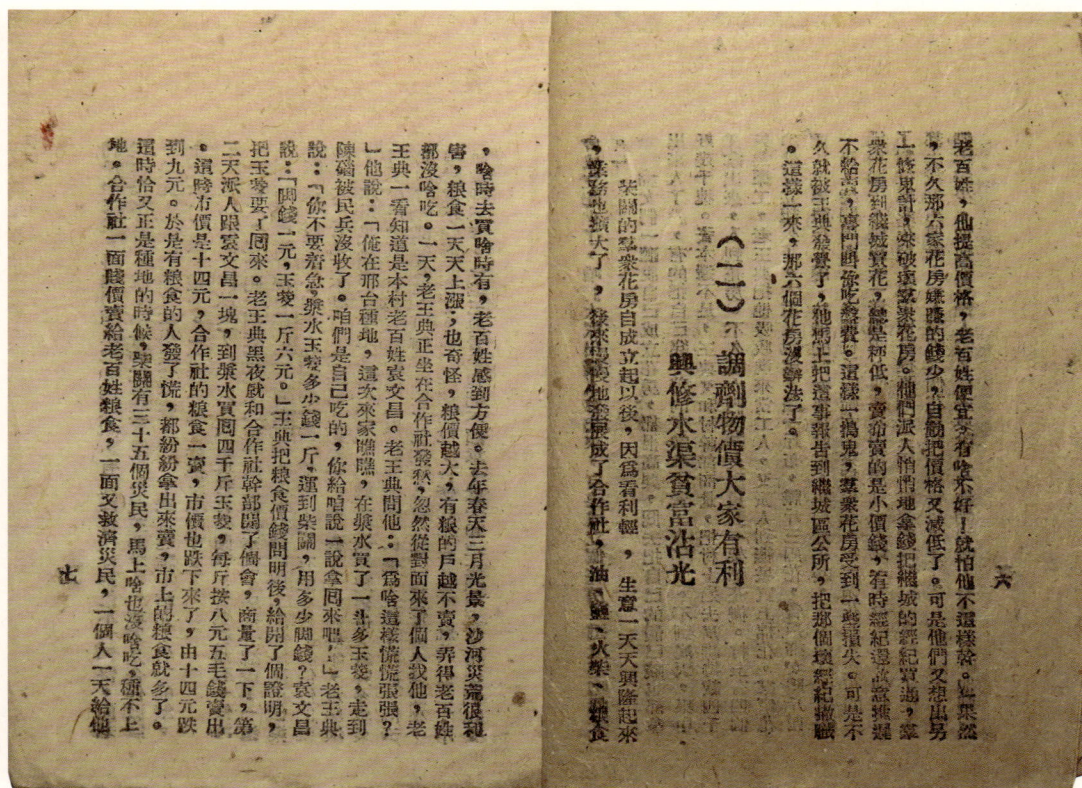

正文

15. 战斗与生活结合一等英雄庞如林

题名：战斗与生活结合一等英雄庞如林
责任者：赵树理
出版（印制）单位：新华书店
出版（印制）时间：1945年1月
开本（尺寸）：130mm×90mm
页数：18页
藏址：湖南红色档案馆

　　赵树理(1906—1970)，原名赵树礼，山西晋城人，中国著名现代小说家，人民艺术家，"山药蛋"派文学的创始人。1941年调到太行区党委宣传部工作。1944年调到华北新华书店专门从事文艺创作活动。1944年夏天晋冀鲁豫边区召开群英会，赵树理采访了孟祥英、庞如林等人事迹，写了报告文学《孟祥英翻身》，大鼓词《战斗和生产结合一等英雄庞如林》。

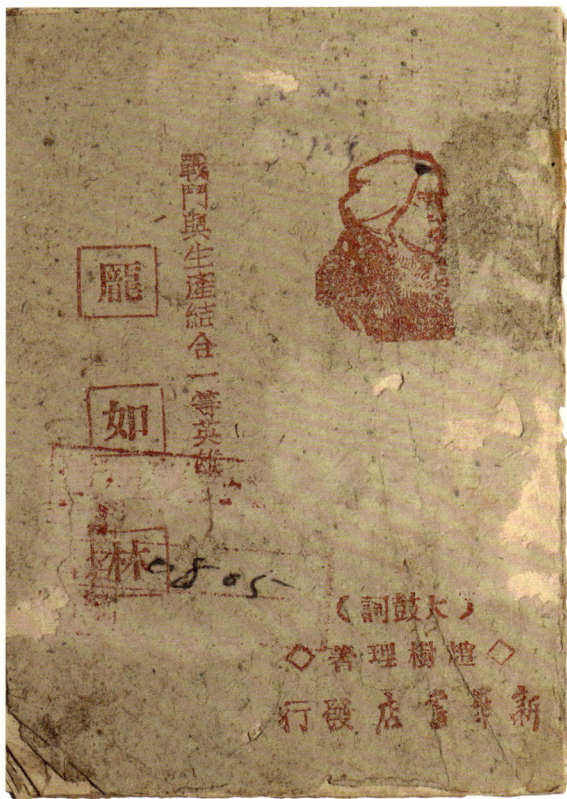

封面

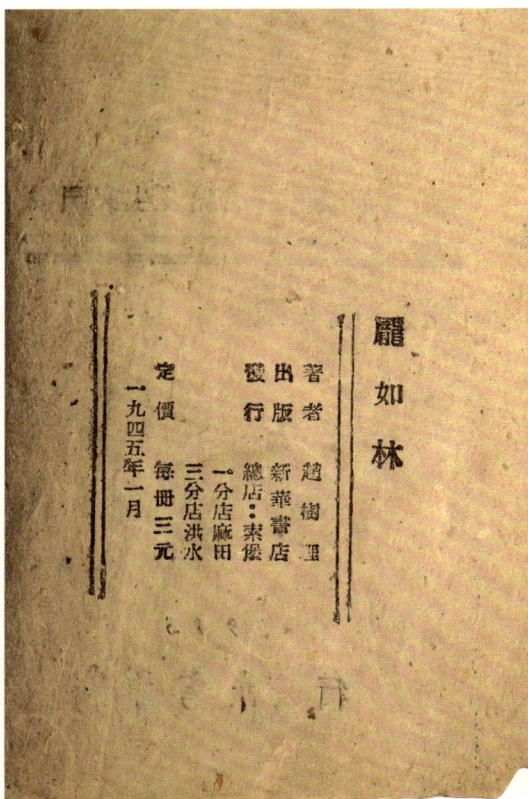

版权页

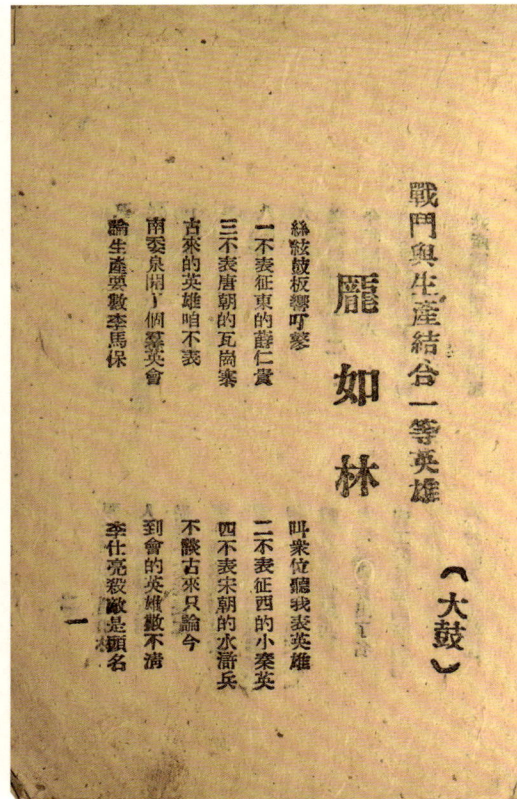

正文

16. 边区基干兵团一等英雄王凤才

题名：边区基干兵团一等英雄王凤才
责任者：萧翔
出版（印制）单位：新华书店
出版（印制）时间：1945年2月
开本（尺寸）：140mm×98mm
页数：22页
藏址：湖南红色档案馆

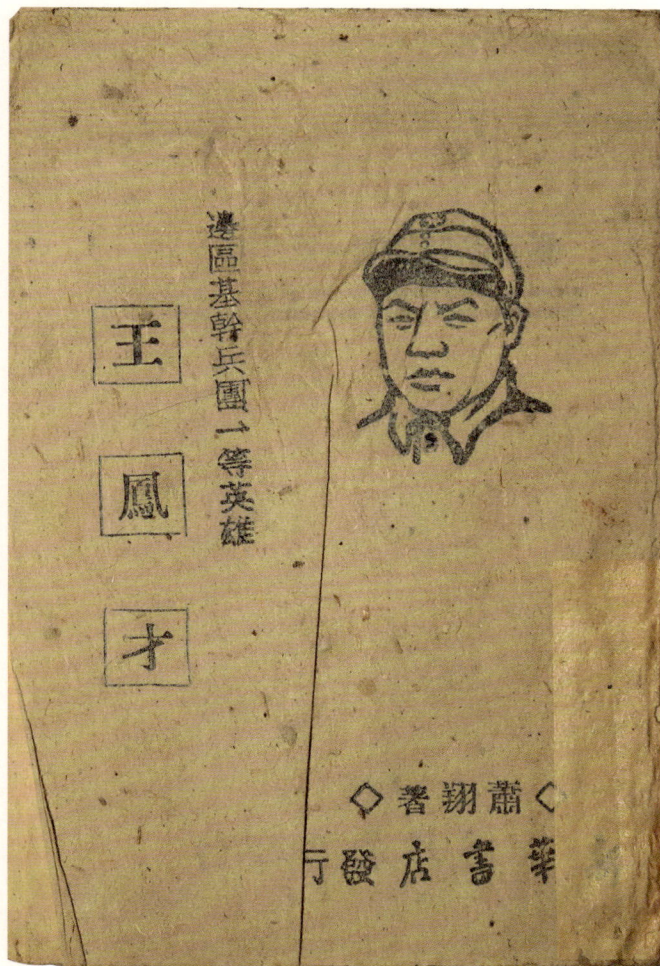

封面

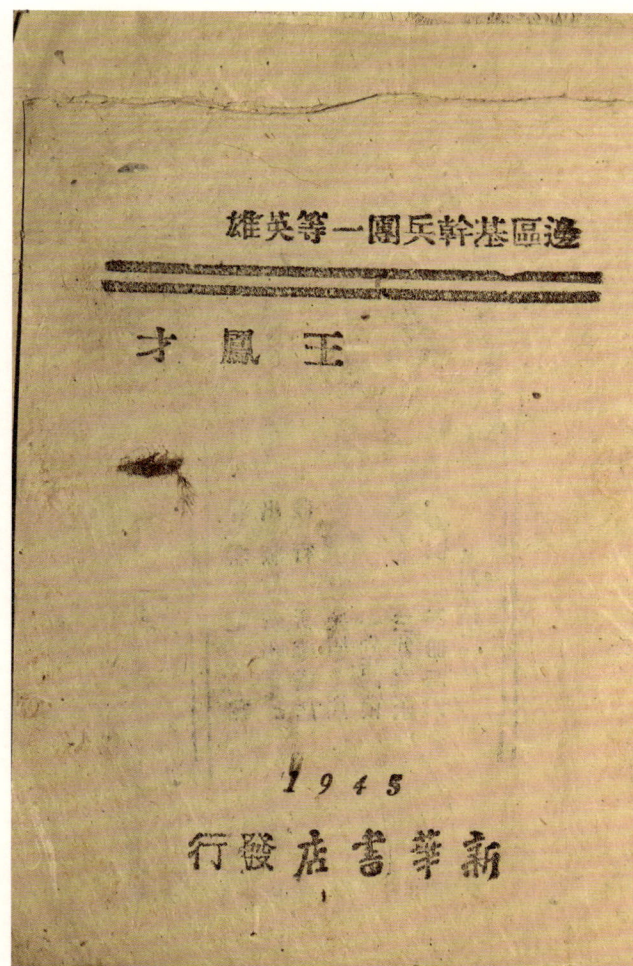

扉页

17. 劳动英雄李马保的思想与领导作风

题名：劳动英雄李马保的思想与领导作风
责任者：新华书店编辑部
出版（印制）单位：新华书店
出版（印制）时间：1945年5月
开本（尺寸）：137mm×105mm
页数：19页
藏址：湖南红色档案馆

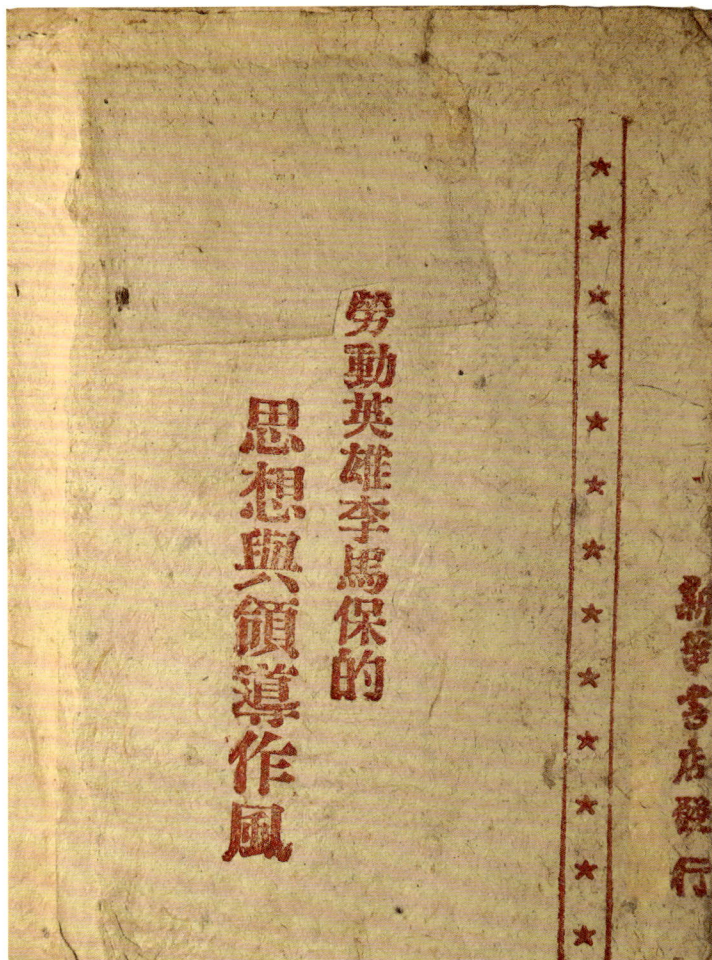

封面

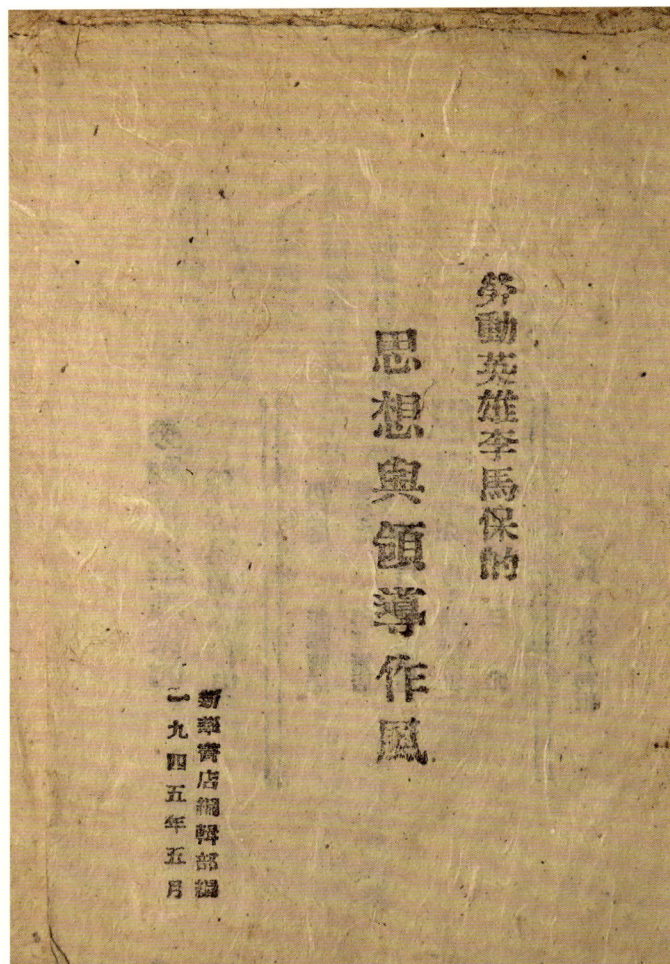

扉页

18. 前夜

题名：前夜
责任者：屠格涅夫著　丽尼译
出版（印制）单位：文化生活出版社
出版（印制）时间：1946年9月
开本（尺寸）：185mm×145mm
页数：310页
藏址：湖南红色档案馆

　　《前夜》是屠格涅夫创作的长篇小说，首次出版于1860年。小说通过女主人公叶琳娜追求爱情的故事，表现了作者的政治敏感和在社会经验中把握时代本质的能力。它及时地反映了农奴制改革"前夜"这个转折时期俄国社会生活的某些特点，描绘了以青年知识分子精神生活为轴心的俄国社会生活图景。

　　本书收录的《前夜》为文化生活出版社出版的《译文丛书》第三册。

　　伊凡·谢尔盖耶维奇·屠格涅夫（1818—1883），19世纪俄国批判现实主义作家。主要作品有长篇小说《罗亭》《贵族之家》《前夜》《父与子》《处女地》等。

　　丽尼，原名郭安仁，湖北孝感人，二十世纪三四十年代有影响力的散文家。有巴金为其编选的《白夜》和《鹰之歌》两本散文集存世。解放后，译过多种外国文学名著，如屠格涅夫《贵族之家》《前夜》，法国纪德《田园交响曲》等。

　　文化生活出版社，1935年5月由巴金等创办于上海。初名"文化生活社"，同年9月改名。曾编辑出版《文学丛刊》《现代长篇小说丛书》《译文丛书》等。《译文丛书》出版翻译了一大批外国文学名著，深受读者欢迎，其中不少作品，曾多次重印。

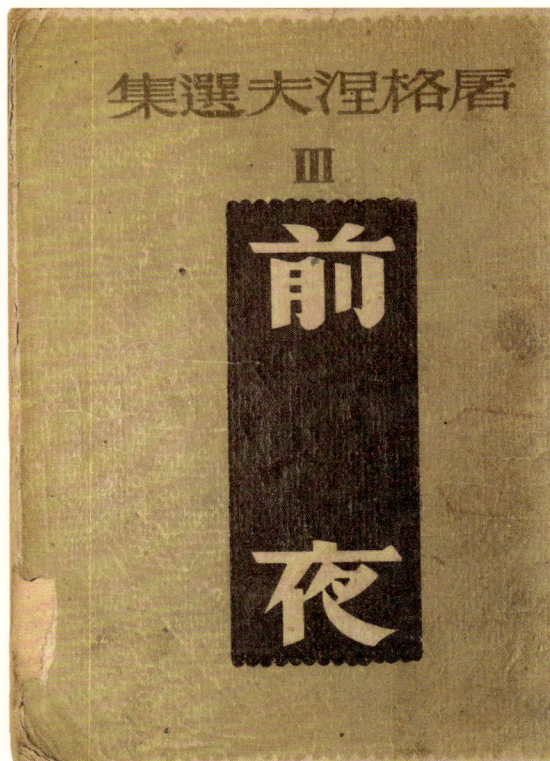

封面

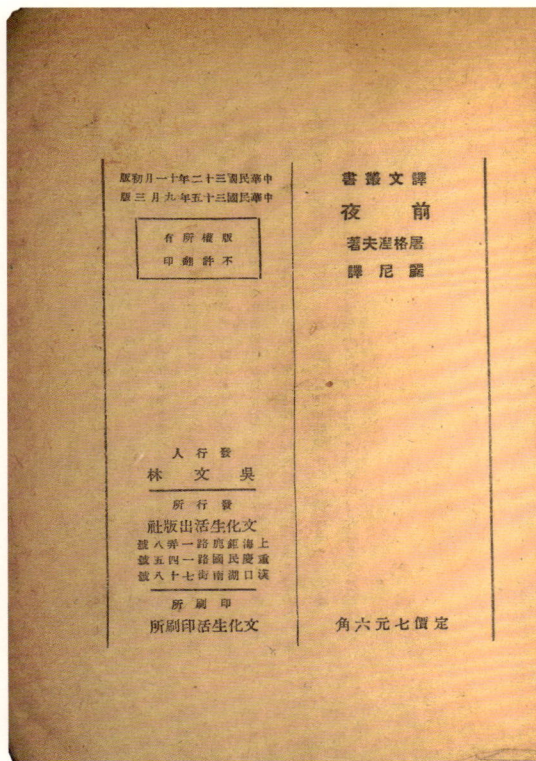

版权页

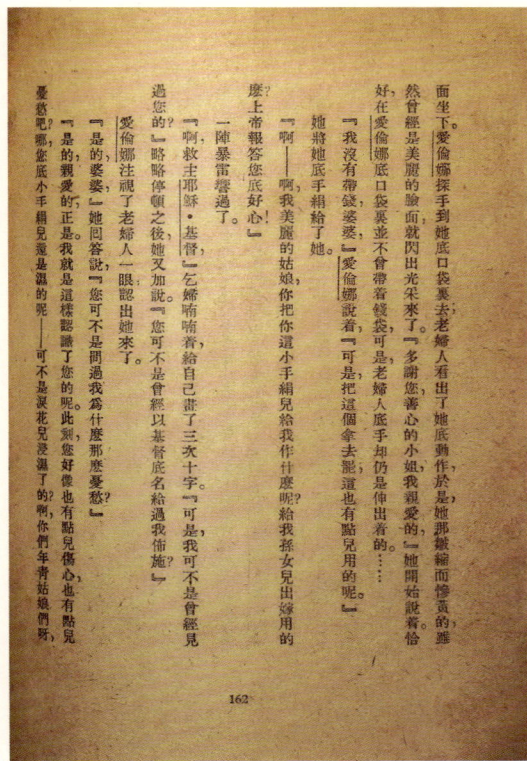

正文

19. 患难余生记

题名：患难余生记
责任者：邹韬奋
出版（印制）单位：东北书店
出版（印制）时间：1946年10月
开本（尺寸）：180mm×125mm
页数：107页
藏址：湖南红色档案馆

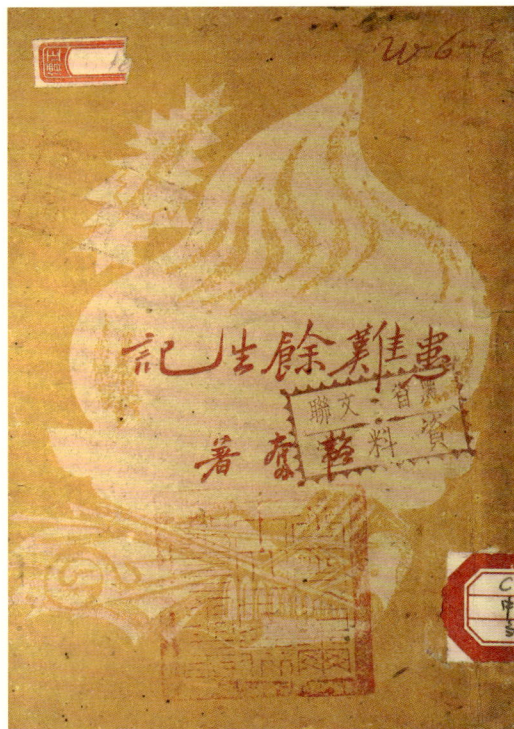

封面

《患难余生记》是邹韬奋的个人回忆录。抗战期间他积极参加抗日救亡运动，多次被迫流亡。该书从1933年的第一次流亡写起，原准备写六次流亡生活以及此间的坎坷与奋争。在一年多的病痛折磨中，他坚持写作，原计划写四章，可惜第三章未完成就去世了。前三章内容分别为《流亡》《离渝前的政治形势》《进步文化的遭难》，后附录《韬奋先生事略》《邹韬奋先生遗嘱》。

这部遗作，共5万余字，记叙了作者的四次流亡过程，以及国民党政府在抗战中压制民主和爱国活动，制造人事、军事、文化摩擦，对进步文化大肆打击的情况，其中有不少生动的事例，保存了国统区民主运动的第一手史料。

邹韬奋（1895—1944），名恩润，江西余江人。1921年毕业于上海圣约翰大学，1926年主编《生活》周刊，1932年与胡愈之创办生活书店，成为著名的新闻出版工作者。九一八事变后，反对国民党的不抵抗政策，1933年参加中国民权保障大同盟。1935年参加上海各界救国会、全国各界救国会的领导工作。1936年与沈钧儒、章乃器等被国民党政府逮捕，是有名的"七君子"之一。出狱后相继在上海、武汉、重庆等地创办并主编《大众生活》《生活日报》《抗战》《全民抗战》等。1943年因耳疾回上海诊治，开始撰写回忆录《患难余生记》，1944年7月24日病逝于上海，被中国共产党追认为正式党员。邹韬奋一生著述丰富，主要著作编入《韬奋文集》。

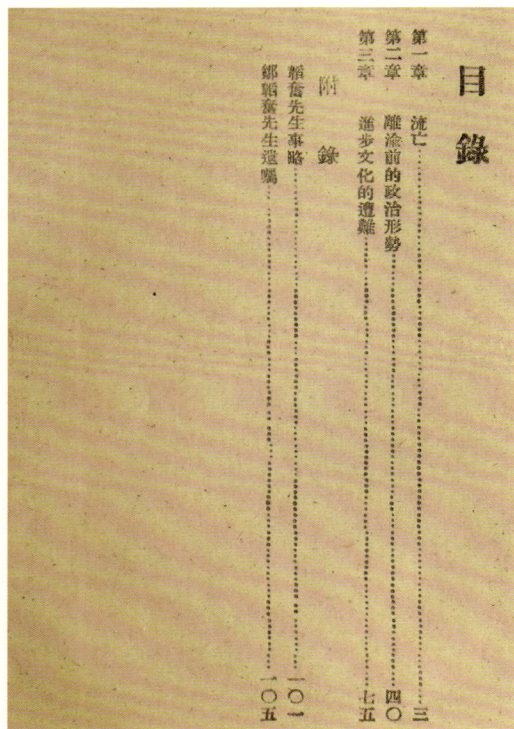

目录

20. 团的儿子

题名：团的儿子
责任者：卡达耶夫著　茅盾译
出版（印制）单位：冀鲁豫书店
出版（印制）时间：1947年6月
开本（尺寸）：175mm×125mm
页数：133页
藏址：湖南红色档案馆

　　《团的儿子》是苏联作家卡达耶夫的作品，讲述了苏联红军某炮兵连在一个深夜邂逅四处流浪的孤儿瓦尼亚，瓦尼亚聪明倔强，深受骑兵战士们的喜爱。当时战争非常激烈，红军准备将瓦尼亚送往后方。瓦尼亚想方设法逃回，几经曲折加入了红军，并乔装打扮协助侦察兵深入敌军后方勘察地形，又带领红军找到敌军的司令部避弹所歼灭德兵，立下了赫赫战功，被战士们亲切地称为"团的儿子"。《团的儿子》是苏联版的"小兵张嘎"的故事，作为中国二十世纪五十年代的红色经典，电影、相关小说、连环画都深受人们喜爱。

封面

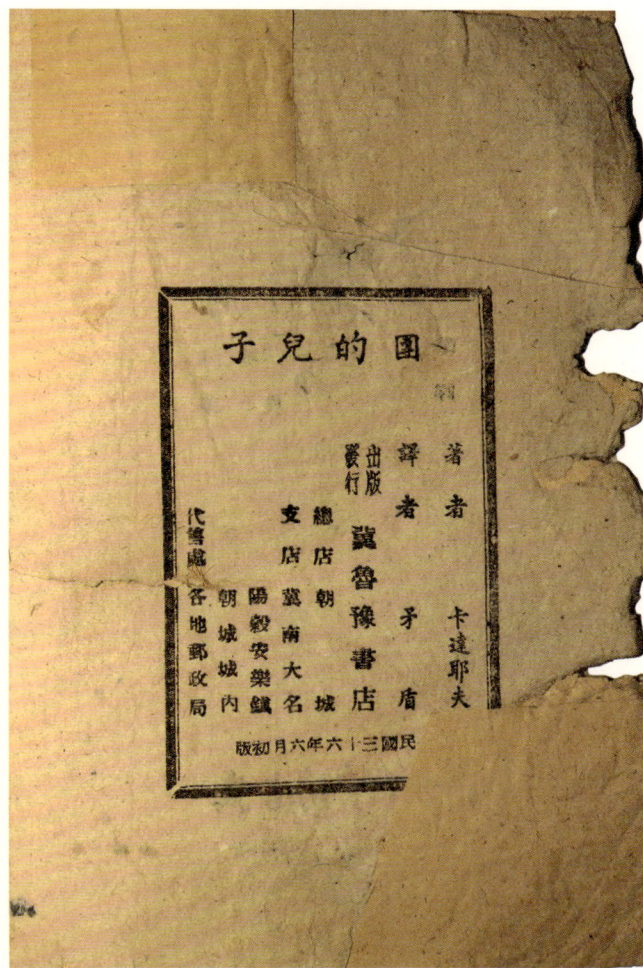

版权页

21. 血肉相联

题名：血肉相联
责任者：刘白羽等
出版（印制）单位：东北书店
出版（印制）时间：1947年8月
开本（尺寸）：180mm×125mm
页数：88页
藏址：湖南红色档案馆

《血肉相联》一书选编了解放战争时期26个拥军爱民的故事，其中包括刘白羽的《人民的战争》、张蓓的《辽吉前线纪行》、王向立的《民夫担架队》等，展现了军民鱼水情深的动人情感。

刘白羽(1916—2005)，北京人。散文家、报告文学家、小说家、作家。1938年赴延安，同年加入中国共产党。1942年参加延安文艺座谈会。1944年到重庆编辑《新华日报》副刊。1949年以后，当选全国文联委员、中国作协副主席等。出版有《刘白羽小说选》《刘白羽散文选》等。

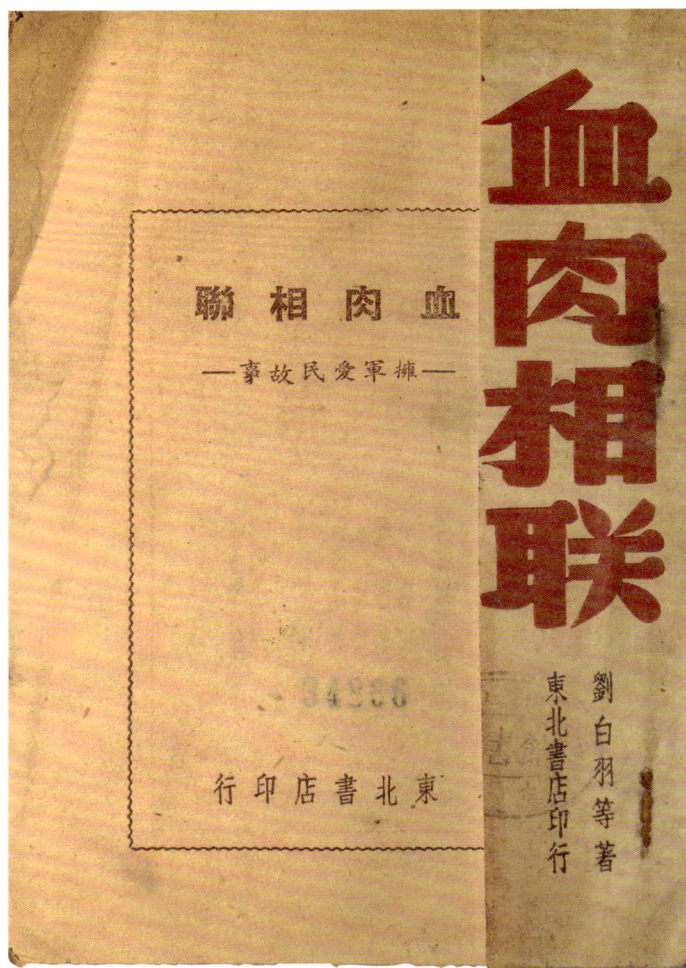

封面

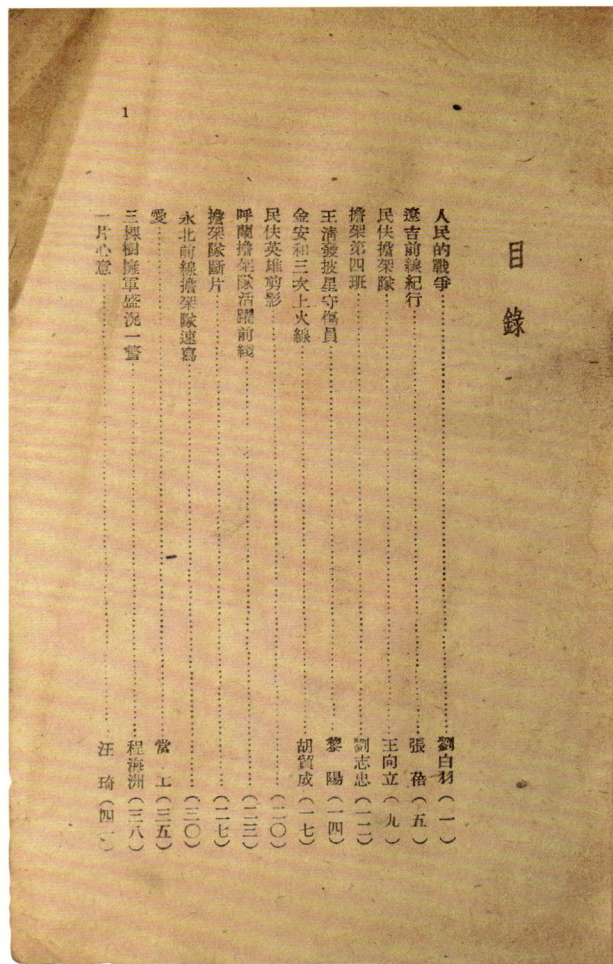

目录

22. 中国抗战文艺史

题名：中国抗战文艺史

责任者：蓝海

出版（印制）单位：现代出版社

出版（印制）时间：1947年9月

开本（尺寸）：180mm×128mm

页数：165页

藏址：湖南红色档案馆

《中国抗战文艺史》是我国第一部现代文学断代史，1944年完成初稿，1947年由上海现代出版社出版。该书论述了抗日战争时期的文学全貌，收集保留了珍贵的文献资料，为后人研究这一时期文学提供了依据和参考。后被日本汉学家波多太郎教授译成日文，于1949年在日本评论社出版，在日本和香港畅销。1984年，田仲济又把该书重新修改整理为增订本，由山东文艺出版社出版。1984年版在体例上并没有做任何修改，但在文学史资料上做了大量补充，由原来的8万字扩充到33万字。

蓝海即田仲济（1907—2002），山东潍坊人。1931年毕业于上海中国公学政治经济系。曾任重庆中国乡村建设学院讲师、上海音乐学院教授。著有《中国抗战文艺史》《中国现代文学史》等。

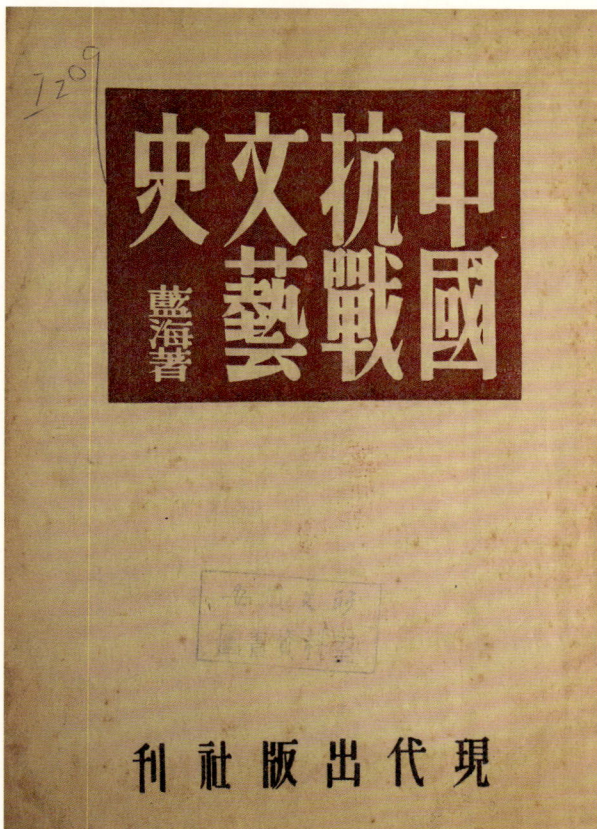

封面

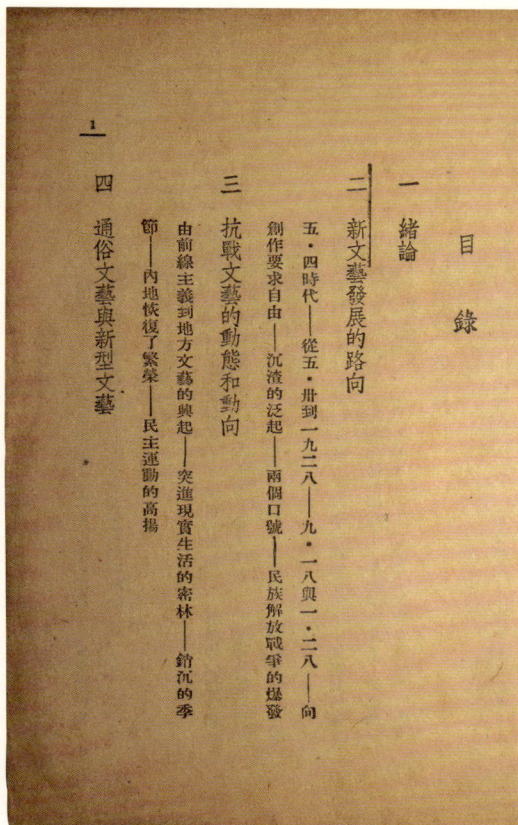

目录

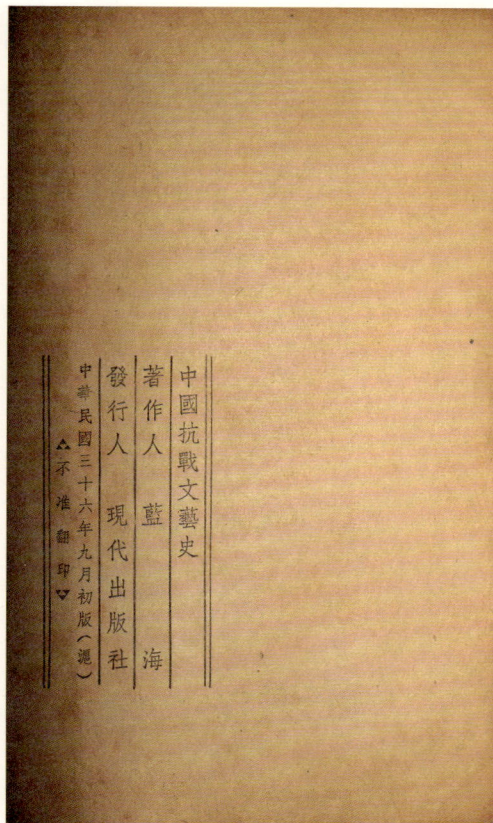

版权页

23. 铁的连队

题名：铁的连队
责任者：周洁夫
出版（印制）单位：光华书店
出版（印制）时间：1948年7月
开本（尺寸）：185mm×130mm
页数：97页
藏址：湖南红色档案馆

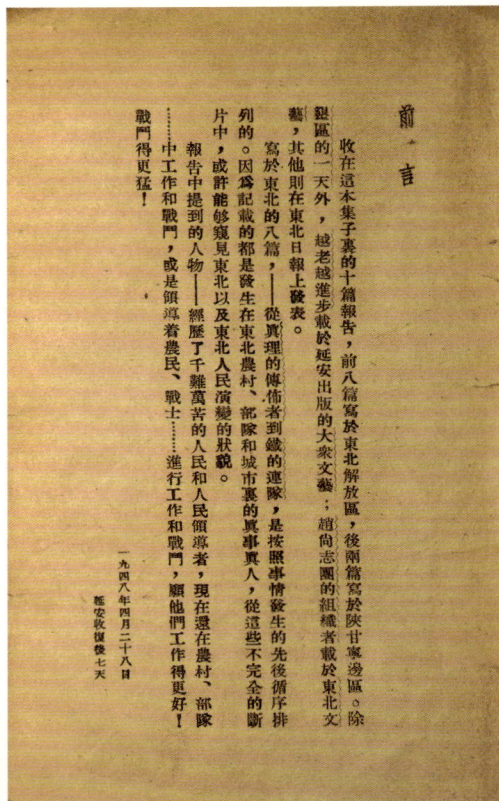
前言

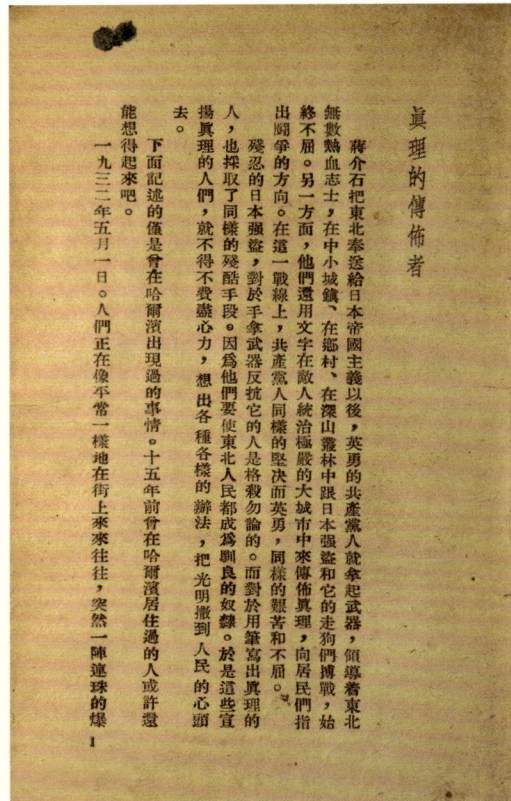
正文

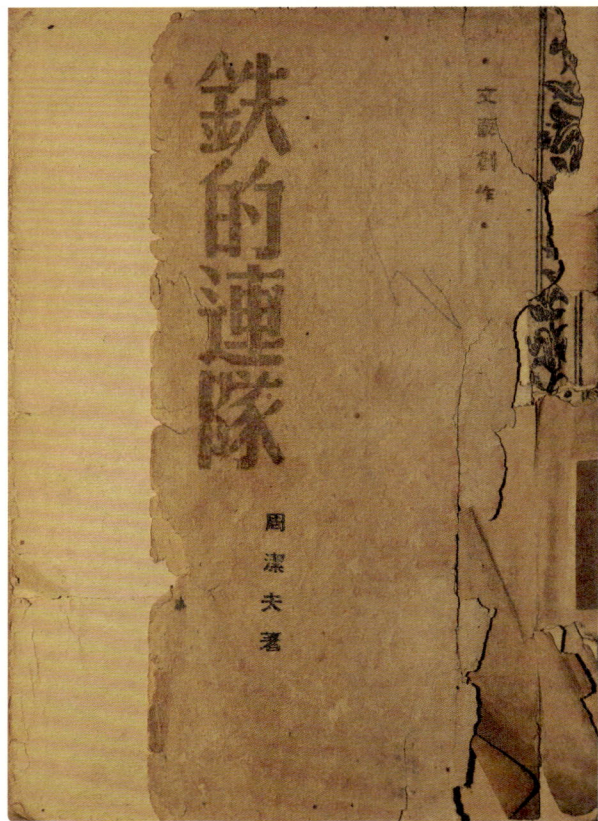
封面

　　《铁的连队》一书选编了十篇报告，分别为《真理的传布者》《团圆》《建立赵尚志团》《手枪》《选举》《赵尚志团的组织者》《新炮手》《铁的连队》《越老越进步》《垦区的一天》，前八篇写于东北解放区，后两篇写于陕甘宁边区。其中《越老越进步》刊载于延安出版的《大众文艺》，《赵尚志团的组织者》刊载于《东北文艺》，其他八篇除《垦区的一天》外，均在《东北日报》上发表。这些文章讲述的都是真人真事，反映了解放区边区农村、部队、城市的生活，读来鼓舞人心。

　　周洁夫（1917—1966），作家。浙江镇海（今宁波）人。1938年参加八路军，1939年加入中国共产党。曾任八路军总政治部宣传部长，东北民主联军《自卫报》记者、编辑，第四野战军《战士报》总编辑等。著有长篇小说《走向胜利》《十月的阳光》，中篇小说《祖国的屏障》，长诗《开垦》等。

24. 劳动英雄刘英源

题名：劳动英雄刘英源
责任者：刘林
出版（印制）单位：东北书店
出版（印制）时间：1948年9月
开本（尺寸）：180mm×125mm
页数：44页
藏址：湖南红色档案馆

刘英源（1898—1978），中共党员，河北阜城人。18岁时到哈尔滨。1946年4月哈尔滨解放后，他担任发电厂机修主任，在敌人封锁和哈尔滨断电的情况下，带领工人将工厂仅有的材料凑起来，修好了三台小型发电机，解决了首脑机关和重要工厂的用电。后来又反复试验，改造成一部完整的大型发电机组，并投入运行，基本缓和了哈尔滨市电力紧张的局面，在当时的东北解放区是一大创举，刘英源的名字也因此轰动了全东北。1947年在市第三届劳模大会上，当选为特等劳动模范。1949年10月1日，刘英源出席中华人民共和国开国大典。曾为第一届全国人民代表大会代表，中国人民政治协商会议第一届、第四届、第五届全国委员会委员。先后当选为劳动英雄、特等劳动英雄，是长春市第一位全国劳动模范。《劳动英雄刘英源》是以刘英源的个人成长经历为题编写的大鼓词。

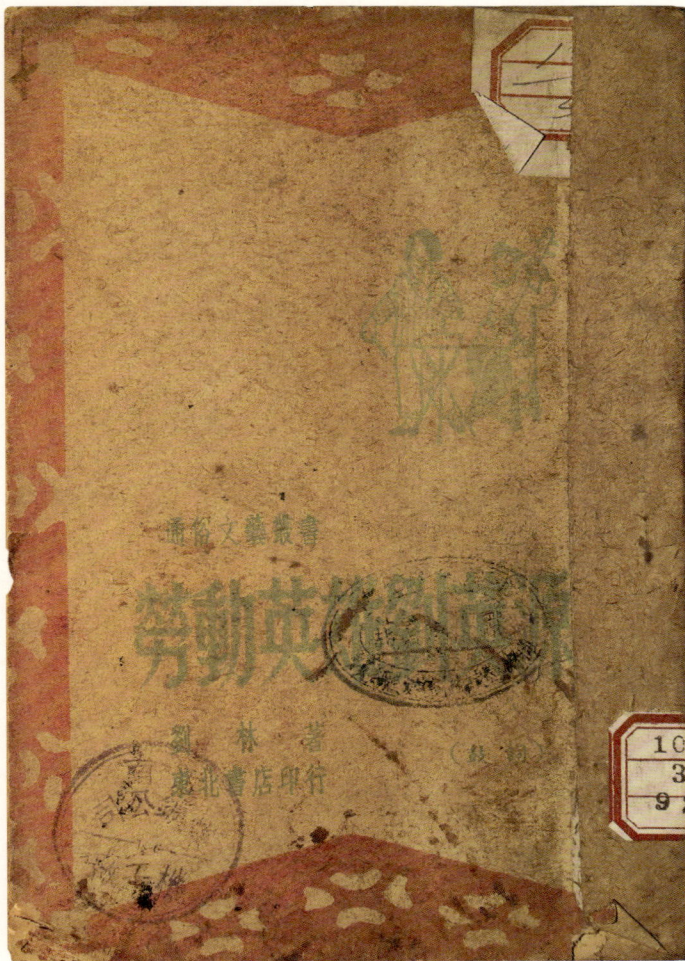

封面

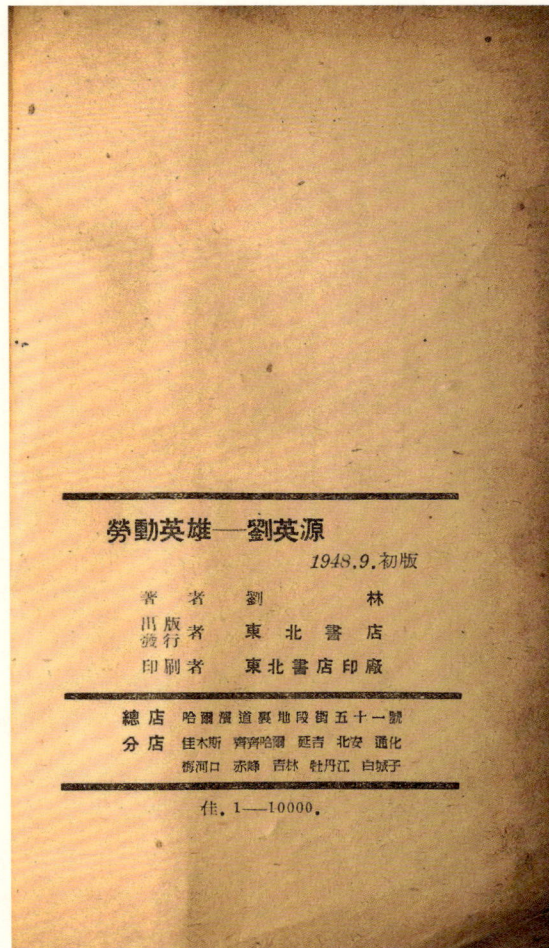

版权页

25. 李家庄的变迁

题名：李家庄的变迁
责任者：赵树理
出版（印制）单位：华东新华书店
出版（印制）时间：1948年11月
开本（尺寸）：178mm×125mm
页数：146页
藏址：湖南红色档案馆

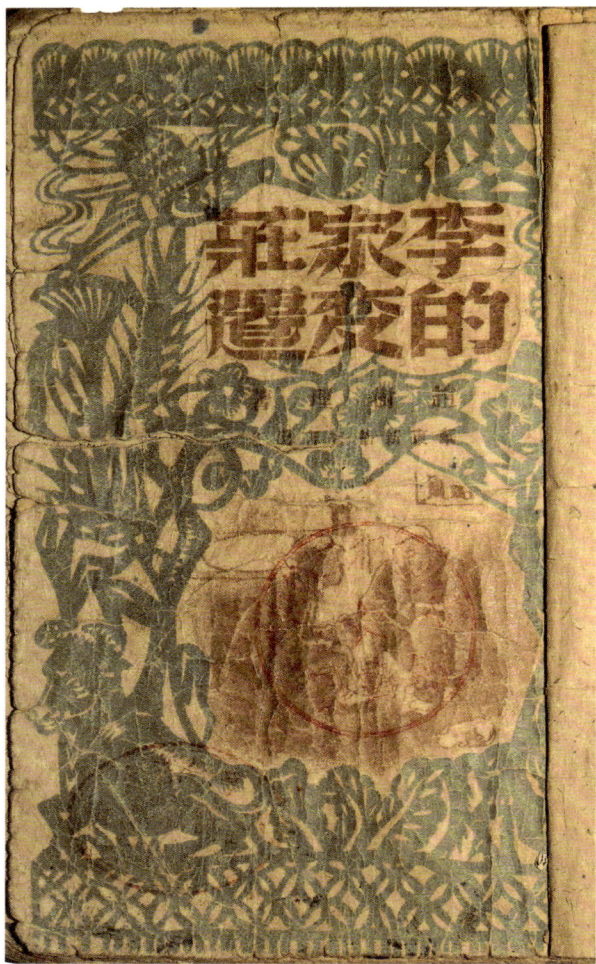

封面

《李家庄的变迁》是赵树理创作的长篇小说，写于1945年冬。小说以抗日战争作为大背景，把主人公铁锁的个人生活寓于整个李家庄的变化之中，叙述了农民与地主的斗争取得的阶段性胜利。主人公铁锁是作者精心塑造的人物形象，他是一个勤劳、忠厚、憨直的贫苦农民，是李家庄的外来户，他安分过日，却遭到地主李如珍、小喜、春喜等人的欺压迫害，以致破产，为养家糊口去太原做工，又受到军阀欺凌。在共产党员小常的帮助下，他提高了觉悟，团结群众，与地主展开正面斗争，并在斗争中逐渐成长，后来参加了八路军，走向了武装斗争的道路。

26. 从对比中看一个新世界

题名：从对比中看一个新世界
责任者：陈兵
出版（印制）单位：新华书店
出版（印制）时间：1949年10月
开本（尺寸）：175mm×125mm
页数：58页
藏址：湖南红色档案馆

　　大连中苏友好协会成立后，在1945年至1950年期间，积极组织活动，如举办苏联红军军事艺术照片展，组织中苏友好文化交流活动周，开展"回忆运动"等，出版《中苏知识》《友谊画报》等刊物以及"友谊丛书""友谊文艺丛书""俄文学习丛书"等图书。《从对比中看一个新世界》即是在此期间出版的，属于《友谊丛书》之一。该书是一本短篇小说集，包括八篇短篇小说《麦尔菲与舍列斯托夫》《梯比希河的两岸》《孩子们的梦想》《水路计划》《我是个工程师》等。

封面

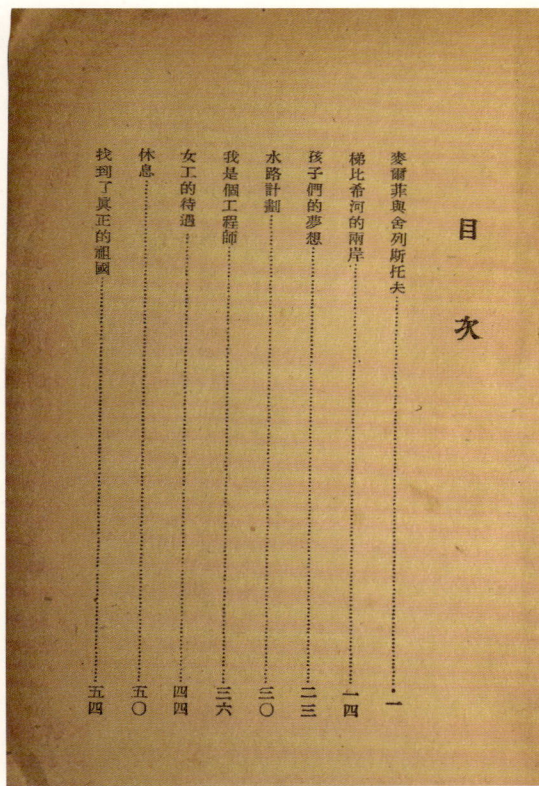

目录

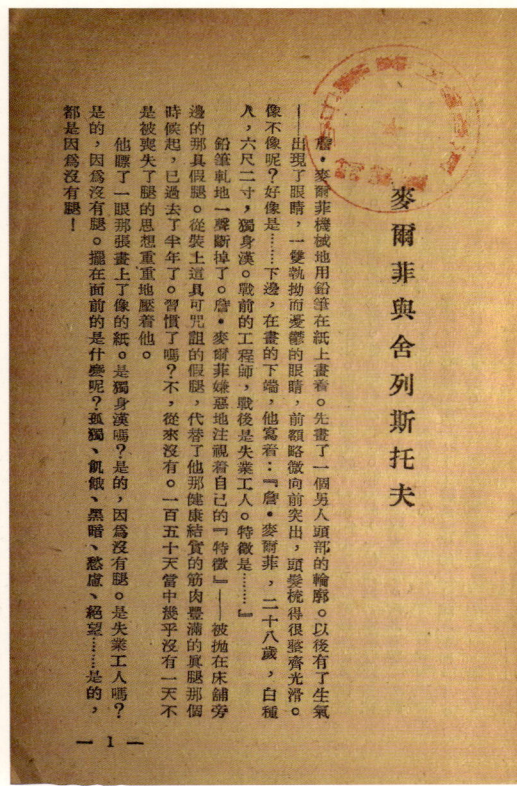

正文

27. 俄罗斯问题

题名：俄罗斯问题
责任者：西蒙诺夫（苏联）著　茅盾译
出版（印制）单位：世界知识社
出版（印制）时间：1949年4月
开本（尺寸）：180mm×125mm
页数：128页
藏址：湖南红色档案馆

　　《俄罗斯问题》是苏联作家西蒙诺夫创作的剧本，剧本通过一个诚实的美国记者的不幸遭遇，尖锐地揭破了美国所谓"民主与自由"的假面具和帝国主义居心挑拨战争的卑鄙阴谋，揭露了美国统治集团发动新战争的企图。该剧本于1946年荣获斯大林文艺奖。

　　西蒙诺夫(1915—1979)，苏联作家、小说家、诗人、剧作家。1934年开始写作，1938年毕业于高尔基文学院，1942年加入共产党，二战后到过美国。曾任《文学报》主编、《新世界》杂志编委、《文学俄罗斯》报编委、苏联作协副总书记和书记处书记等职。其作品《蜡烛》被选入人教版八年级上册语文。

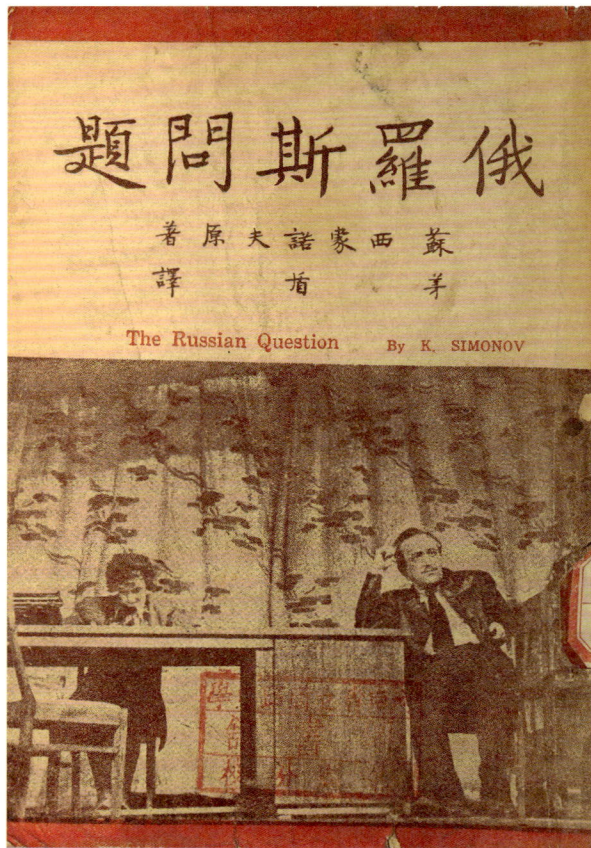

封面

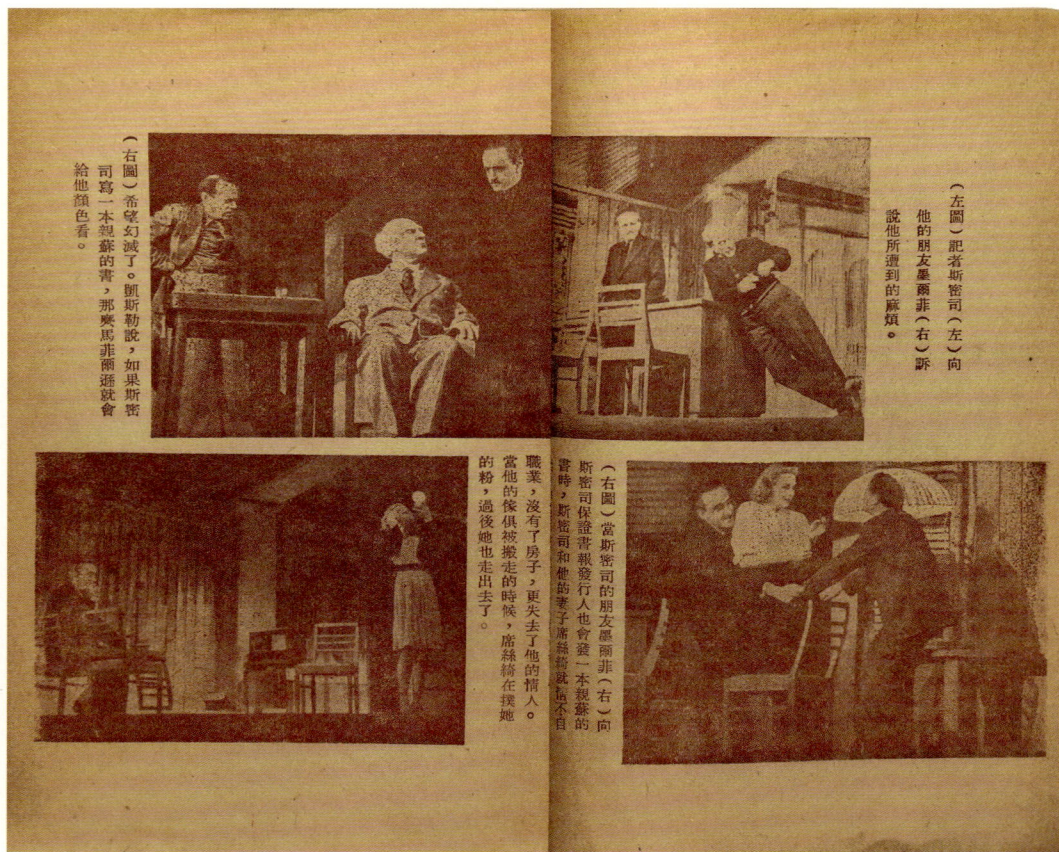

插图

28. 不走正路的安得伦

题名：不走正路的安得伦
责任者：捏维洛夫（俄国）著　曹靖华译
出版（印制）单位：东北书店
出版（印制）时间：1949年4月
开本（尺寸）：180mm×125mm
页数：53页
藏址：湖南红色档案馆

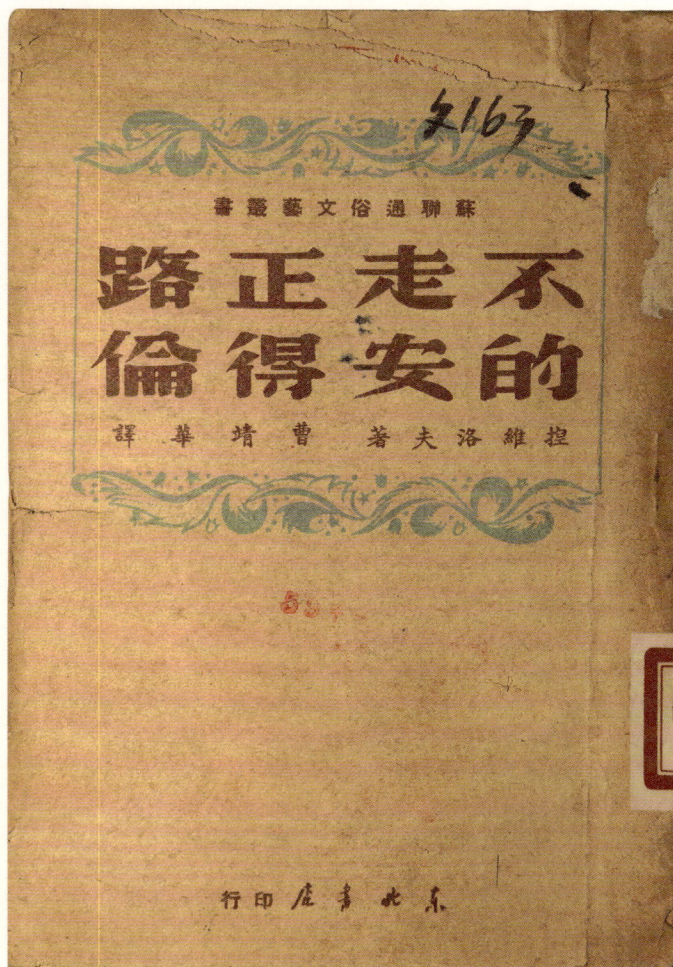

封面

《不走正路的安得伦》是苏联中篇小说，讲述在革命开始时，头脑单纯的革命者在乡村里怎样受农民的反对而失败，号召毁灭全部的旧式农民生活。小说生动而又诙谐，最早译本由野草书屋1933年5月发行。

捏维洛夫（聂维洛夫）（1886—1923），俄国萨玛拉州一个农夫的儿子，最伟大的革命的农民作家之一。著作有《丰饶的城塔什干》《不走正路的安得伦》。

曹靖华(1897—1987)，原名曹联亚，河南卢氏人，中国现代文学翻译家、散文家、教育家，北京大学教授。1919年在开封省立第二中学求学时，投身于五四运动。1920年在上海外国语学社学俄文，加入社会主义青年团，并被派往莫斯科东方大学学习。1924年加入文学研究会。1927年4月，重赴苏联。1933年回国，在大学任教并从事文学翻译工作，翻译了大量苏联作品。

29. 虹（通俗本）

题名：虹（通俗本）
责任者：瓦希列夫斯卡（苏联）著　叶克改写
出版（印制）单位：中原新华书店
出版（印制）时间：1949年4月
开本（尺寸）：172mm×123mm
页数：58页
藏址：湖南红色档案馆

　　《虹》写于1942年，被誉为社会主义的现实主义模范作品。作品描写了在苏德战争中，在敌人暂时占领的地区，苏联人民是怎样英勇不屈地利用各种方法和德国法西斯斗争，熬过了最艰苦的日子，最后取得了胜利。《虹》告诉我们：只要有坚定的信心，最后的胜利一定属于我们。

　　本书收录的是中原新华书店1949年4月的版本，由叶克改写，为适应中国读者习惯，改成了章回体的形式，全书分15回，语言通俗易懂。

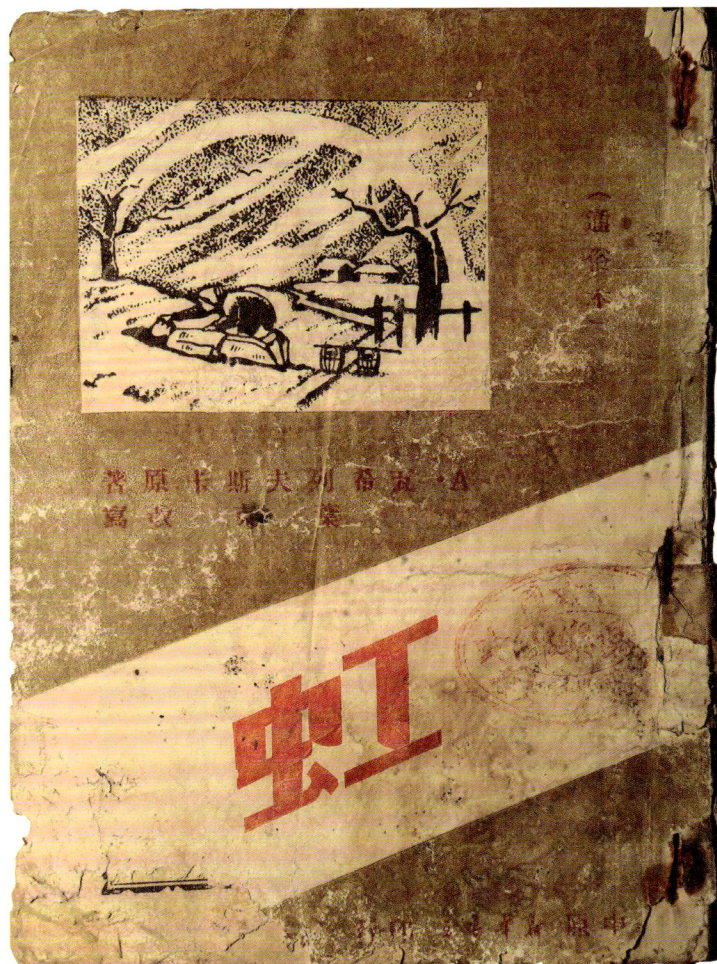

封面

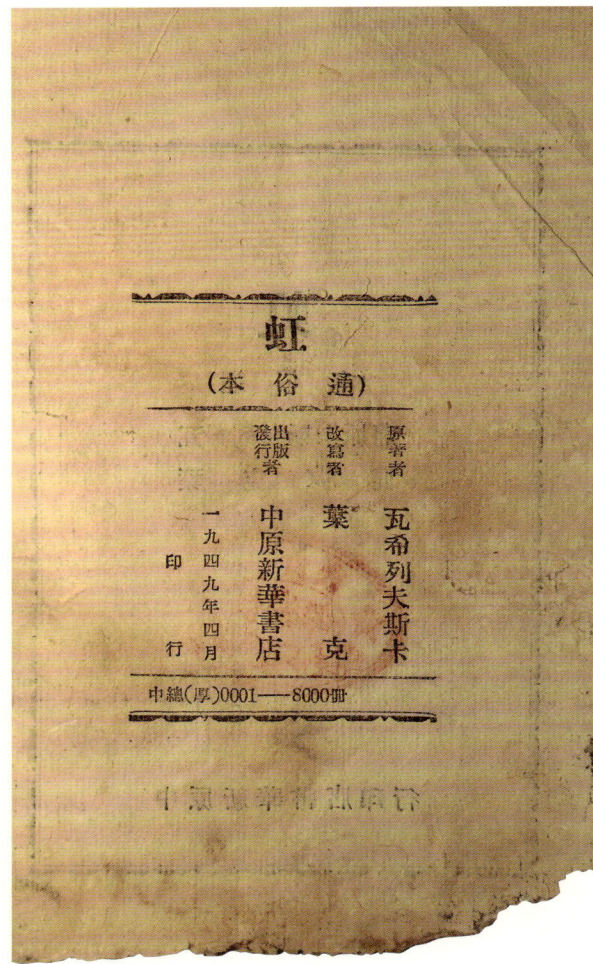

版权页

30. 红旗

题名：红旗
责任者：刘白羽
出版（印制）单位：苏北新华书店
出版（印制）时间：1949年7月
开本（尺寸）：175mm×125mm
页数：58页
藏址：湖南红色档案馆

《红旗》为刘白羽创作的小说。1946年初，刘白羽到北平军事调停执行部任记者。不久国共两党谈判破裂，被派往东北战场担任新华社随军记者。他亲身经历了解放东北、华北等多次战役，后又随军南下，直到解放战争全面胜利。长期的战斗生活给他提供了丰富的创作源泉，他以饱满的热情刻画人民解放军广大指战员的英雄形象，创作了短篇小说《政治委员》《无敌三勇士》《战火纷飞》《血缘》《回家》《红旗》等。

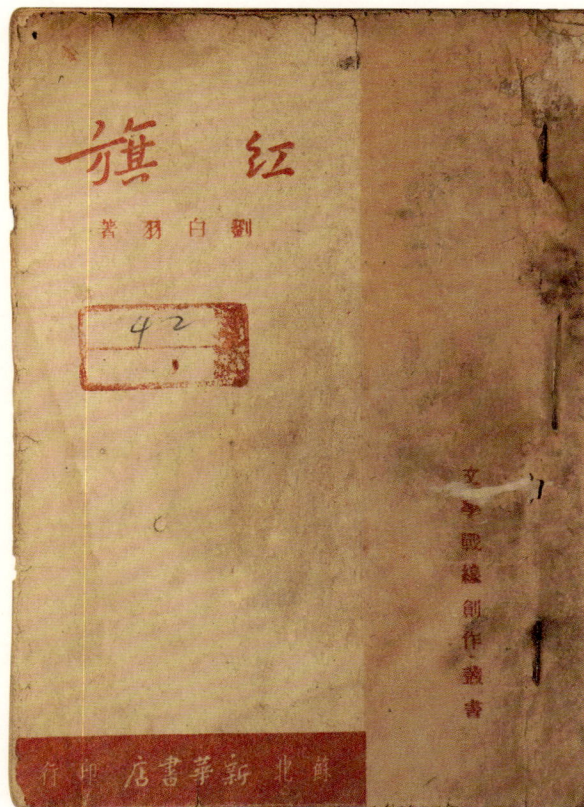

封面

扉页

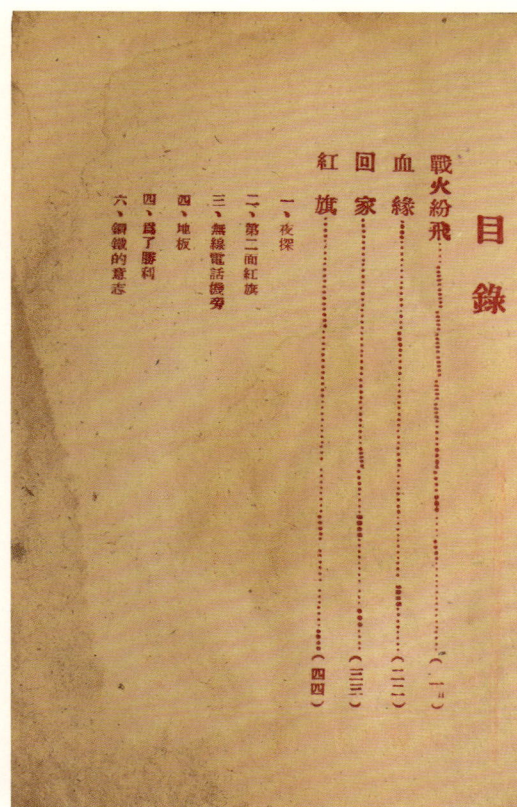

目录

31. 马克思

题名：马克思
责任者：明之
出版（印制）单位：新中国书局
出版（印制）时间：1949年7月
开本（尺寸）：170mm×106mm
页数：83页
藏址：湖南省档案馆

　　《新中国百科小丛书》是一套以介绍知识为主的通俗小册子，选题范围较广，其中包括人物传记、国别介绍，大致出版过50多种，64开本，每本5万字左右，有《马克思》（明之著）、《恩格斯》（林立著）、《列宁》（明之著）、《美国》（刘尊棋）等。

　　本书收录了其中的《马克思》，是一本介绍马克思生平经历的书籍，全书83页，13章。

　　新中国书局：1948年10月，由生活、读书、新知三家书店（三联书店）合并以后组成"新中国文化企业有限公司"，其经营出版业的部分，则称为新中国书局。当时三联书店在胶东解放区和东北解放区的分店，仍称为光华书店。北平、天津等地的分店，则改用"新中国书局"名称。

　　1949年7月18日，中共中央《关于三联书店今后工作方针》指出："三联书店与新华书店一样是党领导之下的书店。从8月15日起，此前以兄弟图书公司、朝华书店、光华书店、新中国书局等名义开设的书店已完成了历史任务，一律统一店名为生活·读书·新知三联书店。"

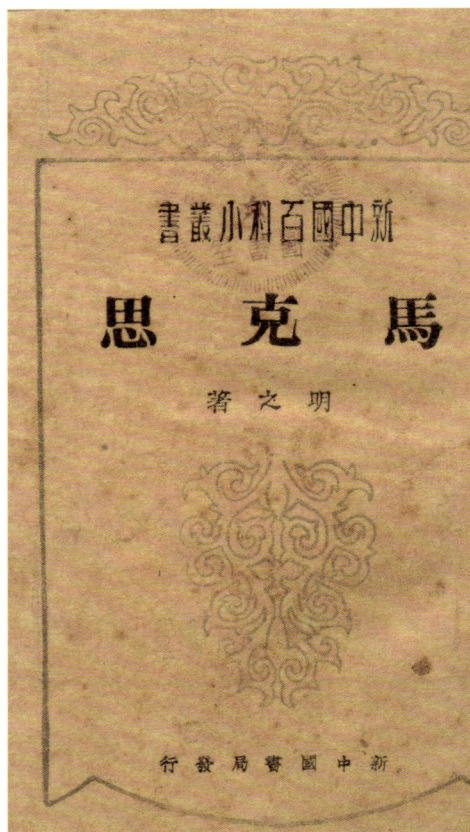

封面

版权页及插图

32. 论马恩列斯

题名：论马恩列斯
责任者：解放社
出版（印制）单位：解放社
出版（印制）时间：1949年9月
开本（尺寸）：200mm×145mm
页数：352页
藏址：湖南红色档案馆

扉页

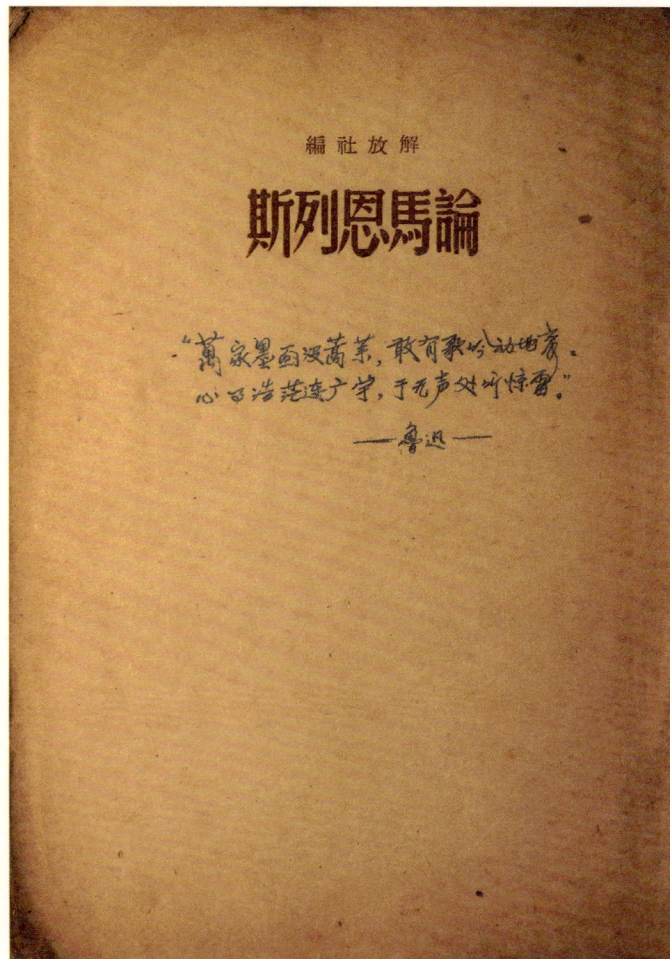

封面

《论马恩列斯》是1941年5月延安新华书店出版的书籍，解放社于1949年9月据此进行翻印再版，在原版基础上，增加了《一个工人对于卡尔·马克思的回忆》《马克思是怎样学习的》及《马克思年表》三篇文章，一共收录文章22篇。其中还包括《马克思小传》《马克思回忆录》《纪念恩格斯》等文章，是了解和研究马恩列斯四位革命家生活、活动及思想的资料。

33. 没有弦的炸弹

题名：没有弦的炸弹
责任者：丁奋等
出版（印制）单位：新华书店
出版（印制）时间：1949年9月
开本（尺寸）：180mm×130mm
页数：140页
藏址：湖南红色档案馆

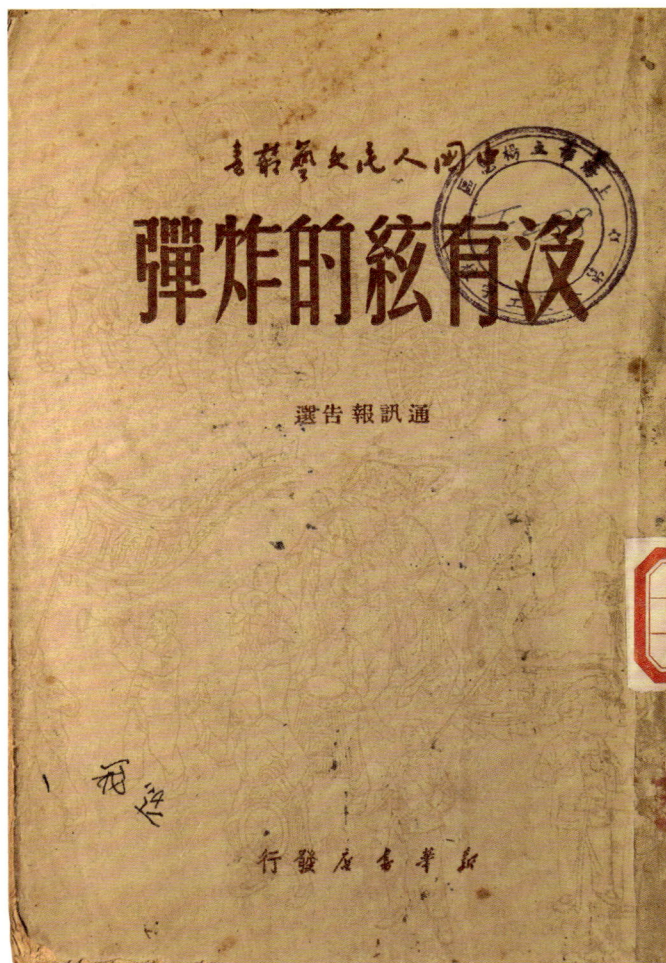

封面

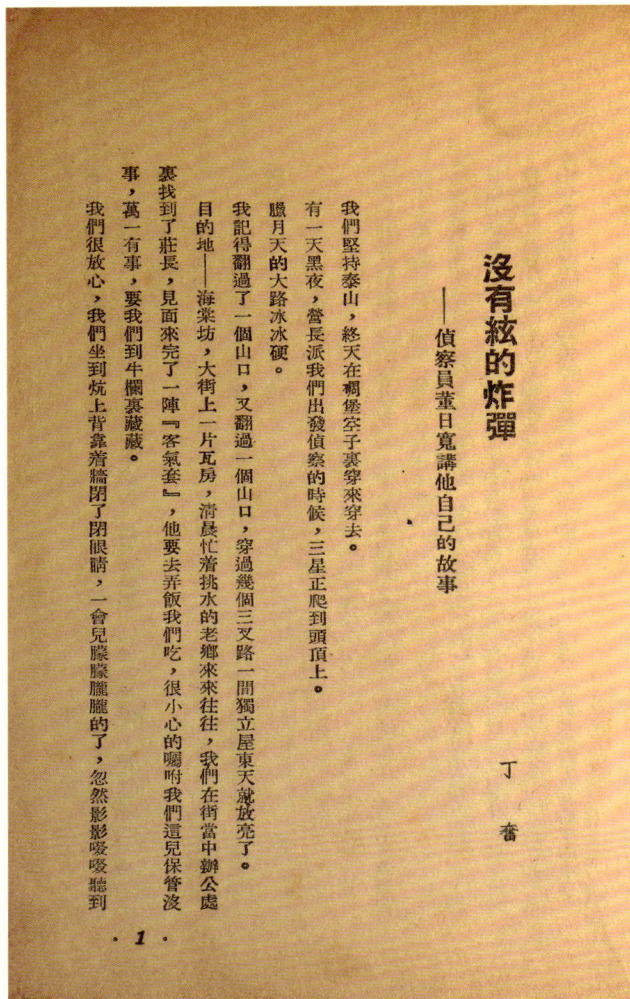

正文

　　《没有弦的炸弹》是解放区通讯报告选集，《中国人民文艺丛书》之一。全书选编了《没有弦的炸弹》《我们的连长何万祥》《宋纪柳》《南北岱崮保卫战》《徂徕山上》《海上的遭遇》等九个故事，介绍了解放区人们英勇战斗的故事。1949年9月初版，出版后广受欢迎，于当年11月再版。

　　《中国人民文艺丛书》由中国人民文艺丛书社编辑，选编了解放区历年来特别是1942年延安文艺座谈会以来各种优秀的文艺作品。所选作品按照体裁分为戏剧作品、小说、诗歌、通讯报告、曲艺作品等。周扬总负责，柯仲平、陈涌、康濯、赵树理先后参加选编工作。作品一般由新华书店和人民出版社出版发行。

34. 长征25000哩

题名：长征25000哩
责任者：爱伽诺·斯诺著　史家康等译
出版（印制）单位：启明书局
出版（印制）时间：1949年8月
开本（尺寸）：175mm×125mm
页数：460页
藏址：湖南红色档案馆

《长征25000哩》即《红星照耀中国》。《红星照耀中国》（Red Star Over China）又称《西行漫记》，是美国著名记者埃德加·斯诺所著的一部纪实性作品。作者真实记录了1936年6月至10月在中国西北革命根据地进行实地采访的所见所闻，真实报道了中国共产党和中国工农红军以及许多红军领袖、红军将领的情况。

封面

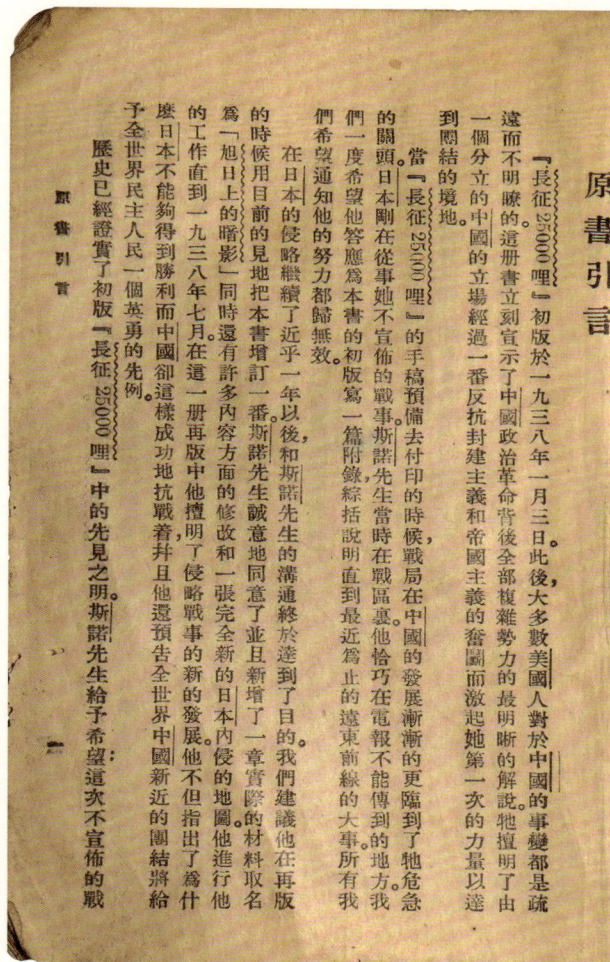

原书引言

后　记

　　为迎接中国共产党建党100周年，从党的伟大历程中汲取守初心担使命的强大力量，自2018年4月起，我们面向湖南红色档案馆和全省各级综合档案馆发出红色文献征集通知，得到各单位的热烈响应和积极配合，共征集红色文献600余件，在此基础上遴选243件，编辑出版了本图集。

　　本书编辑工作在湖南省档案馆党组指导下展开，王明贵负责红色文献的分类、整理工作，龙琛负责红色文献的筛选、考证工作，赵平负责湖南红色档案馆馆藏红色文献的拍摄工作，罗银、杨希负责湖南省档案馆馆藏红色文献的扫描复制工作。

　　中华书局对本书的编辑出版工作给予了鼎力支持，谨向上述单位和人员致以诚挚的感谢！

编　者

二〇二〇年四月

图书在版编目（CIP）数据

湖南档案馆馆藏红色文献选萃 / 湖南省档案馆编 .
－北京：中华书局，2022.4
ISBN 978-7-101-15639-3

Ⅰ . 湖… Ⅱ . 湖… Ⅲ . 中国共产党－党史－文
献－汇编－湖南 Ⅳ . D235.64

中国版本图书馆 CIP 数据核字 (2022) 第 023525 号

书　　　名	湖南档案馆馆藏红色文献选萃
编　　　者	湖南省档案馆
责 任 编 辑	许旭虹　高　原
版 式 设 计	许丽娟
出 版 发 行	中华书局
	（北京市丰台区太平桥西里38号 100073）
	http: // www. zhbc. com. cn
	E-mail: zhbc@zhbc. com. cn
图 文 制 版	北京禾风雅艺图文有限公司
印　　　刷	天津艺嘉印刷科技有限公司
版　　　次	2022年4月北京第1版
	2022年4月北京第1次印刷
规　　　格	开本889×1194毫米　1/12
	印张24　字数60千字　图522幅
国 际 书 号	ISBN 978-7-101-15639-3
定　　　价	480.00元